Russland

Jürgen Hartmann

Russland

Einführung in das politische
System und Vergleich mit den
postsowjetischen Staaten

Prof. Dr. Jürgen Hartmann
Hamburg, Deutschland

ISBN 978-3-658-00174-2   ISBN 978-3-658-00175-9 (eBook)
DOI 10.1007/978-3-658-00175-9

Die Deutsche Nationalbibliothek verzeichnet diese Publikation in der Deutschen Nationalbibliografie; detaillierte bibliografische Daten sind im Internet über http://dnb.d-nb.de abrufbar.

Springer VS
© Springer Fachmedien Wiesbaden 2013
Das Werk einschließlich aller seiner Teile ist urheberrechtlich geschützt. Jede Verwertung, die nicht ausdrücklich vom Urheberrechtsgesetz zugelassen ist, bedarf der vorherigen Zustimmung des Verlags. Das gilt insbesondere für Vervielfältigungen, Bearbeitungen, Übersetzungen, Mikroverfilmungen und die Einspeicherung und Verarbeitung in elektronischen Systemen.

Die Wiedergabe von Gebrauchsnamen, Handelsnamen, Warenbezeichnungen usw. in diesem Werk berechtigt auch ohne besondere Kennzeichnung nicht zu der Annahme, dass solche Namen im Sinne der Warenzeichen- und Markenschutz-Gesetzgebung als frei zu betrachten wären und daher von jedermann benutzt werden dürften.

Gedruckt auf säurefreiem und chlorfrei gebleichtem Papier

Springer VS ist eine Marke von Springer DE. Springer DE ist Teil der Fachverlagsgruppe Springer Science+Business Media.
www.springer-vs.de

Inhalt

Einleitung	9
A. Russland	**11**
1 Von Russland zur Sowjetunion und wieder zurück	**13**
1.1 Die Ursprünge Russlands an der Peripherie der europäischen Welt	*15*
1.1.1 Byzanz	15
1.1.2 Die Waräger und die Rus	19
1.1.3 Die Tatarenherrschaft und die Moskauer Großfürsten	21
1.2 Die Moskauer Rus avanciert zum Russischen Reich	*25*
1.2.1 Auseinandersetzung um die Vorherrschaft im europäischen Osten	25
1.2.2 Russland wächst und tritt dennoch auf der Stelle	27
1.2.3 Modernisierung als Blaupause: Die petrinische Ära	29
1.2.4 Die letzte Etappe des zaristischen Russland. Eine Staatsklasse übernimmt	32
1.3 Russland im Gewand der Sowjetunion	*35*
1.3.1 Nach der Revolution: Stalins Sozialingenieursprojekt	35
1.3.2 Parteikontrolle im Sowjetstaat	38
1.3.3 Die Planwirtschaft	41
1.3.4 Der Stalinismus als Angelpunkt sowjetischer Identität	42
1.3.5 Der Übergang zum oligarchischen Sowjetregime	43
1.3.6 Die Sowjetunion als multinationales Imperium	47
1.3.7 Die Agonie des Sowjetsystems	48
2 Der Zusammenbruch der Sowjetunion und die Entstehung des neuen Russland	**51**
2.1 Perestroika. Die unvollständige Reform des Sowjetsystems	*51*
2.2 Machtkampf: Russland gegen die Sowjetunion	*53*
2.3 Die Ära Jelzin. Präsidialverfassung und Marktwirtschaft zerstören die Grundlagen der Sowjetordnung	*54*
2.4 Putins großer Plan: Die Restauration der Staatskontrolle	*58*

3 Die politische Kultur Russlands — 61
3.1 Vertrauensdefizite im Verhältnis von Staat und Gesellschaft — 61
3.2 Die Stalinära im Kollektivgedächtnis — 63
3.3 Das belastete Verhältnis zur Demokratie — 65
3.4 Die Personalisierung der Macht — 73
3.5 Die neuen weltüblichen Klassenunterschiede — 75
3.6 Quellen der Alltagskorruption — 79
3.7 Das Recht – ein Einwegsystem — 83
3.8 Nationalismus und interkulturelle Konflikte — 85

4 Das Regierungssystem: die konstitutionellen Strukturen — 89
4.1 Der Präsident im Mittelpunkt des Herrschaftssystems — 89
4.2 Parlament, Regierung und Staatspartei — 92
4.3 Die Präsidialadministration: eine Schattenregierung — 100
4.4 Föderation und föderale Subjekte — 101

5 Der Überbau: Demokratie- und Nationverständnis — 104
5.1 Die Idee der souveränen Demokratie — 104
5.2 Russische oder russländische Nation — 107
5.3 Eurasien — 108

6 Das Regime: Institutionen und Praktiken — 110
6.1 Die Fusion von Politik und Geschäftswelt in der politischen Elite — 111
6.2 Die Staatspartei als Stellpult für den Primat von Präsident oder Regierung — 114
6.3 Kohabitation auf Russisch — 122
6.4 Licht- und Schattenecken politischer Repräsentation: Parteien und gesellschaftliche Organisationen — 129
6.5 Die Machtvertikale: Die Rückkehr zum staatlichen Zentralismus in den Hülsen des Föderalstaates — 152

7 Die weltwirtschaftlichen Nahtstellen der Innenpolitik zur Staatenwelt — 162
7.1 Russland als Rohstoffökonomie — 162
7.2 Die Grenzen des russischen Kapitalismus: Der Staat als Global player — 167

8 Russland in der Staatenwelt — 170
8.1 Die russische und sowjetische Vergangenheit — 170
8.2 Eine multiple Regionalmacht — 172

8.3 Russland, die USA und die NATO 174
8.4 Russland und Europa 176
8.5 Russland und das nachsowjetische Ausland 178
8.6 Russland und China 181

B. Russlands Nachbarn. Die postsowjetische Staatenwelt 183

1 Die Ukraine 190
1.1 Russische und sowjetische Prägungen 190
1.2 Auswirkungen der Perestroika 192
1.3 Oligarchen und politische Unternehmer 193
1.4 Parteigründungen 196
1.5 Eine post-sowjetische politische Kultur 197
1.6 Eine fatale Tradition fasst Fuß: Verfassung und Regeln als Waffen im Machtkampf 199
1.7 Die Ukraine als außenpolitischer Akteur 214
1.8 Die Unterschiede zu Russland 215

2 Weißrussland 216

3 Die post-kolonialen sowjetischen Nachfolgestaaten im Kaukasus 220
3.1 Russland und seine kaukasischen Kolonien 220
3.2 Der Sowjetkaukasus 222
3.3 Die kaukasische Staatenlandschaft 223

4 Die post-kolonialen sowjetischen Nachfolgestaaten in Zentralasien 235
4.1 Russland und seine zentralasiatischen Kolonien 235
4.2 Das sowjetische Zentralasien 236
4.3 Die zentralasiatische Staatenlandschaft 239

5 Bilanz: Neue Staaten mit den Strukturen der Dritten Welt 254

C. Resümee: Defekte Demokratie, halbautoritäres System? Plädoyer für ein historisch sensibles Urteil 255

Tabellenverzeichnis 267

Literatur 269

Einleitung

Das politische System Russlands gibt dem politikwissenschaftlichen Beobachter einige Rätsel auf. Für Russlands Verfassung mit der übermächtigen Figur des Präsidenten gibt es nichts Vergleichbares unter den demokratischen Staaten. Die wirtschaftliche Verfassung des Landes deutet indes auf Gemeinsamkeiten mit der großen Familie jener Staaten, die mit der Förderung und dem Verkauf fossiler Energie zu gewichtigen Akteuren in der Weltwirtschaft avanciert sind. Russlands gesellschaftliche Verfassung ist gar ein Unikum: mit krassen Unterschieden zwischen Arm und Reich, zwei Metropolen und einer teils agrarischen, teils urbanisierten Peripherie, aber im Unterschied zur Dritten Welt ohne manifeste soziale Konflikte und Verteilungskämpfe, sondern stattdessen Passivität, kein himmelschreiendes soziales Elend – nichts von alledem, was sich in Staaten von ähnlicher Größenordnung und politisch-ökonomischer Bedeutung wie China oder Indien beobachten lässt. Schaut man genauer hin, zeigt sich, dass Russland mit diesen Merkmalen doch kein Unikat ist. Die Ukraine, Weißrussland und Kasachstan fallen zwar mit Blick auf ihre Größe und ihr weltpolitisches Gewicht hinter Russland zurück. Aber sie lassen durchaus ähnliche Strukturen erkennen.

Um Russland als nachsowjetisches System angemessen einordnen zu können, soll abschließend ein Blick auf die Nachfolgestaaten der Sowjetunion geworfen werden. Sie waren durch eine Jahrhunderte lange gemeinsame Geschichte bereits mit dem Russischen Reich verbunden. Lediglich die baltischen Staaten und Moldawien werden bei dieser Betrachtung übergangen. Die russische Politik reagiert auf Entwicklungen in dieser post-sowjetischen Sphäre, insbesondere auf diejenigen in der Ukraine, um unerwünschte Ereignisse, die sich dort zeigen, vorbeugend abzuwenden.

Dieses Buch geht an das politische System Russlands so heran, wie es in allen politikwissenschaftlichen Einführungs- und Übersichtsdarstellungen geschieht, die mit der Politik eines anderen Landes vertraut machen. Es beginnt mit einer Rückschau auf das zaristische und das sowjetische Russland, skizziert anschließend die politische Kultur, schildert dann das Regierungssystem und wendet sich schließlich dem Regime und in dessen Rahmen den politischen Akteuren zu. Ein kurzer Abschnitt beleuchtet die Außenpolitik. Mit der Ukraine wird ein Land unter die Lupe genommen, das in vieler Hinsicht ähnliche gesellschaftliche Strukturen wie Russland aufweist, sich von diesem aber im Herrschaftssystem beträchtlich unterscheidet. Es folgt ein Blick auf die postsowjetischen Staaten im Kaukasus und in Zentralasien. Diese Kapitel fallen bei weitem nicht so ausführlich aus wie dasjenige über Russland, das im Mittelpunkt dieses Buches steht. Sie werden überhaupt nur deshalb ins Auge gefasst, um Russland aus dem Blickwinkel der übrigen postsowjetischen Welt beurteilen zu können. Dies erscheint schon deshalb angebracht, weil es sonst üblich ist, vor allem mit der grellen Leuchtreklame einer empirischen Demokratieforschung, Russland im Lichte der etablierten westlichen Demokratien zu bewerten.

Erst in einem abschließenden und zugleich resümierenden Kapitel wird auf das Problem eingegangen, Russlands demokratische Qualität zu erörtern. Die Leserin und der Leser sollen nicht schon gleich mit Bewertungen auf die Reise geschickt werden, bevor die historischen Voraussetzungen und die Strukturen des politischen Systems geschildert worden sind.

A. Russland

1 Von Russland zur Sowjetunion und wieder zurück

Das Selbstverständnis der westlichen Demokratie ist eng mit der Unterscheidung von Staat und Gesellschaft, mit Verfassung und Individualrechten verbunden. Deshalb fällt es bei der Betrachtung anderer Länder und Kulturen schwer, sich davon zu lösen. Dies ist ein Grund für die Schwierigkeit, Russland zu verstehen. Dies umso mehr, da Russland traditionell als Teil des östlichen Europas wahrgenommen wird.

Als die Sowjetunion aus der historischen Kulisse verschwand, übertrug sich das Interesse an dieser historischen Macht auf den größten Nachfolgestaat Russland. Nicht anders, als es bei der politikwissenschaftlichen Erforschung der ostmitteleuropäischen Länder geschah, wurde Russland zum Gegenstand einer Flut von Veröffentlichungen. Mit wenigen Ausnahmen vermaßen sie Russland als Demokratie. Elitenforscher, Wahlforscher und Parlamentarismusexperten zogen alle Register, um hier ein neues politisches System unter die Lupe zu nehmen. Sie folgten dabei dem gleichen Programm, das sich bei der Analyse westlicher Demokratien bewährt hatte.

Wie ein Beobachter berichtet, hat der Enthusiasmus für die russische Politik in diesen Kreisen stark nachgelassen. Viele Betrachter wandten sich ab, weil sich ihre Instrumente als stumpf erwiesen. Schon Begriffe wie Demokratie, Parteien und Parlament, so zeigte sich, haben dort nicht nur im Verständnis der Regierenden, sondern auch in der Gesellschaft eine andere Bedeutung als in den offenen Gesellschaften Europas und Amerikas.[1] Auf der anderen Seite treten bei der Betrachtung Russlands in jüngster Zeit Analysen in den Vordergrund, die nicht von der Erforschung etablierter Demokratien, sondern von der Forschung über autoritäre und halbautoritäre Systeme angeregt sind. Es handelt sich um historische Studien, gemeinhin als Pfadanalysen bezeichnet, und um das Wissen über die Charakteristika personalistischer und bürokratischer Herrschaft in anderen Teilen der Welt.[2]

Russland ist anders als das westliche und mittlere Europa. Dies gilt auch für den Bereich der Politik. Aber exotisch ist es durchaus nicht. Dies mag ein Blick auf China zeigen. Alles, was an kritischen Berichten über Russland hervorsticht,

---

[1] J. Paul Goode: Redefining Russia: Hybrid Regimes, Fieldwork, and Russian Politics, in: Perspectives on Politics, 8. Jg. (2010), S. 1055-1075.
[2] Juan J. Linz 1973: Opposition in and Under an Authoritarian Regime, in: Robert A. Dahl (Hrsg.), Regimes and Oppositions, New Haven, S. 171-259.

autoritärer Regierungsstil, Menschenrechtsverletzungen, korrupte Beamte und der Staat als Regieführer im wirtschaftlichen Geschehen, treffen wir auch dort an. Aber China liegt in der europäischen Wahrnehmung selbst in der Epoche des Internet noch ganz am Ende der Welt. Chinesen sehen anders aus, sprechen anders, haben ihre charakteristische Küche, sie gelten als sparsam, bienenfleißig und diszipliniert. Ob jemand ein Russe ist, erkennt man im Ausland erst dann, wenn man ihn in seiner Muttersprache oder in einer Fremdsprache reden hört. Russland ist zwar groß, es reicht noch weiter als das östliche China. Doch seine wirtschaftlichen, kulturellen und politischen Zentren liegen im europäischen Teil Russlands, von Warschau bis zur russischen Hauptstadt sind es gerade einmal gut 1000 km, von Reval bis Petersburg gute 200 km. Berlin und London beherbergen inzwischen große russische Gemeinden. Russische Musik, Malerei und Literatur sind fester Bestandteil europäischen Kulturguts. Nur eines mutet auch im zweiten Jahrzehnt des 21. Jahrhunderts noch fremd an: Die Macht des Staates und die Passivität der Gesellschaft.

Auch in Russland selbst war diese Differenz zum übrigen Europa stets bewusst. Sie fand ihren bis heute markantesten Ausdruck vor gut 90 Jahren in der Debatte um den Charakter Russlands. Diese spitzte sich damals auf die These von der eurasischen Gesellschaft zu: Russland als nicht nur auf zwei Kontinente verteiltes Imperium, sondern als Zusammengesetztes aus einer europäischen und einer asiatischen Kultur.[3] Diese These wird heute wieder eifrig diskutiert. Sie war aber stets umstritten und hat eine fundamentale Schwäche. Dem geographischen Hybriden Eurasien fehlt es an einer kulturellen Entsprechung. Die Werte und die Machtbilder, die in der russischen Geschichte gewirkt haben, lassen jede Gemeinsamkeit etwa mit der konfuzianischen Ethik und mit der buddhistischen Haltung zu Leben und Natur, wie wir sie in Ostasien antreffen, vermissen. Als Land in christlicher Tradition suchte das orthodoxe Russland seinen Platz neben dem katholischen und dem protestantischen Europa.

Wirtschaft und Gesellschaft sind in Russland so dicht reguliert wie in keinem anderen europäischen Land. Dennoch verfehlt Russland das Kriterium eines Rechtsstaates, wie er im übrigen Europa geläufig ist. Das Recht ist traditionell eher ein Mittel zum Zweck und biegsam in beide Richtungen. Jene, die es beschließen und anwenden, unterwerfen seine Geltung den Tagesbedürfnissen, heute so, morgen anders. Die anderen, die dem Recht gehorchen müssen, weichen ihm aus oder unterlaufen es durch die Bestechung der Staatsdiener. Beides ist alles andere als ein russisches Phänomen. Es findet sich teilweise auch an der

---

[3] Dmitry Shlapentokh: Dugin, Eurasianism, and Central Asia, in: Journal of Communist and Post-Communist Studies, 40. Jg. (2007), S. 143-156.

mediterranen Peripherie Europas, nur eben in den engeren Toleranzgrenzen, die durch die Zugehörigkeit zur Europäischen Union erzwungen werden.

Die europäische Identität Russlands weist Besonderheiten auf, die wir sonst nur noch in Ländern wie der Ukraine und Weißrussland antreffen, die Jahrhunderte lang zu Russland gehört haben: das orthodoxe Christentum und die Vorfahrt des Zwecks vor dem Mittel, der Macht vor dem Recht. Sie erklären sich aus der historischen Tatsache, dass Russland vor gut 700 Jahren an der östlichen Peripherie der europäischen Welt entstanden ist.

Die längst versunkenen Welten, in denen die Ursprünge Russlands liegen, sind außerhalb der Historikerzunft kaum geläufig. Die erste dieser Welten sind das byzantinische Reich und seine orthodoxe Kirche, die zweite das Handels- und Seefahrervolk der Waräger – bedeutungsgleich Normannen oder Wikinger – und die dritte die zentralasiatischen Steppenvölker.

1.1 Die Ursprünge Russlands an der Peripherie der europäischen Welt

1.1.1 Byzanz

Beginnend mit Kaiser Konstantin I. (306-337) und endgültig mit Kaiser Justinian (379-395) wurde das Christentum im Römischen Reich zur Staatsreligion. Das Reich war zu diesem Zeitpunkt deutlich überdehnt. Seine Lenkung von Rom aus überforderte die administrativen Möglichkeiten der Epoche. Schon im 3. Jahrhundert experimentierte Rom mit einem System von Ober- und Unterkaisern, um das weitläufige Reich besser zu beherrschen und insbesondere die Gefahr zu bannen, dass sich die Heereskommandeure in den entlegenen Provinzen verselbständigten. Am Ende blieb nichts anderes übrig, als die administrative Reichseinheit doch aufzugeben. Aus der Teilung des Römischen Reiches in eine West- und Osthälfte entstand im Jahr 395 das Reich von Byzanz (Ostrom). Die Teilung war zunächst lediglich als eine verwaltungspraktische Maßnahme gedacht. Tatsächlich entwickelten sich beide Reichsteile unaufhaltsam in verschiedene Richtungen.

Die Autorität des Westkaisers ging bald verloren, und es dauerte lange, bis sie wiederhergestellt wurde. Im Osten hingegen war die Autorität des Kaisers nie umstritten. Es entstand ein Reichsgebilde, das nach den Maßstäben der Zeit eine hohe administrative Qualität besaß. Seit dem 7. Jahrhundert bürgerte sich für Ostrom der Name Byzanz ein. Die Teilungsgrenzen des Reiches verliefen entlang den Sprachgrenzen des Griechischen als Lingua franca auf dem Balkan, in Anatolien und in Palästina sowie des Lateinischen in der gleichen Funktion im weströmischen Raum. Zunächst vollzog sich die Teilung nur im politischadministrativen Bereich. Die Römische Kirche überwölbte West- und Ostrom. Um die erste Jahrtausendwende holte die Spaltung auch die Kirche ein. Sie hatte kulturelle, aber auch politische Gründe.

Der römische Kaiser Konstantin hatte bereits im Jahr 330 – noch vor der Reichsteilung – seinen Sitz in das nach ihm benannte Konstantinopel verlegt. Der Bischof von Rom, aus dem später die Figur des Papstes hervorgehen sollte, war damals noch lediglich ein Bischof unter vielen. Im Lauf der Zeit verstand er sich aber immer mehr als Haupt der Kirche. Unter anderem an diesem Anspruch trennten sich die Wege der westlichen und der östlichen Christenheit. Seit der Antike war Griechisch die Verkehrssprache des Mittelmeerraumes. Das frühe Christentum bediente sich noch des Griechischen als Kirchensprache. Im Laufe der Zeit wurde es vom Lateinischen eingeholt und überrundet. Das Griechische war die Sprache des Handels, der Wissenschaft und der Literatur. Das Lateinische hingegen war ursprünglich das kulturelle Medium eines Imperiums, das schon lange vor der Verbreitung des Christentums nahezu die gesamte antike Welt umspannte.[4]

Rom verdankte seine Leistungen dem Fundament intakter Institutionen, insbesondere dem im gesamten Reich geltenden Recht, der Verwaltung und der Armee. Allesamt arbeiteten sie mit dem Lateinischen als Schrift-, Befehls- und Rechtssprache. Damit entstanden für die Herrschaftsunterworfenen Anreize, sich an die lateinische Sprache und Kultur zu assimilieren. Wo die lateinische Reichssprache indes mit der Sprache der starken griechischen Zivilisation konkurrierte, geriet sie im gesellschaftlichen Alltag ins Hintertreffen. Dies war im Wesentlichen im ägäischen Raum, in Kleinasien, in der Schwarzmeerregion und auf dem Balkan, also in Ostrom der Fall.

Im Unterschied zu Byzanz verlor das weströmische Reich den zentralistischen Charakter eines Imperium Romanum. Nachfolgekämpfe lähmten die kaiserliche Autorität, das Amt des Kaisers wurde zum Zankobjekt rivalisierender Heerführer, viele darunter mit einer Hausmacht in den entlegenen Grenzprovinzen. Der Westkaiser verlor seine Macht allmählich an die zum Christentum konvertierten Fürsten des östlichen Rheinufers und nördlich der Alpen. Diese neuen Mächte im weströmischen Reich arbeiteten gegeneinander, sie bildeten Koalitionen, führten Kriege und vergrößerten ihre Herrschaftsbereiche durch Eroberung und Heiratspolitik. Der Kaisertitel zählte immer weniger, er verkam zum Gunsterweis des Papstes. Irgendwann wurde er überhaupt nicht mehr vergeben. Um das Jahr 800 sollte er mit dem fränkischen König Karl (747-814) wieder aufleben.

---

[4] Dazu und im Folgenden Franz Georg Maier: Die Verwandlung der Mittelmeerwelt, Fischer Weltgeschichte, Bd. 9, Frankfurt/M. 1968, S. 117ff., 141ff.

Den universalen Herrschaftsanspruch der römischen Kaiser vermochten aber auch Kaiser Karl und seine Nachfolger nicht mehr einzulösen. In der Kirche vollzog sich eine gegenläufige Entwicklung. Der wachsende kirchliche Zentralismus setzte einen Kontrapunkt zur Zersplitterung der politischen Macht im Westreich. Zunächst wurde der Bischof von Rom von den weströmischen Bischöfen als Erster unter Gleichen anerkannt. Dann reklamierte der römische Bischof die Stellung eines Kirchenoberhauptes. Die Entwicklung gipfelte in der Herausbildung des Papsttums, in der Abwertung kollektiver Organe (Konzile) und in einer strikten geistlichen Hierarchie. Doch alle Herrscher des Westreiches, die letztlich den Kaiser des Westreiches als politische Autorität ablösten, erkannten den Bischof von Rom als geistliches Oberhaupt an. Der Papst fasste im Verein mit den lateinischen Bischöfen den christlichen Glauben in Rechtssätze, die der Tradition des römischen Rechts entlehnt waren. Die lateinische Kultur war die Ausdrucksform des geistlichen Imperiums.

Im Ostreich hingegen wurde der Papst nicht anerkannt. Dort bestand man auf der traditionellen Gleichheit der Kirchenprovinzen und der Kirchenoberen. Die synodale Struktur der griechischen Kirche und ihre Anerkennung der kaiserlichen Autorität auch in Belangen der Kirche vertrugen sich nicht mit der Struktur der (west)römischen Kirche.

Dem Westreich war Byzanz zivilisatorisch und ökonomisch überlegen. Allein die politisch-religiösen Umwälzungen im Orient wurden ihm zum Verhängnis. Während Rom mit der Christianisierung der Kelten, Germanen, Slawen und Normannen im nördlichen Europa als Ort politischer Macht verfiel, gewann die römische Kirche mit der territorialen Expansion des Christentums an Bedeutung. Die griechische Kirche aber geriet gegenüber der Schwesterkirche ins Hintertreffen. Ihre Bedeutung schrumpfte mit dem Niedergang des Byzantinischen Reiches. Die rasche Verbreitung der neuen und dynamischen Religion des Islam wurde ihr zum Verhängnis. Schon wenige Jahrzehnte nach Verkündigung der neuen Religion durch den Propheten Mohammed im Jahr 622 christlicher Zeitrechnung drangen muslimische Heere bis an die Grenzen Kleinasiens vor.

Das Ideal der Ostkirche war die Symphonie, der Gleichklang von weltlicher und geistlicher Macht – gleichbedeutend mit der Anerkennung der Autorität des Kaisers in weltlichen Dingen.

Im Westreich beanspruchte demgegenüber der Papst den Vorrang vor der weltlichen Herrschaft. Die Herrscher im Westreich taten sich nicht leicht, diesen Anspruch zu akzeptieren. Dies galt namentlich für die deutschen Wahlkönige. Das Kräftemessen zwischen Papst und Königtum sollte bis ins hohe Mittelalter die politischen Entwicklungen im Westen und in der Mitte Europas bestimmen.

Der Kaiser von Byzanz verdankte seine Macht der Akklamation der Heerführer, der Stadtbürger und der Metropoliten. In einem undurchschaubaren Spiel von Intrigen entschied letztlich das Heer, ob ein Kaiser durch Mord aus dem Verkehr gezogen wurde und wer nach seinem Ableben die Nachfolge antrat. War ein Kandidat gefunden, brauchte er nur noch den als Formalie angesehenen Segen des Patriarchen in Konstantinopel, und er trat in seine Herrscherfunktion ein. An sich war dieser Kaiser mit unbegrenzter Macht ausgestattet.

Einen Adel, wie er sich im westlichen Europa entwickelte, der Mitregierungsrechte hätte beanspruchen können, gab es in Byzanz nicht.[5] Heerführer und hohe Beamte wurden für ihre Dienste mit Land und den darauf liegenden Dörfern entschädigt. Weil das von allen Seiten bedrängte Byzanz nach einiger Zeit nicht mehr expandierte, sondern vielmehr rapide schrumpfte, gab der Kaiser mit Landschenkungen wichtige Ressourcen aus der Hand. Doch Byzanz besaß alles in allem eine damals bewunderte Reichsverwaltung, die immer noch ein riesiges Gebiet beherrschte. Für die Untertanen gab es ein kodifiziertes Recht. Für das Regieren galten vor allem Konventionen, d.h. ungeschriebene Gesetze und Vernunftregeln, die eine gewisse Kontinuität und Berechenbarkeit erlaubten. Doch die byzantinische Gesamtordnung war starr, defensiv und schlecht dafür geeignet, ungewohnte Herausforderungen zu bewältigen.

Der äußeren Herausforderungen gab es zu viele, als dass Byzanz gegen sie hätte bestehen können. Während die Westkirche und die Gebiete der dem Papst huldigenden Könige und Fürsten expandierten, war Byzanz vor allem von der Sicherung seines stetig schrumpfenden Gebiets in Anspruch genommen. Die Aufwendungen für Reichsverwaltung und Armee begannen die bäuerliche Ressourcenbasis zu unterhöhlen. Zunächst das arabische Kalifat, später die Seldschuken und schließlich die Osmanen, deren Sultan das Kalifat übernahm, drückten nach der Jahrtausendwende auf die Grenzen im Süden und Osten, schließlich auch im Balkan. Sie pressten das einst ausgedehnte Reich von Byzanz am Ende auf ein Kleingebiet am Bosporus zusammen.

Allein die griechische Kirche verzeichnete bescheidene Erfolge. Zwar verlor sie mit Palästina und Kleinasien die Wiege des Christentums, aber sie fasste unter den slawischen Völkern des Balkan, in der heutigen Ukraine und bis weit hinauf ins heutige Russland Fuß. Die beiden Priester Method und Kyrill missionierten erfolgreich unter den Slawen. Mit ihrer dem Slawischen angepassten Bibelübersetzung hinterließen sie in der kyrillischen Schrift tiefe zivilisatorische Spuren. Die Herrschaftsgebilde von Kiew, Wladimir-Susdal und Nowgorod (siehe nächsten Abschnitt), die als Rus in die Geschichte eingehen sollten, waren Filialen des ostkirchlichen Christentums. Wenden wir uns jetzt diesem Phänomen der Rus zu.

---

[5] Jan Dhondt: Das frühe Mittelalter, Fischer-Weltgeschichte, Bd. 10, Frankfurt/M. 1968, S. 53ff., 233ff.

1.1.2 Die Waräger und die Rus

Stellen wir die historische Uhr wieder ein Stück zurück, um das Phänomen der Rus zu verstehen. Auch hier bietet es sich wieder an, eine gesamteuropäische Perspektive zu wählen. Im 9. Jahrhundert betraten skandinavische Völker die historische Bühne.[6] Sie wurden auch unter den Namen Wikinger, Normannen und Waräger bekannt. Ursprünglich an den Küsten des Nordens und an den Flussläufen Jütlands (Schlei, Eider) beheimatet, lebten sie von Fischerei, Handel und Seefahrt. Seemännisch und auch schiffbautechnisch weitaus tüchtiger als die südlicheren Völker des Kontinents, eroberten sie in raschen Aktionen ferne Küstenstriche, um dort zu plündern und Sklavenbeute zu machen, teils auch neue Handelsplätze einzurichten. Weil sie heidnisch waren, wurden sie von den christlichen Chronisten als brutal und blutrünstig dämonisiert. Tatsächlich waren sie kaum kriegerischer als die christlichen Fürsten, die der Frohen Botschaft mit Feuer und Schwert den Weg bereiteten. Durch ihr maritimes Können waren sie für den Broterwerb durch den Handel prädestiniert.

Die nachhaltigsten Eroberungen gelangen den Normannen in Sizilien und im südlichen Italien, ebenso in Nordfrankreich, wo sie eine Dauerherrschaft einrichteten und sich an fränkische Sprache und Kultur assimilierten (heutige Normandie). Von dort aus unterwarfen sie die Angelsachsen in England und etablierten sich dort als Herrenschicht. Auch in Russland gründeten die Normannen kleine Reiche. Seit der Expansion des Islam waren die mediterranen Handelswege nach Byzanz schwer beeinträchtigt. Das reiche Byzanz war aber immer noch der attraktivste Handelsplatz der europäischen Welt. Es lohnte deshalb, die Wege dorthin über Land zu erschließen.

Vom Ostseeraum aus operierten schwedische Wikinger – Waräger – entlang der großen Flüsse und ihrer Nebenarme im Gebiet der Ukraine und des späteren Russland. Auf diese Weise drangen sie in die Handels- und Kultursphäre des Byzantiner Reiches vor. An geeigneten Plätzen entlang der Handelswege ließen sie sich nieder. Sie eroberten die ostslawischen Völker im Umland und wandten sich, wie sie es überall taten, dem Kommerz zu. In ihren kleineren und größeren Herrschaftsgebieten stellten Waräger zunächst die Herrenschicht. Diese Gebiete erhielten nach dem Namen des Warägergeschlechts der Rurikiden – benannt nach dem Stammesfürsten Rurik (862-879) – den Namen Rus.[7] Die erste bedeutende Rus war die von Kiew. Die Rus reihten sich im östlichen Teil der damals bekannten Welt zu einer Handelskette zwischen Ostseeraum, Schwarzem Meer und Bosporus.

---

[6] Dhont, Das frühe Mittelalter, S. 18ff.
[7] Zu den Ursprüngen des Namens Manfred Alexander und Günther Stökl: Russische Geschichte. Von den Anfängen bis zur Gegenwart, 7. Aufl., Stuttgart 2009, S. 26ff.

Von Nowgorod im hohen Norden bis in die südlich gelegene Dnjepr-Region nahmen die Fürsten der Rus im Laufe der Zeit den christlichen Glauben in seiner griechischen bzw. orthodoxen Variante an. Besonders bedeutsam und mächtig war die Rus von Kiew. Sie entstand im 9. Jahrhundert und entwickelte sich zu einer Konföderation kleiner, über eine große Fläche verteilter Herrschaften, deren Häupter den Kiewer Herrscher als Ersten unter Gleichen anerkannten. Die wichtigsten Rus unter dem breiten Dach Kiews waren Nowgorod im Norden Russlands – die Ostseepforte für den Handel mit Kiew und Byzanz – und Wladimir-Susdal, das zur Keimzelle der späteren Moskauer Rus werden sollte.

Kiew wurde im Lauf der Zeit so mächtig, dass es zeitweise sogar den Krieg gegen Byzanz wagte und dieses zu schmerzhaften Konzessionen zu zwingen vermochte. In den Rus entstand durch Landschenkungen ein Adel: die Bojaren. Diese Bojaren hatten ihre Wurzeln in den freien warägischen Gefolgsleuten der Fürsten. Sie hatten Krieger zu stellen, wenn ein Heer aufgeboten wurde, oder sie mussten anderweitige Dienste für den Fürsten leisten. Das übertragene Land durften sie behalten und vererben. Sie behielten dieses Land auch dann, wenn sie in die Dienste eines anderen Fürsten wechselten. Als reiche und befehlsgewohnte Klasse bildeten sie den personellen Grundstock für die rudimentäre Verwaltung der Rus. Sie waren eine reine Dienstklasse. Der europäische Adel hatte demgegenüber ursprünglich nicht nur Besitz-, sondern vor allem Herrschaftsrechte, die mit seinem Besitz verbunden waren. Seine Herrschaftsrechte trat dieser Adel letztlich an Mächtigere ab, darunter an Kaiser und Könige. Im Austausch handelte er sich eine Mitsprache an der Fürstenherrschaft ein. Sie wurde in ständischen Vertretungen ausgeübt. In ähnlicher Weise bekamen auch Freie Städte und bischöfliche Herrscher für den Verzicht auf ihre Herrscherrechte einen Ausgleich in Gestalt ständischer Vertretungen, die ihnen eine Mitsprache einräumten. Aus diesen Ständen entwickelten sich im Laufe der Jahrhunderte Parlamente.

Die Bojaren hingegen hatten wie der byzantinische Adel lediglich ein Dienstprivileg und Eigentumsrechte, niemals jedoch Herrscherrechte. Bis in die Gegenwart bedeutsam: Hier beschritten Russland und das übrigen Europa eigene Wege. Etliche Rus, so auch diejenige von Kiew, praktizierten die Erbfolge im Senioritat, andere die Erbfolge auf den ältesten Sohn. Im Senioritat ging das Herrscheramt auf den ältesten Bruder des Fürsten über. Nach Wikingertradition sollte ein Erfahrener aus der Herrscherfamilie die Stafette übernehmen, kein unter Umständen noch unerfahrener Sohn. Die Kinder des verstorbenen Herrschers wurden mit Apanage entschädigt: Aus dem Besitz des Herrschers wurde ihnen Land – mit den darauf lebenden Bauern – zugeteilt, damit sie eine Lebensgrundlage hatten. Über dieses Land herrschten sie – im Unterschied zu den Bojaren, die bloß Landeigentümer waren – als Fürsten. Streit über Erbanteile und Thronfolgeansprüche waren unter den Senioritatsregeln notorisch. Er keimte vor allem zwischen Onkeln und Neffen auf. Neid, Intrigen und Illoyalität trieben üppige Blüten. Diese Umstände waren ein schlechter Boden für das Reifen stabiler Institutionen. Die Kiewer Rus ging deshalb um die Jahrtausendwende bei der Nachfolge ihres Herrschers zur Primogenitur über. Die übrigen Rus indes blieben in der Mehrheit beim Senioritat.

Die Kiewer Rus wurde zu einer Erfolgsgeschichte, weil sie rasch expandierte. Sie brauchte viel Land als Währung, in der treue Dienste ausgezahlt und Apanageansprüche befriedigt werden konnten. Das Ende dieser Rus kam rasch, als ihr Gebiet, beginnend im Jahr 1223, von den Mongolen überrannt wurde. Kiew schrumpfte dabei auf Kleinformat. Sein Zerfall hinterließ im Gebiet des heutigen Russland zahlreiche kleinere Fürstentümer. Sie mussten ihre schmalen Ressourcen fortan arg strapazieren, um den Tribut an die neuen mongolischen Oberherrscher zu entrichten. Damit kommen wir zur dritten historischen Quelle Russlands.

1.1.3 Die Tatarenherrschaft und die Moskauer Großfürsten

Die Turkvölker der zentralasiatischen Steppe, auch als Mongolen bekannt, darunter die für die russische Geschichte so bedeutsamen Tataren, lebten von jeher als Nomaden. Ihre Lebensweise barg typische Stammeskonflikte, meist über Weidegründe und Wasser. Auch Überfälle, um den Nachbarn Vieh abzujagen und Arbeitssklaven zu erbeuten, gehörten zum Alltag. Im Grenzraum zu sesshaften Stämmen kamen Beutezüge hinzu. Krieg war nicht das Hauptgeschäft der Nomaden, lediglich eine Methode unter anderen zum Überleben in einer kargen Natur. Ähnlich wie die Wikinger/Waräger westlich des Ural betätigten sich die Mongolenstämme auch im Handel.[8]

Dem Mongolenfürsten Dschingis Khan gelang es um das Jahr 1200, zahlreiche Stämme unter seiner Führung zu vereinigen. Wie bei anderen Nomadenvölkern gingen Viehzucht und militärische Fertigkeiten Hand in Hand. Indem sich der große Khan die hochmobile Lebensart der Steppenvölker zunutze machte, baute er eine schlagkräftige und disziplinierte kavalleristische Truppe auf. Ihr waren die Bauernkrieger und gepanzerten Ritterhaufen der damaligen Zeit nicht gewachsen. Militärische Kapazität war für das mongolische Großreich eine Überlebensfrage. Die vereinigten Stämme wandten sich der Eroberung benachbarter Reiche zu. Die Ressourcen der Steppe selbst reichten nicht aus, um eine große Hofhaltung, Verwaltung und Kampftruppen zu bestreiten. Ihre Kampfkraft

---

[8] Zum Folgenden Gavin Hambly: Zentralasien. Fischer-Weltgeschichte, Bd. 16, Frankfurt/M. 1966, S. 98ff.

verschaffte den Mongolen so große Vorteile, dass sie in atemberaubend kurzer Zeit gewaltige Distanzen überwanden. Zunächst fielen sie in China ein, später wandten sie sich gen Westen.

Mit ihren Eroberungen gedachten die Mongolen keineswegs zur sesshaften Lebensweise überzugehen. Die von Flüssen durchzogenen chinesischen Ebenen waren für die nomadische Lebensweise ungeeignet. China war zu groß und zu dicht bevölkert, um es beherrschen zu können. Hier hielt es die Stämme nicht lange. Nach dem Tode des Khans zerfiel das riesenhafte Reich in Teilherrschaften.

Die Expansion aber ging weiter. Die Mongolenstämme der Goldenen Horde, von denen in der Historiographie dann schließlich als Tataren die Rede ist, eroberten in der Mitte des 13. Jahrhunderts, etwa zur gleichen Zeit, da sich die Steppenvölker aus China zurückzogen, die Waldgebiete des heutigen Russland und die Ebenen der heutigen Ukraine und Polens. Die Tataren richteten keine ständigen Besatzungen ein. Vielmehr begnügten sie sich damit, die unterworfenen Völker von festen Plätzen aus mit Patrouillen und Razzien daran zu erinnern, wer das Sagen hatte. Von den unterworfenen Fürsten verlangten sie einen in Geld zu entrichtenden Tribut. Das Geld wiederum schuf neue Arten des Broterwerbs. Der Verwaltungsmittelpunkt der Goldenen Horde befand sich in Sarai an der unteren Wolga. Dort entstand eine große feste Stadt. Ein effizientes Meldewesen und Verwaltungsämter statteten das Tatarenimperium mit einer stabilen Infrastruktur aus.

Die Herrschaftspraxis der Tataren war denkbar einfach. Der Wille des Khans war Gesetz, an keinerlei Regeln und Brauch gebunden. Unberechenbarkeit, Sprunghaftigkeit, Gunst, aber auch Grausamkeit – dies alles ließ es Untertanen, Stammesführer und Tributpflichtige geraten erscheinen, Gehorsam zu üben, Intrigen zu meiden und nicht zu widersprechen. Ab dem 13. Jahrhundert wandte sich die Horde nach Westen. Sie eroberte die Kiewer Rus und die slawischen Stämme im Gebiet des heutigen Polen.

Die Fürsten der von den Tataren eroberten Rus durften weiterhin herrschen, waren fortan aber tributpflichtig. Ferner wurde ihnen ein tatarischer Aufseher an die Seite gestellt. Schließlich wurden Prinzen aus der Fürstenfamilie als Unterpfand für die Loyalität der Fürsten gezwungen, am Hof des Khans zu leben.

An diesem Punkt verschmilzt das historische Erbe der Rus mit der Herrschaftserfahrung unter den Tataren. Solange der Tribut gezahlt wurde, durften die Fürsten nach Belieben walten. Nun, da die Klammer der Kiewer Rus nicht mehr existierte, lebten zwischen den übrigen Rus Kriege auf. Zu den traditionellen Belastungen der Rus-Ökonomie, die aus den Apanagen und der Beschäftigung der Bojaren entstanden, trat nun auch noch der Tribut hinzu. Die kargen Böden und die langen Winter im Gebiet der nördlichen Rus erlaubten keine ertragreichen Ernten. Die Abgabenlast traf am härtesten die Bauern. Viele darunter flohen aus ihren Rus, um außerhalb der Reichweite ihrer Herren eine neue Existenz zu gründen, sei es als Bauern oder als Banditen. Teils integrierten sie sich auch in die Völker außerhalb der Rus. Sie legten damit die Keime für das Kosakentum, die Wehrbauern in den späteren russischen Grenzgebieten.

Die einzige Ressource, die den Herrschern der Rus Entlastung vom Tribut versprach, war abermals Raum. Erobertes Land kam barer Münze gleich. Es erleichterte es, die Vermögensansprüche der Fürstenerben und ihrer Dienstleute zu befriedigen.

Bei den bedeutendsten Rus, die nach dem Niedergang Kiews übrig blieben, handelte es sich um das erst im Jahr 1108 gegründete Wladimir-Susdal und Nowgorod. Letzteres war eine der ältesten Stadtgründungen der warägischen Eroberer. Es erreichte ebenfalls im 12. Jahrhundert den Höhepunkt seiner Macht. Die Moskauer Rus gewann ihre Bedeutung aus dem Umstand, dass sich Menschen, die aus der Kiewer Rus geflohen waren, im entlegenen Nordosten niederließen. Gut hundert Jahre nach ihrer Gründung wurde auch die Moskauer Rus von den Tataren erobert (1280).

Die Rus laborierten in der Tatarenära weiterhin an ihren typischen Gebrechen (Erbstreitigkeiten, Bojarenprivilegien). Der Moskauer Fürst bot sich den Tataren als Juniorpartner an. Zwar selbst tributpflichtig, disziplinierte er aufsässige Nachbarfürsten und säumige Tributpflichtige. Die ursprünglich kleine Moskauer Rus gewann dadurch stetig an Macht.

Die Kontakte zum Tatarenkhan gestalteten sich dank der Moskauer Komplizenschaft enger, als es das bloße Pflichtprogramm eines eroberten Volkes verlangte. Die tatarische Herrschaftspraxis wurde allmählich auf das eigene Gebiet kopiert.[9] Die Doppelrolle Moskaus als Vasallenstaat und Partner der Goldenen Horde verschaffte den Moskauer Fürsten große Vorteile. Die Moskauer genossen größere Freiheiten und blieben weitgehend von den exemplarischen Strafen und Zerstörungen verschont, mit denen die Tataren daran zu erinnern pflegten, wer Herr im Hause war. Die Moskauer Fürsten lernten aus den Schwächen der übrigen Rus. Nachfolger des regierenden Fürsten wurde stets der älteste Sohn. Apanagen an die Geschwister wurden nicht vergeben. Auch Sprösslinge der Fürstenfamilie durften sich vor drakonischen Strafen nicht sicher sein, wenn sie gegen den Regenten konspirierten. Letztlich blieben allein noch die Bojaren mit ihren Privilegien, die der Allmacht des Herrschers ein Stück entzogen waren. Die Grundlage ihrer Stellung waren wie in der Vergangenheit Ländereien mit den dazu gehörenden – leibeigenen – Bauern und Dörfern.

---

[9] Isabel de Madariaga: Ivan the Terrible: First Czar of Russia, New Haven 2006, S. 7; Stefan Hedlund: Russian Path Dependence, New York 2005, S. 83.

Das Zusammenwirken dieser Faktoren verschaffte den Moskauern eine solche Überlegenheit vor den anderen Rus, dass sie auch als Eroberer erfolgreich waren. Sie arrondierten ihre Herrschaft mit der Übernahme anderer Fürstentümer in der Nachbarschaft. Immer misstrauischer beäugt von den tatarischen Overlords, wuchs Moskau unter den russischen Vasallenstaaten in die Rolle einer hegemonialen Macht. Dazu trug auch bei, dass sich die Macht der Horde allmählich erschöpfte.

Die westlichen Eroberungen der Goldenen Horde endeten 1241 nach einer Konfrontation mit den Fürstenheeren Europas nahe der Oder in Niederschlesien. Die logistischen Grenzen der Expansion waren dort erreicht, und auch dort mussten die Tataren bald vor dem rasch expandierenden litauischen Reich zurückweichen, das bereits im 14. Jahrhundert (1320-65) Kiew eroberte. Schritt für Schritt kehrte sich im 14. und 15. Jahrhundert das Verhältnis von Senior- und Juniorpartner um. Tatarenprinzen halfen keine zweihundert Jahre nach der Eroberung dem Moskauer Fürsten, der sich inzwischen als Großfürst titulierte, bei der Ausdehnung und Konsolidierung seines Herrschaftsgebiets. Nach einem letzten Kräftemessen mit Moskau endete die Tatarenherrschaft im Jahr 1480.

Werfen wir nun einen Blick auf das zweite bedeutende Herrschaftsgebilde nach dem Abstieg der Kiewer Rus. Die Nowgoroder Rus war nach der gleichnamigen Stadt benannt. Die Tataren verzichteten hier auf die Eroberung. Zu wichtig war die Rolle des Stadtstaates für den Handel mit der Ostseeregion. Die Horde begnügte sich hier damit, dass Nowgorod ihre Oberhoheit anerkannte. Dies fiel umso leichter, da die Tataren – wie auch in den übrigen Rus – die orthodoxe Kirche nicht behelligten. Die Stadt war das politische und ökonomische Zentrum eines großen Gebiets im russischen Nordosten. Dessen Zuschnitt wurde wie in den übrigen Rus hauptsächlich von Bojaren und Bauern bestimmt. Die Besonderheit war hier die Ausstrahlung hansestädtischer Tradition. Nowgorod war als Stadtrepublik verfasst. Die Bojaren, wozu hier auch reiche Kaufleute zählten, wählten Bischof und Fürsten. Letzterer hatte aber lediglich die Aufgabe, für den militärischen Schutz der Rus zu sorgen. Eine Vertreterversammlung der Stadtbürger traf die politischen Entscheidungen.

Nowgorod war in das Handelsnetz der Hanse eingebunden, obgleich es förmlich keine Hansestadt war. Es gehörte aber fest zum griechischen Zweig des Christentums, und es stand wie die Ostkirche insgesamt gegen die lateinische Kirche und damit in Opposition zu den europäischen Fürsten. Diese Fürsten eroberten den Ostseeraum und bahnten dort der lateinischen Kirche den Weg. Dem Nowgoroder Fürsten Alexander Newski (1236-1263), einem Heroen der frühen russischen Geschichte, war die Abwehr der katholischen Mächte (Schweden, Deutscher Orden) wichtiger als die Anerkennung der tatarischen Oberhoheit.

Viel ist darüber spekuliert worden, ob Nowgorod das Potenzial für ein Russland gehabt hätte, das kommerzieller, freier und dem Westen Europas stärker zugewandt gewesen wäre als Moskau. Hier ist der Wunsch der Vater des Gedankens. Auch die Nowgoroder Republik basierte auf der Arbeit unfreier Bauern, nur dass die Reichen hier eben nicht nur reich waren, sondern auch Macht besaßen. Für die Entfaltung von Handel und Wandel über die engere Stadt hinaus bot das im hohen Norden gelegene Nowgoroder Gebiet kaum bessere Möglichkeiten als Moskau. In einer Kraftprobe mit den letzten autonomen Herrschaftsgebieten in seiner weiteren Umgebung eroberte Moskau schließlich auch Nowgorod. Dabei zerstörte es symbolkräftig allen Statuszubehör der Kaufmannsrepublik. Mit der Eroberung Nowgorods im Jahr 1478 avancierte der Moskauer Großfürst zum Herrscher über Russland.

1.2 Die Moskauer Rus avanciert zum Russischen Reich

1.2.1 Auseinandersetzung um die Vorherrschaft im europäischen Osten

Dramatische Verschiebungen im östlichen Mittelmeerraum führten dazu, dass Moskau zum Schutzpatron der Ostkirche aufstieg. Während die Goldene Horde im Laufe der Zeit an Kraft verlor und ihren Griff auf die russischen Fürsten lockerte, wurde Byzanz in seinem anatolischen Kerngebiet von islamisierten Turkstämmen bedrängt. Die Seldschuken und die Osmanen waren mobil und kriegstüchtig, die byzantinischen Krieger hingegen schwache Gegner. Zur gleichen Zeit kam es zu großen Machtverschiebungen im europäischen Osten. Polen und Litauen vereinigten sich 1386 zunächst in Personalunion zu einem gemeinsamen Königreich katholischer Konfession. Die Union wurde 1569 zu einer staatsrechtlichen Vereinigung erweitert. Polen und Litauer vertrieben die Tataren aus Kiew und blickten bereits nach Nowgorod.

Zu Beginn des 15. Jahrhunderts schrumpfte das oströmische Reich unterdes auf die kleine Bosporusregion zusammen. Verzweifelt versuchte der byzantinische Kaiser, Verbündete zu finden. In dieser Notsituation wurden die konfessionellen Gegensätze heruntergeschraubt. Der Patriarch von Konstantinopel nahm Kontakt mit Rom auf. Konzile der römischen Kirche diskutierten 1433 und 1438 eine Kirchenunion.

Die Situation spaltete die Ostkirche. Die orthodoxen Bischöfe der Rus lehnten die Konstantinopeler Avancen in Richtung Rom ab. Byzanz, so kam darin zum Ausdruck, hatte dort, wo es nie geherrscht hatte, letztlich auch keine geistlich-kirchliche Autorität. Die große geographische Distanz zum Bosporus hatte ein Übriges dazu beigetragen, die russische Kirche von der griechischen Mutterkirche zu entfremden. Der Metropolit von Kiew, der nach der Tatareninvasion seinen Sitz nach Wladimir verlegt hatte, nahm seinen Sitz nunmehr im nicht allzu fernen Moskau.

Um 1500, nach dem Untergang von Byzanz, dem „Zweiten Rom", kam die These von Moskau als „Drittem Rom" auf. Der Moskauer Herrscher war jetzt der mächtigste orthodoxe Fürst, er wuchs in byzantinischer Tradition auch in die Rolle einer sakralen Figur hinein. Der Gebrauch des Zarentitels, der sich gegen Ende des 15. Jahrhunderts durchsetzte, brachte dies bald auch äußerlich zum Ausdruck. Moskau übernahm das byzantinische Hofritual. Der russische Doppeladler, heute wieder das Staatswappen, unterstreicht die Rolle des Kaisers als Herrscher und als Beschützer der Kirche.

Die Zaren herrschten so, wie es am deutlichsten und überspitzt in der Persönlichkeit Zar Iwans IV. (1547-1584), dem Schrecklichen (Iwan Grosny, eigentlich: der Strenge), zutage trat: kompromisslos, grausam und mit Zwang. Bereits Iwan erkannte, dass es wichtig war, unter den Reichen, Mächtigen und Gebildeten und nicht zuletzt unter den Verwandten des Herrschers Furcht vor den Launen und Verdächtigungen des Zaren zu säen. Als Rückversicherung, falls die abschreckende Wirkung nicht ausreichte, stellte Iwan die mit Feuerwaffen ausgerüstete Truppe der Strelitzen auf. Diese lebten mit ihren Familien in eigenen Moskauer Quartieren, wo sie auch mit Handel und Gewerbe ihr Geld verdienten. Den mit Hieb- und Stichwaffen ausgestatteten Bauernkriegern, welche die Bojaren bei Bedarf für den Kriegsdienst zu stellen hatten, waren sie haushoch überlegen.[10]

Noch war aber auch Iwan auf die Bojaren angewiesen. Die vornehmsten und reichsten Bojarenfamilien waren in der Duma vertreten. Sie berieten den Zaren in Regierungsangelegenheiten. Die Unentbehrlichkeit ihrer Dienste führte dazu, dass mächtige Bojaren ihre politische Ambitionen auslebten. Deshalb kam es immer wieder zu Streit unter den Bojaren, um sich als Ratgeber, Einflüsterer und Regierungsbeauftragte des Zaren zu positionieren. Die Bojaren lebten gefährlich; etliche zahlten für ihre Ambition mit dem Leben. Als Dienstklasse waren sie mangels Alternative unverzichtbar.

Der Erfolg bekräftigt die Methoden, die ihn begleiten. Diese triviale Erfahrung erklärt hier vieles. Die neue Rolle Moskaus als Zentrum der Ostkirche, ferner die in byzantinischer Tradition stehende Unterordnung der Kirche unter die Herrschaftsinteressen und schließlich der autokratische Herrschaftsmodus trugen das Russische Reich durch die nächsten Jahrhunderte.

Zunächst behauptete sich Russland, von dem nun statt von Moskau die Rede sein soll, gegen das Konkurrenzreich Polen-Litauen. Diesem nahm es bis

---

[10] Geoffrey Hosking: Russia and the Russians: A History, Cambridge 2001, S. 114.

1654 den größten Teil der Ukraine, darunter auch Kiew, ab. Russland wurde jetzt zum Mitspieler im europäischen Mächtekonzert. Schweden, Polen und Dänemark rangelten sich in dieser Zeit um die Vorherrschaft im Ostseeraum. Russland nutzte diese Händel und eignete sich ferner Teile des Baltikums an. Dann hatte es sich einer Invasion der Schweden zu erwehren, die zeitweise tief nach Russland vordrangen. Als 1709 auch dieser Feind bezwungen war, expandierte es in den nördlichen Schwarzmeerraum. Hier handelte es sich um eine leicht zu erobernde Gegend. Die Tataren waren als Macht erloschen und viele darunter zur bäuerlichen Lebensweise übergegangen.

Lebensmittelpunkt der Russen war die Dorfgemeinschaft. Dabei sollte es bis zum Ende der Zarenära bleiben. Hier gab es Vertrautheit und Zusammengehörigkeitsempfinden. Mächte, die von außen hereindrängten, ob als Tataren, Fürsten oder Zaren, wurden als bedrohlich empfunden.[11] Es war opportun zu gehorchen. Aus demselben Grund florierte das Ausweichen und Täuschen, um das Eindringen ferner Herrscher erträglich zu machen. Auch die Auswanderung bot einen Ausweg, ferner die Flucht und der Neuanfang in den eroberten Gebieten fern von Altrussland.

1.2.2 Russland wächst und tritt dennoch auf der Stelle

Im Jahr 1598 geriet Russland in eine schwere innere Krise, in das Chaos der so genannten Smuta, als es keinen legitimen Nachfolger für den verstorbenen Zaren Fjodor I. (1584-1598) gab. Er war der letzte Zar mit warägischen Wurzeln. In den Auseinandersetzungen um die Nachfolge zeigte sich, wie sehr das Herrschaftssystem bereits an die Person des Zaren gebunden war. Diese Krise wurde 1613 mit der Inthronisierung der Romanows als neue Herrscherdynastie bewältigt. Die Romanows, eine Bojarenfamilie, waren über eine Ehefrau Iwans IV. mit dem erloschenen Rurikidengeschlecht verbunden. Maßgeblich für diese Lösung des Nachfolgeproblems war die Beratung einer Ständeversammlung (Semski Sobor). Ihr gehörten Vertreter des Adels, der Städte und der Geistlichkeit an. Sie hatte üblicherweise lediglich beratende Funktionen.

Die Bojaren hatten in der Vergangenheit Land als Lohn für ihre Dienste erhalten. Mit dem Fortschreiten der Eroberungen mangelte es nicht daran.[12] Bereits Iwan IV. hatte die Bojaren aber in die Schranken gewiesen.[13] Von der territorialen Ausdehnung des Reiches profitierten die Bojaren schon nicht mehr, weil jetzt der Zar selbst seine Hand auf die eroberten Gebiete legte. Die Zeit der Land-

---

[11] Ebd., S. 17f.
[12] Hedlund: Russian Path Dependence, S. 93ff.
[13] Ebd.

schenkungen für geleistete Dienste lief ab. Iwans Nachfolger gingen auch dazu über, die Ämter des Fürstentums vereinzelt nach Befähigung, nicht nach Standeszugehörigkeit zu besetzen. Zar Peter I. (1682-1725) entschloss sich, diesen Stand zu entrechten. Bojarenland ging in den Besitz des Herrschers über.

Politisch weitaus gefährlicher als die Bojaren wurde mit der Zeit das Biotop der Hauptstadt. Die Geschichte der Zaren war bereits von Machtkämpfen, Intrigen und Anfechtung der Thronrechte gesäumt. An Enttäuschten und Unzufriedenen war kein Mangel. Misstrauen war Trumpf. Vor diesem Hintergrund reifte ein zunächst noch primitives Spitzel- und Polizeisystem, um rechtzeitig Gefahren für den Herrscher auszuspähen. Auf Gerüchte und Verdächtigungen der Verschwörung und Rebellion folgten wahllose Anschuldigung und Verhaftung. Hier stoßen wir auf eine weitere Konstante in der russischen Herrschaftspraxis, polizeiliche Kontrolle und Überwachung, die in vielfach modifizierter Gestalt bis in die Gegenwart durchträgt.

Ein zweites Merkmal des frühen Russland, das sich über Jahrhunderte halten sollte, war die Bedeutung des Raumes. Russland brauchte Platz. Dabei spielten verschiedene Faktoren zusammen. Die Attacken der Polen und Schweden lehrten, dass es gut für Russland war, seine Grenzen möglichst weit nach Westen auszudehnen. Es hatte hier mit technologisch überlegenen Mächten zu tun. Die Tataren wurden teils sesshaft, teils zogen sie sich in die Steppe zurück. Von dort ging keine Bedrohung mehr aus. Die Osmanen verbissen sich noch in letzte Versuche, über den Balkan hinaus in Mitteleuropa Fuß zu fassen (letzte Belagerung Wiens im Jahr 1683).

In der ursprünglichen Heimat der Russen herrschte Armut. Das Klima mit seinen langen Wintern und die Umgebung von Wäldern, Sümpfen und Mooren standen einer Agrarwirtschaft entgegen, die für mehr als das blanke Überleben taugte. Die traditionelle, an diese ungünstigen Bedingungen angepassten Bewirtschaftung brachte bereits bessere Ernten, wenn sie nur in einem freundlicheren Klima und auf besseren Böden angewendet wurde. Dies war besonders im Schwarzerdegebiet Südrusslands der Fall. Dort ließen sich Bauern nieder, die der Armut ihrer kargen nordostrussischen Heimat entflohen. Solange immer weitere Gebiete im Süden und Südosten Russlands erschlossen wurden, entfiel für die Bauern auch der Anreiz, den Broterwerb im Handwerk zu suchen, im Handel und allgemein in den wenigen Städten. Auf dem niedrigen Stand der Bodenbewirtschaftung stellten die Bauern alles selbst her, was sie brauchten.

Kurz: Seit dem 17. Jahrhundert expandierte Russland, ohne dass die überwältigend große bäuerliche Masse der Bevölkerung ihre Lebens- und Wirtschaftsweise hätte ändern müssen.[14] Dies kam der Stabilität des Herrschaftssys-

---

[14] Ebd, S. 76.

tems entgegen. Wegen der Kosaken bedurfte es nicht einmal großer militärischer Veränderungen, um diese Expansion abzusichern: Diese Miliztruppe war eine hybride Struktur von Bauern, die in Dörfern der Grenzregion lebten und wirtschaftlich nützliche Privilegien genossen, daneben aber ihre militärische Bereitschaft pflegten und bei Bedarf als Kavalleriesoldaten eingesetzt wurden.

1.2.3 Modernisierung als Blaupause: Die petrinische Ära

Russland schottete sich in der geschilderten Epoche nach außen ab. Im europäischen Westen galt es als hoffnungslos rückständig, eher ein Stück Orient denn Bestandteil Europas. Obgleich es bereits dauerhafte Kontakte mit dem Westen gab und Ausländer willkommen waren, von denen nützliche Fertigkeiten übernommen werden konnten, blieben die Unterschiede zum übrigen Europa eklatant. Schon in der Kleidung, mit Kaftan, Pelzmützen, Stiefeln und wildem Bartwuchs unterschieden sich die Würdenträger des Reiches von ihren Pendants in Europa. Nach zeitgenössischen Maßstäben waren sie ungebildet und führten sich auf wie reiche Bauern. Dem in der Natur reichlich vorhandenen Baumaterial entsprechend bestanden die Städte aus Holzbauten, die Straßen waren nur schwer und jahreszeitlich überhaupt nicht passierbar, die allgemeine Weltkenntnis war gering. Schulen, geschweige denn Universitäten gab es nicht. Die Zaren kümmerte es nicht, solange alles in den gewohnten Bahnen blieb. Veränderungen waren nicht erwünscht. Das Herkömmliche galt als die beste Garantie für die Stabilität des Ganzen. Die Rückständigkeit mochte dem einen oder anderen aufstoßen. In der Logik der Autokratie konnten wirkliche Änderungen nur von oben kommen.

Der junge Zar Peter (1672-1725) nahm Anstoß am Zustand seines Landes. Inspiriert vom engen Kontakt mit der Europäerkolonie in Moskau, erfuhr er auf seinen Reisen nach Europa an der Wende zum 18. Jahrhundert hautnah, um wie viel weiter die Zivilisation dort vorangeschritten war. Er verfügte eine radikale Modernisierung. Zunächst setzte er bei Äußerlichkeiten an. Sie waren insofern bedeutsam, als sie symbolisch den Anschluss an den europäischen Westen signalisierten. Die Bojaren mussten ihre Bärte opfern. Kaftan, traditionelle Kopfbedeckung und Peitschen wurden ausrangiert. Der Adel wurde angewiesen, Französisch zu lernen, die Sprache der Mächtigen und Gebildeten Europas. Ganz ähnlich sollte zwei Jahrhunderte später Kemal Atatürk die heutige Türkei mit Bekleidungsvorschriften auf Distanz zur orientalischen Überlieferung zwingen.

Auch die Kirche kam auf ihre Kosten. Der Moskauer Patriarch Nikon hatte bereits 1658 Reformen durchgeführt. Sie zielten darauf ab, den in Russland gebräuchlichen Ritus zu revidieren, um ihn stärker in Einklang mit den griechischen Wurzeln der orthodoxen Kirche zu bringen. Die so genannten Altgläubigen widersetzten sich. Die russische Tradition galt hier als Ursprünglichkeit, die Reformen als sündhaftes Menschenwerk. Die Reformen zielten darauf ab, die Strahlkraft Moskaus in der orthodoxen Welt zu steigern. Die Altgläubigen sahen dahinter eine Komplizenschaft mit der weltlichen Macht des Zaren. Ihr Widerstand wurde gewaltsam bekämpft. Die Überlebenden zogen sich in die Einödgebiete des Reiches zurück. Zar Peter zog aus diesen Ereignissen die Lehre, das Patriarchat zu beseitigen. Es wurde durch die Heilige Synode ersetzt; sie war künftig die höchste geistliche Autorität der russisch-orthodoxen Kirche. Ihre Teilnehmer wurden vom Zaren bestimmt.

Die Bojaren verloren mit den Reformen Zar Peters ihr Privileg als Staatsdiener. Eine Verwaltung nach europäischen Vorbildern wurde ins Leben gerufen. An ihrer Spitze stand der Senat, eine dem schwedischen Staatsrat entlehnte Institution, bestehend aus hohen Beamten. Er hatte den Auftrag, Gesetze und Vorschriften für die Verwaltung des Reiches vorzuschlagen. Hohe Beamte erhielten qua Funktion den Adelstitel. Damit verbunden war die Übertragung von Ländereien, aus denen sie ihren Unterhalt bestreiten konnten. Offiziere stiegen nach Befähigung auf. Sie mussten zuvor in der Garde gedient haben, die eine Art Offiziersschule wurde. Viele dieser Maßnahmen waren Jahrzehnte zuvor durch eine informelle Praxis, die in dieselbe Richtung wies, vorbereitet worden. Mit Zar Peter wurden sie zum politischen Programm. Hier entstand ein reiner Dienstadel. Unter keinen Umständen sollte eine neue Bojarenklasse aufwachsen, die Reichtum und Rang unabhängig vom Dienst für den Zaren genießen sollte. Adel, hochgestelltes Staatspersonal und Grundbesitz gingen fortan zusammen. Minister und hohe Beamte verfügten über große Ländereien und die dort lebenden Bauern. Die Leibeigenschaft blieb erhalten. Die Adelsprivilegien war zunächst bloß geliehen, sie konnten vom Zaren wieder entzogen werden. Die Strelitzen, die mit den neuen Verhältnissen nicht einverstanden war, erhoben sich 1698 gegen den Zaren. Sie wurden von loyalen Truppen besiegt, ihre Krieger umgebracht.

In Petersburg entstand aus der Retorte eine neue Hauptstadt, ein Venedig im Nordosten Europas, der Ostsee zugewandt und Heimathafen einer russischen Marine, dem jüngsten Statussymbol einer europäischen großen Macht, wie es Großbritannien, Frankreich und Schweden besaßen.

Kurz: Zar Peter setzte das erste große Sozialingenieursprojekt der russischen Geschichte in die Welt.[15]

---

[15] Dazu und im Folgenden Carsten Goehrke, Manfred Hellmann, Richard Lorenz und Peter Seibert: Russland. Fischer-Weltgeschichte, Bd. 31, Frankfurt/M. 1972, S. 171ff.

Das Problem dabei: Dem Zaren fehlten die Russen, um diese Modernisierungsleistung zu erbringen. Bauern mochten in Zwangsarbeit schuften, um die erste komplett aus Stein erbaute russische Stadt auf die Beine zu stellen. Aber die Bauskizzen stammten von nicht-russischen Architekten. Russische Lehrer für Französisch, Mathematik und Geographie gab es nicht. Menschen mit diesen Fähigkeiten wurden ebenso aus dem Ausland angeworben wie Ärzte, Apotheker, Professoren, Nautiker und Offiziere der neuen Waffengattungen. Beamte und Offiziere mit deutschen und schwedischen Namen waren bis zum Ende des Zarenreiches neben den allmählich aufwachsenden russischen Spezialisten zahlreich in der russischen Staatselite vertreten. Die Wege zu Prestige und Einkommen führten über den Staatsdienst, der sich aus den eigenen Reihen erneuerte.

Die russischen Bauern blieben in das Dorf eingemauert. Sie erhielten keine Bildung und waren als unfreie Bauern darüber hinaus Arbeitssklaven, die mit dem Verkauf der Landgüter den Besitzer wechselten. Bauern, die nicht der Leibeigenschaft unterlagen, gehörten als Kronbauern (Staatsbauern) dem Zaren. Sie waren bei Bedarf zur Arbeit für die Verwaltung verpflichtet und lebten in Dorfgemeinschaft. Sie bearbeiteten zwar selbständig Land. Dieses Land gehörte ihnen aber nicht, es wurde in Abständen neu auf die Familien verteilt. Es gab also keinerlei Anreize für Innovation und Mehrleistung. Das Dorf war gleichzeitig die Hauptquelle für die Finanzierung der Staatsausgaben. Auch Kaufleute wurden besteuert. Durch die Steuerlast wurde der Staat auch in entlegenen Dörfern spürbar. Ausweichen und Täuschen, einst Überlebensstrategie unter fremden Eroberern, blieben lebendig, um das Leben erträglich zu machen.

Die Überwindung der Rückständigkeit Russlands ließ sich nicht von heute auf morgen und nicht in einer Generation bewältigen. Auch darf nicht übersehen werden, dass heute geläufige Kausalzusammenhänge von Bildungsmangel und technologischer Rückständigkeit damals selbst den klügeren Zeitgenossen nicht geläufig waren. Zar Peter reformierte, was sich realisieren ließ, und dies mit den Mitteln, die zur Verfügung standen: Befehl, Arbeitszwang und Einkauf von Know-how. Dadurch kamen Strukturen zustande, mochten sie in weiten Teilen auch bloß Fassade sein, die Russland in vieler Hinsicht auf den gleichen Stand brachten wie das bewunderte Westeuropa: Personal, das in Kleidung, Konversationsfähigkeit und in Erziehung europäischen Standard erreichte, eine schmucke Hauptstadt, Ämter, Uniformen, Vorschriften und diplomatisches Personal. In den Augen der Zeitgenossen genügte dies, um als kultiviertes Land zu gelten.

1.2.4 Die letzte Etappe des zaristischen Russland. Eine Staatsklasse übernimmt

Unter Zar Peters Nachfolgern weichte die Autokratie auf. In Russland entstand eine Staatsklasse. Auf dem Wege der Selbstrekrutierung verstetigte sich der Dienstadel. Er bildete fortan eine geschlossene Gesellschaft. Zaren, deren Verhalten der Würde und Größe Russlands widersprach, brachten sich unter Offizieren, Diplomaten und Beamten in Misskredit. Dieser Erwartungshorizont kostete Zar Peter III. (1742-1762) das Leben. Als Herrscher offenbar untauglich, fädelte seine Ehefrau, Zarin Katarina (1762-1796), mit Hilfe der Garde, der Palastwache, ein Komplott ein, um ihn zu inhaftieren. Aus dem Komplott wurde ein Mord. Die Zarin selbst trat die Nachfolge des Herrschers an. In Preußen geboren und aufgewachsen, erkannte sie schärfer als ihre Vorgänger die Schwächen des russischen Staates. Eine Verwaltungsreform wurde auf den Weg gebracht, das Staatsgebiet nunmehr einheitlich verwaltet. Der Adel war weiterhin privilegiert. Die Dienstpflicht wurde aber 1762 aufgehoben. Adlige erhielten das Recht, die als Dienstvergütung überlassenen Ländereien und Bauern auch ohne Gegenleistung im Staatsdienst zu behalten. Mit der Einführung eines Dienstsoldes wurde die Praxis der Landzuweisung für Beamte beendet.[16] Wechselnde Berater und Günstlinge fanden Zugang zur resoluten Herrscherin. Für ihre Dienste wurden sie mit der Schenkung von Ländereien belohnt. An diesen mangelte es mit den Eroberung neuer Gebiete im Süden und Osten des alten Russland nicht. Auf diese Weise dehnten sich die Leibeigenschaft und die prekäre Lage der Bauern auch auf Gegenden aus, welche diese Institution noch nicht kannten.

Die Adelsklasse, die als Ergebnis dieser Schritte heranreifte, war auf das Hauptstadtleben fixiert, die zweite Hauptstadt Moskau eingeschlossen, wo die Kinder der Adelsfamilien Gymnasien, Kadettenanstalten und Universitäten besuchten, um dann in den Staatsdienst einzutreten und standesgemäße Ehepartner zu finden. Die wenigsten Adligen waren gute Landwirte. Ihre Herrenhäuser selbst in den entlegenen Winkeln Russlands stopften sie mit allen Attributen städtischen Lebens voll, vom Piano über die Bibliothek bis hin zu Empfangssalon und Raucherzimmer. Etliche verschuldeten sich hoffnungslos, während die Erträge aus der Landwirtschaft stagnierten.[17] Im späteren 19. Jahrhundert kam noch die Mode der Bildungsreisen und Auslandskuren hinzu. Der Wohlfühlfaktor in Baden-Baden setzte Maßstäbe. Doch immerhin: In den Reihen dieser Staatsklasse gab es Kompetenz, wie sich in den napoleonischen Kriegen zeigte und bei der Erforschung und Besiedlung Sibiriens.

---

[16] Dazu und im Folgenden Hedlund: Russian Path Dependence, S. 195ff., 219ff.
[17] Dazu das Gesellschaftsporträt von Richard Pipes: Russland vor der Revolution. Staat und Gesellschaft im Zarenreich, München 1984.

Allmählich geriet das einfache Volk ins Visier des Zaren und seiner Umgebung. Zarin Katarina setzte auf den Demonstrationseffekt deutscher Bauern, die im Wolgagebiet angesiedelt wurden, um dort die Bodenbewirtschaftung zu verbessern. Sie galten zwar förmlich auch als Staatsbauern und lebten in restriktiven Dorfgemeinschaften, wurden aber von der Besteuerung und vom Militärdienst freigestellt. Hier und dort ließ der Staat auch Schulen gründen. Alle diese Versuche waren zaghaft. Sie berührten zu viele Interessen und hätten im größeren Maßstab auch nicht finanziert werden können. Nach wie vor waren Staatsbauern und Kaufleute das Rückgrat der Staatsfinanzen.

Zunächst noch im kleinen Maßstab, dann bis in das aufwachsende kleine Bürgertum hinein fassten moderne politische Ideen Fuß. Offiziere, die in den napoleonischen Kriegen bis nach Frankreich gelangt waren und dort liberale Ideen aufgenommen hatten, lehnten sich 1823 im so genannten Oktobristenaufstand gegen die Zarenherrschaft auf. Erfolg war ihnen nicht beschieden. Bis 1863 duldete Russland als letzter Staat Europas noch die Sklavenarbeit. Als die Leibeigenschaft aufgehoben wurde, gab es bloß ein weiteres Problem für den Landadel. Lehren für die Effektivierung des Landbaus wurden nicht daraus gezogen. Es blieb bei einer Geste, die Russland an der Oberfläche auf den gleichen Stand brachte wie die Nachbarländer, die denselben Schritt bereits früher getan hatten, und das war es.[18] Die nunmehr freien Bauern wurden in die Obhut der bestehenden Dorfgemeinschaft gegeben, die künftig mehr Münder zu stopfen und nach wie vor die Steuerlast zu tragen hatte. Die Armut in der Bauernschaft wuchs.

Anderswo in Europa wechselten durch Verstädterung und Industriearbeit frühere Bauern in neue Berufe und Klassen. In Russland war dies viel weniger der Fall. Zwar kamen in Moskau, in Petersburg und an einigen anderen Plätzen im Laufe des 19. Jahrhunderts Industrialisierungsprozesse in Gang. Beflügelt wurden sie von den Bedürfnissen der Militärmaschine und vom Eisenbahnbau, der mit der Erschließung Sibiriens und Zentralasiens an Bedeutung gewann. Neben dem russischen Staat waren die Investoren Ausländer, ja selbst die Ingenieure, da es in den einschlägigen Berufen kaum Russen gab. Diese Situation erinnert an Konstellationen, die sich heute im Vorderen Orient und in Afrika beobachten lassen: Staat und ausländisches Kapital als Eigner und Investoren, eine unproduktive Staatsklasse und eine Landwirtschaft, die auf die Erwirtschaftung von Steuern und Exporterlösen ausgelegt ist. Auch darin war die Situation ähnlich, dass das Bildungssystem nicht auf ökonomisch verwertbare Fähigkeiten ausgelegt war. Das berufliche Standardideal war die Beschäftigung als hoher

---

[18] Stefan Hedlund: Vladmir the Great, Grand Prince of Muscovy: Resurrecting the Russian Service State, in: Europe-Asia Studies, 58. Jg. (2006), S. 788.

Beamter oder Offizier, aber nicht das Tüfteln und Geldverdienen an Dingen mit Gebrauchswert. Für eine florierende Konsumgüterindustrie, wie sie im 19. Jahrhundert in Großbritannien, Frankreich und Deutschland entstand, gab es keinen Markt. Die große Mehrheit der Russen hatte kein Geld, und für die Wenigen, die Geld hatten, war der erwartbare Absatz zu gering. Folglich wurde importiert, was in West- und Mitteleuropa in großer Stückzahl und deshalb kostengünstig hergestellt wurde.

Wer in der kleinen Studentenschaft nicht auf Staatsdienst, Lehrberuf, Arztpraxis oder Anwaltskanzlei blickte, hatte größere Dinge im Kopf als das Kleinklein des Geldverdienens mit dem Erfinden und Verkaufen von Produkten an Krethi und Plethi. Pädagogen und Philosophiestudenten hingen an großen Ideen, wie viele Intellektuelle im übrigen Europa auch. Eine unsichere Zukunft vor Augen, gedachten sie ihre Ideale nicht durch die Komplizenschaft mit einem korrupten Staat zu kompromittieren. Sie waren der Nährboden für Revolutionäre, die unter den Arbeitern der wenigen Industriezentren agitierten und den verhassten Staat mit Attentaten auf den Zaren und Vertreter der Autokratie bekämpften. Das Regime antwortete mit einem dicht gewobenen Netz von Geheimpolizei und Spitzeln.

Stoff für Empörung und das Verlangen nach radikaler Remedur bot die russische Gesellschaft in Hülle und Fülle. Um die Wende zum 20. Jahrhundert hielten Bauern und Arbeiter ihre Unzufriedenheit immer weniger zurück. Zu den miserablen Lebensverhältnissen gesellten sich jetzt noch Krieg im Fernen Osten (Russisch-Japanischer Krieg, 1905) und Hungersnöte hinzu. Die Generalprobe für die große Revolution im Ersten Weltkrieg fand 1905 in Petersburg und Moskau statt. Das Rückgrat dieser Revolution waren Industriearbeiter. Selbst auf dem Lande kam es hier und dort zu Gewalttätigkeiten der Bauern gegen die adligen Grundbesitzer. Die Ereignisse endeten mit dem Einknicken des Zarenregimes vor dem Verlangen nach Verfassung und Parlament.[19] Viel sollte sich für die Masse der russischen Menschen damit nicht ändern. Der einzige Profiteur dieser Veränderungen war das kleine russische Bürgertum. Es wollte politisch mitbestimmen, die Dinge aber keineswegs grundlegend ändern (Dreiklassenwahlrecht). Regierungschef Pjotr Stolypin erkannte, dass allein die Lösung der Agrarfrage Abhilfe versprach. Die Bauern sollten aus der Steuerpflicht entlassen werden, um die Voraussetzung für das Entstehen eines bäuerlichen Mittelstands herzustellen. Doch im Jahr 1911 kam seine Idee zu spät, zumal sie von den konservativen Kreisen am Zarenhof abgelehnt wurde.

---

[19] Adam B. Ulam: Russlands gescheiterte Revolutionen. Von den Dekabristen bis zu den Dissidenten, München und Zürich 1981.

Dies alles zeigt, dass die Autokratie ihren Biss Stück für Stück verlor. Sie blieb das reaktionärste System unter den europäischen Staaten. Aber dieses System wandelte sich im 19. Jahrhundert zur Oligarchie. Der Zar wurde abhängig von bürokratischen und Klasseninteressen. Diese aber verhinderten, dass der Wille des Autokraten im Guten wie im Schlechten durchgesetzt wurde. In diesem Prozess gab es auch positive Aspekte. Die Rechtstaatlichkeit schlug zarte Wurzeln. Andersdenkende wurden nicht gleich umgebracht, weil sie die herrschende Ordnung attackierten. Die späteren marxistischen Totengräber des Regimes wurden in aller Regel ins ferne Sibirien verbannt, wo sie sich frei bewegen und nach Lust und Laune Bücher und Traktate lesen durften, um bei nächster Gelegenheit mit Hilfe der einheimischen Bevölkerung und vertrauensvoller Genossen in den Untergrund zurückzukehren oder die Freiheit eines Exils in malerischer Münchner und Zürcher Umgebung zu genießen.

1.3 Russland im Gewand der Sowjetunion

1.3.1 Nach der Revolution: Stalins Sozialingenieursprojekt

Hier soll nicht die Geschichte der Oktoberrevolution erzählt werden. Es mag der Hinweis genügen, dass sie das Ergebnis vieler Ursachen war, vor allem der Überforderung des zaristischen Systems durch den Ersten Weltkrieg: Hunger und Elend gerade dort, wo es für Russland insgesamt untypische Metropolen und eine mobilisierbare Arbeiterschaft gab, ferner Revolutionäre, die ihre historische Chance erkannten und nutzten, und schließlich auch die Erkenntnis der westlichen Verbündeten, die Ereignisse in Russland würden den Sieg über die Achsenmächte nicht gefährden.[20]

Durch die Kriegsmüdigkeit der bäuerlichen Soldaten gewann die Revolution überhaupt erst die Bedeutung einer Initialzündung für den Zusammenbruch der Staatsautorität. Die Revolution ereignete sich 1917 zunächst allein in der Hauptstadt. Sie griff dann aber in Massendesertionen und mit der Unterstellung von Fronttruppen unter das Kommando der „Roten" auf die Landgebiete über. Die Revolution und ein langer, bis 1922 während Bürgerkrieg, der auch im Kaukasus und in Sibirien geführt wurde, löschten das zaristische Russland aus. Sofern der Adel nicht emigrierte, verschliss er sich an der Seite der antirevolutionären „Weißen" im Bürgerkrieg.

---

[20] Richard Lorenz (Hrsg.): Revolution 1917, München 1981; Dietrich Geyer: Die Russische Revolution, Göttingen 1968.

Die Kamarillaherrschaft des späteren Zarenregimes wurde von der Herrschaft der Kommunistischen Partei abgelöst. Marxistische Intellektuelle gaben dem Land künftig die Richtung vor. Sie setzten sich an die Spitzen der Verwaltung. Mit dem Sieg der bolschewistischen Funktionäre und mit Gründung der Sowjetunion vollzog sich ein kultureller Bruch. Der Atheismus löste die Staatsreligion ab. Politische Vorgänge wurden künftig in einem deterministischen Deutungsrahmen bewertet und erklärt. Der Marxismus-Leninismus setzte die Parameter der politischen Sprache und bestimmte die politischen Optionen.

Die Revolution wurde vorerst lediglich als Auftakt zu einer mit Gewissheit erwarteten Weltrevolution verstanden. Bis dahin blieb die Frage, was mit der Macht in Russland anzufangen sei. Nach der marxistischen Theorie steckte es noch tief im Feudalismus. Es hatte noch gar nicht die Phase des Kapitalismus erreicht, die nach marxistischer Auffassung von der Gesetzmäßigkeit der gesellschaftlichen Entwicklung der Herrschaft des Proletariats vorausgehen muss. Ein Teil der Parteiführung, darunter prominent Leo Trotzki, setzte auf die permanente Revolution, das revolutionäre Zündeln und die Unterstützung kommunistischer Aufstände überall in der Welt, um aus dem singulären russischen Revolutionsereignis einen Flächenbrand entstehen zu lassen.

Als sich abzeichnete, dass der revolutionäre Elan in den hochkapitalistischen Ländern lahmte, entschied sich die sowjetische Elite, in Russland selbst den Leuchtturm einer neuen Gesellschaft zu errichten. Es galt die arbeitenden Massen in der übrigen Welt mit einem plastischen Vorbild anzufeuern und den Willen zu wecken, es der neuen Gesellschaft gleichzutun. Dabei stießen die Führer des Sowjetsystems auf das Grundproblem aus der vorrevolutionären Vergangenheit Russlands: die Tatsache ökonomischer Rückständigkeit und einer weit überwiegend bäuerlichen Bevölkerung.

Lenin war der wichtigste ideologische Impulsgeber und politische Führer des jungen Sowjetstaates. Nach seinem Tod im Jahr 1924 entbrannte eine heftige Diskussion, welcher Weg angemessener sei, die rückständige russische Gesellschaft überhaupt auf den gleichen technologischen Stand zu bringen wie die kapitalistischen Konkurrenzgesellschaften: Anreiz oder Zwang? In einer berühmt gewordenen Debatte um die Industrialisierung plädierten die Moderaten dafür, die Kaufkraft der Bauern zu stärken, durch deren Nachfrage die Industrieproduktion anzukurbeln und durch den so geweckten größeren Bedarf an Industriearbeitern die Menschen vom Land in die Städte zu holen – dies alles mit dem Ziel, aus konservativen, in und von der Natur lebenden Landmenschen qualifizierte und disziplinierte Glieder einer technischen Zivilisation zu machen.[21]

---

[21] Dazu und im Folgenden Alexander Erlich: Die Industrialisierungsdebatte in der Sowjetunion, 1924-1928, Nördlingen 1971.

Die Radikalen hielten diesem Plan entgegen, dies alles dauere viel zu lange. Es gelte die junge, schwache Sowjetunion, die von kapitalistischen Feinden umgeben sei, so rasch wie möglich mit technischer Infrastruktur auszustatten und sie verteidigungsfähig zu machen. Deshalb müsse vor allem die Schwerindustrie gefördert werden. Dies lasse sich aber nicht mit Anreizen und im Einklang mit den Interessen der bäuerlichen Produzenten erledigen. Vielmehr hatten die Bauern als selbständig wirtschaftende Subjekte zu verschwinden. In Analogie zum Industriearbeiter sollten sie disziplinierte Landarbeiter werden und staatlich vorgegebene Produktionsziele erreichen, darunter als Kardinalauftrag die Ernährung einer wachsenden Industriearbeiterschaft. Die für das Industrialisierungsprojekt benötigten künftigen Arbeiter konnten nur vom Lande kommen. Es galt also zugleich, mit einem Kraftakt aus Bauern Arbeiter zu machen. Nur die harte Hand einer erzwingenden Bürokratie konnte dieses ambitionierte Vorhaben realisieren.

Beide Pläne hatten eines gemeinsam. Sie fassten die am Reißbrett konstruierte, administrative Transformation der überkommenen Gesellschaft ins Auge. Darin allerdings zeigte sich Kontinuität mit der Vergangenheit: Mit Zwang untermauerte Anordnungen; die Gesellschaft war lediglich als Adressat der Politik, aber nicht als Teilnehmer vorgesehen.

Die herrschende Kommunistische Partei war an Haupt und Gliedern eine administrative Laienspielerschar. Die einen waren revolutionäre Bauern, Arbeiter und Soldaten, die in Verwaltungsfunktionen kaum anders als dilettantisch vorgehen konnten. Die anderen waren theoretische Köpfe, die ihr Buchwissen in politische Direktiven fassten. Den politischen Trumpf hielten die wenigen in der Führung, die zwar theoretisch unterbelichtet sein mochten, aber Land und Leute aus eigener Erfahrung, heute würde man sagen: durch Basisarbeit, kannten. Sie wussten, welche Mittel überhaupt Erfolg versprachen. Dieses Wissen galt unter den führenden Bolschewiken wenig. Es versprach keinerlei Ansehen unter ihresgleichen. Der Geringste und am wenigsten Gebildete in ihren Reihen, Josef Stalin, war lange, bevor er in russischer Tradition zum neuen Autokraten aufstieg, für das organisatorische und personelle Management eines flächendeckenden Parteiapparats gerade der Richtige. In dieser Eigenschaft züchtete er den Typus eines Funktionärs heran, der dafür ausgebildet wurde, Befehle auszuführen, selbst Befehle zu geben, keine Fragen zu stellen und nicht aufzufallen.

Stalins Beschlagenheit im bodenständigen Machthandwerk sollte das weitere Schicksal der Sowjetunion bestimmen.[22] Mit Hilfe eines loyalen Funktionärskörpers manövrierte Stalin ab 1924 seine Konkurrenten und Neider ins Abseits.[23] Seit 1933 feierte die Autokratie im sowjetischen Gewande triste Urständ. Mit

---

[22] Dazu immer noch lesenswert die erste fundierte Biographie von Isaac Deutscher: Josef Stalin. Eine politische Biographie, Berlin 1979 (engl. Erstausg. 1962).
[23] Edward Hallett Carr: Die Russische Revolution. Lenin und Stalin 1917-1929, München 1980.

allen Mitteln administrativen und polizeilichen Zwangs setzte Stalin seine Idee von der Umwandlung der Sowjetunion in eine Industriegesellschaft ins Werk. Industrielle Großprojekte wurden erdacht. Realisiert wurden sie von einer Gesellschaft, die sich im rasanten Tempo veränderte. Volksbildung wurde im fernsten Winkel des Landes zur Pflicht. Erstmals wurden systematisch die Bildungsreserven des russischen Volkes ausgeschöpft. Eine junge Generation von Lehrern, Ingenieuren, Ärzten, Wissenschaftlern und Facharbeitern wuchs heran. Sie bildete die Avantgarde des Modernisierungsprozesses. Das Fußvolk ungelernter und angelernter Industriearbeiter wurde vom Land in die Industriestandorte katapultiert. Die primären Leidtragenden dieser Vorgänge waren wieder die Bauern. Sie verloren ihr Eigentum an Land und Vieh, wurden in Arbeitskollektive (Genossenschaften) gezwungen und erhielten strikte Produktionsvorgaben.

Während den Zwangsmaßnahmen und den ländlichen Hungersnöten in ihrem Gefolge Millionen Bauern zum Opfer fielen, nährte die Lebensmittelproduktion die explosionsartig wachsenden Städte und die Verwaltung. Auch die Industrie wurde einem Zwangsregime unterworfen. Drakonische Strafen für Nachlässigkeiten und Unpünktlichkeit substituierten eine Disziplin im Produktionsprozess, die in den älteren kapitalistischen Gesellschaften durch den Arbeitsmarkt, die Notwendigkeit des Broterwerbs und langjährige Ausbildung entstanden war. Die Modernisierungsoffensive ging unter dem Motto des Aufbaus des Sozialismus vonstatten.[24] Die Parallele zur Hauruck-Modernisierung unter Zar Peter ist nicht zu übersehen. Wie mehr als 200 Jahre vorher das Leuchtturmprojekt Petersburg, das symbolische Aufschließen zum Westen, mit Zwang und Sklavenarbeit bewerkstelligt worden war, sollte in der jungen Sowjetunion mit archaischen Methoden der Anschluss an das Industriezeitalter hergestellt werden.

1.3.2 Parteikontrolle im Sowjetstaat

Der Sowjetstaat nahm 1922 Gestalt an. Er erhielt 1936 mit der so genannten Stalin-Verfassung seine endgültige Struktur. Diese wurde von einer überarbeiteten Verfassung im Jahr 1977 im Wesentlichen bestätigt. Dieser Staat fußte zum einen auf den Prinzipien des Vorrangs der Kommunistischen Partei vor den staatlichen Organen und zum anderen auf der Kaderpolitik. Alle Leitungspositionen in Staat, Wirtschaft und Gesellschaft waren Parteimitgliedern vorbehalten, die weniger wichtigen durften nur mit Zustimmung der Partei besetzt werden. Der Parteiauftrag, die Parteidisziplin, hatte Vorrang vor der Hierarchie der Behörden und Organisationen. Wo immer Entscheidungen zu treffen waren, die den

---

[24] Richard Lorenz: Sozialgeschichte der Sowjetunion, Bd. 1, 1917-1945, Frankfurt/M. 1976.

Rahmen des alltäglichen Regierens und Verwaltens überschritten, waren die Parteistrukturen für die Politik des Sowjetstaates wichtiger als die des Staates.

Das wichtigste Legitimationsorgan für den Kurs der Partei war das Zentralkomitee (ZK) der Kommunistischen Partei der Sowjetunion (KPdSU), ein „kleiner Parteitag", dem sowohl die Spitzen von Partei und Staat als auch die Funktionäre der mittleren Partei- und Staatsebenen angehörten. Das Zentralkomitee wählte als Geschäftsführung ein Politbüro. Personell war das Politbüro eng mit der zentralen Parteibürokratie verzahnt, eine Art Ministerialverwaltung der Partei: der ZK-Apparat. Dieser Apparat gliederte sich in Fachabteilungen, welche die Aufgabe hatten, die staatlichen Behörden zu beaufsichtigen und sie anzuleiten, d.h. sie richtungspolitisch auf Kurs zu halten. An der Spitze des Politbüros stand der Generalsekretär des Zentralkomitees, gleichsam der Organisationsleiter der Partei. Der Form nach galt in der ganzen Partei das Prinzip kollektiver Beschlüsse.[25]

Dieser Staat entsprach Lenins Konzeption des revolutionären Staates in seinem Traktat „Staat und Revolution" (1917):[26] Er war nach dem Prinzip der Gewaltenkonzentration aufgebaut. Die Räteverfassung konzentrierte Exekutive, Legislative und Judikative in ein und derselben Institution. Die Räte von den Gemeinden bis hin zu den zentralen Unionsorganen besaßen im Prinzip die gleiche Struktur. Die Regierung war formal lediglich als Ausschuss der Räte konzipiert, tatsächlich aber eine Regierung wie jede andere.

An der Spitze von Partei und Staat stand in dieser frühen, in vieler Hinsicht prägenden Epoche der Sowjetunion Stalin als erster Generalsekretär der Kommunistischen Partei. Mit der gezielten Rekrutierung loyaler und opportunistischer Funktionäre für die Schlüsselstellungen knüpfte er ein Netz von Abhängigkeiten und Verpflichtungen. ZK und Politbüro nickten nur noch den Willen des Generalsekretärs ab. Unter Stalin reüssierten nicht unbedingt die Tüchtigsten, wohl aber Karrieristen, darunter viele medioker qualifiziert. Die Idee einer kollektiven Führung, wie sie von der Ideologie und vom Parteistatut propagiert wurde, blieb dabei auf der Strecke. Stalins Regime entsprach – in den Hülsen kollektiver Institutionen – dem Typus neopatrimonialer Herrschaft, wie er auch viele autoritäre Systeme der Gegenwart kennzeichnet. Es fußte zwar auf Bürokratie und war insofern institutionalisiert, als in den Spitzen der Bürokratie, die sich mit dem Übergang zur Planwirtschaft zur Wirtschaftsbürokratie erweiterte, Stalin persönlich ergebene Funktionäre untergebracht waren. Stalin selbst bewegte sich nicht im bürokratischen Reglement, dem er als Beauftragter der Partei

---

[25] Dazu und im Folgenden Georg Brunner: Politische Soziologie der UdSSR, 2 Bde., Wiesbaden 1977; Walter Grottian: Das sowjetische Regierungssystem, Köln und Opladen 1964.
[26] Wladimir Iljitsch Lenin: Staat und Revolution, Berlin (DDR) 1978.

formal unterworfen war. Vielmehr bog er es nach Belieben für seine Bedürfnisse zurecht.

Mit autoritärer Herrschaft lässt sich die Sowjetunion in dieser Ära nicht beschreiben. Dies vor allem deshalb, weil die Zieldimension nicht darin berücksichtigt ist. Totalitäre Herrschaft will nach der klassischen Unterscheidung von Friedrich und Brzezinski Mensch und Gesellschaft grundlegend neu konstruieren und setzt dabei gezielt Zwang ein.[27] Autoritäre Herrschaft dient dem Zweck, einen Status quo zu konservieren, Statusveränderer auf Distanz zu halten und Kritiker mundtot zu machen. Autoritäre Politiker schließen Bündnisse und arrangieren sich mit den Kräften, die sie vorfinden, sofern auch diese ein Interesse daran haben, dass die Verteilung von Status und Einkommen so bleibt, wie sie ist. Hier hat Juan Linz' Rede vom begrenzten Pluralismus als Merkmal des autoritären Systems ihren Grund.[28]

Die Situation der Sowjetunion war grundlegend anders. Revolution und Bürgerkrieg schufen eine Tabula rasa. Vom Zarismus war allein die Rückständigkeit eines riesenhaften Agrarlandes geblieben. Ob Stalin und seine Gesinnungsgenossen tatsächlich einen neuen Menschen wollten, sei dahingestellt. Dass es ihnen darum ging, eine neue Gesellschaft aus dem Boden zu stampfen, ist eine historische Tatsache. Dieses Projekt ging mit der Bildung und Absicherung persönlicher Macht Hand in Hand. Die ungeheuren Anstrengungen und Opfer beim Aufbau des Sozialismus wurden von einem polizeilichen Überwachungsapparat, darunter einem bis in Betriebe und Wohnungen hineinreichenden Spitzelnetz flankiert, wie ihn die Welt noch nicht gesehen hatte. Kleinste Anzeichen von Widerspruch wurden scharf geahndet. Willkürliche, nicht nachvollziehbare Anschuldigungen und das Aufbauschen von Bagatellen zu Staatsverbrechen, kurz: systematisch produzierte Angst und Unsicherheit, wahllose Verhaftungen und Schauprozesse erinnerten Funktionäre und einfache Bürger unablässig, es sei besser, sich zu fügen, da sich zudem nicht einmal die Parteiprominenz ihres Lebens sicher wähnen durfte. Schauprozesse markierten ab 1936 den Höhepunkt der so genannten Säuberungen. Diesen fielen sowohl die revolutionäre Elite, d.h. die früheren Weggefährten Stalins, als auch die Militärführung zum Opfer – Letzteres mit fatalen Folgen, als die Sowjetunion im Juni 1941 vom Deutschen Reich überfallen wurde. Die Massenverhaftungen hatten nicht nur den Zweck, die Gesellschaft einzuschüchtern, sondern dem Straflagersystem auch Menschen zuzuführen, aus denen noch mehr Arbeit herausgepresst werden durfte als aus den regulären Arbeitern.

---

[27] Carl J. Friedrich. und Zbigniew Brzezinski: Totalitarian Dictatorship and Autocracy, Cambridge, Mass. 1956.
[28] Juan J. Linz: Totalitarian and Authoritarian Regimes, Boulder und London 2000.

1.3.3 Die Planwirtschaft

Werfen wir jetzt einen Blick auf das sowjetische System der Planwirtschaft. Der Idee nach konstruiert die Planwirtschaft einen Gegenentwurf zur Marktwirtschaft. Sie ist von der Marxschen Idee inspiriert, das Geld wandle Rohprodukte und Arbeit in tauschbare Größen um. Im Prozess der Umwandlung entsteht ein Mehrwert, den sich die Eigentümer der Produktionsanlagen und die Käufer der Arbeitskraft aneignen. Dieser Mehrwert gerät umso größer, je schlechter die Arbeit entlohnt wird. Folgen sind die Verelendung der arbeitenden Massen und die Konzentration von Kapital und Luxus bei wenigen Eigentümern. Im sozialistischen Staat, der den Übergang zur kommunistischen Gesellschaft vorbereitet, verschwindet das Geld als wirtschaftliche Größe. Zwar gibt es weiterhin Münzen und Papiergeld. Sie dienen aber lediglich dazu, den realen Wert von Gütern und Leistungen, d.h. den Gegenwert von Grundstoffen und der materiellen Reproduktion der Arbeiter auszudrücken. Dies setzt voraus, dass alles private Eigentum an den Produktionsmitteln abgeschafft wird und an den Staat übergeht. Neue Produktionsanlagen entstehen gleichsam als gemeinschaftliches Eigentum, das der Staat als Treuhänder der Gesellschaft verwaltet.[29]

Eine zentrale staatliche Planung löst das kapitalistische Kalkül mit Gewinn und Verlust ab. Kaufen und Verkaufen haben in der sozialistischen Wirtschaftsordnung keinen Platz mehr. Die Planbehörde errechnet nach den politischen Vorgaben Bedarfe, Lebensmittel, Wohnraum, Schulen, Verkehrsmittel und – nach Einschätzung von Partei und Staat – Rüstungsgüter, und sie bestimmt, wie viele Rohstoffe, Arbeiter, Ingenieure, wiederkehrende Reparaturleistungen und Ersatzteile dafür gebraucht werden. Bedarfe und Ressourcen werden nach Maßen, Gewichten und Stückzahlen definiert. Rohstoffe, Energie, Vorprodukte und Transportkapazität sowie Sozialeinrichtungen und Wohnungen für die Beschäftigten werden in der benötigten Größenordnung bereitgestellt. Verbindliche Produktionsvorgaben – Kennziffern – legen bis ins Einzelne fest, welche Betriebseinheit welches Soll zu erbringen hat. Die Übererfüllung der Arbeitsnorm mit den vorhandenen Ressourcen wird mit Prämien, Urkunden, Titeln und öffentlicher Anerkennung belohnt, ein Zurückbleiben hinter der Norm hat entsprechende Abzüge beim Einkommen des Arbeitskollektivs (Gesamtbelegschaft, Belegschaftsabteilung) zur Folge.

Das Plansystem setzt ein Superhirn mit vollständiger Informiertheit voraus. In der Realität wurde es durch Tarnen und Täuschen unterlaufen. Durch das Verschweigen versteckter Kapazität wurden Reserven für Notfälle gehortet oder scheinbare Mehrleistungen erbracht und zusätzliches Einkommen generiert.

---

[29] Dazu und im Folgenden Alec Nove: Das sowjetische Wirtschaftssystem, Baden-Baden 1980.

Materialien wurden für planfremde Zwecke abgezweigt, um damit in einem Ringtausch Ersatzteile, Reparatur- und Transportleistungen zu beschaffen, die im Plan zwar vorgesehen sein mochten, aber realiter nicht bereitgestellt wurden.
 Bei alledem hatten die Schwerindustrie, die Rüstungsindustrie und die Energiegewinnung Vorfahrt vor den Konsumentenbedürfnissen – vor Wohnraum, Nahrungsmitteln, Unterhaltung und Haushaltsgeräten. Dahinter stand das Bild einer Welt von Feinden, die dem Sozialismus den Garaus machen wollten, aber auch die Marxsche Lehre, dass der Sozialismus nur in einer hochindustrialisierten Gesellschaft reifen kann und dass die Industriearbeit den klassenbewussten Proletarier hervorbringt. Dessen ungeachtet folgte die Vision, mit der dies alles gerechtfertigt wurde, die sozialistische Gesellschaft, zeitgenössischer Anschauung.

1.3.4 Der Stalinismus als Angelpunkt sowjetischer Identität

Symbolischer Bezugspunkt für das Aufschließen zu den kapitalistischen Ländern und ihr Überholen war Amerika, ein kapitalistischer Kontinent, auf dem alles groß organisiert war und wo neueste Technik dominierte. Wie vor Jahrhunderten einmal Petersburg, wurde in der Stalinära Moskau zum Schaustück für die Leistungsfähigkeit der neuen Ordnung, mit Wolkenkratzern, breiten Boulevards und einer imposanten Untergrundbahn – dies alles in einem Land, das weder Grundstückspreise noch private Autos kannte. Freilich wurde nicht einfach kopiert, sondern durch Zutaten eigene Akzente gesetzt, wie sie den Vorstellungen Stalins von Kunst am Bau entsprachen (Zuckerbäckerstil). Stalin baute eine Kulisse nach seinem Geschmack, um Besucher und die Welt zu beeindrucken. Mit einem Personenkult, Stalin als Statur, auf Bildern in den verschiedensten Szenen, in Schulbüchern, als Zitatenschatz für Wissenschaftler und Festreden, inszenierte sich der Generalsekretär nicht nur als Alleinherrscher, sondern als Autorität in allen Fragen des kleinen und großen Alltags. Umgeben von Furcht, geheuchelter Bewunderung und Legenden, glich der Generalsekretär einer Gottfigur, die ihre Herrschaft als permanenten Gottesdienst zelebrierte.
 Nichts daran war irrational. Dahinter standen Kontrollbedürfnis und der Wille zur Konstruktion einer neuen Kollektividentität. Wer sich auf Distanz hielt, spottete oder widersprach, machte sich verdächtig und weckte die Aufmerksamkeit der Sicherheitsorgane. Die Person Stalin mochte persönlich unnahbar sein, bildhaft war sie allenthalben präsent.
 Der Stalinkult war ein Ersatz für Zar, Priester und Heiligengeschichten sowie für traditionelle Alltagsrituale, die unter den Bauern im alten Russland Identität gestiftet hatten. Die Person Stalin war ein Vehikel, um plastische Bilder von

der angestrebten neuen Gesellschaft zu transportieren. Die Bilderwelt des sozialistischen Realismus zeigte den Generalsekretär umgeben von fröhlichen Arbeitern und Bauern, im Hintergrund Flugzeuge, Hochspannungsleitungen, Traktoren und moderne Fabriken. Hier waltete das Bestreben, durch Sozialisation eine neue politische Kultur zu fabrizieren. Bedenkt man bei alledem, dass in dieser Zeit Abermillionen vom Land in die Stadt, von agrarischer in industrielle Arbeit wechselten, dürfte klar werden, dass hier Jahrhunderte alte Lebensweisen und Überlieferungen gelöscht wurden. Wir entdecken hinter diesen Vorgängen wieder das Wirken eines Sozialingenieurs.

Der deutsche Überfall auf die Sowjetunion und der ungeheuer zerstörerische Krieg, der Zig-Millionen Sowjetbürger das Leben kostete, produzierten wirkliche Legitimität. Dabei spielten Äußerlichkeiten wie die Wiederbelebung einiger russischer Symbole und vaterländische Rhetorik die geringste Rolle. Es verhielt sich einfach so, dass dem Regime und Stalin als dessen Personifizierung das Verdienst zugeschrieben wurde, dem Aggressor standzuhalten und ihm die verdiente Strafe zu diktieren. Es zeigte sich, dass der sowjetische Staat nicht einfach nur effektiv darin war zu unterdrücken, die natürlichen und humanen Ressourcen zu mobilisieren und seine systempolitischen Ziele zu verfolgen. Es gelang ihm auch, die Heimat zu schützen. Und nicht nur dies: Die Sowjetunion ging als Weltmacht aus dem Krieg hervor. Sie brachte Ost- und Teile Mitteleuropas unter ihre Kontrolle und wurde weltweit als ein Staat geachtet oder gefürchtet, der neben den USA maßgeblich das internationale Geschehen mitbestimmte. Die Sowjetunion mit ihrem Kern einer russischen Gesellschaft erreichte einen Status, der den des zaristischen Russland zu seinen besten Zeiten weit überragte.

1.3.5 Der Übergang zum oligarchischen Sowjetregime

Als Stalin 1953 das Zeitliche segnete, war eine Nachfolgekrise programmiert. Jedes neopatrimoniale System krankt an der Fixierung der politischen Strukturen auf den singulären Führer. Dennoch fiel diese Krise bei weitem nicht so dramatisch aus wie in den autoritären Systemen der Gegenwart. Der Grund: Stalin herrschte zwar wie ein Autokrat. Die kollektiven Führungsgremien der Partei waren aber lediglich in den Hintergrund gerückt, ihre Existenz stand nie in Frage. Solange sie dem Willen des Großen Führers gehorchten, störten sie nicht. Nun jedoch, nach dem plötzlichen Tod des Generalsekretärs, fingen sie seine Führungsrolle auf. Jetzt schlug die Stunde der Funktionärsklasse, die bis dahin im Auftrag des Meisters regiert hatte. Von Stalin war sie mit Privilegien bedacht worden. Je nach Rang durften sich Funktionäre Dinge leisten, die für die übrige

Bevölkerung unerreichbar waren. Dies hatte die Bereitschaft untermauert, der Partei für die Karriere und den weiteren Aufstieg zu Diensten zu sein und auch noch die abenteuerlichsten Richtungsschwenks mitzumachen. In einem Punkt war diese Klasse zu Stalins Lebzeiten nicht saturiert. Auch hochgestellte Funktionäre in Partei und Staat waren nicht davor gefeit, durch eine Laune des Parteichefs ihren Job zu verlieren oder degradiert zu werden. Das Unerwartete war fester Bestandteil der Stalinschen Herrschaftsmethode. In der frühen Stalinperiode profitierte der Führungsnachwuchs davon, dass durch einen Kurswechsel oder eine Kampagne auf den Führungsebenen Plätze frei wurden. Je höher er dann selbst aufstieg, desto stärker beeinträchtigte diese Unsicherheit den Genuss der Vorzugsstellung.[30]

Stetigkeit war das Gebot der Stunde, als Stalin abtrat. Sie entsprach auch dem Sehnen der Menschen, die Kollektivierung, Säuberungskampagnen und Krieg überstanden hatten. Die Gesellschaft wollte zur Ruhe kommen, unten wie oben. Zunächst entbrannten Diadochenkämpfe, in denen die Spitzen von Partei, Staat und Geheimpolizei um den Mantel Stalins stritten. Das Rennen machte Parteichef Nikita Chruschtschow, der sich dabei mit dem Vertreter des Regierungsapparats, Georgi Malenkow, verbündete, um Geheimpolizeichef Lawrenti Berija auszuschalten. Von Berija wurde befürchtet, er könnte den Terror der 1930er Jahre wieder aufleben lassen. Nachdem Berija liquidiert worden war, bootete Chruschtschow unblutig auch Regierungschef Malenkow aus, um – wie Stalin vor ihm – auch an die Spitze der Regierung zu treten.

Die von Chruschtschow 1956 eingeleitete Entstalinisierung (XX. Parteitag der KPdSU) sollte einen Schlussstrich unter die Vergangenheit ziehen. Dabei ging es zunächst darum, das Tabu um die Schattenseiten Stalins zu brechen. Dies war ein Signal zunächst an die Funktionärsklasse, dass der Nachfolger verstanden hatte, was von ihm erwartet wurde. Dieser Schritt hatte jedoch unerwartete Konsequenzen: Intellektuelle, Opfer des Terrors und ein Teil der Funktionäre spendeten Beifall. Erst einige Jahre später, ab 1961 (XXII. Parteitag der KPdSU), wurde die Entzauberung Stalins mit dem Schleifen von Stalin-Statuen und der Umbenennung von Orten, Straßen und Plätzen auch öffentlich. Der gesellschaftliche Beifall dafür fiel spärlich aus. Die Konstruktion einer sowjetischen Identität, die durch das Aufbauerlebnis und den Sieg über Deutschland unauflöslich mit der Figur Stalin verbunden war, so zeigte sich jetzt, war durchaus nicht erfolglos gewesen. Kriegsveteranen, Aktivisten und Militärs sahen ihre Lebensleistung geschmälert. Mit Stalin wurde keinem politischen Verlierer nachgetreten. Schließlich hatte er dem Land in schwerer Zeit vorgestanden, es

---

[30] Zur Struktur des Sowjetsystems in dieser Ära Jerry F. Hough und Merle Fainsod: How the Soviet Union Is Governed, Cambridge, Mass. und London 1979.

zur Weltmacht geführt und seinen Anteil daran, dass bis zur Elbe und bis zum Bayerischen Wald Russisch als erste Fremdsprache gelehrt wurde.

Was Chruschtschow als Projekt zur Entlegitimierung des überlebensgroßen Vorgängers in die Welt setzte, schlug letztlich auf ihn selbst zurück. Er streifte sich mit der Verbindung des Regierungschefsamtes den Mantel Stalins über und brachte ferner viele gut gemeinte, aber schlecht durchdachte Großprojekte auf den Weg, wie etwa die Neulandgewinnung in der kasachischen Steppe und die Umlenkung von Ressourcen aus der Schwer- in die Konsumgüterindustrie. Er legte sich militärpolitisch mit den Traditionalisten an, um die kostspieligen Bodentruppen zu reduzieren, organisierte recht planlos die Staats- und Parteibürokratie um und gefährdete auf diese Weise die Positionssicherheit der Funktionäre. Schließlich riskierte er, übermütig geworden durch internationale Erfolge, sogar den Heißen Krieg, als er 1962 auf Kuba Raketen stationieren ließ. Der in den Parteigremien nie ganz sattelfeste Chruschtschow zahlte für seinen erratischen Kurs letztlich den Preis: Er wurde 1964 abgesetzt.[31]

Die Institution Partei, so zeigte sich hier, duldete jetzt keinen sich autokratisch gebärdenden Parteichef mehr. Der Funktionärskörper wollte Ruhe, wie schon nach dem Ableben Stalins.[32] Dem trug die nächste Führergarnitur Rechnung. Der mediokre Funktionär Leonid Breschnew rückte zum Generalsekretär auf, er verstand sich von vornherein als Primus inter pares, als Vorsteher eines Teams. Die Sowjetunion glitt in den Modus einer sich in Institutionen vollziehenden Herrschaft. Es blieb allerdings bei den politischen Lenkungsmechanismen, die Stalin perfektioniert hatte: Vorrang der Partei vor dem Staat, implementiert durch Kaderpolitik (Personalpolitik) und Verbindlichkeit der Parteilinie. Sprunghafte Richtungsänderungen wie in der Vergangenheit sollte es nicht mehr geben. Das riesige politische Großschiff Sowjetunion hielt den eingeschlagenen Kurs. Im Politbüro und im ZK-Apparat durften sich alle Sektoren einbringen und um Budgetanteile ringen: Schwerindustrie, Konsumgüterindustrie, Landwirtschaft, Armee und Kultur. Konsens war Trumpf. Dass die Einigung stets auf den größten gemeinsamen Nenner hinauslief und im Laufe der Jahrzehnte die Ressourcen überforderte, stand auf einem anderen Blatt. Wichtig daran für das nachsowjetische Russland: Das Eigenleben der Apparate drang neben dem Primat der Partei in die Herrschaftspraxis ein. Hinter diesen Schritt sollte die politische Entwicklung auch dann nicht mehr zurückfallen, als die Parteiherrschaft entfiel und das postsowjetische Russland entstand.

Es ging nicht mehr um politische Visionen. Der Sozialismus wurde zur langen Übergangszeit erklärt, die kommunistische Zielgesellschaft rückte in unbe-

---

[31] Roy Medwedjew: Chruschtschow. Eine politische Biographie, Stuttgart und Herford 1984.
[32] Michael S. Voslensky: Nomenklatura. Die herrschende Klasse in der Sowjetunion, Wien und München 1980.

stimmte Ferne. Die Wahrung des Status quo war die Generalparole für Staat und Gesellschaft. Das politische System ähnelte immer stärker einem bürokratisch-autoritären System mit seinem typischen begrenzten Pluralismus. Die Politikwissenschaft registrierte diese Entwicklung mit einer üppig sprießenden Literatur über Interessengruppen sowjetischen Stils[33] und analysierte die sowjetische Politik – auch vergleichend – nach ihren verteilungs- und sozialpolitischen Leistungen.[34] Bezeichnend für die Entwicklung war die selektive Rehabilitierung Stalins in der Öffentlichkeit und Propaganda. Das Ergebnis war der gute Stalin, der den Faschismus besiegt und die Sowjetunion zu Weltgeltung geführt hatte. Der dämonische Stalin wurde unter den Teppich gekehrt. Bei denen, die keine Zeitzeugen der Stalin-Ära mehr waren, reifte auf diese Weise ein positives Bild.

Es kam hinzu, dass sich die Menschen in den 1960er und 1970er Jahren, der rückblickend besten Zeit des Sowjetsystems, im Sozialismus einrichteten, zum Teil von engen Gemeinschaftswohnungen in kleine eigene Wohnungen wechseln, dass sie sich Haushaltsgeräte, der eine oder andere sogar ein Auto leisten konnte, dass die Infrastruktur (Nahverkehr, Wasser, Strom, Krankenbehandlung) weiterhin unentgeltlich genutzt werden durfte und kleine Parzellen toleriert wurden, die von den Genossenschaftsbauern privat bewirtschaftet und deren Produkte verkauft werden durften. Die großzügige Überlassung von Land für Datschen erlaubte vielen in der Stadt lebenden Familien Freizeit, Geselligkeit und Kleingarten im Grünen. Hauptsächlich diese Zeit ist es, an die ältere russische Menschen denken, wenn sie die Beschwernisse ihres Alltags in nostalgischer Rückschau an einer als besser empfundenen Vergangenheit messen.

Bei alledem ist zu bedenken, dass es in dieser Zeit ohne Internet und Mobiltelefon, die vor noch nicht einmal 20 Jahren zu Ende ging, noch möglich war, die sowjetische Gesellschaft recht wirksam von unerwünschten Kontakten und Informationen zu isolieren. Das allgemeine Wissen über die Außenwelt beschränkte sich auf Diplomaten, Journalisten, den Nachrichtendienst, einige Militärs und Wissenschaftler. Die Soldaten in den zahlreichen Auslandsgarnisonen waren in den Kasernen isoliert. Das einzige Fenster zur Außenwelt waren die dosierten Nachrichten der staatlichen Radio- und TV-Sender. Von Katastrophen, Verbrechen und ungünstigen Ereignissen im eigenen Lande erfuhren die Menschen nichts, nur soviel, wie dem Augenschein nicht verborgen werden konnte. Zum Vergleich: Diese hermetische Abschottung war in der DDR, Polen, der Tschechoslowakei und Ungarn überhaupt nicht möglich. Fremdsprachige Rundfunksendungen wurden vom Westen in die östlichen Nachbarstaaten ausgestrahlt, in der DDR wurde Westfernsehen empfangen, und Westbesuche in der DDR, Be-

---

[33] H. Gordon Skilling und Franklyn Griffith (Hrsg.): Pressure Groups in der Sowjetunion, Wien 1971.
[34] Exemplarisch Klaus von Beyme: Ökonomie und Politik im Sozialismus, München 1977.

suche von Exilpolen und -tschechen in ihrer Heimat sowie geschäftliche Kontakte mit westlichen Firmen sorgten für eine sehr viel bessere Kenntnis der Außenwelt. Was im Zarenregime durch Rückständigkeit, Analphabetismus und Immobilität bewirkt worden war, leistete das Sowjetsystem durch Schule und Propaganda, geographische Distanz, administrativen Zwang und Nachrichtensperre. Allein auf diese Weise ließen sich Selbst- und Fremdbilder konservieren, die in hohem Maße der Tätigkeit von Kommunikationsingenieuren entsprossen. Die einzige Großgesellschaft, die vorübergehend ähnlich stark manipuliert wurde, war das China der Mao-Ära.

1.3.6 Die Sowjetunion als multinationales Imperium

Das Thema dieses Buches ist das politische System Russlands. Es ist das größte Fragment aus dem Bestand der früheren Sowjetunion. Die Union schloss ferner die baltischen Staaten, die Ukraine, den Kaukasus und Zentralasien ein, also Regionen und Völker, die ihre eigene Geschichte und Kultur hatten. Die sowjetische Identität, an der das Bildungssystem und der Kulturbetrieb arbeiteten, war im Kern eine russische. Das Ziel war die Assimilierung der nicht-russischen Völker an das Russische. Dieses Unterfangen war durchaus erfolgreich, aber keineswegs vollständig.

Betrachten wir zunächst das Baltikum: Formal seit Jahrhunderten dem Russischen Reich zugehörig, standen Litauen und die Gebiete des heutigen Estland und Lettland wie übrigens auch Finnland unter russischer Herrschaft. De facto gaben dort aber die Familien des polnisch-litauischen Adels und deutschbaltische Grundbesitzer sowie Stadtbürger den Ton an; in Finnland war es die schwedische Minderheit. Die bäuerliche Bevölkerung besann sich erst im Zeitalter des Nationalismus, d.h. im späteren 19. Jahrhundert auf die eigene Sprache und Kultur. Ihre Antagonisten waren nicht so sehr die russischen Verwalter, sondern eine Oberschicht, die sich deutsch oder polnisch definierte. Als sich mit der Russischen Revolution die Gelegenheit bot, sie abzuschütteln, zögerten ihre Wortführer nicht und gründeten eigene Staaten. Der Hitler-Stalin-Pakt wiederum gab Moskau 1939/40 grünes Licht, diese Staaten wieder unter seine Kuratel zu stellen und als Teilrepubliken der Union einzugliedern. Bis in die 1950er Jahre dauerte dort der bewaffnete Widerstand gegen die sowjetische Besatzung an. Esten, Letten und Litauer vornehmlich im US-amerikanischen Exil hielten die Erinnerung an die Unabhängigkeit wach. Die Assimilierungspolitik war in den baltischen Republiken besonders rigide. Sie ging mit der Ansiedlung etlicher Russen einher. Der relativ hohe Lebensstandard, die Weltoffenheit dieser Republiken mit ihren Ostseehäfen und ihre Erreichbarkeit für die nahen skandinavischen Rundfunkmedien hielten dauerhaft die Differenz zur übrigen Sowjetunion wach.

Kiew und die mittlere und östliche Ukraine waren wie Russland selbst orthodox geprägt. Die Atheismuskampagnen der Stalinzeit verdrängten die Religion freilich ebenso gründlich aus dem öffentlichen und weitgehend auch privaten Leben wie in Russland selbst. Das Gleiche galt für Wolhynien, einen großen Teil des heutigen Weißrussland. Im scheinföderativen Sowjetsystem erhielten Belarus und die Ukraine den Status eigener Republiken. Sie galten aber historisch stets als Klein-Russland. Russisch und Ukrainisch beinhalten als ostslawische Sprachen keine allzu großen Verständigungsbarrieren. Unter den Zaren und in der Sowjetunion war es Ukrainern unbenommen, die gleichen Karrieren einzuschlagen wie die ethnischen Russen. Da es sich bei der Ukraine um eines der industriellen Zentren der Sowjetunion handelte, vermischten sich Zuwanderer aus den russischen Regionen mit Ukrainern, die keine Schwierigkeiten damit hatten, dass man ihnen eine russische Identität zuschrieb.

Die kaukasischen Republiken hatten ein unkompliziertes Verhältnis zum Russischen. Armenien hatte an den internationalen Konferenztischen nach dem Ersten Weltkrieg versucht, einen großen, bis weit nach Anatolien reichenden eigenen Staat zu erstreiten, war damit aber weniger an der europäischen Diplomatie als vielmehr an der militärischen Kapazität der jungen Türkei gescheitert. Den Genozid des untergegangenen osmanischen Reiches an den anatolischen Armeniern vor Augen, lehnte sich der kleine Residualstaat an Moskau als Schutzmacht an. Georgien gelangte ebenso wie Aserbaidschan erneut unter Moskauer Herrschaft, nachdem sich das Sowjetsystem im Russischen Bürgerkrieg hatte behaupten können. Um das Ölzentrum Baku gab es ein veritables Proletariat. Es war ein Schmelztiegel für Arbeiter aus den Reihen der zahlreichen Kaukasusvölker. Nicht nur Stalin, auch andere Georgier spielten sich bereits vor der Revolution in die erste Reihe der Kommunistischen Partei. Noch der letzte Außenminister der Sowjetunion, Eduard Schewardnadse, war Georgier.

Zentralasien glich einem riesigen Kolonialgebiet im Süden Russlands. Seine politische Geschichte begann eigentlich erst mit der Auflösung der Sowjetunion.

1.3.7 Die Agonie des Sowjetsystems

Die große Sowjetunion ging an Sklerose zugrunde. Ihre besten Zeiten hatte sie in den 1960er und 1970er Jahren. Gründe für den Niedergang gab es viele. Das Kernproblem war die Entschlossenheit des Parteiestablishments, die Dinge so zu belassen, wie sie waren. Dies rächte sich zunächst im ökonomischen Bereich. Technische Innovation kam zum Erliegen. Die Wachstumsformel der Planwirtschaft war seit der Stalin-Ära im Wesentlichen gleich geblieben: Neues Personal für die Produktion und die Ausweitung der Rohstoffförderung. Fabrikanlagen wurden auf Verschleiß gefahren. Was Militär, Industrie und Landwirtschaft brauchten, ließ sich aus Anforderungen und Zuteilungen berechnen. Ersatzteilbedarfe hingegen ließen sich bestenfalls über den Daumen peilen. Da es keinen Indikator für die Verbrauchernachfrage gab, Geld war lediglich ein Zahlungsmittel, fehlte eine ökonomische Größe, die Angebot und Nachfrage ausdrückte. Damit entfielen auch Innovationsanreize durch die Aussicht auf Gewinn und Kostenvermeidung. Die private Nachfrage wurde politisch geringer bewertet als die der institutionellen Forderer. Hier handelte es sich um Funktionäre, die Armee, Industriezweige und Verwaltungen repräsentierten.

Es kam, was nach unerbittlicher ökonomischer Gesetzmäßigkeit kommen musste. Illegale Westimporte wie Jeans und Markenkleidung, Schallplatten und Musikkassetten stiegen in den Rang von Edelwährungen auf. Später kamen illegal eingeführte D-Mark und Dollars hinzu. Unter der Oberfläche der egalitären Sowjetgesellschaft gediehen Kriminalität und Vermögensunterschiede beträchtlichen Ausmaßes. Der nach Generationen gewonnene bescheidene Wohlstand geriet in Gefahr. Die soziale Disziplin ließ nach: Da jede Arbeit gebraucht wurde, verloren Sanktionen gegen nachlässige Arbeit und das Fehlen am Arbeitsplatz ihren Biss. Ein trister Alltag und das Nachtrauern besserer Zeiten ließen den ohnehin beängstigenden Volksalkoholismus eskalieren. In den 1980er Jahren schrie die Situation nach tiefgreifenden Reformen. Aber die Greise im Politbüro wollten von Veränderung nichts wissen.

Mit Sorge beobachtete die Entwicklung allein der Geheimdienst KGB. Er durfte sich schon von Amts wegen nicht auf Illusionen einlassen. Es kam hinzu, dass auch in den sozialistischen Bruderländern längst die gleichen Probleme auftraten – schließlich hatten sie das gleiche System. Verbilligte Rohstoff- und Energielieferungen aus der Sowjetunion subventionierten diese Bruderökonomien. Dabei hätten sie dem Sowjetstaat dringend benötigte Devisen einbringen können. Auch die übrigen Kosten des Imperiums drückten: große Garnisonen entlang den Grenzstaaten zur Nato. In Afghanistan ließ sich Moskau 1979 auf eine Militärintervention ein. Demoralisierte, häufig auch an Drogen gewöhnte Soldaten steuerten ihren Teil zum trüben Bild bei. Schließlich drückte in den 1980er Jahren auch die sich wieder schneller drehende Spirale der Rüstungskonkurrenz mit den USA auf eine Ökonomie, die bereits ohne Zusatzbelastungen überfordert war.

Lassen wir es bei dieser Skizze bewenden: Die politische Führung versagte vor diesen Problemen. Sie ereilte das gleiche Schicksal wie so manchen im Amt vergreisten singulären Autokraten: Was gestern richtig war, darf heute nicht falsch sein. Zuträger in den Apparaten, besorgt um Schaden für die Karriere, zogen es vor, schlechte Nachrichten aus der Lageinformation herauszuhalten. Weil die Misere hinter den unterdrückten Unglücksbotschaften aber tatsächlich vorhanden war, verlagerten sich die Versuche, mit ihr umzugehen, auf die Funktionärsassistenz in der zweiten und dritten Reihe. Sie gingen ad hoc und wenig koordiniert vonstatten.

Als Leonid Breschnew, der schon lange zur Marionette seiner Umgebung geworden war, im Jahr 1982 starb, zeichnete sich eine vorsichtige Remedur ab. Sein Nachfolger wurde der zwar auch schon betagte, aber intellektuell fitte und mit schonungslosem Urteil gesegnete KGB-Chef Juri Andropow. Vom Geheimdienst geprägt und ganz oberster Polizist seines Landes, suchte er die Lösung der Probleme in der Wiederherstellung der sozialen Disziplin. Korruptionsbekämpfung rangierte weit oben auf seiner Prioritätenliste. Davon abgesehen, dass damit lediglich Symptome bekämpft wurden, machte dieser Generalsekretär viel böses Blut, weil er liebgewordene Gewohnheiten infrage stellte, z.B. mit der Bekämpfung des Alkoholismus.[35] Der Zufall wollte es, dass Andropow nach wenigen Monaten im Amt starb. Mit Konstantin Tschernenko rückte ein Generalsekretär nach, den kaum jemand kannte, der auch bereits schwerkrank war, aber wieder Ruhe einkehren ließ. Auch er starb nach kurzer Zeit.

Sein Nachfolger wurde 1985 der nach den Maßstäben der Sowjetunion blutjunge Michail Gorbatschow. Mit ihm trat eine Persönlichkeit an die Spitze der Sowjetunion, die nicht um jeden Preis am Bisherigen festzuhalten gedachte. Gorbatschow verdankte seinen Aufstieg im Parteiapparat Andropow, den er als Parteisekretär des Nationalen Kreises Stawropol kennengelernt hatte, wo die alten Herren des Politbüros zu kuren pflegten.[36] Noch bevor er an die Spitze der Partei gelangte, hatte er mit großem Interesse das westliche Ausland bereist. Angefeindet durch die verbliebenen Vertreter der alten Riege, erkannte er, dass die europäischen Verbündeten ein Klotz am Bein der Sowjetunion waren, dass es aus der aussichtslosen Rüstungskonkurrenz auszusteigen und dass es schließlich vor allem im eigenen Land Partei, Staat und Wirtschaft an Haupt und Gliedern zu reformieren galt. Das Ergebnis dieser Einsicht war die Perestroika.

---

[35] Zhores Medwedjew: Andropow. Der Aufstieg zur Macht, Hamburg 1993.
[36] Zhores Medwedjew: Der Generalsekretär Gorbatschow. Eine politische Biographie, 2. Aufl., Darmstadt 1987.

2 Der Zusammenbruch der Sowjetunion und die Entstehung des neuen Russland

2.1 Perestroika. Die unvollständige Reform des Sowjetsystems

Mit Michail Gorbatschow betrat 1985 abermals ein ambitionierter Sozialingenieur die Bühne. Doch einen genauen Plan besaß dieser Ingenieur nicht. Er erkannte wohl, dass vieles falsch lag und setzte dort an. Aber zu einem vollständigen Abschied von den sozialistischen Strukturen, deren Produkt er selbst schließlich war, mochte er sich nicht durchringen. Das Ergebnis war eine Folge von Entscheidungen, die im Jahr 1986 einsetzten. Sie ging als Perestroika in die Geschichte ein. Viele dieser Entscheidungen waren nicht miteinander vereinbar. Die erste große Reform betraf die obersten Staatsorgane. Die neue Figur eines sowjetischen Präsidenten wurde eingeführt. Er war sowohl Staatsoberhaupt als auch Parlamentspräsident und wurde vom neu geschaffenen Organ eines Volksdeputiertenkongresses gewählt. Das bisherige Legislativorgan des Obersten Sowjets wurde ebenfalls reformiert. Es sollte künftig in parlamentarischer Manier debattieren und Gesetze beschließen.[37]

Unter dem Motto der Glasnost (Transparenz) wurden die Menschen aufgefordert, rundheraus zu sagen, wo sie der Schuh drückte. Die Volksvertretung avancierte zum Ort erbitterter Debatten. Die Idee dahinter: ein realistisches Bild vom Zustand der Gesellschaft zu bekommen, das nicht durch Propaganda und Funktionäre gefiltert und verzerrt war. Logisch wäre als nächster Schritt die Gründung von Parteien und Vereinen gewesen. Nach Gorbatschows Vorstellung aber sollte sich die neue Offenheit im Mantel der Kommunistischen Partei artikulieren. Nicht bedacht wurde die Eigendynamik, die das Öffnen der Schleusen für Kritik und abweichende Meinungen freisetzen sollte. In der Vorstellung, mit einer Meckerecke sei schon viel erreicht, zeigte sich die Unerfahrenheit des Generalsekretärs mit offener Politik. Wo hätte sie auch herkommen sollen?

Bald sparten Fernsehen und Parlamentsdebatten kein Tabu mehr aus. Damit geriet die neue Offenheit an die Wurzeln des Systems – Hitler-Stalin-Pakt, Katyn, Gulag, Zwangskollektivierung, Terror. Versuche, die Debatte zu zügeln, verärgerten die Kritiker, die es auslebten, ohne Angst alles zum Thema machen zu dürfen. Das Gleiche galt für das Verhältnis von Partei und Staat. Die mäch-

---

[37] Dazu und im Folgenden Günter Trautmann: Sowjetunion im Wandel. Wirtschaft, Politik und Kultur seit 1985, Darmstadt 1989.

tigsten Provinzfürsten der Partei, die Ersten Sekretäre, sollten sich der Wahl durch Delegierte des Parteivolks stellen, Gegenkandidaturen waren ausdrücklich erwünscht. Die Idee dahinter war, die Wahl und das Handeln der Funktionäre an den Willen der Parteimitglieder zu koppeln. Doch innerparteiliche Demokratie will gelernt sein.[38]

Regierung und staatliche Verwaltungen sollten auf Kosten der Partei aufgewertet werden. Diese Unterscheidung war in der Sowjetunion jedoch artifiziell. De facto schöpften beide aus demselben Funktionärsreservoir. Parteisekretäre hatten eine fachliche Ausbildung, mit der sie Staat und Wirtschaft anzuleiten und zu überwachen hatten, und die Staatsfunktionäre waren nach den Kriterien der Parteikonformität ausgewählt worden. Lediglich begrifflich ließ sich der Machtkomplex Partei/Staat trennen. Nur unter der Bedingung einer offenen Parteikonkurrenz hätten sich die staatlichen Strukturen wirklich verselbständigen können. Parteienpluralismus stand aber nicht zur Debatte.

Schließlich sollte die zentrale Wirtschaftslenkung abgebaut werden. Betriebe, Kombinate und Genossenschaften sollten selbständiger wirtschaften. Dies machte aber keinen Sinn, wenn nicht gleichzeitig freie Preisbildung und unternehmerisches Risiko eingeführt wurden. Dezentralisierung rief gleich die Frage nach der Eigentumsordnung auf den Plan, nach privaten Unternehmen in den Bereichen der Produktion und Verteilung. Für diesen Tabubruch war Gorbatschow nicht zu haben.

Die Verfassung sollte mehr Gewicht bekommen. Nach dieser Verfassung hatte seit 1936 jede Republik der Union das Recht, die Union zu verlassen. Als die baltischen Republiken 1988 damit Ernst machten, ließ der Präsident Armee und Polizei aufmarschieren.

Verändern ja, aber wohin? Die Richtung ließ sich erkennen, Verfassungsstaat, Öffentlichkeit, Marktwirtschaft. Sie aber zu benennen und ihr konsequent zu folgen, dafür schienen die Verhältnisse noch nicht reif. Deshalb hing das sozialtechnologische Projekt der Perestroika in einem hybriden, halbfertigen Zustand, und dieser verlangte irgendwann klare Aussagen: Weiter voran oder zurück? Gorbatschow blieb die Antwort schuldig.

Die Mächte des Gestern putschten schließlich im August 1991, um die Uhr zurückzustellen, und setzten den amtierenden Präsidenten Gorbatschow an seinem Urlaubsort fest. Sie scheiterten am russischen Präsidenten Boris Jelzin. Dieser stellte dann im weiteren Verlauf der Entwicklung die Weichen umso deutlicher in Richtung auf die Kopie einer marktwirtschaftlichen Demokratie.

---

[38] Dazu und im Folgenden Archie Brown: Der Gorbatschow-Faktor. Wandel einer Weltmacht, Frankfurt/M. und Leipzig 2000.

2.2 Machtkampf: Russland gegen die Sowjetunion

Die russische Teilrepublik unter ihrem Präsidenten Boris Jelzin, der im Juni 1991 gewählt wurde, scherte bereits vor dem Putsch immer stärker aus dem sowjetischen Staatsverband aus. Der Grund lag in einem persönlichen Zerwürfnis mit Gorbatschow, aber auch in unterschiedlichen Auffassungen über das Ausmaß und Tempo der Reformen. Jelzin brach vollständig mit der Kommunistischen Partei und scheute auch den öffentlichen Konflikt mit dem sowjetischen Präsidenten nicht mehr. Nach dem Putsch gegen Gorbatschow schob er diesen ohne große Skrupel beiseite. Russland überschattete fortan die Sowjetunion. Jelzins konstitutionelle Position in Russland unterschied sich nicht groß vom Format des sowjetischen Präsidenten. Die Geschehnisse in der russischen Republik hatten für das Schicksal der Sowjetunion und Gorbatschows unvermeidlich größere Bedeutung als diejenigen in den übrigen Republiken. Neben der Größenordnung lag dies vor allem daran, dass alle sowjetischen Befehlsstränge im Zentrum Moskau zusammenliefen.

Wie schon in der Zeit der Russischen Revolution war diejenige Person politisch im Vorteil, der es gelang, mit der Kontrolle über die Militär- und Polizeikommandeure die Hauptstadt zu beherrschen. Das Gleiche galt für den Zugriff auf die zentralen TV-Studios. Jenseits aller Rechts- und Verfassungsaspekte spielte der Putsch des Jahres 1991 Jelzin als russischem Präsidenten die entscheidende Rolle für die Ausübung der Staatsgewalt in der Sowjetunion zu. Die Bilder eines kraftlosen Präsidenten Gorbatschow, den die gescheiterten Putschisten wieder freigelassen hatten, und eines vitalen, auf einem Panzer gestikulierenden russischen Präsidenten Jelzin, der nicht zögerte, die blutige Konfrontation mit Armeeeinheiten zu riskieren, die sich in den Dienst der Putschisten gestellt hatten, taten ein Übriges. Vor laufenden Kameras demütigte Jelzin anschließend den gescheiterten Sowjetpräsidenten im Obersten Sowjet mit beißender Kritik.

Nun drängte es Jelzin nicht, an die Spitze der maroden Sowjetunion zu treten. Die Chance, die Strukturen der alten Sowjetunion und der Sowjetwirtschaft zu zerschlagen, stand in Russland am besten. Die Perestroika hatte die Stützen der alten Ordnung dort am stärksten geschwächt. Und dort gab es in Gestalt der Reformer, des diplomatischen Apparats und der Auslandsexperten auch eine geeignete Infrastruktur, um die Beziehungen zum westlichen Ausland für die komplette Veränderung des politischen Systems einzuspannen. Mit Abrüstungsvereinbarungen und der Preisgabe des östlichen Bündnissystems hatte Gorbatschow den Weg bereits vorgezeichnet.

Die systempolitische Annäherung an Marktwirtschaft, Pluralismus und Verfassungsstaatlichkeit versprach einerseits einen Sympathiebonus im westlichen Ausland und die Aussicht auf die Hilfe westlichen Kapitals bei weiterreichenden

Wirtschaftsreformen. Andererseits musste jeder weitere Schritt in Richtung auf eine wirkliche Marktwirtschaft die roten Direktoren treffen, die ihre Positionen der alten Ordnung verdankten. Um sie zu schwächen, war der russische Präsident bereit, den Preis einer Auflösung des sowjetischen Staates zu zahlen.

Die 14 übrigen Republiken machten Gorbatschows Reformen allenfalls halbherzig mit. Allein die Balten entschieden sich gegen den Verbleib in der Union. Die Ukraine mit ihren 50 Millionen Bürgern sowie bedeutender Landwirtschaft und Industrie war ein Hort der Konservativen in der Kommunistischen Partei. Das Gleiche galt für Weißrussland und die zentralasiatischen Republiken. Im Kaukasus zeichnete sich das Wiederaufleben nationaler Konflikte ab, die von der Sowjetregierung noch mit harter Hand unter der Oberfläche gehalten worden waren. Jelzin forderte die Republiken auf, soviel Souveränität von der Union zu reklamieren, wie sie wollten. Eine Konferenz der Republikpräsidenten entschied, die Sowjetunion mit Ablauf des Jahres 1991 aufzulösen. Zuvor hatten, beginnend im April 1991, zahlreiche Republiken von einem Austrittsrecht Gebrauch gemacht, das in der Verfassung schon immer enthalten, stets aber als Formalie abgetan worden war.

2.3 Die Ära Jelzin. Präsidialverfassung und Marktwirtschaft zerstören die Grundlagen der Sowjetordnung

Das nunmehr unabhängige Russland stand bis 1993 im Zeichen einer Doppelherrschaft. Die russischen Wähler bestätigten Boris Jelzin 1991 zwar im Präsidentenamt. Aber sie wählten ein Parlament, das mehrheitlich Abgeordnete zählte, die für weitere Wirtschaftsreformen nichts übrig hatten. Hier ist zu bedenken, dass sich die Lebensverhältnisse der russischen Bürger seit Beginn der Gorbatschowschen Perestroika noch weiter verschlechtert hatten. Nicht einmal mehr die Planwirtschaft funktionierte schlecht und recht, und Wirtschaftsreformen, die sich positiv auf den Lebensstandard hätten auswirken können, ließen auf sich warten – ganz davon abgesehen, dass der Abschied vom Wirtschaftsplan und die Umstellung auf den Markt zunächst einige Gewinner, aber viele Verlierer hervorbrachte.

Jelzin arbeitete auf eine rasche und umfassende Privatisierung hin, um die Ressourcen kommunistischer Parteifunktionäre und die ihrer Verbündeten in der Staatsverwaltung auszutrocknen. Das Parlament hingegen favorisierte den Status quo. Konstitutionell befand sich das Parlament in einer starken Position. Russland hatte noch keine parlamentarische, sondern eine Räteverfassung. Im Parlament verbanden sich immer noch exekutive, legislative und judikative Gewalt. Zwar gab es jetzt einen Präsidenten mit exekutiven Vollmachten. Doch die

Grenzen zu den Exekutivrechten des Parlaments waren schlecht markiert. Der Parlamentspräsident war nicht nur Vertreter eines Legislativorgans, er konnte auch als Teilhaber an der Exekutivgewalt des Parlaments auftreten. Das Parlament aber in Gestalt seines Präsidenten Ruslan Chasbulatow wälzte Jelzin fortwährend Steine in den Weg. Um die Blockade zu lösen, veranlasste der Präsident 1992 eine in der Verfassung nicht vorgesehene Volksabstimmung über die Privatisierung der Staatsbetriebe. Das Referendum fand eine knappe Mehrheit.

Jelzin nahm dieses Votum als Mandat für eine weitreichende Verfassungsrevision. Abermals ohne konstitutionelle Grundlage berief er eine Verfassungskonferenz ein. Die Parlamentsmehrheit protestierte und erklärte Jelzin 1993 wegen seiner Verfassungsverstöße für abgesetzt. Vizepräsident Alexander Ruzkoi trat an seine Stelle. Jelzin schlug mit der abermals verfassungswidrigen Auflösung des Parlaments zurück. Ein Teil der Parlamentarier, darunter der Parlamentspräsident, weigerte sich, das Parlamentsgebäude zu räumen. Sie verbarrikadierten sich und baten die Armee um Unterstützung. Jelzin hingegen ließ von Armeeeinheiten, die auf seiner Seite standen, das Parlamentsgebäude beschießen und zwang die Parlamentarier schließlich zum Aufgeben. In der Serie der Jelzinschen Verfassungsverstöße war dies die Krönung mit einem unverblümten Putsch. In der russischen und Weltöffentlichkeit verblasste diese Tatsache hinter der vom Wunsch geleiteten Wahrnehmung, welche die Ereignisse als Befreiungsschlag für Reform und Demokratie hinstellte.

Die nächsten Schritte im Machtkampf waren eine neue Verfassung und die Veräußerung des Staatsvermögens. Beraten von anerkannten Verfassungsexperten, entschied sich die außerkonstitutionelle Verfassungskonferenz für eine Präsidialverfassung. Ihr Vorbild war die Verfassung der V. französischen Republik. Sie wurde aber nicht einfach kopiert, sondern mit weitaus größeren Präsidialrechten angereichert. In allen denkbaren Standardsituationen sollte sich der Präsident gegen das Parlament durchsetzen können.

Mit der Verfassung allein war es nicht getan, die Macht des Präsidenten zu konsolidieren. Moskau lockerte seinen Griff auf der bundesstaatlichen und gesellschaftlichen Ebene. Durch eilige Privatisierungsaktionen erhielten findige Jungunternehmer, die bereits in der Agoniephase der Sowjetunion ihren Schnitt gemacht hatten, freie Fahrt für die weitere Bereicherung. Die Privatisierung selbst wurde am grünen Tisch geplant und ohne Rücksicht auf die russischen Gegebenheiten durchgeführt. Um den schönen Eindruck einer Beteiligung des Volkes an den privatisierten Unternehmen zu fabrizieren, wurden allen russischen Bürgern Anteilscheine ausgehändigt. Sie versprachen Gleichbeteiligung am Wert an den zu privatisierenden Staatsunternehmen. Die Ausgabe erfolgte an eine Bevölkerung, die keine Kenntnis von Vermögenswerten hatte, vor allem aber zu wenig Bargeld besaß, um ihre blanke Existenz zu bestreiten. Darüber hinaus erzeugte die hohe Inflation unwiderstehlichen Druck, Bargeld in den Konsum zu geben.

Unter diesen Voraussetzungen verkauften die Bürger ihre Coupons an den Meistbietenden. Die Papiere waren die Bausteine eines gewaltigen Vermögenstransfers, der profitable Staatsbetriebe in wenigen Händen konzentrierte. Nutznießer waren vor allem jene Unternehmer, die bereits große Geldvermögen ihr eigen nannten und Banken gegründet hatten. Sie waren die natürlichen Verbündeten Jelzins. Dies zahlte sich aus, als 1996 die Wiederwahl des Präsidenten anstand. Diese Oligarchen, wie sie fortan genannt wurden, investierten mit viel Geld und der Unterstützung ihrer TV-Sender massiv in Jelzins Wahlkampf. Er strafte es damit für ein knapp misslungenes Amtsenthebungsverfahren ab.

Die Gouverneure der damals noch 89 – heute 83 – Gliedstaaten Russlands griffen bei der Privatisierung der Unternehmen ihrer Gebiete persönlich zu. Etliche gebärdeten sich wie Herrscher unabhängiger Staaten. Sie kamen ihrer Pflicht, Steuern an Moskau abzuliefern, nicht nach und ignorierten auch sonst nach Gusto das Föderationsrecht. Als Folge entwickelte sich Russland zu einem diffusen Rechtsgebilde. Die Gouverneure mit ihrem Zugriff auf die Gemeinden und bürgernahen Verwaltungen hatten guten Grund, bei der Vorbereitung der Wahlen Jelzin zu unterstützen, der ihnen diese Freiheiten erlaubte.

Das Gesamtergebnis dieser Entwicklungen: Frühere Kommunisten und Profiteure der Planwirtschaft passten sich an die neuen Verhältnisse an. Sie verlegten sich auf die Privatwirtschaft oder sie verloren mit der Entstaatlichung ganz simpel ihre Jobs und Lebensgrundlagen. Dies alles ging unter der Flagge der Hinwendung zu Demokratie und Marktwirtschaft vonstatten. Der Beifall des westlichen Auslands ließ nicht auf sich warten. Eine neue Form des Regimes nahm Gestalt an: ein oligarchisches Bündnis des Präsidenten mit superreichen Unternehmern und mächtigen Gouverneuren. Beide Gruppen beschränkten sich keineswegs auf die Korridore der Macht, um Konkurrenten auszustechen und neue Märkte zu erobern. Die mit hoher krimineller Energie geschaffenen Supervermögen expandierten auch mit illegalen Methoden, wobei sich eine florierende russische Mafia als Gewaltdienstleister anbot.[39]

Die Gesellschaft als Ganzes, insbesondere Facharbeiter, das weite Hinterland der Metropolen Moskau und Petersburg, Landarbeiter, Dörfler, Rentner, kurz: die Masse des russischen Volkes hatte nichts von alledem. Armut, Arbeitslosigkeit, Bettelei und Kriminalität griffen um sich. Die wenigen Reichen protzten mit superteuren westlichen Autos und luxuriösen Villen, besuchten teure Bars und kauften in Glitzerpassagen ein, die in den Metropolen aus dem Boden

---

[39] Vadim Volkov: Violent Entrepreneurship in Post-Communist Russia, in: Europe-Asia Studies, 51. Jg. (1999), S. 741-754.

schossen, und ließen sich auch von Mondscheinpreisen nicht beeindrucken. Auf der anderen Seite hielten unterbezahlte Beamte und Polizisten für Amtshandlungen die Hand auf. Mit großem internationalem Beifall zog die Regierung bis 1994 die letzten Truppen aus Deutschland ab. Daheim erwarteten die Soldaten und ihre Familien karge Behausungen in Einödgebieten. Das von der Bundesregierung bereitgestellte Geld für versprochene Unterkünfte versickerte zum Teil in dunklen Kanälen.

Vor diesem Hintergrund reifte Nostalgie. Die Pressefreiheit trieb so üppige Blüten wie unter keinem früheren Regime. Die Medien gehorchten lediglich den Gesetzen des Marktes. Für alle war etwas dabei: Intellektuelle und Gebildete goutierten die Kritik an den Herrschenden und den Missständen. Das übrige Leserpublikum wurde vom Boulevard mit sensationsheischenden Berichten über Katastrophen und Kriminalität bedient. Inhalt und Art der Zeitungen erschreckten und verstörten ein Publikum, das in der kontrollierten Öffentlichkeit der Sowjetzeit groß geworden war, in der Berichte über Verbrechen im eigenen Land unterdrückt oder geschönt worden waren. Die kleinen demokratischen Parteien und ihre Wortführer begrüßten Parlamentarismus und Meinungspluralismus, mochten sie mit den unappetitlichen Aspekten der raschen Veränderungen auch nicht einverstanden sein.

Die Gesellschaft insgesamt erlebte die 1990er Jahre als ein einziges Desaster, das alles Gewohnte und Vertraute auf den Kopf stellte. Was Wunder, dass diese Erfahrung mit der russischen Demokratie, für die es ja keine andere Anschauung gab, die Idee der Demokratie selbst diskreditierte? Dass die Demokratie im Westen das Bild bestimmte, mochte geläufig sein. Es machte die Sache aber nicht besser. Der ohnehin fremde Westen war immerhin über mehr als 60 Jahre das Feindbild des Sowjetregimes.

Trotz Meinungs- und Pressefreiheit hatte das politische System in dieser Ära die Züge eines autoritären Regimes.[40] Im Mittelpunkt stand der Präsident, der, wie geschildert, den Oligarchen und Gouverneuren größte Freiheiten beim Geldverdienen und der Missachtung der Gesetze einräumte. Der Rest der Gesellschaft war lediglich Gegenstand politischen Kalküls. Die Privatisierungs- und Marktbildungspolitik schlug wie ein Hammer auf Menschen ein, die weder informiert noch gefragt wurden noch überhaupt verstanden, was da geschah. In diesem Wandel wurde dennoch wieder eine Kontinuitätslinie sichtbar: Die Ereignisse waren das Ergebnis eines Denkens unter den neuen Regenten, wie es den Sozialingenieur charakterisiert.

---

[40] Zum Folgenden allgemein Margareta Mommsen: Der Kreml und die Schatten der Macht, München 2003.

Die autokratische und sowjetische Vergangenheit hatte die Gesellschaft für politisch verursachte Zumutungen konditioniert. Jelzin verhielt sich nicht anders als ein Gorbatschow, nur eben machtbewusster und systempolitisch konsequenter. Doch mit Jelzin wurde Russland nicht einfach nur ein autoritäres Regime mit seinem charakteristischen begrenzten Pluralismus. Es weichte auch als Staat auf. Die Staatsgewalt verlor ihren Biss.[41] Dies zeigte sich nicht zuletzt am Präsidenten selbst.

Von Krankheit und Alkoholismus gezeichnet, stellten sich bei Jelzin immer längere Ausfallzeiten ein. Familie und enge Mitarbeiter, so der Anschein, trafen für den Präsidenten die Entscheidungen. Die Allianz mit den Oligarchen deutete in diese Richtung. Ein zweites Merkmal des schwachen Staates ist die Durchsetzungsschwäche in der Fläche. Auch diese stand durch die Alleingänge der Teilrepubliken in Frage. Die polizeiliche Kapazität des Staates hatte in Russland von jeher maßgebliche Bedeutung. Der Polizeiapparat war von den politischen Umwälzungen mitbetroffen. Dies galt auch für den früheren KGB, der jetzt als FSB weitergeführt wurde. Die neuen Machtstrukturen passten nicht zu seinem alten Aufgabenbild.

2.4 Putins großer Plan: Die Restauration der Staatskontrolle

Von diesem Zustand aus lässt sich die letzte Etappe in der russischen Politik bestimmen. Sie begann mit dem Entschluss Boris Jelzins, Wladimir Putin zum Nachfolger zu bestimmen und ihn zu diesem Zweck zunächst als Regierungschef zu berufen.[42] Mit ihm betrat im Jahr 2000 der vorerst letzte große Sozialingenieur die politische Bühne. Er erledigte vereinbarungsgemäß seinen Auftrag, dem Präsidenten 1999 einen honorigen Abgang zu verschaffen und machte sich dann ans Werk. Ihm ging es um die Restauration eines handlungsfähigen Zentrums und einer vom Staat kontrollierten Ressourcenbasis.[43] In der Politik der Putin-Präsidentschaft lässt sich ein Design erkennen:

---

[41] Staat ist hier im Sinne des politikwissenschaftlichen Konzepts zu verstehen, aus dem etwa der Begriff des Failed state hergeleitet ist. Siehe Robert I. Rotberg: The Failure and Collapse of Nation-States, in: Robert I. Rotberg (Hrsg.), When States Fail: Causes and Consequences, Princeton und Oxford 2004, S. 1-45; Alexander Straßner und Margarete Klein (Hrsg.): Wenn Staaten scheitern. Theorie und Empirie des Staatszerfalls, Wiesbaden 2007.
[42] Margareta Mommsen und Angelika Nußberger: Das System Putin. Gelenkte Demokratie und politische Justiz in Russland, München 2007, S. 33ff.
[43] Rita di Leo: Putin, Professional Politician, in: Journal of Communist Studies and Transition Politics, 24. Jg. (2008), S. 573-584.

a. Verfassung und Verwaltungskontrolle genügten nicht, um politische Kontinuität zu sichern. Es bedurfte einer politischen Organisation, einer Staatspartei, die Präsident und Regierung von Multimilliardären und Regionalfürsten unabhängig machte. Neue Parteien- und Wahlgesetze untermauerten den Erfolg einer Präsidentenpartei, die Parlament, Regierung und Provinz erfolgreich zu verklammern verstand, ohne die Parteienpluralität ganz zu ersticken. Es ging dabei nicht nur um politische Kontrolle, sondern auch um die Projektion demokratischer Befindlichkeit in die Weltöffentlichkeit. Das Ergebnis war die Gründung der Partei Einiges Russland.
b. Die Reichen Russlands hatten sich dem Primat der Politik zu beugen. Sie sollten weiterhin Geld verdienen dürfen, aber das politische Zentrum durfte bestimmen, womit. Negativ ausgedrückt: nicht mit politischem Journalismus und nur begrenzt mit Öl und Gas. Auf letzterem Geschäftsfeld sollte der russische Staat selbst mit eigenen Konzernen tätig sein. Exemplarische Prozesse und Strafen für Oligarchen, die gegen das Politikenthaltungsgebot verstießen, haben die Reichen inzwischen diszipliniert. Dieser Effekt war so wichtig, dass dafür auch ein schlechtes Image in der demokratischen Welt in Kauf genommen wurde.
c. Außerkonstitutionelle Gesetze stellten die Kontrolle des Präsidenten über die Chefs der Regionalverwaltungen her. Sie können heute praktisch auch gegen den Willen der Regionalparlamente abgesetzt werden. Die Staatspartei sorgt dafür, dass diese Kontrolle möglichst ohne Konflikte mit der Zentrale vonstatten geht.
d. Der Öl- und Gasförderung kommt die Aufgabe zu, die Modernisierung der Infrastruktur und des Sozialstaates zu finanzieren. Russland hat heute in vieler Hinsicht die Struktur eines Rohstoffstaates, der allerdings eine Partnerschaft mit privaten Investoren und eingeschränkt auch mit ausländischen Firmen praktiziert.
e. Die politischen Spitzen des Präsidialsystems, Präsident und Regierungschef, werden als dehnbare Rollen ausgefüllt. Das Rollenverständnis prämiiert die stärkere Persönlichkeit und stattet sie mit der Kontrolle der Staatspartei aus. Auch nach dem Wechsel ins Amt des Regierungschefs blieb Putin die Schlüsselfigur des Regimes.
f. Die aus der Sowjetzeit überkommenen sozialen Leistungen sollten modernisiert und in das Preis- und Einkommensgefüge einer Marktwirtschaft integriert werden. Der Staat entlastet sich heute durch Geldtransfers von den Kosten, die früher durch die kostenfreie Bereitstellung infrastruktureller Leistungen anfielen.
g. Russland integriert sich in die internationale Wirtschaftswelt und behauptet seinen Platz als bedeutender Spieler in der Weltpolitik. Dabei sucht es auch

den Respekt vor seiner inneren Ordnung. Aber es zahlt dafür nicht den Preis, seine politische Struktur dem Modell der liberalen Demokratie anzugleichen. Dies käme einem Kontrollverzicht des politischen Zentrums gleich.

Dieses Programm ist in sich schlüssig. Es wird von den Bürgern belohnt. Der starke Staat entspricht gewachsenen Erwartungen. Der Staat als Wachs in den Händen von Reichen und Günstlingen gehört der Vergangenheit an. Aber der begrenzte Pluralismus ist weiterhin eine Tatsache. Daraus zu folgern, Russland habe ein autoritäres Regime, wäre indes vorschnell.

3 Die politische Kultur Russlands

3.1 Vertrauensdefizite im Verhältnis von Staat und Gesellschaft

Es bereitet einige Schwierigkeiten, die Merkmale der politischen Kultur Russlands zu bestimmen. Gehen wir zunächst von der klassischen Typisierung der politischen Kultur aus, wie sie vor einem halben Jahrhundert von Gabriel Almond und Sidney Verba formuliert worden ist.[44]

Darin werden drei Typen politischer Kultur unterschieden. Erstens die parochiale politische Kultur: Die Menschen beurteilen politische Sachverhalte hauptsächlich aus dem Gesichtswinkel des Nutzens für ihr Dorf, für ihren Stamm oder für ihre engere Region. Vertreter der zentralstaatlichen Autorität, Gerichtsbeamte, Polizei oder allgemein Beamte aus der Hauptstadt werden misstrauisch als Repräsentanten einer fremden Macht beäugt, mit der man nichts zu tun haben will, weil sie traditionelle Strukturen und Abläufe stört. Die Menschen in der parochialen politischen Kultur neigen dazu, solche Störungen von außen abzuwehren, sich den Loyalitäts- und Steuerforderungen des Zentralstaates zu entziehen und ihre Angelegenheiten in den Grenzen des Möglichen selbst zu regeln.

Anderson drückt diesen Sachverhalt so aus, dass die Menschen hier noch keine Vorstellung von einer Gemeinschaft mit anderen haben, die weit von ihnen entfernt sind, zu denen sie nie Kontakt hatten und denen sie nie begegnen werden. Sie bilden in diesem Sinne keine Nation.[45]

Der zweite Typus der politischen Kultur, die passive oder Untertanenkultur, geht davon aus, dass sich die Menschen bereits eine gemeinsame Nation vorstellen. Sie sind durch wichtige Gemeinsamkeiten wie Sprache, Religion und Werte miteinander verbunden und leben dazu noch in den Grenzen desselben Staates. Das politische Informationsniveau ist hoch, die Menschen sind in den Grundzügen mit übergreifenden politischen Geschehnissen vertraut, und sie verhalten sich im Wesentlichen loyal. Diese Loyalität gründet sich hauptsächlich darauf, dass der Staat den Gehorsam der Bürger durch seine Leistungen untermauert. Wir haben es hier mit einem aktiven Staat zu tun, der seine Bürger gegen existentielle Risiken wie Beschäftigungsverlust, Invalidität oder Krankheit sichert und eine ordentliche Verwaltung unterhält. Die Partizipation der Bürger an der

---

[44] Gabriel A. Almond und Sidney Verba: The Civic Culture, Cambridge 1963.
[45] Benedict Anderson: Die Erfindung der Nation. Zur Karriere eines erfolgreichen Konzepts, Frankfurt/M./New York 1988.

Politik ist schwach entwickelt. Der Bürger beobachtet, er nimmt zur Kenntnis, aber er beteiligt sich nicht.

Der dritte Typus der politischen Kultur wird als Partizipationskultur bezeichnet. Auch hier haben wir es mit Bürgern zu tun, die sich durch einen hohen politischen Kenntnisstand auszeichnen. Wo sich die politische Teilhabe in der passiven Kultur auf geringem Niveau bewegt, haben wir es hier mit einem Überschuss von Teilhabe zu tun. Der typische Bürger begegnet dem Staat mit großem Misstrauen. Er versucht, sich seinem Zugriff zu entziehen, geht auf die Straße, verteidigt seine Rechte, nimmt regelmäßig an Wahlen teil und wechselt häufig seine Parteipräferenz. Er stellt Forderungen an die Regierung und überfordert notorisch ihre Ressourcen. Kurz: Wo sich die passive Kultur durch ein hohes Maß an Stabilität und Ruhe auszeichnet, treffen wir in der Partizipationskultur Aktionismus und womöglich Instabilität an.

Dominant sind in Russland die Merkmale der passiven politischen Kultur. Die Haltung zu Staat und Recht wird vom Auftreten des Staates bestimmt. Dabei muss ein weiterer Punkt beachtet werden. Glauben die Bürger an die Gerechtigkeit des Staatshandelns, d.h. begegnen sie den Beamten und Behörden mit der Erwartung, dass hier keine Willkür oder Vorzugsbehandlung waltet, investieren sie Vertrauen in das politische System? Entfällt dieses Moment der Einsicht in die Notwendigkeit des Staatshandelns, stellt sich Misstrauen ein. Dieses Misstrauen gilt nicht nur Staat und Politik, es charakterisiert auch ganz allgemein die Erwartungen in die Absichten des Mitbürgers und Nachbarn. Die Erwartungsgewissheit in den Sozialbeziehungen, in der einschlägigen Literatur als Sozialkapital bezeichnet, schrumpft auf Familie und engste Freunde. Die Folgen sind Manöver zur Vermeidung des Verlangten.[46] Weil dem in Russland so ist, versucht es der Staat gar nicht erst mit subtilen Methoden des Überredens, Überzeugens und Werbens, also mit Strategien, die Zwang lediglich als Ausnahme einsetzen. Er agiert von vornherein mit Beobachtung, Kontrolle und Druck. Kommen Zwang und Sanktionen ins Spiel, wird seinen Anordnungen Folge geleistet. Bietet sich den Bürgern die Gelegenheit, sich unliebsamen Forderungen durch Mogeln und Täuschen zu entziehen, wird nicht gezögert.

Unterscheidet sich der Idealtypus der passiven Kultur von den anderen Idealtypen lediglich im Ausmaß der Aktivität der Parteien und Verbände im politischen Prozess, so sind hier, in einer politischen Kultur mit Vertrauensdefizit, die persönliche und institutionelle Partizipation bereits systemlogisch zu vernachlässigen. Wer die Staatswirksamkeit unterläuft, setzt sich zur Wehr, ohne politisch zu partizipieren.

---

[46] Das Sozialkapital wurde als politikwissenschaftliche Kategorie maßgeblich von Robert D. Putnam etabliert: Making Democracy Work: Civic Traditions in Modern Italy, Princeton 1993.

Wird der Staat anderswo vielleicht als unliebsames, aber nützliches und unverzichtbares Element der gesellschaftlichen Ordnung wahrgenommen, erscheint der Staat in dieser politischen Kultur mit mangelndem Sozialkapital als fremd, als bedrohlich und als Instrument in den Händen Mächtiger. Wo aber sprudeln dann die Quellen für Legitimität in einem politischen System, das ohne dieses Sozialkapital auskommen muss? Hier bleibt nur eine Antwort: Die Polizei- und Strafgewalt des Staates ist das Minimum dessen, was die Gesellschaft braucht, um nicht auf das Faustrecht zurückzufallen, also in einen Zustand, den Altvater Thomas Hobbes als den Krieg aller gegen alle beschrieben hat.

Bis hier wurde noch auf Illustrationen am Beispiel Russlands verzichtet. Doch bereits diese Skizze deutet auf die russische Gesellschaft in ihrer vorsowjetischen, in der sowjetischen und auch in der nachsowjetischen Epoche.

3.2 Die Stalinära im Kollektivgedächtnis

Das kollektive Gedächtnis Russlands wurde durch die Revolution gründlicher gelöscht als in anderen Gesellschaften, die auf starke Brüche in ihrer Entwicklung zurückblicken. Der Erste Weltkrieg kostete 1,5 Millionen Kriegstote, die Revolution und der anschließende Bürgerkrieg, der auch noch mit einer Hungersnot einherging, 13 bis 15 Millionen. Der Regimewechsel löschte darüber hinaus noch die russische Oberschicht aus. Sie war immerhin ein Brückenkopf westlicher Ideen und Lebensart in einer Gesellschaft bäuerlicher Analphabeten, die von der Welt um sie herum nichts wussten. Die Zeit des Stalinismus und des Terrors fügte sechs Millionen Opfer der Kollektivierung, der Verhaftungen, Exekutionen und der in Lagerhaft Verstorbenen hinzu. Nahezu ohne Übergang folgte der Krieg mit seinen 26 Millionen sowjetischen Kriegstoten.[47]

Diese hochdramatischen und traumatischen Zeiten fielen mit der systematischen Beschulung des russischen Volkes, kurz gesagt: mit der Mobilisierung der Bildungsreserven zusammen, und diese wurde begleitet von einer Propaganda, die ungeachtet der von der marxistischen Ideologie bedingten internationalistischen Schnörkel die Vorstellung von einer modernen russischen Nation transportierte. Das Nation-building vollzog sich in Russland erst unter sowjetischem Vorzeichen. Viel effektiver, als es die orthodoxe Kirche je vermocht hatte, betrieb die Kommunistische Partei geistige Sinnstiftung.[48] Die von ihr konstruierten Geschichtsbilder und ebenso das persönliche Erleben, das Menschen der

---

[47] Allen C. Lynch: How Russia Is not Ruled: Reflections on Russian Political Development, Cambridge 2005, S. 67ff.
[48] Dazu und im Folgenden Stephen G. White: Political Culture and Soviet Politics, London und Basingstoke 1979.

ersten Sowjetgeneration speicherten und an ihre Kinder weitergaben, kreisten um die gottgleiche Figur Stalin, um die Erinnerung an die Gefahren verbotener Gedanken und Äußerungen sowie um den heroischen Großen Vaterländischen Krieg. Die Nachgeborenen bekamen mit, dass Russland in der Stalinzeit binnen kürzester Zeit in die Moderne der industriellen Welt eingetreten war, dass es seine Feinde besiegt hatte und danach zur zweiten Weltmacht neben den USA aufgestiegen war. Die Gloriole, mit der sich diese Zeit verband, wirkt bis heute nach. Schließlich war die Sowjetunion siegreich aus dem Krieg hervorgegangen. Ihr Ende war kein Ergebnis eines Aufbegehrens der Gesellschaft gegen das Sowjetsystem. Vielmehr setzte es einen Schlusspunkt hinter eine Rangelei in der politischen Elite, die sich uneins war, wie das System reformiert werden sollte. In der Wahrnehmung ihrer Bürger war die Sowjetunion auch an keinem Kräftemessen mit anderen mächtigen Staaten gescheitert.

Für viele russische Bürger ist die Sowjetära ein Referenzpunkt für die Beurteilung der Gegenwart. Dabei geht es nicht um das Sowjetsystem, und Stalin ist lediglich eine Metapher, weil es nicht um den historischen Stalin geht. Die Epoche steht vielmehr für klare Verhältnisse, große Leistungen, soziale Sicherheit und starke politische Führung.[49] Die Aufarbeitung der tatsächlichen Sowjetvergangenheit mit ihren Missständen, dem Terror, dem Gulag und dem Hitler-Stalin-Pakt fand den Beifall russischer Historiker, Journalisten und Intellektueller. Der Masse war sie gleichgültig, ja erschien sie als Verleumdung einer vorgestellten oder auch subjektiv erfahrenen besseren Vergangenheit.

In der jüngeren Generation allerdings weicht das positive Stalinbild der Indifferenz. Es verblasst je stärker, desto gebildeter die Menschen, desto mehr sie verdienen und auch im städtischen Milieu. Ein positives Bild Stalins ließen bei einer Befragung im September 2008 56 Prozent der Menschen über 55 Jahre, 38 Prozent derjenigen in der Altersgruppe zwischen 40 und 54 Jahre, 35 Prozent zwischen 25 und 39 und 33 Prozent zwischen 18 und 24 Jahre erkennen, ferner 39 Prozent der Befragten mit höherer Bildung und 54 Prozent mit der geringsten Bildung, schließlich 32 Prozent der Einkommensbezieher, die sich hochwertige Konsumgüter leisten konnten, 52 Prozent derjenigen, die gerade genug zum Essen hatten, und 56 Prozent, bei denen es nicht einmal dafür reichte.[50]

Mit dem Abschied von der marxistisch-leninistischen Staatsideologie geriet das politische System in ein ideologisches Vakuum. Noch eindringlicher als nach der Oktoberrevolution stellte sich die Frage nach der Identität Russlands. Die Situation verlangte nach Formeln und Bildern, mit denen der Staat massenwirk-

---

[49] Olena Nikolayenko: Contextual Effects on Historical Memory: Soviet Nostalgia among Post-Soviet Adolescents, in: Journal of Communist and Post-Communist Studies, 41. Jg. (2008), S. 231.
[50] Boris Dubin: The Stalin Myth, in: Russian Politics and Law: A Journal of Translations, 48. Jg. (2010), S. 50, Tabelle 3.

sam sein Handeln rechtfertigen konnte. In der frühen Ära Jelzin wurde zu einem Wettbewerb um eine Leitidee für das neue Russland aufgerufen. Heute lässt sich der Konstruktionsplan für die offizielle Identität des neuen Russland erkennen, aber es wird noch an ihm gearbeitet. Dass dabei die Sowjetvergangenheit gebührend berücksichtigt werden musste, stand außer Frage. Ebenso klar war jedoch, dass sie russisch umzudeuten war. Dies aber bedeutete, Synthesen mit der zaristischen Vergangenheit herzustellen, und diese Vergangenheit verwies wieder auf die historische Rolle Russlands als große europäische Macht. Verbindungen zwischen der Verteidigung Mütterchen Russlands im Jahr 1812 zum Großen Vaterländischen Krieg boten sich an, vor allem aber Russland als Verkörperung einer slawischen Nation. Die kyrillische Schriftsprache, die orthodoxe Kirche, die große Literatur, die Befreiung von der Tatarenherrschaft und die Eroberung Sibiriens sind Eckpunkte der historischen Populärbildung. Selektiv wurden diese Elemente bereits in den sowjetischen Geschichtsbüchern herausgestrichen. War ihnen dort lediglich eine unterstützende Rolle zugedacht, wurden sie nunmehr zu tragenden Säulen der Geschichtspolitik aufgewertet und behutsam mit positiv besetzten Elementen der sowjetischen Vergangenheit ergänzt.

Der Rückgriff auf diesen Traditionsbestand betont die Differenz zur Außenwelt, insbesondere zum katholischen und protestantischen und zugleich auch zum liberalen Europa. Dort reiften die Ideen und Institutionen heran, die im Laufe der Jahrhunderte moderne Bürokratien, Gewaltenteilung, Parlamentarismus und letztlich Demokratie hervorbrachten.

Äußere Anzeichen des Anknüpfens an die russische Tradition sind der Doppeladler als Staatswappen, der Wiederaufbau der Erlöserkirche am Roten Platz, einst erbaut als Zeichen des Dankes für den Sieg über Napoleon, von Stalin später abgerissen, die Präsenz hoher Kleriker bei Staatsakten sowie schließlich die krönungsähnliche Amtseinführung des Präsidenten, bei der die Soldaten der Kremlwache in Uniformen des frühen 19. Jahrhunderts posieren.[51]

3.3 Das belastete Verhältnis zur Demokratie

Damit kommen wir zu einem weiteren Element der politischen Kultur: das Verhältnis zur Demokratie. Als erlebte Herrschaftsform ist die Demokratie den Russen fremd. Demokratie war in der Sowjetzeit stets mit dem Attribut sozialistisch versehen und stand für nichts anderes als für das Alltagserleben. Das neue Russland definierte sich nach der Verabschiedung seiner neuen Verfassung im Jahr 1993 als Demokratie. Nicht alle Parteien akzeptierten das demokratische Ideal,

---

[51] Richard Sakwa: Putin: Russia's Choice, 2. Aufl., London und New York 2008, S. 230f.

insbesondere Nationalisten und Kommunisten nicht. Jelzin hingegen und die von westlich orientierten Intellektuellen gegründeten liberalen Parteien eigneten sich das Demokratiemodell lautstark und ohne Vorbehalte an.

Die Regierungspraxis jedoch verfehlt die Maßstäbe, denen die etablierten demokratischen Systeme folgen. Die Kontrolle der Medien, die Quasi-Staatspartei, die Diskriminierung der Oppositionsparteien, die Unterdrückung missliebiger Demonstrationen und der Umgang mit den Persönlichkeitsrechten lassen sich schlecht mit dem Gütesiegel einer Demokratie vereinbaren. Trotzdem ist die Berufung auf die Demokratie keine oberflächliche Geste, wie etwa die Selbstbezeichnung der autoritären Systeme des Orients und Asiens. Besonders die politische Elite legt Wert auf das Etikett einer Demokratie. Diese ist der Klubausweis für die Zugehörigkeit zur Welt Europas und Nordamerikas.[52] Das nach außen projizierte Image einer Demokratie soll die Gleichsetzung Russlands mit anderen mächtigen Staaten wie etwa China entkräften, die von der westlichen Medienöffentlichkeit und NGOs an den Pranger gestellt werden.

Es wäre zu einfach, daraus bloß ein Lippenbekenntnis herauszulesen. Massive Wahlfälschung, Behinderung der Oppositionellen, kriminelle Gewalt gegen regimekritische Journalisten: dies alles deutet auf das Beiwerk autoritärer Herrschaft. Der Fall des Oligarchen Michail Chodorkowski, dessen Anklage und Verurteilung im Jahr 2003 demonstrieren sollte, dass es Putin mit seiner Politikenthaltungsempfehlung an die Reichen Russlands ernst war, ging an die Grenze. Die Regierung verspricht Aufklärung und drastische Strafen, wo der Verdacht aufkeimt, Mord und Totschlag würden stillschweigend gebilligt, um kritische Journalisten mundtot zu machen. Die politische Führung hat die Öffentlichkeit der demokratischen Welt in ihr Kalkül aufgenommen.[53] Damit gibt es einen Minimalschutz für eine kritische Presse, für die politische Opposition und für Wahlen, die diesen Namen verdienen. Dahinter steht freilich die Entschlossenheit, die Wahlergebnisse notfalls zu Gunsten der Regierenden zu manipulieren, wie zuletzt massiv um die Jahreswende 2011/2012 geschehen. Bei den Protesten gegen die Ergebnisse setzte die Staatsmacht zunächst massiv Polizei und Justiz ein. Jetzt ging es um den Machterhalt. Kurz darauf ruderte sie zurück und machte Zugeständnisse, die, ohne am Ergebnis der Wahl etwas zu ändern, als Gesten an die Kritiker im eigenen Lande und an die internationale demokratische Öffentlichkeit adressiert waren.

---

[52] Andrei Yakovlev: Interest Groups and Economic Reform in Contemporary Russia: Before and After Jukos?, in: Stephen White (Hrsg.), Politics and the Ruling Group in Putin's Russia, London 2008, S. 92.
[53] Kenneth Wilson: Party-System Development under Putin, in: Post-Soviet Affairs, 22. Jg. (2006), S. 314-348.

Kognitives Wissen über die Demokratie ist in Russland aus den oben geschilderten Gründen gering bis gar nicht vorhanden.[54] In der politischen Sprache verbinden sich mit der Demokratie andere Bedeutungen, als sie in den „eigentlichen" Demokratien geläufig sind. In einer Umfrage vom Dezember 2006 waren 65 Prozent der Befragten außerstande, mit dem Begriff der liberalen Demokratie überhaupt etwas anzufangen. Mit Demokratie assoziierten 54 Prozent eine gerechte Regierung, die alle gleich behandelt. Lediglich neun Prozent nannten Parteienwettbewerb und Gewaltenteilung. Für 19 Prozent war Demokratie leeres Gerede und Volksverhetzung, elf Prozent fielen dazu Chaos, Unordnung und Friedlosigkeit ein. Nur die Befragten mit hohem Bildungsgrad nannten die Merkmale der westlichen Demokratie, nicht mehr als zwölf bis 15 Prozent. Unter der Dorfbevölkerung war die Ablehnung der Demokratie als solche am stärksten, unter Moskauern am geringsten. Das Ergebnis ist wenig erstaunlich, gibt es neben Petersburg doch vor allem in Moskau eine starke, politisch gut informierte Mittelschicht. Befragt, was Menschenrechte sind, kamen als häufigste Antworten soziale Sicherheit und das Recht auf einen Arbeitsplatz. Insgesamt 75 Prozent aller Befragten antworteten, außerhalb der engeren Familie hätten sie keine Möglichkeit, ihr Lebensumfeld zu beeinflussen.[55]

Die Befragungen des bekannten Moskauer Lewada-Instituts, deuten in die gleiche Richtung. Als Merkmal einer demokratischen Gesellschaft nannten im Oktober 2010 45 Prozent Freizügigkeit sowie Rede- und Glaubensfreiheit – eine Steigerung von 15 Prozent gegenüber dem Oktober 2000. Gleiche Lebensverhältnisse und Chancengleichheit nannten 2010 über 30 Prozent der Befragten als Merkmal der Demokratie, eine Steigerung um nahezu fünf Prozent im Vergleich mit dem Jahr 2000.[56] Befragt, ob eine Opposition in Russland notwendig sei, antwortete im Oktober 2010 knapp die Hälfte positiv.[57] Als Aufgaben der Opposition nannten 53 Prozent die Kontrolle der Staatsmacht, 27 Prozent die Wahl zwischen den Programmen der regierenden Partei und der Opposition und vor diesem Hintergrund lediglich kuriose 18 Prozent die Möglichkeit eines Machtwechsels, der ja der Wahl zwischen verschiedenen Programmen überhaupt erst ihren Sinn verleihen sollte. Befragte, die eine Opposition in Russland für überflüssig hielten, führten mit 31 Prozent als Grund an, die Gesellschaft sollte Streit

---

[54] Stephen Whitefield: Russian Citizens and Russian Democracy: Perceptions of State Governance and Democratic Practice, 1993-2007, in: Post-Soviet Affairs, 25. Jg. (2009), S. 93-117; Elena Chebankova: Putin's Struggle for Federalism: Structures, Operation, and the Commitment Problem, in: Europe-Asia Studies, 59. Jg. (2007), S. 279-302.
[55] Maria Ordshonikidze: Russian Perceptions of Western Values, in: Russian Politics and Law: A Journal of Translations, 46. Jg. (2008), S. 45ff.
[56] Jin-Sook Ju: Institutionelle Reform und Demokratiediskurs in Russland, in: Russland-Analysen, Nr. 211 vom 3.12.2010, S. 6, Grafik 4.
[57] Ebd., S. 7, Grafik 5.

und Auseinandersetzung hintanstellen; 27 Prozent waren der Überzeugung, nur eine starke Hand könne Russlands Probleme lösen; 18 Prozent meinten, Regierungschef Putin kümmere sich um die Interessen aller; 17 Prozent taten kund, die Opposition würde Putin bei der Lösung der Probleme des Landes nur stören.[58]

Vor diesem Hintergrund werden auch die Ergebnisse einer früheren Befragung plausibel. Im Jahr 2008 erklärten 33 Prozent der Befragten, Russland mache großen Fortschritt in Richtung auf die Demokratie, 30 Prozent gingen diese Fortschritte zu langsam, 19 Prozent antworteten, Fortschritte in Richtung auf Demokratie habe es in Russland nie gegeben; 18 Prozent taten sich schwer, auf diese Frage überhaupt zu antworten. Befragt, in welche Richtung sich Russland bewege, antworteten 2009 insgesamt 36 Prozent, zur Demokratie hin, neun Prozent sahen eine Restauration des Sowjetsystems, 14 Prozent eine Art Diktatur und 21 Prozent antworteten, die Entwicklung werde in Chaos und Anarchie enden. Dabei ist zu berücksichtigen, dass 60 Prozent der Befragten Demokratie mit einem hohen Lebensstandard gleichsetzten und zwischen 44 und 49 Prozent mit Rechtsstaatlichkeit und der Gewährleistung öffentlicher Sicherheit und Ordnung. Lediglich sechs bis zwölf Prozent definierten Demokratie im Einklang mit der historisch gewachsenen westlichen Demokratie als politischen Pluralismus, Gewaltenteilung und Partizipation. Über 90 Prozent antworteten auf die Frage, welchen Einfluss sie oder er auf das Geschehen in ihrer bzw. seiner Gemeinde, Region und oder in Russland habe, mit „kaum" oder „gar keinen." Zuwenig Freiheit gebe es, antworteten 2008 insgesamt 36 Prozent der Befragten; 56 Prozent befanden, es gebe genügend Freiheit, 20 Prozent waren der Auffassung, es gebe zu viel Freiheit; sieben Prozent wussten keine Antwort.[59] Befragt, in welchem Maße die westliche, d.h. europäisch-nordamerikanische Gesellschaftsordnung zu Russland passe, antworteten im Mai 2011 über zwei Drittel mit „kaum" oder „überhaupt nicht."[60]

Ungeachtet dieser einigermaßen diffus wirkenden Einstellungsbilder waren nach den Ergebnissen einer anderen Befragung im Jahr 2008 62 Prozent der Auffassung, dass zwischen Demokratie und Wirtschaftswachstum keine Wahl getroffen werden muss. Lediglich 22 Prozent vertraten den gegenteiligen Standpunkt. 56 Prozent sahen keinen Widerspruch zwischen der Demokratie und ei-

---

[58] Ebd., S. 8, Tabelle 1.
[59] Kirill Rogov: Democracy: The Past and Future of Pluralism in Russian, in: Russian Politics and Law: A Journal of Translations, 49. Jg. (2011), S. 33-37.
[60] Hans-Henning Schröder: Wahlen und Machtarrangements – Grafiken zum Text: Grafik 4, in: Russland-Analysen, Nr. 224 vom 15.7.2011, S.16.

nem handlungsfähigen Staat. Abermals 22 Prozent gaben dem starken Staat den Vorzug.[61]

Demokratie wird noch heute weithin mit den turbulenten 1990er Jahren in Verbindung gebracht, mit radikalen Marktreformen, Verarmung und hemmungsloser Bereicherung, ausbleibenden Lohnzahlungen und dem Verfall der Infrastruktur, der Auflösung der Sowjetunion, dem Zusammenbruch der staatlichen Autorität, Statusverlust und Überschwemmung mit westlichen Konsumgütern und westlicher Lebensart sowie der Schwächung der Zentralgewalt, kurz: mit der letzten großen und traumatischen Zäsur der russischen Vergangenheit – eine Vergangenheit zudem, die außer bei den ganz Jungen noch frisch in der Erinnerung haftet.[62] Das Lehrmaterial für den Geschichtsunterricht ist darauf ausgelegt, diese Ära in der Erinnerung zu halten. Entsprechend fällt die Wahrnehmung der jüngsten Vergangenheit unter Jugendlichen negativ aus. Davon hebt sich positiv der Zeitabschnitt seit dem Beginn der Putin-Präsidentschaft ab, insbesondere mit der Restauration der Autorität einer starken Zentralregierung und mit der Bändigung der Macht des großen Geldes in der Politik.[63]

Als im Jahr 2008 der Präsidentenwechsel anstand, waren 72 Prozent der Befragten der Auffassung, Putin kümmere sich um die Nöte der Menschen, 85 Prozent bescheinigten ihm Vertrauenswürdigkeit und Ehrenhaftigkeit, 93 bezeichneten ihn als stark. Zur gleichen Zeit bedauerten aber lediglich 40 Prozent, dass die Verfassung nicht geändert worden war, um Putin eine weitere Amtszeit zu ermöglichen. 49 Prozent hielten eine weitere Amtszeit Putins aber für schlecht, auch wenn sie Putins politische Leistung schätzten. 67 Prozent lehnten die Idee ab, eine Präsidentschaft auf Lebenszeit einzuführen. Aber 77 Prozent wünschten, Putin möge auch unter einem Präsidenten Medwedew in einem anderen Amt weiterhin eine bedeutende Rolle spielen.[64]

Wie Alexander Lukin in einer Abhandlung über die politische Kultur Russlands hervorhebt, stehen im Mittelpunkt der politischen Kultur Erwartungen, die den Zusammenbruch des Sowjetsystems überdauert haben. Das von ihm so genannte post-sowjetische Ideal skizziert er wie folgt: Die Bürger erwarten einen

---

[61] Henry E. Hale: The Myth of Mass Russian Support for Autocracy: The Public Opinion Foundations of a Hybrid System, in: Europe-Asia Studies, 63. Jg. (2011), S. 1366, Tabellen 4 und 5.

[62] Leah Price: Soviet-Style Neoliberalism? Nashi, Youth Voluntarism, and the Restructuring of Social Welfare in Russia, in: Problems of Post-Communism, 56. Jg. (2009), S. 39f.; Hyung-Min Joo: The Soviet Origin of Russian Chauvinism: Voices from Below, in: Journal of Communist and Post-Communist Studies, 41. Jg. (2008), S. 240; Alec Rasizade: Putin's Mission in the Russian Thermidor, in: Journal of Communist and Post-Communist Studies, 41. Jg. (2008), S. 20.

[63] Ekaterina Levintova und Jim Butterfied: History Education and Historical Remembrance in Contemporary Russia: Sources of Political Attitudes of Pro-Kremlin Youth, in: Journal of Communist and Post-Communist Studies, 43. Jg. (2010), S. 139-166.

[64] Hale: The Myth of Mass Russian Support for Autocracy, S. 1370.

starken, entscheidungsfähigen Staat, der für materiellen Wohlstand sorgt, Beschäftigung garantiert, gegen soziale Risiken absichert, Reise- und Beschwerdefreiheit garantiert, der keine allzu große soziale Ungleichheit zulässt und Russland den ihm gebührenden Respekt in der Welt verschafft.

In vollem Umfang hat noch kein russisches Regime der Vergangenheit und Gegenwart diese Erwartung eingelöst. Das Sowjetsystem verweigerte persönliche Rechte, stellte aber soziale Sicherheit und Gleichheit her; unter Gorbatschow verfiel die Staatsautorität, die wirtschaftliche Leistung ließ nach. Unter Jelzin gab es politischen Wettbewerb und Freiheiten, gleichzeitig machte die Gesellschaft aber die Erfahrung massiver Arbeitsplatzverluste, breiter Verarmung und des Sprießens exorbitanten und dubios erworbenen Reichtums. Erst mit Putin kehrten die Restauration der Staatsautorität, die Zähmung der Reichen, spürbar wachsender Wohlstand, wenngleich längst nicht für alle, und die Rückkehr Russlands als bedeutender Spieler auf der weltpolitischen und weltwirtschaftlichen Bühne ein.[65] Mögen die Wahlen auch manipuliert sein, mag die kleine Opposition diesen Zustand auch beklagen, die Gesellschaft in ihrer großen Mehrheit ist einverstanden.

Aus diesen Einstellungen lässt sich erkennen, dass die Demokratie von der Mehrheit mit Staatsleistung gleichgesetzt wird, mit Sicherheit und Ordnung, einem Arbeitsplatz sowie der Bewahrung und Steigerung eines bescheidenen Wohlstands. Demokratie erscheint damit nicht so sehr als ein politisches Gut, darunter als die Möglichkeit, durch Wahl und politische Teilhabe die Regierenden auszuwechseln. Sie erscheint vielmehr als ein soziales Gut. Das Regime gilt als legitim, weil es in dieser Hinsicht seit der Jahrtausendwende für einen positiven Wandel steht. Darin steckt aber auch ein Problem. Sollte das Regime aufgrund externer Ereignisse nicht mehr in der Lage oder willens sein, den sozialstaatlichen Status quo aufrechtzuerhalten, und sollten sich unter den Menschen, die bereits eine Mittelschichtenexistenz führen, Verlustängste breit machen, droht die Gefahr, dass sich diese Menschen darauf besinnen, der regierenden Partei ihre Stimme verweigern.

Der Optimismus, dass alles in gewohntem Tempo besser wird, erhielt unter Russen, die sich Wohnung, Haus, Urlaub und Auto leisten können, bereits in der Weltfinanzkrise von 2008/09 einen Dämpfer. Das Zurückzucken der Führung nach den Sozialprotesten des Jahres 2004 – auf die unten näher einzugehen sein wird – spricht ebenfalls eine deutliche Sprache. Die Reform des bestehenden sozialpolitischen Leistungsprogramms ist seither ein Tabu. Auch das Ausmaß an politischer Öffentlichkeit und Kritik an der Politik der Herrschenden, das sich

---

[65] Alexander Lukin: Russia's New Authoritarianism and the Post-Soviet Political Ideal, in: Post-Soviet Affairs, 25. Jg. (2009), S. 66-92.

hat entfalten können, ist im Denken der politischen Elite eingerastet. Die öffentlichen Proteste gegen die Manipulation der Duma- und der Präsidentenwahlen vom Dezember 2011 und vom März 2012 erzielten Wirkung. Nachdem in einer ersten Reaktion im Dezember 2011 noch die repressive Keule der Staatsmacht geschwungen wurde, besannen sich Präsident und Regierungschef eines anderen. Sie konzedierten Fehler, gelobten Besserung und versuchten, der Empörung die Spitze zu nehmen, indem sie in den Ruf nach Bekämpfung der Korruption und Reformen in der Staatsverwaltung einstimmten.

Vor wenigen Jahren noch unvorstellbar, entwickelte sich im Vorfeld der Präsidentenwahl des Jahres 2012 eine offene und lebhafte Debatte, da der Kandidat Putin schon nicht zu schlagen sei, ihn doch wenigstens in die Stichwahl zu zwingen, um seinen Nimbus zu brechen. In der in den Metropolen konzentrierten, gebildeten Mittelschicht ist eine politische Subkultur heranreift, für die nicht mehr, wie noch für eine Mehrheit der Russen, das Chaos der Ära Jelzin das Maß der Dinge sein dürfte, sondern vielmehr Verhältnisse, wie sie im übrigen Europa gang und gäbe sind. Die Reaktion der Staatsmacht zeigt, dass sie in der Sache zwar nicht daran dachte nachzugeben, etwa die Wahlen wiederholen zu lassen. Aber sie lernte dazu, nahm zur Kenntnis, dass sie mit Repression mehr Schaden anrichten als Nutzen für die Stabilität des Ganzen stiften, kurz: dass sie in Zukunft mit einer zwar kleinen, aber wachen und partizipationswilligen bürgerlichen Gesellschaft würde leben müssen. Auch so bleiben noch genügend Möglichkeiten, die Dinge in die erwünschte Richtung zu lenken.

Die Rohstoffrente als Basis der russischen Ökonomie hat bislang noch genügt, um den wirtschaftlichen Status quo zu konservieren. Die reine Rohstoffökonomie ist aber kein zukunftsfähiges wirtschaftliches Modell. Eine tiefgreifende Modernisierung Russlands, die auch vor harten sozial- und wirtschaftspolitischen Entscheidungen nicht zurückscheute, würde die bisherige Legitimationsstrategie infrage stellen. Dann könnte auch die noch schweigende große Mehrheit mobil machen. Sollte dies geschehen, wäre der Punkt erreicht, an dem systempolitisch zu entscheiden wäre, den politischen Druck durch wirklichen politischen Pluralismus und realistischen Machtwechsel, also durch substanziellen demokratischen Wandel abzuarbeiten, oder aber die Schrauben der Manipulation, vielleicht sogar die der Repression anzuziehen.

Die Proteste gegen die Manipulation der Duma- und Präsidentenwahlen Ende 2011/Anfang 2012 fügen sich gut in dieses Szenario ein, ebenso die zwischen Repression und Beschwichtigung schwankenden Reaktionen. Selbst kleine Ereignisse gewinnen große Bedeutung für die Außenwahrnehmung des Landes, wenn sie sich unter den Augen der ausländischen Journalistengemeinde abspielen, und zwar besonders dort, wo der politischen Führung daran gelegen ist, als gleichwertig wahrgenommen zu werden: in Europa und Nordamerika! In der

Hauptstadt Moskau waren selbst auf dem Höhepunkt der Proteste gegen die Duma-Wahl des Jahres 2011 100.000 Demonstranten nicht mehr als ein winziger Tropfen in der Bevölkerung der Elfmillionenmetropole. Alles, was in der Hauptstadt geschieht, ist vorerst so wenig repräsentativ für den Rest des Landes, wie es Moskau – und Petersburg – für das übrige Russland sind. Westliche Lebensart hat dort bis in den Konsum und die Baulichkeiten am stärksten Fuß gefasst, die Städte sind Magneten für Studierende, für erfolgreiche Geschäftsleute und für Menschen mit gehobener Bildung – kurz: Hochburgen der jungen Mittelschicht. Viele Demonstranten waren beim Protest gegen den Ablauf der Wahlen des Winters 2011/2012 von Empörung über die Missachtung ihrer politischen Mündigkeit motiviert.[66] Demgegenüber ergab eine landesweite Umfrage, dass noch im November 2011 etwa 70 Prozent der Befragten Massenproteste zum Schutz der eigenen Rechte oder gegen den Rückgang des Lebensstandards für unwahrscheinlich einschätzten; lediglich knapp 20 Prozent hielten sie für möglich; ebenfalls 70 Prozent erklärten, sollte es zu solchen Protesten kommen, würden sie nicht daran teilnehmen; 20 Prozent hielten dies für möglich.[67]

Die Präsidentenwahl des März 2012 war bereits im Vorstadium von Demonstrationen und Protesten begleitet, die sich an der vorausgehenden Dumawahl entzündet hatten. Zumindest in den großen Städten und ihrem Umland konnte keinem Interessierten verborgen bleiben, dass der prospektive Präsident Putin, der nie aus der Rolle des eigentlichen Lenkers der russischen Politik herausgetreten war, kritisiert und geschmäht wurde. Putins Popularitätskurve sank nach der skandalisierten Dumawahl auf etwa 40 Prozent. Doch je näher der Wahltermin rückte, desto stärker stieg die Zustimmung wieder an. Drei Wochen vor der Wahl lag sie bei allen Befragten bei 58,6 Prozent, bei den befragten Moskauern und Petersburgern aber nur bei 43,7 bzw. 46,7 Prozent. Die allgemeinen Erwartungen an den künftigen Präsidenten gingen wie in der Vergangenheit dahin, er möge Russland als Großmacht restaurieren – ein Punkt, den Putin im Vorfeld der Wahl stark herausstrich –, er sollte sich durch politische Erfahrung auszeichnen, Gesetz und Ordnung stärken und sich um die Einkommen der einfachen Leute kümmern.[68] Zwei Wochen vor der Wahl des März 2012 äußerten über die Hälfte der Befragten, der Kandidat Putin werde am ehesten neue, frische Ideen ins Amt mitbringen; von seinem kommunistischen Mitbewerber Gennadi Sjuganow erwarteten dies lediglich 20 und vom Kandidaten

---

[66] Wer geht auf die Straße, die russische Mittelschicht!, in: Russland aktuell, Internetzeitung vom 27.12.2011, aufgerufen am 8.1.2012.
[67] Protestbarometer bis November 2011 – kein Anzeichen für eine Massenbewegung, in: Russland-Analysen, Nr. 231 vom 16.12.2011, S. 19, Grafiken 7 und 8.
[68] Russland-Analysen, Nr. 234 vom 21.2.2012, Umfragen, Grafiken 27, 28, 29 und 30.

Michail Prochorow über 30 Prozent.[69] Dies allerdings vor dem Hintergrund, dass 35 Prozent auf die Frage, welche Kandidaten die beste Lösung für die Probleme des Landes hätte, mit „keiner" antworteten, während 38 Prozent eine Antwort schuldig blieben. Immerhin trauten dies 14 Prozent Putin zu, lediglich fünf Prozent seinen Mitbewerbern.[70] Die Medien und die Wahlkampfregie der Staatspartei zogen alle Register, um diese Stimmung zu pflegen. Nach Zählung einer Bürgerinitiative trat Putin im Fernsehen zehnmal so häufig auf wie sein stärkster Konkurrent.[71] Auf gemeinsame Debatten mit den Mitkonkurrenten ließ er sich nicht ein.[72] Die Gewinne der Parteien, die 2011 bei der Wahl zur Duma beträchtlich zulegten, der Kommunisten und Liberaldemokraten, deuten darauf hin, dass den Wählern die sozialen Themen, nicht so sehr Fragen der Qualität des politischen Systems auf den Nägeln brannten.

Im Einklang mit einem bekannten Wort Putins projiziert das russische Geschichtsbild den Zusammenbruch der Sowjetunion als die größte geopolitische Katastrophe des 20. Jahrhunderts. Zar Peter und Zarin Katarina, die großen Sozialingenieure des alten Russland, erhalten durchweg Bestnoten als effektive Manager eines notwendigen und überfälligen Wandels. Russland, so blickt aus der schulamtlichen Würdigung der Geschichte heraus, ist einzigartig unter den Völkern. Es fuhr in der Vergangenheit nicht schlecht mit starken Führern, unter schwachen Führern driftete es an den Rand des Chaos."[73]

3.4 Die Personalisierung der Macht

Damit kommen wir zum letzten Punkt: Macht und Politik spitzen sich in aller Welt auf Personen zu. Doch in demokratischen Gesellschaften kommt die politische Persönlichkeit stets in pluraler Gestalt daher: Kanzler, Oppositionsführer, Parteichefs, Koalitionspartner. Die Visualisierung und Personalisierung politischer Macht bildet die reale Politik auf diese Weise in groben Zügen als Gegen- und Miteinander, als Geben und Nehmen ab. Hier bietet Russland ein anderes Bild. Politik wird als Anordnen, Schelten und Strafen vermittelt. Präsident Putin wie auch sein Nachfolger Medwedew changierten vor den Fernsehkameras in zwei Rollen: Hier der gestrenge Präsident, dort der Regierungschef oder ein

---

[69] Russland Analysen, Nr. 235, vom 9.3.2012, S. 22, Grafik 8.
[70] Ebenda, S. 12, Grafik 7.
[71] Ebenda, S. 13, Grafik 3.
[72] Frank Nienhuysen: Schauspielern für Putin. Die Staatsmacht kujoniert die Medien, die Opposition kündigt Massenproteste an, in: Süddeutsche Zeitung vom 17.2.2012, S. 8.
[73] Miguel Vasquez Linal: History as a Propaganda Tool in Putin's Russia, in: Journal of Communist and Post-Communist Studies, 43. Jg. (2010), S. 168ff.

Minister, dazwischen ein Tisch. Der Präsident gibt Absichtserklärungen von sich, teilt dem konzentriert lauschenden Minister seine Befehle mit, rügt Missstände und kündigt Konsequenzen für die Verantwortlichen an. Oder der Präsident zeigt sich in lockerer Kluft an Katastrophenschauplätzen, schaut besorgt drein, redet mit den Betroffenen und lässt sich über den Stand der Dinge Bericht erstatten. Putin wiederum war als Präsident mit entblößter Brust zu Pferde, beim Angeln in wilden Gewässern und im trauten Heim und später als Regierungschef auf einer Harley-Davidson beim Bikertreff, einige Tage später an Bord eines Löschflugzeugs über brennenden russischen Wäldern anzutreffen.

Nicht nur die mediale Allgegenwart des mächtigsten Politikers im Lande ist charakteristisch für Russland, sondern seine Pose. Ein gesunder, sportlicher und bestimmender Typ hat alles im Griff, kümmert sich um alles, ist stets da, wo er gebraucht wird. Er diskutiert nicht, konstatiert die Lage, sagt an, wo es entlang geht, und hat die Hand am Puls des Volkes. Die Projektion der Regierungsmacht auf eine singuläre Persönlichkeit gedieh unter Präsident Putin zur Perfektion. Im Duumvirat Putin/Medwedew wurde die Inszenierung komplizierter. Hier rückte ein arbeitsteiliges Tandem ins Bild. Es stand aber nie infrage, wer die tatsächliche Nummer eins war. Die Konstante hinter alledem: Politik ist keine Sache des Verhandelns, Plädierens und Werbens, der Auseinandersetzung mit Kritik, mit konkurrierenden Personen und Programmen, sondern ein hierarchischer Vorgang, in dem sich persönliche Autorität geltend macht.[74]

Politik flößt Vertrauen ein, wenn sie von Persönlichkeiten erledigt wird, die sich nach dem Augenschein im Vollbesitz ihrer geistigen und körperlichen Kräfte befinden. Die als Misere empfundene Ära Jelzin zeigte demgegenüber einen kranken Präsidenten, nicht selten erkennbar trunken, allzu oft in peinlicher Situation wie etwa 1994, als er bei den Feierlichkeiten aus Anlass des Abzugs russischer Truppen aus Deutschland das Protokoll über den Haufen warf und auf die Pauke des Berliner Polizeiorchesters eindrosch. Natürlich sind die Verhältnisse nicht so, dass die schönen Bilder eines handlungsfähigen Präsidenten nicht von schlimmen Zuständen und Nachrichten überlagert würden, die klar dementieren, dass tatsächlich alles unter Kontrolle ist. In diesem Fall rollen Köpfe.[75] Fehler haben Namen und Adresse und ein Gesicht. Es geht zu wie bei Hofe. Für Fehler des Herrschers haften Berater und Verwalter, den Herrscher selbst trifft keine Schuld. Hier wird ein roter Faden sichtbar, der sich durch die Epochen und Regime zieht.

Auf den Betrachter, der Politik mit Parteienkonkurrenz, lebendigen Parlamenten und aufmüpfigen und protestierenden Bürgern verbindet, wirkt dies

---

[74] Gerald M. Easter: The Russian State in the Time of Putin, in: Post-Soviet Affairs, 24. Jg. (2008), S. 203.
[75] Miguel Vázquez Linan: Putin's Propaganda Legacy, in: Post-Soviet Affairs, 25. Jg. (2009), S. 147.

fremd. Hier liegt ein Grund für die Wahrnehmung Russlands als autoritär. Das politische Establishment Russlands hält dagegen, Russland praktiziere die Demokratie eben auf seine Weise, wobei die Argumente lauten, es gebe überhaupt keinen Unterschied zur westlichen Demokratie, die russische Demokratie mit ihrem Personalismus sei eben das Produkt besonderer historischer Umstände oder sie sei der westlichen gar überlegen, da Russland keinen Anlass für Demonstrationen und politische Unzufriedenheit biete und mit seiner orthodoxen Spiritualität den Gemeinschaftsgedanken pflege.[76] Davon abgesehen, dass die Wahlen nicht überall korrekt ablaufen mögen, gibt es unter Beobachtern doch Konsens, dass die dominante Rolle der Staatspartei Einiges Russland den Willen einer Mehrheit ausdrückte.[77] Freilich ist diese Partei auch eine Projektionsfläche für Unzufriedene, die dann eben andere Parteien wählen oder dem Wahllokal fernbleiben.

3.5 Die neuen weltüblichen Klassenunterschiede

Russland präsentiert sich seinen Bürgern als Klassengesellschaft. Auch dies steht in einer historischen Kontinuität. Bereits zwischen der Lebenswelt des Zarenhofes und des russischen Adels und derjenigen der russischen Dörfer gab es keine andere Verbindung, als dass eben Erstere von der Arbeit Letzterer lebten. Die sowjetische Klassengesellschaft versteckte sich in der grauen Einheitsmode der Funktionäre, in privilegierten Einkaufsmöglichkeiten und verborgen gehaltenen Wohnbezirken. Das egalitäre Sowjetideal verlangte seinen Preis. Ein Leben der Elite in öffentlichem Saus und Braus ließ sich nicht damit vereinbaren.

Die Gesellschaft des nachsowjetischen Russland machte die Klassenunterschiede wieder sichtbar. Status wird nach Geld bemessen. Wer es schaffte, große Vermögen zu bilden, wollte dies auch zeigen, nicht anders als in der appetitlichen Szene der Neureichen Europas.[78] Schwere Luxuslimousinen, SUVs, sanktionsfreies Verkehrsrowdytum der Reichen und Mächtigen, Villen in den Vororten, bewacht wie Gated communities in aller Welt von privater Security, Golfplätze, edle Einkaufsgalerien, deren Angebot stets Käufer findet, Banker und Import/Export-Könige, die ihren Nachwuchs auf teure Privatinstitute oder gleich auf britische und schweizerischen Internate schicken – alles, was es braucht,

---

[76] Vladimir Shlapentokh: Perception of Foreign Threats to the Regime: From Lenin to Putin, in: Communist and Post-communist Studies, 42. Jg. (2009), S. 317ff.
[77] Richard Rose: How Do Electors Respond to an „Unfair" Election? The Experience of Russians, in: Post-Soviet Affairs, 25. Jg. (2009), S. 118-136.
[78] Hans-Henning Schroeder: What Kind of Political Regime Does Russia Have?, in: Stephen White (Hrsg.), Politics and the Ruling Group in Putin's Russia, London 2008, S. 5.

Neidempfindungen zum Kochen zu bringen: Moskau, Petersburg und ihr Umland sind voll davon. Ebendort bieten aber auch Firmenverwaltungen, Banken, Hotels, Bars und Klubs reichlich Jobs. Die Menschen auf dem Lande, in den kleinen Städten und Plattenbausiedlungen der Metropolen haben wenig von alledem. Sie haben es schwer, daran auf bescheidenen Plätzen überhaupt teilzuhaben. Jenseits von Recht und Gesetz und in Fortführung sowjetischer Praxis wird der Zuzug in die Hauptstadt erschwert.[79] Beide Russlands, das reiche und das arme, haben keinerlei Berührungsfläche.[80] Das Wissen um die reiche Parallelgesellschaft nährt indes Ressentiment, Neid, hin und wieder aber auch Schadenfreude: Denn auch die Reichen und Superreichen stehen politisch unter Kuratel. Gefällt es dem Kreml, die schlechte Stimmung mit populistischen Gesten aufzuhellen, darf er sich des Beifalls der Bürger für martialisch vonstatten gehende Razzien und Verhaftungen Prominenter vor laufender Kamera gewiss sein:[81] Wo es gegen die Reichen geht, haben die Mächtigen das Volk auf ihrer Seite.[82] Zwar mögen sich die ganz Reichen für den Fall aller Fälle durch Konten im Ausland rückversichern, falls man ihrem Eigentum allzu derb zu Leibe rückt. Aber wer in Russland selbst Geschäfte machen will, muss stets der latenten Willkür gewärtig sein, die vom politischen Zentrum droht.[83] Spätestens seit 2003, als der letzte aufmüpfige Oligarch Michail Chodorkowski in die Schranken gewiesen wurde, gewann der Staat für jedermann erkennbar die Oberhand über das Business.[84] Damit kehrten die Verhältnisse auf eine Traditionslinie zurück. Nicht das Eigentum als solches, als Rechtstitel ist von Bedeutung, sondern die politische Kontrolle über die Eigentümer.[85]

Hauptsächlich in den beiden Metropolen hat sich eine Mittelschicht gebildet, die sich eines oder mehre Autos oder sogar einen begehrten Urlaub im Ausland leisten kann. Nach verschiedenen Kriterien wird sie auf 15 bis 20 Prozent der Bevölkerung geschätzt. Auf sie setzt das Regime Hoffnungen.[86] Diese Mittelschicht ist vor allem in den Großstädten beheimatet, in Moskau wird sie auf etwa 40 Prozent, in anderen großen Städten auf zwischen 20 und 30 Prozent

---

[79] Matthew Light: Policing Migration in Soviet and Post-Soviet Moscow, in: Post-Soviet Affairs, 26. Jg. (2010), S. 275-314.
[80] Vladimir Shlapentokh: Hobbes and Locke at Odds in Putin's Russia, in: Europe-Asia Studies, 55. Jg. (2003), S. 991.
[81] Gerald M. Easter: The Russian Tax Police, in: Post-Soviet Affairs, 18. Jg. (2002), S. 358.
[82] Vladimir Shlapentokh: Wealth versus Political Power: The Russian Case, in: Journal of Communist and Post-Communist Studies, 37. Jg. (2004), S. 153-160.
[83] William Thompson: Putting Jukos in Perspective, in: Post-Soviet Affairs, 21. Jg. (2005), S. 176.
[84] Andrei Yakovlev: The Evolution of Business-State Interaction in Russia: From State Capture to Business Capture?, in: Europe-Asia Studies 58 (2006), S. 1054.
[85] Olga Kryshtanovskaja: Anatomie der russischen Elite, Köln 2004, S. 171.
[86] Thomas F. Remington: The Russian Middle Class as Policy Objective, in: Post-Soviet Affairs, 27. Jg. (2011), No. 2, S. 97-121.

geschätzt.[87] Ebendort aber, unter Menschen, die gut informiert sind und deren Existenz und Fortkommen auf eigener Urteilskraft und Leistung basiert, gibt es, wie spätestens im unruhigen Winter 2011/2012 deutlich wurde, ein regimekritisches Potenzial, dessen Ausmaße und Intensität allerdings schwer abzuschätzen sind.

Die ländlichen Gebiete verkörpern eine andere Welt. Die sowjetische Führung konnte es sich nicht leisten, Landgebiete und Landwirtschaft zu vernachlässigen. Zu wichtig war die Produktion für die Versorgung mit Grundnahrungsmitteln. Mit dem Ende der Sowjetunion wurde alles anders: Der Zustrom von Geld aus dem Verkauf von Energie und Rohstoffen, das Fußfassen ausländischer Lebensmittelproduzenten auf dem russischen Markt und die unhaltbare Kostenstruktur der bäuerlichen Genossenschaften waren ursächlich für den Niedergang der russischen Agrarwirtschaft. Etwa 80 Prozent der Kolchosen sind pleite. Geld ist in den ländlichen Haushalten Mangelware.[88] Formell konnten alle Bauern Miteigentümer der Genossenschaften bleiben. Der Eigentümerstatus erschöpfte sich freilich in wertlosen Anteilspapieren. Die vormaligen Funktionäre an der Spitze der Genossenschaften waren den einfachen Genossenschaftsbauern an Know-how haushoch überlegen, nicht zum Geringsten auch durch ihre Beteiligung an der spätsowjetischen Tauschwirtschaft. Viele wandelten sich zu Agrarmanagern. Umgekehrt waren selbst Bauern, die aus den Genossenschaften ausstiegen, mangels Kapital und Maschinen weiterhin auf Hilfsdienste der Genossenschaften angewiesen. Landbewohner lehnen die Idee einer umfassenden Privatisierung von Grund und Boden ab, in den großen Städten verhält es sich umgekehrt.[89] Ein Klasse selbständig wirtschaftender Bauern, die marktorientiert produzieren, gibt es praktisch nicht.[90] Revolution, Bürgerkrieg und Kollektivierung haben sie vollständig ausgelöscht. Was heute an bäuerlichen Existenzen nachwächst, reicht kaum über das Format der Subsistenzlandwirtschaft hinaus. Die Identitätsvernichtung, die darin zum Ausdruck kommt, zeigt sich besonders drastisch in den Kosakengebieten, die vormals dank der Privilegierung der Wehrbauern reiche Gegenden waren. Die Sowjetära hat die südrussischen Kosakendörfer auf den gleichen Status heruntergedrückt wie das übrige bäuerliche Russland. Von der einstigen Identität ist wenig mehr als Folklore geblieben.[91]

---

[87] Michail Dmitriew: Neue Entwicklungstendenzen im politischen System Russlands, in: Russland-Analysen, Nr. 224 vom 15.7.2011, S. 3.
[88] Dazu und im Folgenden Grigory Ioffe: The Downsizing of Russian Agriculture, in: Europe-Asia Studies, 57. Jg., (2005), S. 179-208
[89] Ordzhonikidze: Russians' Perceptions of Western Values, S. 52.
[90] Mikhail Mel'nikov: Peasant Russia: Terra Incognita, in: Russian Politics and Law: A Journal of Translations, 45. Jg. (2007), S. 72f.
[91] Hege Toje: Cossack Identity in the New Russia: Kuban Cossack Revival and Local Politics, in: Europe-Asia Studies, 58. Jg. (2006), S. 1057-1077.

Fazit: Die Verhältnisse haben sich auf dem Lande am wenigsten geändert, nur sind die Lebens- und Einkommensverhältnisse schlechter geworden, weil es Alternativen zur heimischen Agrarproduktion gibt. Der Staat investiert nicht mehr in Wege und andere Infrastruktur, weil er kein Eigentümer mehr ist, und den ländlichen Gemeinden fehlt das Geld dazu. Dort, wo es markanten Wandel gibt, ist er hauptsächlich davon verursacht, dass es sich für kapitalkräftige Unternehmen hier und dort lohnt, Land aufzukaufen und dort in industrieller Weise Dinge zu produzieren, die in den Metropolen nachgefragt werden. Nostalgische Rückschau auf die sowjetische Vergangenheit ist in den mit wenigen Ausnahmen armen Landregionen besonders stark ausgeprägt. Dies umso mehr, da Jüngere in Scharen die Dörfer verlassen, weil ihnen die Metropolen bessere Perspektiven versprechen.

Der Volksalkoholismus hat in Russland eine lange, bis in die Zarenzeit zurückreichende Tradition. In der Sowjetära wurde das Problem noch größer. Alkoholdurchtränkte Geselligkeit im Familien- und Freundeskreis bot eine Nische in einem Alltag, der sonst wenig an Zerstreuung bot. Die letzten Generalsekretäre der Sowjetunion, Juri Andropow und besonders Michail Gorbatschow, versuchten sich vergeblich an einer Lösung. Administrative Maßnahmen liefen ins Leere.[92] Seit 1990 geht die Lebenserwartung zurück, die absolute Bevölkerungszahl ist gesunken, sie liegt heute unter derjenigen der früheren Sowjetrepubliken Turkmenistan und Tadschikistan. Bei drei Vierteln aller natürlichen Todesursachen ist Alkohol im Spiel, bei drei Vierteln der Tötungsdelikte und der Hälfte aller übrigen Sterbefälle (Unfälle etc.). Im Alkohol liegt die Hauptursache häuslicher Gewalt und der Gewaltkriminalität, die mit 30 Tötungsdelikten auf 100.000 Einwohnern einen Spitzenwert erreicht hat. Chinesen, die in Russland leben und arbeiten, auch muslimische Bürger, die ihre Religion noch leben, fühlen sich dadurch vom russischen Alltag abgestoßen und erwidern das Ressentiment, das ihnen als entgegenschlägt. Dass es sich hier aber keineswegs – nur – um ein Vorurteil handelt, sondern um ein Unbehagen am russischen Way of life, zeigt sich darin, dass sich selbst Russen, die aus den früheren Sowjetrepubliken in die Föderation zugewandert sind und außerhalb Russlands mit anderen Bräuchen vertraut waren, Unbehagen am neuen Umfeld empfanden.[93]

---

[92] Stephen K. White: Russia Goes Dry: Alcohol, State and Society, Cambridge 1996.
[93] Vladmimir Shlapentokh: Russia's Demographic Decline and the Public Reaction, in: Europe-Asia Studies, 55. Jg. (2005), S. 951-968.

3.6 Quellen der Alltagskorruption

Die russische Gesellschaft kommt aus einer Vergangenheit, in der Geld wenig bedeutete. Nicht an Geld mangelte es in der sowjetischen Planwirtschaft, sondern an Waren und Leistungen. Ein unablässiger Tausch zwischen Privatleuten und Betrieben hielt die Mängelwirtschaft überhaupt in Schwung. Der Schlüssel, um an knappe Güter zu gelangen, waren Beziehungen, auf Russisch: Blat.[94] Jemand kennt einen anderen, der etwas hat, was ich brauche. Ich habe zwar selbst nichts, was ich ihm bieten könnte, weiß aber, wo und von wem er bekommt, was er haben möchte. In der Beziehungswirtschaft spielten die Unterschiede zwischen persönlichem, betrieblichem und staatlichen Eigentum keine Rolle. Jemand, der über Staatsvermögen verfügte, setzte es gegebenenfalls als Tauschwährung für Dinge des persönlichen Bedarfs ein. Dass dieser informelle Wirtschaftskreislauf, an dem sich auch Betriebe beteiligten, die in eine Transport-, Rohstoff- oder Ersatzteilklemme gerieten, zeigte nur, dass die offizielle Ökonomie ohne diese informelle Ökonomie zum Erliegen gekommen wäre. Die Gesetzes- und Vorschriftenübertretung, das Verschleiern und Fälschen von Bilanzen und Bestandslisten waren Conditio sine qua non dieser Aktivität. Im Entdeckungsfall drohten unter Umständen drakonische Strafen.

Der zweite Effekt dieser Blat-Gesellschaft war der eines großen Gleichmachers von Direktoren und Arbeitern, Intellektuellen und Dienstleistern, Funktionären und einfachen Sowjetbürgern. Viele, auch solche mit geringem Einkommen und Sozialstatus, hatten etwas zu bieten, was nicht zu kaufen war: Reparaturleistungen in der Wohnung und Datscha auf dem Lande, Nachhilfeunterricht für schlechte Schüler, abgezweigte Baumaterialien. Die Bezahlung mochte in der Bevorzugung bei der Zuweisung einer größeren Wohnung, in der Fürsprache bei der Zulassung zum Studium oder in der Zurückstellung erwachsener Söhne vom Wehrdienst bestehen, in der Unterdrückung einer Strafanzeige oder was auch immer.

Diese Praktiken wurden erstmals erschüttert, als in den 1980er Jahren in großen Mengen illegal beschaffte Devisen – Westgeld – in die illegale Wirtschaft strömten: ein erstes dramatisches Anzeichen für das Nachlassen der Staatskontrolle. Fremdgeld avancierte zum Schmiermittel für den Erwerb knapper Güter. Die Geldwirtschaft blühte als kriminelle Aktivität auf. Untergründig wuchs die Basis für große Vermögen heran.

Das Ende der Planwirtschaft und die offizielle Monetarisierung wirtschaftlicher Transaktionen bedeuteten das Aus für die Beziehungswirtschaft. Da Güter

---

[94] Zum Folgenden Alena V. Ledeneva: Russia's Economy of Favors: Blat, Networking and Informal Exchange, Cambridge 1998.

und Leistungen jetzt ein Preisschild trugen, pendelten sich Angebot und Nachfrage auf den Investitions- und Konsumgütermärkten ein. Die ersten großen Gewinne fuhren Importeure und Bankengründer ein. Nach der Privatisierung zahlreicher Staatsunternehmen füllte der Verkauf von Öl, Gas und Rohstoffen die Konten findiger Köpfe, die dank ihrer Beziehungen und ihres Geschäftssinnes einschlägige Firmen erworben hatten. Die Aktivitäten des Blat passten sich der Geldwirtschaft an. Sie mochten unter den neuen Bedingungen zwar überflüssig und systemisch funktionswidrig sein. Aber die in Jahrzehnten gewachsene Mentalität begünstigte ihre Anpassung an die neuen Verhältnisse: Weder wird die Trennung des Öffentlichen vom Privaten sonderlich ernst genommen noch ist die Verpflichtung der Staatsbediensteten auf eine abstrakte Allgemeinheit geläufig.

Ganz so, wie es die sozialwissenschaftliche Theorie der Institutionen behauptet, wurde nach Möglichkeit so gehandelt und entschieden, wie man es in der Vergangenheit getan hatte.[95] Nur die Währung, in der sich dieses Standardverhalten fortsetzte, wechselte. Die große und die kleine Bestechungszahlung löste so manche Blockade bei behördlichen Genehmigungen, half nach beim Wegschauen der Aufsichtsbehörden und bestimmte den Zuschlag bei der Vergabe staatlicher Aufträge. Blat mündete in gewöhnliche Korruption, wie sie in aller Welt geläufig ist.[96]

Die Lebenserfahrung in der Mitte der Gesellschaft birgt die Generallektion, besser nicht auf persönliche Rechte zu pochen, sich mit der Zumutung des Rechtsmissbrauchs zu arrangieren und schließlich, wenn es nicht anders geht, einen Preis (Wahl einer bestimmten Partei, Geld, Sponsoring) zu zahlen, um das Gewollte zu erreichen (Job, Schutz, Genehmigung, Steuernachlass).[97] Wer sich auf dieses Spiel der Zahlung für Amtshandlungen nicht einlässt, muss damit rechnen, dass die Amtshandlung als Pression eingesetzt wird. Wo etwas zu holen ist, bei erfolgreichen Unternehmensgründern etwa, greift die Korruption schon darüber hinaus und mutiert zur Erpressung. Beliebt ist die feuerpolizeiliche Kontrolle, die damit endet, dass der Betrieb stillgelegt wird, wenn kein Geld fließt. Verkehrspolizisten halten Fahrer an, die dann mit der Behauptung, einen Verstoß begangen zu haben, gegen Zahlung eines Geldbetrags weiterfahren dürfen. Andernfalls droht eine Anzeige. Einige Etagen höher im Verwaltungsgeschehen

---

[95] Andrei Kuznetsov und Olga Kusnetsova: Institutions, Business and the State in Russia, in: Europe-Asia Studies, 55. Jg. (2003), S. 909.
[96] Carolyn L. Hsu: Capitalism without Contracts versus Capitalists without Capitalism: Comparing the Influence of Chinese *guanxi* and Russian *blat* on Marketization, in: Journal of Communist and Post-Communist Studies, 38. Jg. (2005), S. 314f.
[97] Valeri Ledyaev: Domination, Power and Authority in Russia: Basic Characteristics and Forms, in: Journal of Communist Studies and Transition Politics, 24. Jg. (2008), S. 27.

wird sondiert, wer sich sonst noch um öffentliche Aufträge bemüht. Wer keinen wichtigen Bekannten in Behörden und Ministerien hat, zahlt für den, der den Kontakt herstellt oder die Transaktion im Auftrag bewerkstelligt. Die Kleinkommerziellen führen einen Klassenkampf mit den Mitteln der Bestechung, um sich gegen einen Staat zu behaupten, der ihre Tätigkeit zum Hürdenlauf mit Vorschriften und Genehmigungen macht.[98] Auch das Unterlassen und Wegsehen ist lukrativ. Ein Beispiel: Wer Geld hat und im Straßenverkehr gern schneller unterwegs ist, als es das Schleichtempo aus Moskauer Straßen erlaubt, setzt ein Blaulicht aufs Auto und benutzt die Rettungsspur. Auch nicht selten: Eine Luxuskarosse verursacht einen Unfall mit Todesfolge: der Fahrer geht straffrei aus, vielleicht werden sogar die Opfer belangt.

Die Korruption ist ein Alltagsphänomen. Sie lohnt sich für beide Seiten. Zahler wie Empfänger haben gute Gründe, die Kuh nicht zu schlachten, die noch Milch geben soll. Auch die Empfänger haben sich darauf eingestellt, dass der stetige Geldfluss in überschaubaren Proportionen die Einkommensquelle stabilisiert, Unersättlichkeit den Kreislauf aber irgendwann abwürgt. Die Geber erkaufen Berechenbarkeit, ein soziales Kapital, das schlagartig vernichtet würde, sollten sie auf der strikten Anwendung von Gesetzen, Verfahren und Dienstwegen bestehen.[99]

Diese Praktiken gibt es, wie der Leser einwenden mag, keineswegs nur in Russland. Der entscheidende Punkt ist hier das große Ausmaß, das dem breiten Publikum ungeachtet einer kontrollierten Öffentlichkeit durchaus bewusst ist.[100] Lediglich 25 Prozent der Befragten gaben in einer Umfrage vom Dezember 2006 an, dass sie sich von Polizei und Justiz beschützt fühlten, 68 Prozent antworteten mit einem klaren Nein.[101]

Die Korruption mit ihrem Ressourcenfraß und ihren Wirkungsverlusten in der Staatsverwaltung ist durchaus kein Thema aus dem Fenster herausgeredeter Reformbekundungen. Für die politische Führung ist sie ein ernstes Problem. Deshalb setzt die Politik so stark auf die Polizei- und Strafkapazität. Die Ursachen der Korruption lassen sich schwer abstellen. Die Institutionen, die sie eigentlich bekämpfen sollen, sind selbst korrupt, weil ihr Personal die Amtshandlung oder den Verzicht darauf zu Geld macht. In sowjetischer Zeit noch respektiert und mit allerlei materiellen Privilegien bedacht, sind Polizisten und Straf-

---

[98] Dmitry Gorenberg: The Role of Corruption in Russian Politics, in: Russian Politics and Law: A Journal of Translations, 47. Jg. (2009), S. 4f.
[99] Serguei Chelankine und Joseph King: Corruption Networks as a Sphere of Investment Activities in Modern Russia, in: Journal of Communist and Post-Communist Studies, 40. Jg. (2007), S. 107-120.
[100] Alexander Chepurenko: The „Oligarchs" in Russian Mass Consciousness,?, in: Stephen White (Hrsg.), Politics and the Ruling Group in Putin's Russia, London 2008, S. 122f.
[101] Ordzhonikidze: Russians' Perceptions of Western Values, S. 53f.

verfolger heute schlecht bezahlt. Sie vergleichen ihren tristen Alltag mit dem Saus und Braus, in dem die Betreiber der organisierten Kriminalität und auch Geschäftsleute leben, die sich wenig um die Gesetze kümmern.[102]

Bei diesem Spiel haben Menschen ohne Geld und geldwerte Ressourcen das Nachsehen: die Landbevölkerung, Arbeiter, kleine Angestellte und Selbständige. Güterknappheit ist für den, der Geld hat, kein Problem. Für den entsprechenden Preis ist alles zu haben. Wer indes nichts hat als individuelle Fähigkeiten, die auch viele andere besitzen, als Installateur, Kfz-Mechaniker oder Bauarbeiter, der sollte seine Begehrlichkeiten nicht auf Dinge richten, die er sich nicht leisten kann. Der Gleichmachungseffekt der Planwirtschaft ist dahin. Gab es in der Beziehungswirtschaft sowjetischen Typs nur Gewinner, ob groß oder klein, gibt es heute Gewinner und Verlierer. Für Russen auf den schlechteren gesellschaftlichen Plätzen ist es deshalb rational, sich von den Staatsvertretern fernzuhalten. Mögen der Präsident und sein Regierungschef auch gute Noten bekommen, die Staatsbeamten werden je stärker als Plage wahrgenommen, desto enger sie im Kontakt mit den Bürgern stehen. Nach einer Umfrage, ob sich die Korruption gegenüber den 1990er Jahren verändert hätte, urteilten im Jahr 2007 noch knapp unter 20 Prozent, sie habe zugenommen, 2011 waren es etwa die Hälfte der Befragten. Knapp ein Viertel war noch 2007 der Meinung, die Korruption sei zurückgegangen, 2011 waren es weniger als zehn Prozent.[103]

Die Ressourcen des kleinen Mannes, die sich in der sowjetischen Mangelwirtschaft entfalten konnten, weil jeder irgendwo einen Mangel hatte, sind durch die Korruption entwertet. Weil dabei hauptsächlich Geldzahlungen im Spiel sind, spüren jene, die wenig Geld haben, um so deutlicher ihre Ohnmacht. Nun mag man einwenden, dass es Korruption überall in der Welt gibt, vor allem dort, wo es viele Arme, aber wenige Reiche gibt. Der Punkt ist nur: Was in Afrika oder irgendwo im Orient ein ebensolches Ärgernis darstellt, wird nicht mit der historischen Erfahrung abgeglichen, dass es einmal eine Art der Regelunterlaufung gab, die auch den Armen einen Hebel in die Hand drückte. Hier liegt der Unterschied zu Blat, und dies ist auch der Grund, warum die weltübliche Korruption im Vergleich mit Blat als so skandalös, als eine Entrechtung empfunden wird.

Die einzige Möglichkeit, den Protest dagegen zu registrieren, ist die Wahl oppositioneller Parteien, das Ungültigmachen des Stimmzettels oder die Wahlenthaltung.

Auch in anderen post-sozialistischen Staaten gibt es das Empfinden steigender Korruption. China etwa bietet dafür zahlreiche Beispiele. Zugleich gibt es

---

[102] Leslie Holmes: Corruption and Organised Crime in Putin's Russia, in: Richard Sakwa (Hrsg.): Power and Policy in Putin's Russia, London und New York 2009, S. 133-154.
[103] Hans-Henning Schröder: Wahlen und Machtarrangements – Grafiken, Russland-Analysen, Nr. 224 vom 3.12.2010, Grafik 8, S. 18.

aber einen markanten Unterschied. Ein seit mehr als tausend Jahren eingepflanztes ethisches System, der Konfuzianismus, konterkariert den alltäglichen Missbrauch mit klaren Vorstellungen vom Gerechten und von der Pflicht der Herrschenden.[104] Sie manifestieren sich in einem Beschwerdetourismus, der Bauern aus der Provinz nach Beijing führt, um dort bei den zentralen Behörden ihr Recht gegen die Willkür örtlicher Funktionäre einzuklagen. Wo Korruption und Rechtsverletzung überhand nehmen, kommt es zur offenen Auflehnung. Die politische Tradition Russlands kennt keinen vergleichbaren ethischen Bezugspunkt.

3.7 Das Recht – ein Einwegsystem

Für das weiche Regieren, für das Arbeiten mit monetären Anreizen und für die Kommunikation mit gesellschaftlichen Multiplikatoren, Vereinen und Verbänden, d.h. für die Charakteristika der Regierungspraxis in den etablierten Demokratien, fehlen in Russland die Voraussetzungen. Dahinter steht zum einen die Weigerung der Regierenden, sich darauf einzulassen, zum anderen, auch als Folge davon, das Fehlen einer hinreichend organisierten bürgerlichen Gesellschaft. Schon deshalb läuft das Regieren eher auf Anordnen und Befehlen hinaus. Das Opponieren, vor allem in Grundsatzfragen, vollzieht sich am wirksamsten, wenn es sich in Straßendemonstrationen und in der Hauptstadtkulisse ereignet. Das Recht ist kein Katalog von Spielregeln, die auch die Regierenden binden, sondern ein Imperativ im Schatten staatlicher Erzwingungsmacht.[105] Wie die Gesellschaft darauf disponiert ist, sich den Forderungen des Staates nach Möglichkeit zu entziehen, hat sich die Regierung darauf eingestellt, den Adressaten mit der Drohung und Anwendung von Strafe und Gewalt die Fluchtwege abzuschneiden.

Über die Zeitenwende des Zerfalls der Sowjetunion hinweg gewandet sich der Staat äußerlich in Uniform. Die Tradition militärischer Einmischung in die Politik ist Russland allerdings fremd. Weit stärker ist die polizeiliche Kapazität in das Staatshandeln eingebunden.[106] Die Staatsmacht tritt dem Bürger in Feindabwehrpose entgegen, nicht als Vertrauen heischender Freund und Hel-

---

[104] Jürgen Hartmann: Politik in China, Wiesbaden 2006, S. 16ff.
[105] Ledyayev: Dominance, S. 25.
[106] Gerald Easter: The Russian State in the Time of Putin, in: Post-Soviet Affairs, 24. Jg. (2008), S. 208.

fer.[107] Gerichte verhängen schon bei geringen Delikten drakonische Strafen, die Haftanstalten sind überfüllt, ein geschätztes Fünftel der männlichen Bevölkerung hat schon einmal hinter Gittern gesessen.[108] Demonstrationen und öffentliche Proteste rangieren bei Polizei und Verwaltung hart am Rande des Widerstands gegen die Staatsgewalt.

Die Rücksichtslosigkeit der Polizei steht dem Bemühen um Respektabilität in der demokratischen Welt im Wege. Die Polizei heißt seit 2011 auch so, nicht länger Miliz, eine Bezeichnung sowjetischen Ursprungs, die Strafjustiz soll verbessert werden.[109] Doch mit neuen Gesetzen ist es nicht getan. Der kritische Punkt ist der Eigenwert des Rechts. Hier holen immer wieder die Hypotheken aus der Vergangenheit ein. Das Recht ist ein Instrument des Staates, um die Dinge in die erwünschte Richtung zu lenken, aber es begründet keinen Anspruch des Bürgers, den Staat auf Abstand zu halten oder ihn in die Schranken zu weisen. Es bietet den Staatsdienern auch keine Basis, sich zu verweigern, d.h. zu remonstrieren, wo die Regierenden etwas verlangen, das Buchstaben und Sinn des Gesetzes verletzt.

Schon in sowjetischer Zeit war die Prokuratur, die Staatsanwaltschaft, die wichtigste Institution der Rechtsprechung. Die Richter traten wie juristische Vollzugsbeamte auf, denen in aller Regel nicht ausdrücklich vorgegeben werden musste, was sie zu tun hatten. Auch heute noch, besonders in politischen Prozessen, haben sie eine formelle Begründung zu formulieren, mit der ein höheren Orts gewolltes Urteil garniert werden soll. Misslich, betrachtet man die Sache aus der Perspektive eines rechtsstaatlich einwandfreien Regimes, wie es in Europa und Nordamerika anzutreffen ist. Sonst aber waltet hier nicht nur russische Tradition, sondern auch ein Kalkül, dem die Justiz in allen Regimen folgt, in denen die Politik Vorfahrt vor der Idee einer unabhängigen Rechtsprechung genießt.

Das russische Verfassungsgericht hat es nicht gewagt, Putins materiellen Verfassungsänderungen durch einfache Gesetzesbeschlüsse der Duma in die Quere zu kommen. Sonst aber erhält das Gericht im internationalen Vergleich keine schlechten Noten für seine Rechtsprechung. Sein größtes Problem liegt außerhalb der eigenen Reichweite. Seine Entscheidungen werden von Staatsan-

---

[107] Nikolai S. Rogov: The Specific Nature of "Russian State Power": Its Mental Structures, Ritual Practices and Institutions, in: Russian Politics and Law: A Journal of Translations, 50. Jg. (2012), S. 45.
[108] Svetlana Stevenson: The Violent Practices of Youth Territorial Groups in Moscow, in: Europe-Asia Studies, 64. Jg. (2012), S.80.
[109] Frank Nienhuysen: Die Miliz, künftig Dein Freund und Helfer, in: Süddeutsche Zeitung vom 4.2.2011, S. 10.

wälten, Gerichten und Verwaltungen häufig ignoriert, ohne dass diese Sanktionen zu fürchten hätten.[110]

Die Idee eines über dem Regierungswillen stehenden Rechts lässt sich in allen Demokratien aus historischen Machtproben erklären. Diese endeten damit, dass sich die Herrscher auf eine Kontrolle durch ständische Vertretungen, Parlamente und Gerichte einlassen mussten. In Russland sind die Dehnbarkeit des Rechts und seine Einbahnwirkung Traditionsgut. Es wird nichts anderes erwartet. In dieser Hinsicht ist dort der Umgang mit dem Recht, beurteilt man ihn vom Rechtsverständnis der Demokratien her, eine schlechte Gewohnheit. Damit existiert kein guter Boden für die Bildung rechtsstaatlicher Institutionen. Diese schlechte Gewohnheit ist bewährt und vertraut. Die Substanz der Institutionen ist aber ihre Berechenbarkeit. Die russischen Institutionen sind nicht durch abstrakte Regeln charakterisiert, ihr Merkmal ist eine Kalkulierbarkeit, die auf die Person und die Situation abhebt.

3.8 Nationalismus und interkulturelle Konflikte

Der Zusammenbruch der Sowjetunion setzte in Russland und den ehemaligen kaukasischen und zentralasiatischen Sowjetrepubliken eine ungekannte Mobilität frei. Aufstrebenden jungen Leuten in der Provinz boten vor allem die beiden Metropolen Moskau und Petersburg berufliche Chancen. Auch Menschen ohne besondere Qualifikation, denen das Sowjetsystem einen sicheren Arbeitsplatz und eine gesundheitliche Grundversorgung geboten hatte, drängten in die Städte. Die rege Bautätigkeit fragte Arbeiter nach. Schmutzjobs boten Gelegenheit zum Geldverdienen. Beim Betreiben von Kiosken und Marktständen entfaltete sich merkantile Begabung. Die innerrussischen Republiken, die sich durch besondere Armut auszeichnen, sind die Heimat nicht-russischer Völker, darunter viele muslimischer Prägung. Durch die Beseitigung der Planwirtschaft wurden dort viele Jobs vernichtet, und dort schlug die Umstellung der Sozialleistungen auf Geldtransfers am stärksten auf den Lebensstandard durch. Aber auch der allgemeine Ausbildungs- und Bildungsstand war dort gering. Dies war kein Problem in einer Ära, die den Menschen dieser Gegenden eine Tätigkeit in der Land-, Forst- und Fischereiwirtschaft zugewiesen hatte. Während die Alten nach dem Untergang des Sowjetsystems keine Alternative hatten, dort zu bleiben, wo sie ihr Leben verbracht hatten, drifteten Jüngere dorthin, wo sie Geld verdienen konnten. Prozesse dieser Art gibt es überall. Im Zeitalter der Nationalstaaten vollziehen sie

---

[110] Alexei Trochev: Judging Russia: Constitutional Court in Russian Politics, 1990-2006, New York 2008, S. 207ff., 254.

sich zwischen Agrar- und Industrieregionen, wie es auch heute in China geschieht, in der Europäischen Union zwischen Ländern mit geringem und solchem mit hohem Durchschnittseinkommen. Hinzu kommt die – in aller Regel illegale – transnationale Armutsmigration, wie wir sie zwischen Westafrika und Europa sowie Mittel- und Nordamerika beobachten können.

Asiaten galten in der Sowjetära als Menschen zweiter Klasse. Sie wurden überproportional stark zur Armee eingezogen. Nur schlecht des Russischen mächtig, waren sie die bevorzugte Zielscheibe von Schikane. Im Stadtbild russischer Metropolen waren sie Randerscheinungen. Ein Passsystem und Zuzugssperren sorgten dafür, dass nur erwünschte Menschen in den Metropolen lebten. Administrative Sperren für die innerrussische Migration gibt es heute nicht mehr. Auch die Zuwanderung aus den zentralasiatischen Republiken wird kaum behindert. Die Überalterung und die geringe Bereitschaft der Russen, die schmutzigsten und schlechtestbezahlten Jobs anzunehmen, stützen die – allerdings unbeliebte – Präsenz der „Tadschiken" – ein Sammelbegriff für Menschen aus den zentralasiatischen Republiken – in der Mitte der russischen Gesellschaft.[111]

Auch die Kaukasier, die in russischen Städten leben, werden mit Ressentiment wahrgenommen. Im Kleinkommerz überaus erfolgreich, prägen sie das Bild der offenen Märkte, auf denen von Lebensmitteln bis hin zu Imitaten westlicher Qualitätsprodukte alles erworben werden kann. Mit dem innerstaatlichen Krieg zwischen der Zentralgewalt und den islamistischen Rebellen in Tschetschenien gewann dieses Ressentiment eine politische Dimension. Attentate, die von Tschetschenen verübt oder ihnen zugeschrieben wurden, ferner ein Ehrenkodex, der die wirkliche oder vermeintliche Beleidigung gern mit drohendem Lamento quittiert, stellen die Kaukasier unter den Generalverdacht der Gewalttätigkeit.[112]

Kaukasier und Zentralasiaten sind die Hauptbetroffenen rechtsradikaler Gewalt. In der karelischen Stadt Kondopoga kam es 2006 zu einem antikaukasischen Pogrom, in dem die Geschäfte südländischer Russen zerstört und geplündert wurden. Zwischen Anfang 2004 bis 2010 kam es zu 450 rassistisch motivierten Mordtaten und über 2.500 Gewaltdelikten.[113] Die großen Städte Moskau, Petersburg und Nishnij Nowgorod verzeichnen die meisten der von Fremdenfeindlichkeit motivierten Straftaten. Was Wunder? Dort treffen Menschen aus den südlichen Nachbarrepubliken auf der Suche nach Arbeit auf perspektivlose jugendliche Russen aus zerrütteten Familien in den tristen Vorstädten! Fremden-

---

[111] Russland Analysen vom 23.3.2012, S. 13, Grafiken 1 und 2.
[112] Dmitry Gorenburg: Russia Confronts Radical Islam, in: Current History, October 2006, S. 334-347.
[113] Martin Larys und Miroslav Mares: Right-Wing Extremist Violence in the Russian Federation, in: Europe-Asia Studies, 63. Jg. (2011), S.137f.

feindlichkeit und Rassismus schlagen auch in der Mitte der Gesellschaft Wurzeln.[114] Gelegentlich zündeln selbst die Behörden, wenn sie nach Terroranschlägen und Terrorwarnungen die von Kaukasiern betriebenen Märkte räumen lassen.

Nach einem Fußballspiel kam es im Dezember 2010 in Moskau zu Gewaltsamkeiten zwischen russischen und kaukasischen Fans. Premier Putin gab eine Erklärung ab, russische Bürger verdienten ungeachtet ihrer Herkunft und Religion den gleichen Respekt.[115] Mit Blick auf die Gefahren, die für das Zusammenleben der Völker im Rassismus lauern, bemüht sich die Regierung, rechtsradikale Vereine zu verbieten und einschlägige Straftaten zu ahnden.

Vorgänge dieser Art sind auch aus anderen europäischen Metropolen geläufig. Überall dort, wo es Integrationsprobleme gibt, ist die Politik versucht, mit Sündenbockzuschreibungen zu spielen. Sie greift anschließend zum Feuerlöscher, wenn sie merkt, dass dieses Spiel noch größere Gefahren heraufbeschwört.

Die Metropolen sind nicht nur Magneten für Arme und Aufsteigende, sie sind von jeher auch Hochburgen russischer Weltläufigkeit und Weltoffenheit. Liberale Ideen und eine kritische Sicht auf das eigene Land konzentrieren sich dort. Die westliche Demokratie und die rechtsstaatliche Befindlichkeit Europas werden dort am stärksten als Maßstab für die Bewertung des eigenen Landes genommen. Moskauer Bürger gingen im Dezember 2010 nach Übergriffen auf Kaukasier spontan gegen Rechtsradikalismus und Fremdenfeindlichkeit auf die Straße.[116]

Probleme anderer Art gibt es im russischen Fernen Osten. Die Nachbarschaft des dynamisch wachsenden China hinterlässt ihre Spuren. Chinesische Firmen holzen die sibirischen Wälder ab, um die Nachfrage auf den Baustellen der chinesischen Megastädte zu befriedigen. Chinesische Händler erobern die lokalen Märkte, chinesische Produkte sind im Konsumangebot reichhaltig vertreten. Unter den Menschen in der Region machen sich Überfremdungsängste breit. Sie werden durch das große Wohlstandsgefälle und die große Besiedlungsdichte auf der chinesischen Seite der Grenze noch untermauert.[117] Die wenigsten Chinesen haben indes die Absicht, sich dauerhaft in Russland niederzulassen, mag es in Moskau und Petersburg inzwischen auch ansehnliche Chinatowns geben, wie in allen Großmetropolen der Welt. Russische Unternehmer machen im benachbarten China gern Geschäfte und etliche Familien schicken ihre Kinder zum

---

[114] Wremja Novosti: Extremism, in: Current Digest of the Post-Soviet Press, 62. Jg. (2010), S. 18; siehe auch Stevenson: The Violent Practices of Youth Territorial Groups, S. 82f.
[115] Frank Nienhuysen: Pulverfass und Funke, in: Süddeutsche Zeitung vom 17.12.2010, S. 8.
[116] Sonja Zekri: „Russland für alle," in: Süddeutsche Zeitung vom 27.12.2010, S. 8.
[117] Tamara Troyakova: The Russian Far East: Isolation or Integration?, in: Problems of Post-Communism, 54. Jg. (2007), S. 61-71.

Studium nicht ins europäische Russland, sondern auf chinesische Universitäten.[118]

Ein ganz anderer Fall sind die nordkaukasischen Republiken. Jelzins und Putins Befürchtungen, diese Republiken könnten dem Beispiel Tschetscheniens folgen und versuchen, sich aus der Föderation zu verabschieden, waren der Hauptgrund, dort ein Exempel zu statuieren. Militäraktionen und eine Besatzungspolitik, die fundamentale Werte der muslimischen Bevölkerung mit den Füßen trat, verursachten in den 1990er Jahren einen Flächenbrand, der auch die übrigen, ähnlich strukturierten innerrussischen Republiken, insbesondere Inguschetien und Dagestan, in Mitleidenschaft zog.[119]

---

[118] Sören Urbansky: Ebbe statt Sturmflut. Chinesen in Russlands Fernem Osten, in: Osteuropa, 62. Jg. (2012), S. 21-40; Harley Balzer und Maria Repnikova: Migration between China and Russia, in: Post-Soviet Affairs, 26. Jg. (2010), S. 1-37.
[119] Gordon M. Hahn: Russia's Islamic Threat, New Haven und London 2007, S. 24ff.

4 Das Regierungssystem: die konstitutionellen Strukturen

4.1 Der Präsident im Mittelpunkt des Herrschaftssystems

Jelzin hatte klare Vorstellungen von einem starken Präsidentenamt. Er ließ sich von ausgewiesenen Experten, auch aus dem Kreise westlicher Verfassungsrechtler, beraten. Hier kamen jetzt zwei Umstände ins Spiel: Jelzin bewunderte den Westen, insbesondere die USA, wie er auch den raschen Wandel zur Marktwirtschaft befürwortete, von dem er sich die baldige Erholung vom Zusammenbruch der Sowjetwirtschaft versprach.

Zum anderen war er, obgleich aufrichtiger Reformer, im Sowjetsystem groß geworden: Er war als Natschalnik sozialisiert, der Politik als blankes Anordnen gelernt hatte. Wo hätte er den Kompromiss, die alltägliche kleine Niederlage und die Genugtuung kleiner Siege als Tagesgeschäft demokratischer Politik auch lernen sollen? Seine Gegner von den Liberalen bis hin zu den Nationalisten und Kommunisten waren kaum besser geübt in der politischen Auseinandersetzung. Sie praktizierten die neue Oppositionsfreiheit als kompromissloses Dagegenhalten.

Ein lupenreines parlamentarisches System nach britischem, deutschem, Benelux- und skandinavischem Vorbild kam nicht ernsthaft in Betracht.[120] Ein Präsident als Staatsnotar neben einem Regierungschef, der stets die Parlamentsverträglichkeit seiner Entscheidungen im Auge behalten musste, also Machtstreuung und Gewaltenteilung, vertrug sich schlecht mit der Vorstellung, dass die protokollarische Nummer eins im Staat nicht nur repräsentiert, sondern auch die politische Richtung vorgibt: Herrschaft war in der russischen Historie, in der öffentlichen Wahrnehmung und in der Selbstdarstellung der Regierenden stets mit einer mächtigen Person verbunden, ob Zar, Generalsekretär oder Präsident. Sie alle hatten sich nicht damit begnügt, bloß Mittelpunkt des Staatszeremoniells zu sein.

Zwei Modelle kamen infrage, um der russischen Tradition Rechnung zu tragen und gleichwohl demokratische Pfade zu beschreiten: die USA und Frankreich. Für einen Präsidenten amerikanischen Zuschnitts sprachen die öffentliche Sichtbarkeit, die Alleinkontrolle des Regierungsapparats und das prunkvolle

---

[120] Robert K. Furtak: Staatspräsident – Regierung – Parlament in Frankreich und in Russland: Verfassungsnorm und Verfassungspraxis, in: Zeitschrift für Politikwissenschaft, 6. Jg. (1996), S. 947f.

Zubehör des republikanischen Wahlmonarchen. Dagegen sprach jedoch die Beschränkung der politischen Manövrierfähigkeit des Präsidenten durch eine mächtige Legislative, deren Wahlrhythmus stur dem Kalender folgt und mit der sich jeder Präsident arrangieren muss.

Für das semi-präsidentielle System französischen Musters sprachen demgegenüber die Fähigkeit des Präsidenten, das Parlament aufzulösen sowie die starke Position der Regierung im Gesetzgebungsprozess.

In den Verfassungsberatungen stand dennoch nicht so sehr das staatsrechtliche Konstrukt der V. Republik vor Augen als vielmehr die Art und Weise, wie dieses Regierungssystem praktiziert wurde. Die V. Republik hatte 1986 den Test eines Regierungswechsels bestanden und beließ Präsident Mitterrand gleichwohl auf der politischen Bühne. Schließlich flossen auch die Erkenntnisse der Staatsrechts- und der Politikwissenschaft in die Verfassungsberatungen ein.

Der Verfassungsentwurf, der schließlich Jelzins Gefallen fand und von der Duma abgesegnet wurde, war deutlich vom französischen Modell inspiriert. Mit mäßiger Mehrheit von 58 Prozent wurde er 1993 bei einer Beteiligung von 55 Prozent der Stimmberechtigten in einer Volksabstimmung angenommen.

Der Präsident wurde zunächst für eine Amtsperiode von vier Jahren gewählt (Artikel 81, Abs. 1, der Verfassung der Russländischen Föderation von 1993).[121] Im November 2008 beschloss die Duma eine Verfassungsänderung, welche die Amtszeit des Präsidenten auf sechs Jahre verlängert. Sie behielt die Amtszeitbegrenzung auf maximal zwei Perioden bei.

Die Präsidentenwahl ist als Volkswahl ausgestaltet. Gewählt ist der Kandidat, der im ersten Wahlgang die absolute Mehrheit erreicht. Erreicht kein Kandidat im ersten Wahlgang diese Mehrheit, so treten in einer Stichwahl die beiden Kandidaten mit den besten Ergebnissen gegeneinander an (Art. 81).

Der Präsident bestimmt die Richtung der Innen- und Außenpolitik (Art. 80, Abs. 3). Die Regierung vollzieht die Gesetze (Art. 110, Abs. 1). Der Präsident ist schon nach dem Verfassungstext ein Vollinhaber der Regierungsgewalt. Die parlamentarisch verantwortliche Regierung geht ihm als Hilfsorgan zur Hand. Dann ist er wie sein französisches Pendant noch Oberkommandierender der Streitkräfte. Darüber hinaus ernennt der Präsident die führenden Militärs.

Einen Vizepräsidenten sieht die Verfassung nicht vor. Verstirbt der Präsident im Amt oder tritt er vorzeitig zurück, rückt automatisch der amtierende Regierungschef nach, bis die reguläre Amtszeit des gewählten Präsidenten abgelaufen ist. Dieser kommissarische Präsident darf aber weder die Duma auflösen noch verfassungsändernde Gesetze vorschlagen (Art. 92, Abs. 2, 3).

---

[121] Die Artikel beziehen sich auf die Verfassung der Russischen Föderation vom 12.12.1993 in der Fassung von 21.11.2008.

Der Präsident ernennt den Regierungschef, und dieser schlägt dem Präsidenten wieder die Ressortminister vor (Art. 112). Die Amtszeit der Regierung ist an die des Präsidenten gebunden (Art. 116). Es steht dem Präsidenten frei, den Regierungschef nach Gutdünken zu entlassen (Art. 83, c).

Bei der Zustimmung der Duma zur Nominierung des Ministerpräsidenten greift die parlamentarische Komponente des Regierungssystems. Ohne diese Zustimmung darf die Regierung ihre Arbeit nicht aufnehmen. Auch die vom Präsidenten vorzuschlagenden Mitglieder des Verfassungsgerichts und der Chef der Zentralbank bedürfen der parlamentarischen Zustimmung.

Lehnt die Duma den vom Präsidenten ausersehenen Kandidaten für den Ministerpräsidenten ab, hat der Präsident die Möglichkeit, entweder einen anderen Kandidaten oder denselben Kandidaten ein weiteres Mal vorzuschlagen. Bei nochmaliger Ablehnung darf der Präsident ein letztes Mal einen Kandidaten nominieren. Lehnt die Duma dann immer noch ab, darf der Präsident seinen Kandidaten ernennen, muss gleichzeitig aber die Duma auflösen (Art. 111, Abs. 4).

Das Gleiche gilt, wenn die Duma der Regierung das Vertrauen entzieht, der Präsident sich aber weigert, die Regierung zu entlassen. Bestätigt die Duma innerhalb von drei Monaten ihr Misstrauensvotum, muss der Präsident die Regierung entlassen oder er löst die Duma auf. Andernfalls bleibt die Regierung im Amt (Art. 117, Abs. 3).

Diese Bestimmungen sind darauf angelegt, den präsidialen Willen durchzusetzen. Schon die erste Ablehnung des in Aussicht genommenen Regierungschefs käme einer Kampfansage der Parlamentsmehrheit an den Präsidenten gleich. Die nochmalige Nominierung wäre dann eine erste Warnung an die Parlamentarier, dass ihnen vorzeitige Neuwahlen und eventuell Mandatsverlust drohen. Die dritte Nominierung lässt nur noch die Kapitulation vor dem Willen des Präsidenten oder das drohende Ende der parlamentarischen Karriere.

Der Präsident darf die Regierung entlassen (Art. 111, Abs. 2). Bittet die Regierung um ihre Entlassung, steht es dem Präsidenten frei, dem Antrag stattzugeben oder aber die Regierung im Amt zu halten (Art. 111, Abs. 1).

Der Präsident hat das Recht, der Duma Gesetze vorzuschlagen (Art. 107). Ferner darf er sein Veto gegen Gesetzesbeschlüsse einlegen. Der Präsident ist verpflichtet, ein Gesetz trotz des Vetos durch seine Unterschrift in Kraft zu setzen, wenn beide Kammern des Parlaments, Duma und Föderationsrat, mit zwei Dritteln der gesetzlichen Mitglieder entsprechend beschließen (Art. 107, Abs. 3). Schließlich hat er das Recht, das Volk über eine politische Frage abstimmen zu lassen (Art. 84, b).

Neben der Duma ist auch der Föderationsrat als Vertretung der Teilstaaten an der Gesetzgebung beteiligt. Eine Zweidrittelmehrheit von Duma und Föderationsrat kann ein Veto des Präsidenten zurückweisen. Stimmt der Präsident einem Beschluss von zwei Dritteln der Duma-Abgeordneten zu, einen Beschluss des Föderationsrates zurückzuweisen, gilt der Wille der Duma. Verfassungsänderungen müssen von zwei Dritteln der Duma- und von drei Vierteln der Föderationsratsmitglieder beschlossen werden.

Die Voraussetzungen für ein Amtsenthebungsverfahren sind denkbar restriktiv verfasst. Sie beziehen sich ausschließlich auf strafbare Handlungen, schließen eine Anklage aus politischen Gründen also von vornherein aus. Die Anklage muss jeweils von mindestens einem Drittel der Abgeordneten der beiden Parlamentskammern erhoben werden. Dann müssen wieder jeweils zwei Drittel der Mitglieder beider Kammern die Anklage beschließen. Der Anklagebeschluss wird nur dann wirksam, wenn anschließend das Oberste Gericht einen Straftatbestand bestätigt und das Verfassungsgericht feststellt, dass die Anklageprozedur korrekt vonstatten gegangen ist. Erst dann wird die Anklage im Föderationsrat verhandelt und entschieden (Art. 93).

Für diese Verfassungslage wäre die Bezeichnung präsidentiell-parlamentarisch beschönigend. Der Präsident beherrscht die Institutionen. Die parlamentarischen Strukturen erscheinen wie ein Appendix, der zur Disposition des Präsidenten steht.

4.2 Parlament, Regierung und Staatspartei

Soweit zu den Verfassungsformalitäten. Es wäre immerhin vorstellbar, dass starke und selbstbewusste Parteien das Parlament nutzten, um den Willen des Präsidenten zu trotzen. Ein potenzieller Vetospieler ist die Duma durchaus. Die Verfassung ruft geradezu nach einer Präsidentenpartei, welche die Präsidialbefugnisse parlamentarisch absichert. Sonst droht der Fall, dass sich im Konflikt beide Seiten verkanten und den Regierungsprozess lähmen.

Im ersten unter der neuen Verfassung gewählten Parlament (1993) hatte es Präsident Jelzin mit einer störrischen Mehrheit zu tun. Das Parteienfeld war noch stark pluralistisch und nach Lösung der Fesseln des sowjetischen Einparteisystems vom Aufbruch geprägt. Die Liberalen kritisierten die autoritäre und häufig erratische Anordnungspolitik des Kreml. Die Nationalisten opponierten gegen liberale Politikelemente, die Kommunisten gegen die Einführung der Marktwirtschaft. Viele kleine Parteien repräsentierten einfach nur den Wunsch ihrer Gründer, am politischen Spiel teilzuhaben. Eine Präsidentenpartei gab es nicht. Komplizierte und zerbrechliche Allianzen unterstützten den Präsidenten.

Jelzins Chancen, bei der ersten Wahl nach der neuen Verfassung, die für 1996 anstand, im Amt bestätigt zu werden, standen schlecht. Beobachter und

Umfragen prognostizierten eine Niederlage. In dieser Situation mobilisierte die Umgebung des Präsidenten, die von westlichen Wahlkampfexperten unterstützt wurde, die Superreichen Russlands. Für sie sollte sich später die Bezeichnung der Oligarchen einbürgern. Mit dem massiven Einsatz ihrer Gelder und der TV-Werbung ihrer Sender gelang es ihnen, den für unwahrscheinlich gehaltenen Wahlsieg Jelzins zu bewerkstelligen.

Die parteipolitische Zusammensetzung der zweiten Duma machte dem Präsidenten das Regieren bereits leichter. Immer noch gab es eine Vielzahl von Parteien. Doch hinter Jelzin standen jetzt die Oligarchen, die auch im Parlamentswahlkampf dem Präsidenten freundlich gesinnte Parteien und Kandidaten unterstützt hatten. Nach der Wiederwahl Jelzins fanden diese Oligarchen im Kreml offene Ohren für ihre Wünsche. Es ging ihnen nicht um Politik. Sie verfolgten geschäftliche Interessen, für die sie freilich der Flankierung durch die Politik bedurften.[122] Die Jelzin-Präsidentschaft geriet immer stärker in den Ruch der Korruption. Der geschäftliche Erfolg der Jelzinschen Verwandtschaft wurde in der Öffentlichkeit zum großen Thema.[123] Der gesundheitlich angeschlagene und alkoholkranke Jelzin hatte lange Ausfallzeiten. Der „Kremlfamilie", einem Kränzchen engster Vertrauter, darunter seine Tochter Tatjana Datschenko, wurde ungebührlicher Einfluss auf die Entscheidungen des Präsidenten zugeschrieben. Kritiker schürten in der Öffentlichkeit den Eindruck, Jelzin lasse sich als Marionette seiner Umgebung manipulieren.[124]

Im Jahr 1998 spitzten sich die Dinge zu. Seit 1992 hatte Viktor Tschernomyrdin an der Spitze der russischen Regierung gestanden. Für die Nachfolge Jelzins wurde er als aussichtsreicher Nachfolger gehandelt. Gänzlich überraschend wurde er im August 1998 entlassen. Es bedurfte eines Sündenbocks für die katastrophale wirtschaftliche Situation; Russland hatte wie so viele Dritte-Welt-Länder beim Internationalen Währungsfonds Hilfe beantragen müssen, weil es seine Zahlungsfähigkeit eingebüßt hatte. In den folgenden sechs Monaten verschliss der Präsident drei Regierungschefs, zunächst den jungen und politisch unerfahrenen Sergej Kirijenko, der die Erwartungen nicht erfüllte. Dann besann er sich auf Tschernomyrdin zurück, den jetzt das Parlament aber nicht mehr wollte und zweimal ablehnte.

Länger hielt Jewgenij Primakow durch. Er führte sein Amt selbstbewusst und ließ sich auf Konflikte mit der Präsidialadministration ein. Sie regierte wie gewohnt in die Geschäfte des Regierungschefs hinein. Primakow genoss hohe

---

[122] Hans-Henning Schröder: El'tsin and the Oligarchs: The Role of Financial Groups in Russian Politics between 1993 und 1998, in: Europe-Asia Studies, 51. Jg. (1999), S. 953-958.
[123] Mommsen: Der Kreml und die Schatten der Macht, S. 56ff.
[124] George W. Breslauer: Boris Yeltsin as Patriarch, in: Post-Soviet Affairs, 15. Jg. (1999), S. 186-200.

Popularität und wurde bald ebenfalls als Präsidentschaftskandidat gehandelt. Nach gut acht Monaten im Amt wurde er im Mai 1999 entlassen.

Wenige Tage später entschied die Duma über ein Amtsenthebungsverfahren gegen den Präsidenten. Seine Betreiber prangerten die Inkompetenz des Präsidenten an und konstruierten die Anklage mit Korruptionsvorwürfen. Mit lediglich 16 Stimmen verfehlte die Anklage die erforderliche Mehrheit lediglich knapp. Jelzin schlug mit der Auflösung der Duma zurück.

Nach einem weiteren Interimspremier entschied sich Jelzin im August 1999 für einen Regierungschef, der ihm als Nachfolger geeignet erschien: Wladimir Putin.

Tabelle 1: Russische Präsidenten und Regierungschefs seit 1993

Präsident	Regierungschef	Amtszeit
Boris Jelzin	Viktor Tschernomyrdin	Dez. 1992- März 1998
	Sergej Kirijenko	April 1998-Aug. 1998
	Viktor Tschernomyrdin	Aug. 1998-Sept. 1998
	Jewgeni Primakow	Sept. 1998-Mai 1999
	Sergej Stepaschin	Mai 1999-Aug. 1999
	Wladimir Putin	Aug. 1999-Mai 2000
Wladimir Putin	Michail Kasjanow	Mai 2000-Feb. 2004
	Viktor Christenko	Feb. 2004-März 2004
	Michail Fradkow	März 2004-Sept. 2007
	Viktor Subkow	Sept. 2007-Mai 2008
Dmitri Medwedew	Wladimir Putin	Mai 2008-Mai 2012
Wladimir Putin	Dmitri Medwedew	seit Mai 2012

Putin organisierte gemeinsam mit den Oligarchen die Parlamentswahl des Dezember 1999. Sie erzielte das erhoffte Ergebnis und stärkte die Parteien, die den Präsidenten unterstützten. Mit Putin stand ein Nachfolger bereit, der Jelzin einen skandalfreien Abgang garantieren würde. Im Mai 2000 trat der Präsident vor Ablauf der Amtszeit zurück. Putin rückte, wie von der Verfassung vorgesehen, als amtierender Präsident an seine Stelle. Seine Kandidatur in der bevorstehenden Präsidentenwahl war ausgemachte Sache.

Tabelle 2: Russische Präsidenten seit 1993

	Amtszeit	Wahl	vorzeitiges Ausscheiden
Jelzin	1993-1999	1991,* 1996	Rücktritt
Putin	1999-2008**	2000, 2004	
Medwedew	2008-2012	2008	
Putin	seit 2012	2012	

* Noch vor Inkrafttreten der Verfassung von 1991 nach der älteren Verfassung gewählt.
** Nach dem Rücktritt Jelzins führte Putin die Geschäfte in seiner Eigenschaft als Geschäftsführender Präsident.

Bereits im ersten Wahlgang erhielt Putin mit abermals massiver Unterstützung der von Russlands Superreichen kontrollierten Medien die erforderliche Mehrheit. Eine Amnestie sorgte dafür, dass Jelzin und seine Familie für ein eventuell strafrechtlich relevantes Fehlverhalten nicht belangt werden durften.

Russland wurde nicht erst von Putin in ein autoritär anmutendes Regime eingespurt, sondern bereits von Jelzin. Trug die Jelzin-Ära aber die Züge einer oligarchischen Herrschaft, in der das große Geld zunehmend das politische Zentrum okkupierte, war es das Anliegen Putins, der Autorität des Staates wieder den Vorrang zu verschaffen.[125]

Tatkräftig ging der junge Präsident daran, eine Präsidentenpartei auf die Beine zu stellen. Aus den turbulenten Jelzin-Jahren hatte er die Lehre gezogen, dass die Präsidentschaft ihr Potenzial nur mit dem Scharnier einer willfährigen Parlamentariermehrheit entfalten kann. Mit Hilfe der Verwaltung wurden dann die nächsten Parlamentswahlen so präpariert, dass der Kreml in der Duma ein willfähriges Instrument bekam.

Heute beherrscht die Präsidentenpartei Einiges Russland die Duma. Auf Initiative Putins wurde das Parteien- und Parlamentsrecht dahin abgeändert, dass Splitterparteien und regionale Parteien so gut wie keine Chance mehr auf Repräsentanz in der Duma haben. Das Mischsystem von Persönlichkeitswahl und Verhältniswahl wurde 2004 auf die Verhältniswahl umgestellt. Abgeordnete, welche von sich aus die Fraktion verlassen, auf deren Liste sie gewählt worden sind, verlieren ihr Mandat.

Diese Reformen zielten auf Mängel, insbesondere den unkalkulierbaren Fraktionswechsel etlicher Abgeordneter, die nach Ansicht vieler Beobachter die Entstehung eines überschaubaren Parteiensystems und ein verantwortliches Par-

---

[125] Lilia Shevtsova: Russia Lost in Transition: The Yeltsin and Putin Legacies, Washington, D.C. 2007, S. 25ff., 36ff.

lamentarierverhalten behindert hatten. Im Kontext einer Staatsorganisation, die auf das Entscheidungszentrum im Kreml ausgerichtet ist, begünstigten die Neuerungen das als Staatspartei angelegte Einiges Russland. Die Registrierungspraxis der Behörden und deren Verfügung über öffentliche Plätze und Veranstaltungsräume behindern die oppositionellen Parteien. Die Schikanen erstickten bis dato aber keine Parteien mit nennenswertem Rückhalt in der Wählerschaft.[126]

Außerhalb Moskaus und Petersburgs haben Print-Medien keine Bedeutung. Das Fernsehen vermittelt die Wahrnehmung politischer Ereignisse von den Bevölkerungszentren bis in die entfernteste Provinz. Bereits Jelzin hatte dies erkannt und warb deshalb erfolgreich um die Unterstützung der Herrscher über die Firmenimperien, in deren Besitz sich auch die privaten TV-Sender befanden. Diese Medienmacht mochte sich allerdings gegen den Kreml wenden, wenn Präsident und Regierung andere Interessen verfolgten als die Medieneigner.

Noch vor der skizzierten Komplettsanierung des Parteiensystems wurden die Oligarchen politisch abgeschaltet. In einer denkwürdigen Konferenz mit dem neuen Präsidenten Putin wurde ihnen im Juli 2000 versichert, dass sie weiterhin nach Gusto Geld verdienen durften, sich aber aus der Politik herauszuhalten hatten. Missliebige Berichterstattung und Kritik am Kreml sollte es nicht mehr geben. Die Zeitungslandschaft blieb unbehelligt. Kritische Blätter werden ohnehin nur von einer Leserschaft zur Kenntnis genommen, die sehr klein ist und im Lager der schwachen Opposition steht.

Die meisten Oligarchen verstanden.[127] Einer darunter, Boris Beresowski, ein persönlicher Feind Putins, setzte sich vorsichtshalber ins Londoner Exil ab. Wladimir Gussinski, ein weiterer Oligarch, Besitzer des Medienkonzerns Media-Most, verkaufte seine Unternehmen an den staatlichen Fernsehsender. Der Bankbesitzer und Ölunternehmer Michail Chodorkowski hingegen ignorierte die Warnung. Er wurde 2003 unter dem Vorwand der Wirtschaftskriminalität angeklagt, verurteilt und zu langer Haft verurteilt.

Den Nationalisten (Liberaldemokraten) nahm Putins selbstbewusste Außenpolitik und sein Auftreten als starker politischer Führer den Wind aus den Segeln. Die Kommunisten beklagten weniger den autoritären Drall der praktizierten Verfassung als den Verlust der versunkenen Sowjetwelt. Die Liberalen und Unabhängigen sind parlamentarisch randständig.

Fazit: Der Präsident braucht die konstitutionellen Hebel zur Disziplinierung des Parlaments gar nicht mehr zu betätigen, da ihm die Duma zu Willen ist.

Die Rolle der Persönlichkeit ist eine Schwachstelle des Amtes. Zum einen deshalb, weil ein schwacher, beeinflussbarer, ja auch kaum noch handlungsfähi-

---

[126] Kenneth Wilson: Party System Development under Putin, in: Post-Soviet Affairs, 22. Jg. (2006), S. 335ff.
[127] Richard Sakwa: Putin and the Oligarchs, in: New Political Economy, 13. Jg. (2008), S. 185-192.

ger Präsident, wie es bei Jelzin der Fall war, Einflüsterern in seiner Entourage Tür und Tor öffnet. Zum anderen wird ein dynamischer, richtungspolitisch starker Präsident wie Putin, sofern er die Verfassung respektiert, in voller Fahrt ausgebremst, wenn seine zweite Amtszeit abläuft.

Tabelle 3: Russische Präsidentenwahlen seit 1993 (Ergebnisse in Prozent)

	Amtierender Präsident	Kandidaten	Partei
1996 Erster Wahlgang	Jelzin	Jelzin: 35,3 Sjuganow: 32,0 Lebed: 14,5 Jawlinskij: 7,3 Schirinowsiki: 5,7	Haus Russland KPR parteilos Jabloko LDPR
Stichwahl		Jelzin: 58,3 Sjuganow: 40,3	Haus Russland KPR
2000	Putin	Putin: 52,9 Sjuganow: 29,2 Jawlinskij: 5,8 Tulejew: 3,0 Schirinowksik: 2,7	Haus Russland KPR Jabloko Parteilos LDPR
2004	Putin	Putin : 71,3 Sjuganow: 13,7 Glasjew : 3,8 Malyschkin: 2,0	Einiges Russland KPR Rodina LDPR
2008	Putin (erneute Kandidatur ausgeschlossen)	Medwedew: 70,3 Sjuganow : 17,7 Schirinowski: 9,3 Bogdanow: 1,3	Einiges Russland KPR LDPR Demokr. Partei
2012	Medwedew (Verzicht auf mögliche zweite Kandidatur)	Putin: 63,7 Sjuganow: 17,1 Prochorow: 7,8 Schirinowski: 6,2	Einiges Russland KPR Gerecht. Russland LDPR

Putin schied nach den Vorgaben der Verfassung 2008 korrekt aus dem Amt. Zuvor hatte er die Kandidatur seines ehemaligen Mitarbeiters Dmitri Medwedew lanciert. Medwedew hatte zuvor die Präsidialverwaltung geleitet und war dann in die Leitung des staatlichen Energiekonzerns Gazprom eingestiegen. Putin selbst bekundete vor dem Ausscheiden sein Interesse am Amt des Regierungschefs. Er ließ sich dafür von seinem Nachfolger vorschlagen und wurde erwartungsgemäß gewählt. Von der Präsidialpartei Einiges Russland ließ sich Putin ferner zum Vorsitzenden wählen. Bereits die Verfassungsänderung über die Amtszeit des

Präsidenten deutete darauf hin, dass sich Putin positionierte, um sich im Jahr 2012 erneut um die Präsidentschaft zu bewerben.

Mit dem scheidenden Präsidenten Putin trat 2008 eine starke Persönlichkeit in die zweite Reihe, blieb aber mit dem zweiten bedeutenden Regierungsamt im politischen Spiel. Diese Konstellation glich einem Nageltest der Institutionen. Präsident Medwedew konnte gar nicht umhin, die von ihm erwartete Rolle auf der grell ausgeleuchteten Bühne der internationalen Politik auszufüllen. Regierungschef Putin konnte ihm diese Rolle schwerlich streitig machen, ohne die Autorität des Amtes zu beschädigen, in das er, wie man jetzt weiß, zurückzukehren gedachte. Und der neue Präsident schließlich würde es sich genau überlegen, einen Regierungschef in die Wüste zu schicken, der den politischen Apparat der Präsidentenpartei überhaupt erst auf die Beine gestellt hat, mit dessen Hilfe er selbst ins Amt gelangt war.[128] Die Präsidentenpartei war nach dem Wechsel im Präsidentenamt noch da, aber sie stand jetzt nicht mehr unmittelbar im Dienste des Präsidenten. Einiges Russland ist ein straff geführtes Instrument in den Händen Putins. Medwedew trat von vornherein als Platzhalter für einen Mächtigeren an.[129]

Eine Aufhebung der Amtszeitbegrenzung hätte 2008 die absehbare Diskontinuität im Präsidentschaftsamt verhindern können. Mit Blick auf die Personen war sie aber gar nicht erforderlich. Der 2012 zum dritten Mal gewählte Präsident Putin ist 60 Jahre alt und könnte bei einer weiteren erfolgreichen Kandidatur bis ins 72. Lebensjahr amtieren.

Die Verfassung räumt dem Präsidenten das Recht ein, per Dekret (Ukas) Rechtsvorschriften zu erlassen. Die Grenzen zwischen Ukas und Gesetz sind unscharf gezogen. Präsident Jelzin hatte seine Schwierigkeiten mit dem Parlament. Er machte deshalb recht häufig von seinem Verordnungsrecht Gebrauch. Seine Nachfolger Putin und Medwedew, die sich auf eine zuverlässige Parlamentsmehrheit verlassen durften, machten selten davon Gebrauch.[130] Sie bekamen ihren Willen, ohne parlamentarische Störmanöver einkalkulieren zu müssen. Auch die Justiz spurt. Selbst das Verfassungsgericht, das in den Anfangsjahren des neuen Russland, als die Machtkonstellation zwischen Präsident, Regie-

---

[128] Andreas Heinemann-Grüder: Kontrollregime: Russland unter Putin und Medwedew, in: Osteuropa, 59. Jg. (2009), S. 27-48; Kathryn Stoner-Weiss: It Is Still Putin's Russia, in: Current History, October 2008, S. 315-321.

[129] Ora John Reuter: The Politics of Dominant Party Formation: United Russia and Russia's Governors, in: Europe-Asia Studies, 62. Jg. (2010), S.293-327.

[130] Oleh Protysk: Ruling with Decrees: Presidential Decree Making in Russia and Ukraine, in: Europe-Asia Studies, 56. J. (2004), S. 653.

rung und Parlament noch ausgetestet wurde, mutige Urteile fällte, segnet heute weitreichende Veränderungen des Verfassungsgefüges ab.[131]

Die Duma, das Parlament, ist durchaus keine Schlafwagenveranstaltung. Der russische Staat lässt ein begrenztes politisches Spiel zu. Daran beteiligen sich besonders die Reichen des Landes, die sich unter die Fittiche der Staatspartei begeben haben. Entweder in personam oder über parlamentarische Stellvertreter betreiben sie in den Duma-Ausschüssen ihr Lobbying und ihre Deals mit der Staatsverwaltung. Doch diese Partizipation beschränkt sich auf gesetzgeberisches Klein-klein. Die politischen Essentials werden vom Zentrum der Macht vorgegeben, ob nun in Gestalt des Staats- oder des Regierungschefs.

Bis zum Jahr 2000 zeigte das russische Parlament noch ein anderes Gesicht. Unter politikwissenschaftlichen Beobachtern führte dies vorübergehend zu einem starken Interesse am russischen Parlamentarismus, der jetzt nach den Kriterien der auf die westlichen Demokratien angelegten Parlamentarismusforschung analysiert wurde.[132] Kleine und größere Konflikte mit der Regierung waren an der Tagesordnung. Sie hörten auf, sobald die Parteienlandschaft bereinigt war und Einiges Russland das parlamentarische Geschehen kontrollierte. Es ist der Politikforschung nicht anzukreiden, dass sie bald das Interesse an der Duma verlor. Nach den schweren Stimmverlusten in der Duma-Wahl des Jahres 2011 überließ Einiges Russland den Oppositionsparteien aus freien Stücken den Vorsitz in 14 der insgesamt 29 Parlamentsausschüsse. Ob diese Geste einen anderen parlamentarischen Stil fördert, bleibt abzuwarten.[133]

Dem Föderationsrat, der Zweiten Kammer, wurde in zwei Schritten die Bedeutung genommen. Solange die Gouverneure der Teilrepubliken noch gewählt wurden und auch noch keine Staatspartei existierte, wurden die Teilstaaten in Moskau von ihrem Regierungschef (Gouverneur) und vom Parlamentspräsidenten vertreten. Durch einfaches Gesetz wurde im Jahr 2000 verfügt, dass nunmehr jeweils ein vom Gouverneur ernanntes und ein vom Regionalparlament gewähltes Mitglied seinen Staat im Föderationsrat zu vertreten hatten. Hinzu kam im Jahr 2003 das Ende der Gouverneurswahl. In diesem Zeitpunkt gab es bereits die Staatspartei. Die Kremladministration führte eine Liste mit Kandidaten, de facto traf sie eine Vorauswahl.[134] Um die Proteste gegen Manipulation und Wahlfälschung zu beschwichtigen, wurde Ende 2011 die Rückkehr zur Wahl der Gou-

---

[131] Marie-Elisabeth Baudouin: Is the Constitutional Court the Last Bastion in Russia against the Threat of Authoritarianism?, in: Europe-Asia Studies, 58. Jg. (2006), S. 679-699.
[132] Ellen Bos, Margareta Mommsen und Siliva von Steinsdorff (Hrsg.): Das russische Parlament. Schule der Demokratie?, Opladen 2003; Thomas F. Remington: The Russian Parliament: Institutional Development in a Transitional Regime, 1989-1999, New Haven und London 2003.
[133] Frank Nienhuysen: Neuer Mut in der Duma, in: Süddeutsche Zeitung vom 22.12.2011, S. 7.
[134] Thomas F. Remington: Majorities without Mandates: The Russian Federation Council since 2000, in: Europe-Asia Studies, 54. Jg. (2003), S. 667-692.

verneure angekündigt und im Frühjahr 2012 ein entsprechendes Gesetz beschlossen, so dass sich der Föderationsrat künftig wieder zur Gänze aus gewählten Mitgliedern zusammensetzen wird.

4.3 Die Präsidialadministration: eine Schattenregierung

In den Baulichkeiten am Moskauer Alten Platz, die einst das Zentralkomitee der KPdSU beherbergt haben, hat sich die Präsidialadministration Russlands eingerichtet. Mit Blick auf die Tatsache, dass die förmliche Regierungsfunktion vom Regierungschef und seiner Ministerriege ausgeübt wird, handelt es sich um eine Regierungszentrale besonderer Art. Diese Präsidialbehörde ist in der Verfassung verankert (Art. 83, Buchst. i). Die in diverse Fachabteilungen gegliederte Präsidialverwaltung leitet die Arbeit der Ministerien und Regierungsbehörden an. Sie beschäftigte 2004 etwa 2.000 Mitarbeiter.[135] Die führenden Mitglieder der Präsidialadministration rangieren im Statusbarometer des politischen Moskau noch über den Ministern.[136] Diese Konstruktion ist einzigartig. Eine präsidiale Regierungsstruktur ist über die dem Parlament verantwortliche Regierungsstruktur gesetzt. Laufen die Dinge gut, erntet der Präsident das Lob. Laufen sie schlecht, fällt der Tadel auf die Regierung.

Die politische Feinsteuerung der Regierungsarbeit durch eine präsidiale Behörde deutet in die sowjetische Vergangenheit. Auch die Kommunistische Partei beanspruchte die führende Rolle im Staat. Sie überließ diese Rolle nicht dem guten Willen und der Kompetenz der Staatsfunktionäre. Vielmehr wurde sie von der kontrollierenden Parallelbürokratie des ZK-Sekretariats ausgeübt. Diese Technik paust sich in die Gegenwart durch. Die erste Generation russischer Präsidenten, Präsidialberater, Minister und Beamter war noch aus sowjetischer Zeit mit dieser Technik vertraut. Vermittelte zuvor das Kollektiv des Politbüros mit Hilfe des ZK-Apparats seine Direktiven an die Regierung, treten heute der Präsident und sein politischer Apparat an seine Stelle.[137] Dies war allerdings nicht mehr der Fall, solange Putin die Regierung kontrollierte. Wie unten zu schildern sein wird, nahm er 2008 seine wichtigsten Mitarbeiter im Präsidialamt in die Regierung mit. Und zu Beginn seiner dritten Amtsperiode im Frühjahr 2012 wiederholte sich der gleiche Vorgang in der Gegenrichtung. Die wichtigsten Minister und wichtige enge Mitarbeiter des früheren Regierungschefs wurden

---

[135] Richard Sakwa: Russian Politics and Society, 4. Aufl., Abingdon und New York 2008, S. 109ff.
[136] Olga Kryzhtanovskaya und Stephen White: The Sovietization of Russian Politics, in: Post-Soviet Affairs, 25. Jg. (2009), S. 293f.
[137] Olga Kryshtanovskaya und Stephen White: Inside the Putin Court: A Research Note, in: Europe-Asia Studies, 57. Jg. (2005), S. 1065-1075.

mit Aufgaben in der Präsidialadministration betraut, für die sie zuvor als Regierungsmitglieder verantwortlich waren. Power is where power goes!
Im Kreml existiert ferner ein Rat für nationale Sicherheit. Auch er ist in der Verfassung vorgesehen. Die Bezeichnung ist dem gleichnamigen Organ in der US-amerikanischen Präsidentschaft nachempfunden. Ihm gehören die Leiter der sogenannten Machtministerien an, auf deren Besetzung erstmals Präsident Jelzin unmittelbaren Zugriff beanspruchte: Außenministerium, Verteidigungsministerium, Innenministerium, Katastrophenschutz und Geheimdienst (FSB). Jelzins Nachfolger behielten sich in gleicher Weise die Ernennung der „Machtminister" vor. Der Sicherheitsrat tagt gelegentlich öffentlichkeitswirksam auch im Fernsehen, wenn sich Katastrophen und Terroranschläge ereignen.
Im Kreise der Verfassungsstaaten sind Verfassung und Verfassungspraxis der Russischen Föderation Unikate. Keineswegs sind sie aber exotisch. Sie fanden, wie unten zu zeigen sein wird, Nachahmer in vielen anderen postsowjetischen Staaten.

4.4 Föderation und föderale Subjekte

Die Föderation lässt noch deutlich die sowjetische Staatsgliederung erkennen. Moskau und Petersburg haben als Megastädte einen stadtstaatlichen Status. Die 47 Oblaste sind deckungsgleich mit den gleichnamigen Verwaltungsgebieten des russischen Teilstaates der Sowjetunion. Sie befinden sich im Kernsiedlungsraum der ethnischen Russen im europäischen Teil Russlands. Mit Gründung der Russischen Föderation erhielten sie den Status von Teilstaaten. In den sechs Nationalen Kreisen, deren Grenzen ebenfalls auf sowjetische Zeit zurückgehen, leben neben ethnischen Russen bedeutende nicht-russische Minderheiten. Sie befinden sich im Kaukasusgebiet und im asiatischen Teil Russlands. Hinzu kommen 21 großflächige Republiken im europäischen und asiatischen Russland, in denen mehrheitlich nicht-russische Völker leben. Schließlich gibt es noch zehn Autonome Okrugs und einen Autonomen Oblast. Hier handelt es sich um Selbstverwaltungsgebiete nationaler Minderheiten, die in Teilstaaten leben, in denen eine andere gesamtrussische Minderheit die Mehrheit stellt.

All diese Strukturen führen das sowjetische Verwaltungsprinzip des Ethno-Föderalismus fort. Demzufolge soll jedes der zahlreichen größeren nicht-russischen Völker als Titularnation eine eigene Republik haben. Als Teilstaaten der russischen Föderation stehen diese Gebilde staatsrechtlich sämtlich auf derselben Stufe.

In der Ära Jelzin wurden die Gouverneure gewählt. Die Gliedstaaten führten in der ersten Dekade des nachsowjetischen Russland ein ausgeprägtes Eigenleben. Etliche Gouverneure verwalteten ihre Gebiete wie persönliche Lehen, sie standen in Allianzen mit örtlichen Unternehmern oder waren in ihrem Gebiet selbst große Unternehmer. Nicht wenige unterliefen die Unionsgesetze und führten die in ihrem Gebiet erhobenen Steuern nach Gutdünken an Moskau ab. Einige Gliedstaaten eröffneten sogar eigene Auslandsvertretungen. Am Ende der 1990er Jahre existierten mehrere Tausend Gesetze der Teilstaaten, die dem Recht der Union widersprachen.

Mit dieser weitreichenden Freiheit, die zu chaotischen Verhältnissen in den Rechts- und Finanzbeziehungen des Gesamtstaates führte, entrichtete Jelzin den Preis dafür, dass die Gouverneure dem Präsidenten die erwünschten Wahlergebnisse herbeimanipulierten. Insofern bestand durchaus Bedarf an einer Korrektur.

Moskau ist bemüht, die Verwaltungsstrukturen zu vereinfachen.[138] Durch die Fusion großflächiger, jedoch dünn besiedelter Okrugs und Nationaler Kreise im schwach besiedelten Sibirien sank die Zahl der föderalen Subjekte von ursprünglich 89 auf 83. Versuche der Duma, die Inhaber der Regierungsgewalt in den innerrussischen Republiken, die den Titel eines Präsidenten tragen, protokollarisch zu Gouverneuren herabzustufen, wurden allerdings nicht weiter verfolgt.[139] In 80 Prozent der Teilstaaten stellen ethnische Russen die Mehrheit. Doch die Republiken und Nationalen Kreise, in denen mehrheitlich asiatische und kaukasische Bürger leben, liegen durchweg in den sensiblen südsibirischen Gebieten und in der Schwarzmeerperipherie. Dort soll die Optik nationaler Autonomie gewahrt werden, um die dort lebenden Völker nicht vor den Kopf zu stoßen.

Zu Beginn der Putin-Präsidentschaft wurde die Wahl der Gouverneure abgeschafft. Der Präsident schlug seither die Kandidaten für das Amt des Gouverneurs in den Gliedstaaten der Russischen Föderation vor. Die Verfassung schweigt zu diesem Punkt. Putin regte dafür eine gesetzliche Grundlage an. Sie wurde von der Duma und dem Föderationsrat beschlossen und vom Verfassungsgericht abgenickt. Die Präsidialverwaltung hielt seither Ausschau nach geeigneten Kandidaten und führte entsprechende Listen.[140] Die Parlamente der Gliedstaaten mussten dem Vorschlag zustimmen. Der Präsident musste seinen Kandidaten zurückziehen, wenn das Regionalparlament den Vorschlag zum dritten Mal ablehnte, oder aber der Präsident löste das Parlament auf. Die Gou-

---

[138] Elena Chebankova: Implications of Putin's Regional and Demographic Policies on the Evolution of Inter-Ethnic Relations in Russia, in: Perspectives on European Politics and Society, 8. Jg. (2007), 442f.
[139] Ebd., S. 441.
[140] Goode, J. Paul: The Puzzle of Putin's Gubernatorial Appointments, in: Europe-Asia Studies 59. Jg. (2007), S. 390.

verneure konnten vom Präsidenten jederzeit entlassen werden. Kein Gouverneur darf länger als zwei Amtsperioden seines Amtes walten.

Im Kontext der Proteste gegen den unkorrekten Ablauf der Duma-Wahl des Jahres 2011 kündigte Präsident Medwedew an, in Absprache mit Regierungschef Putin sollten die Gouverneure künftig wieder durch Wahl bestimmt werden. Das einschlägige Gesetz, das im Mai 2012 von der Duma verabschiedet wurde, entlarvte diese Ankündigung freilich als recht hohle Geste. Kandidaten für das Gouverneursamt bedürfen der Unterstützung von fünf bis zehn Prozent der Mitglieder in den Kommunalvertretungen der betreffenden Region; Kandidaten, die keiner Partei angehören, brauchen die Unterstützung des amtierenden Gouverneurs. Der Präsident hat das Recht auf Konsultation über die Kandidatenauswahl, und er darf öffentlich seine Präferenz für einen der Kandidaten bekunden.

Die Zweite Parlamentskammer, der Föderationsrat, repräsentiert die Gliedstaaten. Jeder Staat ist dort mit zwei Mitgliedern vertreten (Art. 95, Abs. 2). Wie oben bereits berichtet, repräsentieren je ein vom Gouverneur benannter und ein vom Regionalparlament gewählter Senator ihren Staat im Föderationsrat. Über Dreiviertel der Ratsmitglieder werden von der Moskauer Präsidialverwaltung vorgeschlagen oder in Abstimmung mit dieser nominiert.[141]

Zwischen Föderation und Gliedstaaten wurde darüber hinaus eine Zwischenebene etabliert. Russland wurde in sieben Föderationskreise gegliedert, die jeweils eine Reihe von Gliedstaaten umfassen. Diese Bezirke sind identisch mit den Militärbezirken. An ihrer Spitze steht ein vom Präsidenten benannter Präsidialbeauftragter. Seine Aufgabe ist es, die Tätigkeit der Gouverneure zu beaufsichtigen.[142] Anfang 2010 wurde aus dem Bestand des südrussischen Föderationskreises ein achter Föderationskreis Nordkaukasus gebildet.

Für diese Strukturen hat sich die Bezeichnung der Machtvertikalen eingebürgert.[143] Die Art und der Umfang der Eingriffe in die bundesstaatlichen Elemente der Verfassungsstruktur zeigen recht deutlich, dass der Kreml lediglich die Fassade der Bundesstaatlichkeit pflegt, personalpolitisch und politikinhaltlich aber den Einheitsstaat will und dass er auf diesem Wege weit gekommen ist. Russland kehrt in die Spur zentralistischer Verwaltung zurück, die zaristischer und sowjetischer Tradition entspricht.

---

[141] Elena Chebankova: Putin's Struggle for Federalism: Structures, Operation, and the Commitment Problem, in: Europe-Asia Studies, 59. Jg. (2007), S. 290.
[142] Ebd., S. 288.
[143] Cameron Ross: Federalism and Inter-Governmental Relations in Russia, in: Journal of Communist Studies and Transition Politics, 26. Jg., (2010), S. 165-187; Dmitri Mitin: From Rebellion to Submission: The Evolution of Russian Federalism under Putin, in: Problems of Post-Communism, 55. Jg. (2008), S. 49-51.

5 Der Überbau: Demokratie- und Nationverständnis

5.1 Die Idee der souveränen Demokratie

Die russische Politik legitimiert sich seit 2006 mit der Leitidee einer souveränen Demokratie. Der Begriff ist eine Erfindung Wladimir Surkows. Dieser bekleidete unter Putin und Medwedew die Position eines Stellvertretenden Leiters der Präsidialadministration. Der Slogan wird nur in weltpolitischer Perspektive verständlich. In der Ukraine, in Georgien und in Kirgisistan gab es zwischen 2003 und 2005 spektakuläre Volksbewegungen, die den Rückzug des amtierenden Präsidenten erzwangen (siehe unten Teil B: Russlands Nachbarn. Die postsowjetischen Staaten). Diese Ereignisse wurden in Europa und den USA medial als Sieg der demokratischen Idee inszeniert. Dass hier, wie sich bald herausstellen sollte, bloß rivalisierende Persönlichkeiten und ihr Anhang einander ablösten, stand auf einem anderen Blatt. Moskau hatte Grund, besorgt zu sein, zumal sich einige NGOs, darunter insbesondere das vom US-amerikanischen Multimilliardär George Soros gesponserte Open Society Institute, damit rühmten, zu diesen Ereignissen beigetragen zu haben.[144] Als besonders kritisch wurden die Ereignisse in der Ukraine empfunden. Ihre gesellschaftliche Verfassung unterscheidet sich kaum von derjenigen Russlands. Die demokratische Opposition in Russland war und ist zwar klein und hat keinerlei Potenzial, in die Breite zu wirken. Dies zeigte sich zuletzt in den Ereignissen um die Wahlen 2011 und 2012. Aber diese Opposition ist in den Metropolen und damit vor den Augen westlicher Medien und Diplomaten präsent und findet allein damit genügend Resonanz, um das Regime international in ein ungünstiges Licht zu rücken.

Moskau missbilligte den Wandel in den Nachbarländern, weil gute Verbündete in die Opposition geschickt wurden. Die frühere amerikanisch-sowjetische Konkurrenz schien in Gestalt einer Rivalität über die Beschaffenheit der Regime in der russischen Nachbarschaft wiederaufzuleben. Nicht gewillt, den Makel mangelnder demokratischer Qualität auf sich sitzen zu lassen, ging Moskau ab 2005 mit der Idee einer souveränen Demokratie in die Gegenoffensive. Was Demokratie ist und was nicht, sollte nicht der Interpretationsmacht der Politiker und Medien im Westen überlassen werden.

---

[144] Robert Horvath: Putin's Preventive Counter-Revolution: Post-Soviet Authoritarianism and the Spectre of Velvet Revolution, in: Europe-Asia Studies, 63. Jg. (2011), S. 3ff.

Unter Souveränität wird die äußere und innere Souveränität verstanden, wie sie im Völkerrecht und als Prinzip des Umgangs der Staaten untereinander geläufig ist. Die Souveränität gibt den Korridor vor, in dem sich der politische Pluralismus entfalten darf. Diese Souveränität ist durch Ideen und Werte gefährdet, die mit den Eigenarten der russischen Gesellschaft nicht vereinbart werden können. Gefahr droht vor allem von der amerikanischen Weltmacht. Was der Westen als Demokratie propagiert und als Erwartung auf Russland projiziert, wird als Einmischung in die inneren Angelegenheiten aufgefasst. Wie es die Soziologin Olga Kryshtanovskaya ausdrückt, soll Russland zum Westen aufschließen, aber nicht dessen politisches Modell kopieren.[145] Diese Auffassung machte sich auch Putins Nachfolger Medwedew zu eigen.

Russland nicht als Demokratie zu akzeptieren, kommt in dieser Perspektive einer ideologischen Aggression gleich. Das Störpotenzial einer Mängelrüge des Auslands ist keine abstrakte Sache. Die unter der Flagge der Demokratie geübte Kritik am Regime stärkt Dissidenten den Rücken, sie ruft die Sicherheitsorgane auf den Plan, die westlichen Regierungen stellen dann wieder Fragen, was wiederum den wenigen Protestierenden Auftrieb gibt. Dies alles stört die Eintracht der russischen Gesellschaft und bringt das Land in Misskredit. Der Respekt vor Russland und seiner politischen Verfasstheit ist ein wichtiges politisches Gut. Kritik an den inneren Verhältnissen schadet dem Ansehen Russlands in der Welt. Die internationale Anerkennung ist aber kardinal wichtig.[146] Russland versteht sich als europäisches Land. Von außen wird es deshalb an der Elle der liberalen Demokratie gemessen. In der Verkantung beider Element russischer Identität, zum einen die Betonung des einzigartigen historisch-kulturellen Charakters, zum anderen Russlands Selbstdefinition in die europäische Welt kommt eine Traditionslinie zum Ausdruck. Die Debatte um den Charakter Russlands wird geführt, seitdem sich die Staatsidee mit der Idee der Nation verbunden hat.

Das Modell der westlichen Demokratie taugt im offiziellen Selbstbild nicht für die russische Gesellschaft. Diese braucht die starke Hand einer durchsetzungsfähigen Staatsgewalt: eine Konstante der politischen Kultur, die sie vom Westen unterscheidet.[147] Hinzu kommt die ausgeprägte Spiritualität Russlands, die Religiosität seiner Menschen. Sie kontrastiert mit dem analytisch-rationalen Denken der westlichen Kultur. Ferner haben die russischen Menschen ein ausgeprägtes Gemeinschaftsempfinden, wie es sich im Sobor, in der orthodoxen Gemeinschaft der Gläubigen, manifestiert. Erst ganz zuletzt macht sich auch das

---

[145] Olga Kryshtanovskaya: The Russian Elite in Transition, in: Journal of Communist Studies and Tranistion Politics, 24. Jg. (2008), S. 592.
[146] Alfred R. Evans: Putin's Legacy and Russian Identity, in: Europe-Asia Studies, 60. Jg. (2008), S. 899-912.
[147] Ju: Institutionelle Reform und Demokratiediskurs, S. 2-4.

Individuum in der russischen Kultur geltend – die westliche Wertewelt erhebt es demgegenüber zum Angelpunkt des Menschen- und Gesellschaftsbildes.[148] Die liberale Demokratie des Westens betont die Differenz, den Streit, den lauten Kampf um die Macht, die institutionalisierte Kritik an den Regierenden und die Präferenz für einen konstitutionell gezähmten Staat.

Während Surkow dieses Konzept im gebildet-intellektuellen Tenor vortrug, trat es in der Rhetorik der Macht unvermeidlich kruder zutage – es schnurrte auf den russischen Exzeptionalismus, die Abgrenzung vom Westen und die Deckelung der liberaldemokratischen Opposition zusammen.

Die souveräne Demokratie steht im Dienste eines großen Modernisierungsprojekts: die Modernisierung Russlands durch eine entschlossene, zielstrebige Elite. Dahinter steht die Vision eines Russland, das den gegenwärtigen Status einer Rohstoffökonomie überwindet und innovative, auf Wissen und intellektuelle Kapazität gegründete Strukturen entwickelt.[149] Die Demokratie à la russe[150] zieht den Rahmen für dieses Projekt; sie sorgt für Stabilität, kann dies aber nur leisten, wenn sie auf das historische und kulturelle Erbe abgestimmt ist. Der Import abstrakter, nicht in der russischen Gesellschaft gereifter Demokratiemodelle bewirkt das Gegenteil. Diese Auffassung hat durchaus gesellschaftliche Bodenhaftung. Von 2006 bis 2011 waren nach Umfrageergebnissen etwa vier Fünftel der Befragten der Meinung, jedes Land müsse seinen eigenen Weg zur Demokratie gehen.[151]

Ganz konsequent bekräftigt die russische Außenpolitik denn auch das Prinzip der Nichteinmischung in die Angelegenheiten anderer Länder. Was es selbst in Anspruch nimmt, muss auch für andere gelten.

Russland ist in den Augen seiner Regierenden für die Rolle einer Weltmacht prädestiniert. Nichts würde dem Ansehen Russlands auf der internationalen Bühne freilich mehr schaden, als dass es mit Regimen auf eine Stufe gestellt würde, die sich allein mit Polizeigewalt halten und nicht davor zurückschrecken, einen blutigen Krieg gegen die Opposition im eigenen Lande zu führen.

Auf die Moskauer Demonstrationen, die sich im Dezember 2011 am Vorwurf der manipulierten Duma-Wahl entzündeten, reagierte die noch von Putin geführte Regierung zunächst mit polizeilicher Repression.[152] Nicht nur die Ma-

---

[148] Georgi Bovt: Vladislav Surkov: A Pragmatic Idealism, in: Russian Politics and Law: A Journal of Translations, 46. Jg. (2008), S. 34ff.
[149] Sirke Mäkinen: Surkovian Narrative on the Future of Russia: Making Russia an World Leader, in: Journal of Communist Studies and Transition Politics, 27. Jg. (2011), S. 143, 147ff.
[150] Ebd., S. 151.
[151] Hans-Henning Schröder: Wahlen und Machtarrangements – Grafiken zum Text, Russland-Analysen, Nr. 211 vom 2.12.2011, Grafik 5, S. 17.
[152] Frank Nienhuysen: Das macht Angst. Nach Protesten der Opposition gegen die manipulierte Parlamentswahl marschieren in Moskau Soldaten auf, in: Süddeutsche Zeitung vom 7.12.2011, S. 9;

nipulation war Auslöser der Proteste, sondern auch die in einer großen Inszenierung der Staatspartei angekündigte Rochade: Medwedew hatte Putin im September 2011 zum Nachfolger nominiert und Putin seinerseits Medwedew als künftigen Regierungschef vorgeschlagen. Als die Proteste andauerten, versprach der noch amtierende Präsident die Wiedereinführung der Direktwahl der Gouverneure und eine liberalere Zulassungspraxis für neue politische Parteien; er ging damit auf Forderungen der kleinen liberaldemokratischen Opposition ein.[153]

Auch hier war der internationale Kontext zu bedenken. Zur selben Zeit wurden in Syrien Demonstrationen gegen ein seit Jahrzehnten bestehendes Regime blutig unterdrückt. In Ägypten, wo erst Anfang 2011 der autoritär herrschende langjährigen Präsident Husni Mubarak von Demonstrierenden zu Fall gebracht worden war, lebten Proteste gegen eine Übergangsregierung auf. Polizei und Militär gingen dort gegen Demonstranten vor. Ähnliche Bilder in Moskau drohten das Renommee des Landes zu beschädigen.

Russland als Staat von kontinentaler Ausdehnung und mit immensen Ressourcen weckt in der amtlichen Selbstdarstellung heute wie schon so oft in der Vergangenheit wieder die Begehrlichkeiten starker Nachbarn. Sollten Liberalität, schrankenloser Pluralismus und die Macht des großen Geldes Einzug halten, kämen die Handlungsfähigkeit des russischen Staates und das Gemeinschaftsbedürfnis der russischen Bürger zu Schaden. Dies wäre im Interesse jener Staaten, die Einfluss auf und in Russland gewinnen wollen. Nicht von ungefähr zieh Präsidentschaftskandidat Putin in den Wochen vor der Präsidentschaftswahl des Jahres 2012 Bürger, die in Moskau und anderen Städten gegen ihn auf die Straße gingen, im Auftrag westlicher Auftraggeber unterwegs zu sein.

5.2 Russische oder russländische Nation

Der russische Nationalismus stellt die Russen über die Asiaten und Muslime des Landes; er tritt antisemitisch, heute auch islamfeindlich auf. Die russischen Nationalisten hängen an einer imperialen Vergangenheit. Russland soll am besten so groß werden, wie es die Sowjetunion einst war. Die Nationalisten stehen auf den Schultern der Slawophilen: Russland den Russen! Ihr letzter prominenter Vertreter war der Schriftsteller Alexander Solschenizyn. Er wollte alle Russen in einem Staat vereint sehen und die muslimischen Völker ihrer Wege ziehen lassen.

Staatsräson ist demgegenüber die Vorstellung einer russländischen Nation. Sie versteht Russland als das Miteinander aller Völker, die in seinen Grenzen

---

Kontrolle um jeden Preis. Mit harter Hand versucht Premier Putin den Protesten zu trotzen, in: Süddeutsche Zeitung vom 9.12.2011, S. 2.
[153] Ders.: Russland braucht Demokratie, kein Chaos, in: Süddeutsche Zeitung vom 23.12.2011, S. 7.

leben. Sie beinhaltet nur insofern – indirekt – ein nationalistisches Element, dass stillschweigend vorausgesetzt wird, dass sich diese Völker an die russische Zivilisation assimiliert haben.[154] Mit Ausnahme des nördlichen Kaukasus ist dies bei so gut wie allen Völkern Russlands der Fall.[155] In der russländischen Nation ist gleichzeitig die Vorstellung enthalten, dass Russland ein Bestandteil Europas ist.

Mag sich das offizielle Staatsverständnis um die klare Etikettierung des Gesamtstaates als russisch oder multinational herumlavieren, weil dies angesichts der Überzahl ethnischer Russen am klügsten erscheint, beinhaltet es in zaristischer und sowjetischer Tradition doch immer noch eine imperiale Auffassung vom Staat. Es geht um nicht weniger, aber auch nicht um mehr als um die Anerkennung einer zentralen Autorität. Staatsbürger anderer Nationalität gelten als vollwertige Glieder der Nation. Das Gleiche gilt für Bürger anderer Religion. Die orthodoxe Kirche wird vom Regime gepflegt. Aber die politische Führung bemüht sich auch um ein gutes Verhältnis zu den russischen Muslimen. Hier steht das gegenwärtige Russland für die toleranteste Phase seiner jüngeren und älteren Geschichte.[156] Auf einem anderen Blatt steht die Tatsache, dass die Erwartung einer Assimilierung an das Russische deklassierend wirkt, wenn es tatsächlich an Vertrautheit mit der russischen Sprache und Lebensart mangelt. Es wird durchaus akzeptiert, dass Nicht-Russen in ihren nationalen Nischen verharren. Dafür zahlen sie freilich mit dem Verzicht auf sozialen Aufstieg. Dies allerdings ist ein Phänomen, das keineswegs spezifisch für Russland ist und selbst in vielen etablierten Demokratien zutage tritt. Die Dominanz der ethnischen Russen im Gesamtstaat ist überwältigend. Schon deshalb bedarf keiner scharfen Abgrenzung von Russen anderer Nationalität.[157]

5.3 Eurasien

Jenseits der offiziellen Ideologie wird seit geraumer Zeit eine Debatte um den eurasischen Charakter Russlands geführt. Ihr lautstarker Propagandist ist Alexander Dugin, ein Publizist mit starker Medienpräsenz. Ursprünglich wurzelte

---

[154] Dazu ausführlich Oxana Shevel: Russian Nation-Building from Yel'tsin to Medvedev: Ethnic, Civil or Purposfully Ambiguous?, in: Europe-Asia Studies, 63. Jg. (2011), S. 179-202.
[155] Emil Pain: Russia between Empire and Nation, in: Russian Politics and Law: A Journal of Translations, 47. Jg. (2009), S. 70ff.; Valéry Tishkov: What Are Russians and the Russian People?, in: Russian Politics and Law: A Journal of Translations, 47. Jg. (2009), S. 30-59.
[156] Dazu sehr ausführlich Luke March: Nationalism for Export? The Domestic and Foreign-Policy Implication of the New „Russian Idea", in: Europe-Asia Studies, 64. Jg. (2012), S. 401-425.
[157] Peter Rutland: The Presence of Absence: Ethnicity Policy in Russia, in: Julie Newton und William Thompson (Hrsg.), Institutions, Ideas and Leadership in Russian Politics, Houndmills 2010, S. 116-136.

das eurasische Weltbild im russischen Exil nach der Oktoberrevolution. Sein Ausgangspunkt war die Lage Russlands auf dem europäischen und dem asiatischen Kontinent. Während Putin von der eurasischen Nation in der weichsten Variante spricht, als simple geographische Tatsache, die Russland zu guten Beziehungen zu seinen östlichen Nachbarn zwingt,[158] will Dugin eine Botschaft überbringen. Dazu ein kurzer Rückblick:

Die erste Generation eurasischer Denker war mit Europa vertraut und registrierte einfach, dass Staat, Religion und Individuum in Russland in einer anderen Rangfolge stehen als in Europa. Russland war gemeinschaftlicher, kollektivistischer, der Staat stärker und schrankenloser als im liberalen Westen. Die gleichen Eigenschaften wurden im Osten ausgemacht, namentlich in China und in Persien (heute Iran), also in Kulturen, die vom Fernen Osten und Mittelasien her nach Russland ausstrahlten. Dieses eurasische Selbstbild war nicht antiwestlich. Es fasste Russland als eine Synthese verschiedener Hochkulturen, darunter auch die europäische, und gerade diese Synthese unterschied Russland nach ihrer Ansicht gleichermaßen von Asien und Europa. Mit einer antiliberalen Note kam Europa dabei etwas schlechter weg, die asiatischen Elemente wurden idealisiert. Eines aber hatten diese Eurasier mit dem überlieferten russischen Geschichtsbild gemeinsam. Sie grenzten sich vom wilden Asien Dschingis Khans und von der Goldenen Horde, den historischen Eroberern Russlands, ab.

Der moderne Eurasianismus Dugins zeichnet dieses ungestüme Asien der Steppenvölker positiv: Das eurasische Russland setzt sich gegen die Ideen des Westens zur Wehr. Dieser hat nichts anderes vor, als der Nation ihre Seele zu nehmen und sie durch innere Zersetzung zu beherrschen.[159] Die Verbindung dieses Denkens mit dem russischen Nationalismus liegt auf der Hand.[160] Diese Art Verklärung der Vergangenheit ist der offiziellen Politik jedoch fremd.

---

[158] Paradorn Rangsimaporn: Justifying Russia's Role in East Asia, in: Europe-Asia Studies, 58. Jg. (2006), S. 371-389. Siehe auch Kirill Rogov: Dark Rider on a White Horse (Novaya gazeta, 20.12.2010, S. 11), in: Ethnic Tension: Politics, Money, Public Attitude, in: The Current Digest of the Post-Soviet Presse, 62. Jg., Nr. 51 (2011), S. 7.
[159] Valerii Senderov: Neo-Eurasianism: Realities, Dangers, Prospects, in: Russian Politics and Law: A Journal of Translations, 47. Jg. (2009), S. 24-46.
[160] Marlène Laruelle: (Neo)Eurasianism and Politics: "Penetration" of State Structures and Indifference to Public Opinion, in: Russian Politics and Law: A Journal of Translations, 47. Jg. (2009), S. 90-101; Andreas Umland: Pathological Tendencies in Russian "Neo-Eurasianism", in: Russian Politics and Law: A Journal of Translations, 47. Jg. (2009), S. 76-89.

6 Das Regime: Institutionen und Praktiken

Das politische System Russland wird gern als autoritär oder halb-autoritär charakterisiert. Am Ende dieses Buches sollten Leserin und Leser entscheiden können, ob sie dieses Etikett für angemessen halten. Deshalb vorweg ein Blick auf den politikwissenschaftlichen Sprachgebrauch. Dieser ist nicht nur wichtig, um Russland zu bewerten, das im Mittelpunkt dieses Buches steht, sondern auch die übrigen postsowjetischen Staaten.

Im vorletzten Kapitel wurde der russische Staat beschrieben. Für die politikwissenschaftliche Bewertung eines politischen Systems zählt vor allem das Regime, d.h. die Art und Weise der Herrschaftsausübung.[161] Das demokratische Regime zeichnet sich, hier dem Demokratietheoretiker Robert A. Dahl folgend, durch folgende Merkmale aus: a) effektive Partizipation, d.h. die Möglichkeit des Bürgers, sich frei für einen Standpunkt zu entscheiden, öffentlich dafür einzutreten und das Problem, das ihn bewegt, auf die politische Agenda zu bringen, b) Chancengleichheit im Wahlprozess: gleiches Gewicht für jede Stimme, c) Aufklärungsfreiheit d.h. die Möglichkeit, sich über zur Entscheidung anstehenden Probleme zu informieren und eine Meinung zu bilden, d) Mitwirkung in Parteien, Interessengruppen, Demonstrationsfreiheit, und e) Inklusion: das Volk besteht aus allen Bürgern, und jedem Bürger steht es frei, von den vorgenannten Rechten Gebrauch zu machen.[162]

Soweit zu den Prüfsteinen für die demokratische Qualität des politischen Systems. Nun zum autoritären System: Carl J. Friedrich und Zbigniew Brzezinski unterschieden in einem fachhistorisch bedeutsamen Buch zwischen dem totalitären und dem autoritären System.[163] Hauptmerkmale des Totalitarismus sind a) die politische Richtschnur eines neuen Menschenbildes, b) die umfassen-

---

[161] Der Begriff des Regimes bezieht sich auf den Legitimationsapparat des politischen Systems, auf die Qualität der Wahlen, der Pressefreiheit, des Parteienwettbewerbs und der Organisationsfreiheit gesellschaftlicher Interessen. Demgegenüber bezieht sich der Staat im engeren Sinne – angelehnt an den englischen Begriff des State – auf den Regierungs- und Verwaltungsapparat mit seiner typischen, nicht selten auch einen Regimewandel überdauernden Kontinuität: Robert M. Fishman: Rethinking State and Regime: Southern Europe's Transition to Democracy, in: World Politics, 42. Jg. (1990), S. 422-440. Dazu auch Michael Zürn: Regime/Regimeanalyse, in: Dieter Nohlen und Rainer-Olaf Schultze (Hrsg.): Lexikon der Politikwissenschaft, Bd.2, 3. Aufl., München 2005.
[162] Robert A. Dahl: Democracy and Its Critics, New Haven/London: Yale University Press 1989, S. 109ff.
[163] Carl J. Friedrich., und Zbigniew Brzezinski 1956: Totalitarian Dictatorship and Autocracy, Cambrigde, Mass.

de Steuerung von Staat, Wirtschaft und Gesellschaft sowie die Unterdrückung c) politischer Konkurrenz und d) freier Öffentlichkeit. Dieses Herrschaftsmodell war auf die historischen Phänomene des Nationalsozialismus und der leninistischen Spielart des Sozialismus gemünzt, vor allem in dessen stalinistischer Variante. Für das Russland der Gegenwart ist es ungeeignet. Neben dem Prüfstein des demokratischen Modells erscheint vor allem das Modell eines autoritären Systems brauchbar.

Autoritäre Systeme vertragen sich mit den verschiedensten Ideologien und Wirtschaftsordnungen. Nach Juan Linz, der in der Fachwelt das Verständnis des autoritären Systems maßgeblich geprägt hat, zeichnet sich das autoritäre System durch seinen eingeschränkten Pluralismus aus:[164] In der Arena der autoritären Politik, die üblicherweise von einem Präsidenten und einer Staatspartei, häufig im Kombination mit dem Militär, beherrscht wird, sind weitere politische Spieler zugelassen, dies aber nur, soweit sie die Verteilung der politischen und wirtschaftlichen Macht nicht infrage stellen. Andere Kräfte, welche die Machtstruktur nicht akzeptieren können oder wollen, sind von politischer Teilhabe ausgeschlossen. Es mag im autoritären System also durchaus mehr als eine Partei und auch eine gewisse Meinungsvielfalt geben. Die Grenzen dieses Pluralismus werden aber vom Stabilitätsbedürfnis der Herrschenden bestimmt.[165]

6.1 Die Fusion von Politik und Geschäftswelt in der politischen Elite

Die politisch-administrative Elite Russlands befindet sich im Wandel. Die noch aus sowjetischer Zeit stammenden Funktionsträger werden von einer neuen Generation abgelöst, welche die Sowjetunion im Erwachsenenalter hauptsächlich in ihrer Zerfallsphase erlebt hat. Unabhängig von der Generationszugehörigkeit lassen sich vier Gruppen beobachten, die an der Regierung Russlands teilhaben: Minister, Mitarbeiter der Präsidialadministration, Ministerialbeamte und Gouverneure. In allen Gruppen fehlt es an parlamentarischer Sozialisation und Erfahrung. Die politisch-administrative Elite rekrutiert sich aus den eigenen Reihen.

In der Ära Putin traten markant die Gruppen der Silowiki und der Technokraten hervor. Erstere sind Vertreter der polizeilichen, militärischen, staatsanwaltlichen und artverwandten Apparate. Sie wurden von Putin berufen, um die Durchsetzungsfähigkeit des Staates zu stärken und die soziale Disziplin zu schär-

---

[164] Juan J. Linz: Opposition in and Under an Authoritarian Regime, in: Robert A. Dahl (Hrsg.), Regimes and Oppositions, New Haven 1973, S. 171-259.
[165] Juan J. Linz: Totalitarian and Authoritarian Regimes, Boulder und London 2000.

fen. Die zweite, wachsende Gruppe umfasst Juristen und Wirtschaftsfachleute,[166] darunter viele mit einem Petersburger Hintergrund. Ehemals auch als „Petersburger" (Piterski) bezeichnet, finden sich darin heute auch viele Moskauer mit dem gleichen Sozialprofil.

Das Geschäft der Silowiki sind die gröberen Aspekte der Staatstätigkeit. Sie wiegen, wie oben geschildert, umso schwerer, da die gesellschaftlichen Anreize zum rechtskonformen Verhalten schwach entwickelt sind. Der Typus des Technokraten ist für die Regierenden genauso schwer verzichtbar. Die nicht mehr staatswirtschaftlich organisierte Gesellschaft braucht die Lenkung mit dem Mittel des Rechts und dem Wissen um das Funktionieren von Unternehmen und Märkten.[167]

Die hohen Beamten im Regierungs- oder Präsidialdienst werden nach einiger Zeit in die Vorstände der Großunternehmen durchgereicht, wo der Staat als Großaktionär den Kurs mitbestimmt. Regierungspersonal mit Moskauer und Petersburger Hintergrund (Herkunft, Ausbildung, Karriere) war nach einer Erhebung aus dem Jahr 2008 in der Elite mit 40 Prozent mehr als doppelt so stark vertreten, als es dem kombinierten Bevölkerungsanteil beider Metropolen entspricht.[168] Zum Vergleich: In der Alterskohorte über 50 Jahre war ein Drittel, in der Alterskohorte zwischen 30 und 49 Jahre waren 47 Prozent in Moskau und Petersburg geboren.[169] Beide Metropolen kommunizieren kulturell und ökonomisch intensiver mit der übrigen Welt, insbesondere mit der globalen Wirtschaftswelt, als der Rest Russlands. Sei es das Straßenbild, das Konsumverhalten, die Allgegenwart des Englischen in Kommerz und Wissenschaft, die an Europa und die USA angelehnten Studiengänge – viele Menschen, besonders solche mit höheren Einkommen, kennen das Ausland und haben dort teils studiert, teils arbeiten sie in Dependancen ausländischer Firmen.

Von 86 Inhabern der wichtigsten Position im Regierungsapparat waren 2008, im ersten Amtsjahr des Ministerpräsidenten Putin, 36 Prozent aus Moskau und Petersburg gebürtig. Die übrigen kamen aus anderen Städte oder vom Lande. Der Weg in den Moskauer Regierungsapparat steht also auch Menschen in der Provinz offen. Weil aber die Infrastruktur der beiden Metropolen weit bessere Bildungs- und berufliche Einstiegschancen eröffnet, haben unter den „Provinz-

---

[166] Sharon Werning Rivera: The Russian Elite under Putin: Militocratic or Bourgeois?, in: Post-Soviet Affairs, 22. Jg. (2006), S. 125-144.
[167] Ol'ga Voronkova, Alexandra A. Sidorova und Ol'ga Kryshtanovskaia: The Russian Establishment: Paths and Means of Renewal, in: Russian Politics and Law: A Journal of Translations, 50. Jg. (2012), S. 96.
[168] Dazu und im Folgenden Eugene Huskey: Pantouflage à la russe: The Recruitment of Russian Political and Business Elites, in: Stephen Fortescue (Hrsg.), Russian Politics: From Lenin to Putin, Houndmills 2010, S. 185-204.
[169] Ebd., S. 194.

lern" allein Ambitionierte mit herausragenden intellektuellen und professionellen Fähigkeiten die Chance, in die höchsten Ränge der Staatsadministration aufzusteigen.[170] Auf dem Wege dorthin dürften sie sich den Moskauern und Petersburgern bis zur Ununterscheidbarkeit anpassen. Minister werden aus den Reihen der Ministerstellvertreter rekrutiert, bisweilen tritt sogar ein Minister im Zuge einer Regierungsumbildung in zweite Glied. Beides zeigt, dass Erfahrung im Regierungsgeschäft hoch bewertet wird.[171]

Die Kehrseite dieser Elite ist eine entsprechend große Distanz zu den Menschen in der Provinz und mit geringer Außenweltkenntnis. Sie zu überbrücken braucht es einen großen Kommunikator. Ihm steht eine von zwei Kanzeln zu Verfügung, der Kreml (Sitz des Präsidenten) oder das Weiße Haus (Sitz des Regierungschefs).

Zwischen den Ministerbüros und den Vorstandsetagen staatsnaher Unternehmen sind Drehtüren installiert. Über die Wirkungen kann nur spekuliert werden. In Gestalt ehemaliger Minister und Präsidentenmitarbeiter ist die Regierung stets an den Vorstandstischen gegenwärtig. Die Regierung als größter Anteilseigner hat es in der Hand, die den früheren Ministerialen erteilte Lizenz zum postadministrativen Geldverdienen jederzeit wieder zu entziehen. Mehr als diese Abhängigkeiten braucht es nicht, um die wichtigsten Unternehmen nach den Wünschen der Regierung zu lenken.[172]

Nach der oben erwähnten Umfrage verließen 36 Prozent der Ministerialbeamten knapp unterhalb der Chefebene vorzeitig den Föderationsdienst, um in ein Unternehmen zu wechseln.[173] Mobilität gibt es freilich auch in der Gegenrichtung. So kamen 20 Prozent der Inhaber wichtiger Regierungspositionen aus der Geschäftswelt und 14 Prozent von den Hochschulen.[174] Beamte und Politiker wechselten hauptsächlich in Unternehmen des Öl- und Gassektors, d.h. des lukrativsten und am stärksten in Staatsregie geführten Wirtschaftszweigs.[175]

---

[170] Voronka, Sidorova und Kryshtanovskaia: The Russian Establishment, S. 92.
[171] Ebd., S. 99.
[172] Dazu die Aufstellung „Aufsichtsratspositionen von Angehörigen der Führungsgruppen", in: Russland-Analysen, Nr. 202 vom 4.6.2010, S. 19.
[173] Ebd., S. 189.
[174] Ebd., S. 188.
[175] Ebd. S. 190ff.

6.2 Die Staatspartei als Stellpult für den Primat von Präsident oder Regierung

In Boris Jelzins Persönlichkeit schlug sich die Macht der sowjetischen Vergangenheit nieder. Nach einer Ausbildung zum Bauingenieur stieg er in der Parteiverwaltung auf und brachte es bis zum Parteichef einer der industriell wichtigsten Provinzen Russlands und der Sowjetunion (Swerdlowsk, heute Jekaterinburg). Die Attitüde des Provinzgewaltigen, der in seinem Bereit nach Belieben schalten und walten durfte, stets aber auch der Hut sein musste, um Neider und Intriganten ruhigzustellen, prägte auch sein Verhalten als Präsident. Seine Persönlichkeit war autoritär wie die der meisten Spitzenfunktionäre der Sowjetära. Verfassung, Mehrparteiensystem und Marktwirtschaft boten Jelzin abseits aller Überzeugung, die dabei mitspielen mochte, beifallträchtige Gründe, Gegner ins Aus zu stellen, deren Machtbasis die Staatswirtschaft und die Hinterlassenschaften des sowjetischen Staates waren.[176]

Wladimir Putin entschied sich zunächst für eine Karriere im sowjetischen Geheimdienst KGB. Es handelte sich um die mit Abstand effizienteste Bürokratie der Sowjetunion. Sie vermittelte wie nur wenige andere Institutionen – diplomatischer Dienst, Forschungsinstitute – brauchbare Auslandskenntnis. Dann wechselte Putin in die Petersburger Stadtpolitik. Anschließend studierte er Ökonomie. Jelzins Umgebung lancierte ihn später zum Chef des KGB. Putin trimmte den Dienst auf die Bedürfnisse der neuen Zeit. Schließlich nahm er eine wichtige Position in der Präsidialverwaltung an. Kompetenz, Durchsetzungsfähigkeit, Verwaltungserfahrung und Weltkenntnis: Putin brachte die Fähigkeiten eines Allrounders mit ins Präsidentenamt, wie sie nicht nur in Russland den politischen Vollprofi auszeichnen.[177]

Dmitri Medwedew steht für die nächste Generation in der russischen Elite. Sein politischer Mentor war Putin noch in seiner Petersburger Zeit. Studierter Jurist, wurde er von Putin später in die Präsidialverwaltung geholt. Dann wechselte er in ein Ministeramt, von dort in die Leitung der Präsidialadministration und schließlich in den Aufsichtsrat des halbstaatlichen Energiekonzerns Gazprom. Als er Putin im Amt ablöste, kannte Medwedew also den Präsidialapparat, die Staatsverwaltung und die Welt der öffentlichen Unternehmen, alle drei Säulen innenpolitischer Macht.[178]

Bei den Präsidenten Jelzin und Putin gab die Frage nach dem Ort der Regierungsmacht keine großen Fragen auf: der Kreml, das Präsidentenamt. So unter-

---

[176] Wladimir Solowjew und Elena Klepnikova: Der Präsident Boris Jelzin. Eine politische Biographie, Berlin 1992.
[177] Richard Sakwa: Russia: Putin's Choice, 2. Aufl., London 2008.
[178] Boris Reitschuster: Der neue Herr im Kreml. Dmitrij Medwedew, Berlin 2008.

schiedlich diese Präsidentenpersönlichkeiten und folglich auch ihr Regierungsstil waren, war eines doch gleich: Maßgeblich für ihre Handlungsfähigkeit war das in der Präsidialadministration konzentrierte Umfeld politischer Assistenz und Beratung. Da Jelzin, gesundheitlich bedingt, zahlreiche und langwierige Ausfälle hatte, füllten Familie und Vertraute das Vakuum aus. Sie nutzten die Situation für ihre Geschäfte und gaben einer neuen Variante der alten Kreml-Astrologie Auftrieb. In der Amtsführung Putins gab es keine Zweifel, wo die Musik spielte. Doch auch ein starker Führer wie Putin kam nicht ohne Mittler zur Staatsverwaltung und zu den großen Wirtschaftsunternehmen aus.

Blicken wir aus der Rückschau des Jahres 2012 auf die russische Präsidentschaft, registrieren wir in der Jelzin-Ära zunächst eine Arena mit zahlreichen Spielern, darunter prominent die Oligarchen. Sie waren die Finanziers der Wahlen und flankierten mit ihrer Medienmacht die Entscheidungen des Kremls. Weitere Spieler in dieser Arena waren der Regierungschef und die wirtschaftlich bedeutenden Ministerien sowie die Repräsentanten der Sicherheitsapparate und die Gouverneure der wichtigeren Republiken.

Mit Putin wurde diese Arena neu vermessen. Das große Geld schied als Spielergruppe aus, auch in seiner früheren Eigenschaft als Stimmungsmaschine in der Medienlandschaft.[179] Zu dieser kleineren Arena hatten nur noch die die staatsnahen Konzerne und die Sicherheitsapparate Zutritt. Der Sicherheitskomplex, die Waffen tragenden Organe – Silowiki – produzieren soziale Disziplin, sie dämpfen den gesellschaftlichen Dissens. Ihr politisches Kapital ist polizeilicher Art. Straf- und Polizeimacht ist auch wichtig, um mit dem Verweis auf individuelles Fehlverhalten von der Verantwortung der Politik abzulenken, um etwa Steuerbetrug aufzudecken und damit politisch unliebsame Figuren aus dem Verkehr zu ziehen.[180] Üblicherweise werden im Polizeidienst keine großen Vermögen erwirtschaftet. Geld aber ist im neuen Russland der Generalanzeiger für Status und zugleich die beste Rückversicherung für die Eventualität des Amts- und Machtverlustes. Folglich blühte auch unter Putin die Bereicherung qua Amtshandlung und Protektion. Apparate, die einen der ihren in der Umgebung des Präsidenten platziert hatten, konnten sich manches leisten. Gefeit gegen Kritik und Machtverlust waren sie aber keineswegs.

Während für Putin 2008 das Ende der nach der Verfassung vorgeschriebenen maximalen Amtszeit näher rückte, traten immer deutlicher die bürokratischen Faktionen in der Umgebung des Präsidenten hervor. Sie rangen um Positionen und Machterhalt. Während Putin schwieg, arbeitete sein Stellvertretender

---

[179] Vladimir Shlapentokh: Wealth versus Political Power: The Russian Case, in: Journal of Communist and Post-Communist Studies. 37. Jg. (2004), S. 133-160.
[180] Bettina Renz: Putin's Militocracy? An Alternative Interpretation of Siloviki in Contemporary Russian Politics, in: Europe-Asia Studies, 58. Jg. (2006), S. 903-934.

Präsidialamtsleiter Igor Setschin auf eine dritte Amtszeit des Präsidenten hin. Dafür hätte die Verfassung geändert werden müssen. Setschin war ein Exponent der Silowiki, d.h. der Polizeiapparate und der Staatsanwaltschaft. Er war eine treibende Kraft hinter der Anklage gegen den Ölmagnaten Michail Chodorkowski im Jahr 2003. Seit 2004 stand er zugleich an der Spitze des Ölkonzerns Rosneft, der später Chodorkowskis Firmenimperium übernehmen sollte.

Wladimir Surkow, ein weiterer Stellvertretender Leiter der Präsidialverwaltung und dort zuständig für Parteien und politische Beziehungen, hielt umgekehrt nach Nachfolgekandidaten Ausschau, die nicht den Sicherheitsdiensten verpflichtet waren. Sondierte Surkow eine Kandidatur des hochkompetenten Finanzministers Viktor Subkow, präferierte Setschin den früheren Verteidigungsminister Sergej Iwanow, der im Geheimdienst FSB Karriere gemacht hatte.

Die Auseinandersetzung brachte auch die Verflechtungen des Kreml mit der Wirtschaft zum Ausdruck. Setschin strebte für die Silowiki, ausgehend von seiner Firma Rosneft, eine Expansion in das Gasgeschäft an. Damit geriet er Medwedew ins Gehege, damals sein Chef in der Präsidialadministration und zugleich Aufsichtsratsvorsitzender von Gazprom. Für Rosneft sah Medwedew keinen Platz mehr in der Unternehmenslandschaft. Putin stand abseits und mied eine Parteinahme.[181] Beide Seiten kämpften mit harten Bandagen.[182]

Im Vorfeld des anstehenden Präsidentenwechsels kam es zu einem wilden Gerangel zwischen der Drogenpolizei, dem FSB, der Staatsanwaltschaft und einer präsidialunmittelbaren Untersuchungsbehörde. Letztere war eigens geschaffen worden, um Fehlverhalten in der engeren politischen Elite aufzudecken. Dieser Machtkampf manifestierte sich in Verhaftungsaktionen, staatsanwaltlichen Ermittlungen, in der Rücknahme von Missbrauchsbezichtigungen und im Druck auf den Präsidenten, die Kompetenzen der Apparate umzuschichten.[183] Das ultimative Mittel im neuen Russland, einen Gegner außer Gefecht zu setzen, ist es, ihn als kriminell hinzustellen. Zu diesem Zweck wurde in der Vergangenheit gern ein so genanntes Kompromat fabriziert, d.h. schriftliche Beweisstücke oder Bild- und Tonaufnahmen, die an der Schuld des Adressaten keine Zweifel ließen. Verfestigt sich in der öffentlichen Wahrnehmung der Schuldvorwurf gegen einen engen Mitarbeiter des Präsidenten, gerät der Präsident selbst unter Entscheidungszwang. Kein Präsident kann es sich leisten, Kriminelle in seiner Umgebung zu dulden.

---

[181] Li Chen Sim: The Rise and Fall of Privatization in the Russian Oil Industry, Houndmills 2008, S. 68, 113f.
[182] Richard Sakwa: The Crisis of Russian Democracy. The Dual State, Factionalism and the Medvedev Succession, Cambridge 2011, S. 98, 178f.
[183] Stephen Blank: The Putin Succession and Its Implications for Russian Politics, in: Post-Soviet Affairs, 24. Jg. (2010), S. 235ff.

Putin war als Präsident in der Lage, diese Fraktionen und Apparate im Zaum zu halten, zu schlichten und Machtworte zu sprechen. Der stärkste Spieler im Sicherheitskomplex ist der FSB.[184] Unter Putin war der Pluralismus der polizeilich-justiziellen Apparate ein Element der Macht. Der Präsident trat als Moderator auf und bestimmte nach Opportunität Sieger und Verlierer.[185] Wenn es Verlierer gab, wurden sie in aller Regel mit einer weichen Landung in wohldotierten Positionen staatsnaher Unternehmen entschädigt.

Eine Vorentscheidung für die Präsidentennachfolge fiel nach dem Duma-Wahlen des Jahres 2007 mit der Ernennung Finanzminister Subkows zum Regierungschef. Für eine Nominierung als Präsidentschaftskandidat kam dieser damit nicht mehr infrage. In dem Moment, da Putin erklärte, keine dritte Amtszeit anzustreben, aber, wenn man ihn wollte, für das Amt des Regierungschefs zu kandidieren, war die Sache entschieden.[186]

Unter Präsident Dmitri Medwedew ließ sich zunächst schwer bestimmen, ob der Kreml und seine Präsidialverwaltung überhaupt noch eine relevante Arena für die Machtsicherung waren. Um im oben gewählten Bilde zu bleiben, war die Arena, in der Politik stattfindet, ungeachtet des Präsidentenwechsels mit denselben Personen als Spielern noch vorhanden. Aber nicht mehr der Präsident, so zeigte sich bald, war der maßgebliche Spieler, sondern der Regierungschef. Premier Wladimir Putin war auch ohne den Präsidententitel weiterhin gut mit den Sicherheitsapparaten verdrahtet, mit der Energiewirtschaft ohnehin, da die Regierung schon kraft Amtes primär für Wirtschaft und Soziales verantwortlich ist. Der Sicherheitskomplex aber, mit dem Putins Karriere eng verbunden ist, bietet in Medwedews Biographie nicht einmal Stoff für eine Randnotiz.

Aus alledem wird deutlich, dass bürokratische Strukturen, eine Art administrative Parteien existieren, in denen sich Karriere- und Geschäftsinteressen verbinden. Unabhängig von den Personen in den höchsten Staatsämtern beherbergen sie jeweils ein Quantum Macht. Allerdings haben diese Strukturen keinen festen Platz in den beiden Ämtern an der Spitze von Staat und Regierung. Wie es im Jahr 2008 und abermals 2012 der Fall war, kann die Regierungsmacht mitgenommen werden. Wer sie mitnimmt und ob sie dort bleibt, ist eine Frage der Person. Wladimir Surkow, der Intimus Putins, blieb 2008 auch nach dem Präsidentenwechsel an seinem Platz in der Präsidialadministration. Dort trat er unverändert als Troubleshooter in Aktion, wenn es in der staatsparteilichen Struktur oder im Verhältnis zu den Teilstaaten zu Problemen kam.

---

[184] Eberhard Schneider: The Russian Federal Security Service under President Putin?, in: Stephen White (Hrsg.), Politics and the Ruling Group in Putin's Russia, London 2008, 42-62.
[185] Details bei Boris Reitschuster: Der neue Herr im Kreml? Dmitrij Medwedew, Berlin 2008, S. 44ff.; Sakwa: The Crisis of Russian Democracy, S. 142ff.
[186] Sakwa: The Crisis of Russian Democracy, S. 186ff.

Nach seinem Wechsel ins Amt des Regierungschefs nahm Putin seinen Majordomus im Kreml, den Leiter der Präsidialverwaltung Sergeij Sobjanin, in die Regierung auf. Er machte ihn dort zum Ersten Stellvertretenden Ministerpräsidenten. Sobjanin blieb damit im vertrauten Metier: ein Stabschef, der für die Details der Regierungsführung verantwortlich war. An seine Stelle als Leiter der Präsidialadministration rückte unter Medwedew Sergeij Naryschkin auf. Er war 2007 noch von Putin in diese Dienststelle geholt worden: ein Petersburger, dessen frühe Karriere – wie diejenige Putins und Medwedews – in der Petersburger Stadtpolitik begonnen hatte.

Auch Putins Kreml-Berater Igor Setschin wechselte in die Regierung. Bis 2008 ebenfalls Stellvertretender Leiter der Kreml-Administration, wurde er als Stellvertretender Ministerpräsident für den Politikbereich Öl und Gas zuständig. Seine Position als Vorstandsvorsitzender bei Rosneft, dem großen staatsnahen Ölkonzern, behielt er bei. Erst im April 2011 zog er sich auf Druck Präsident Medwedews von dieser Position zurück. Damit Medwedew in seiner neuen Rolle als Regierungschef, der eigentlich in besonderer Weise für wirtschaftliche Angelegenheiten zuständig ist, seinem Intimfeind Setschin nichts anhaben konnte, wurde Rosneft kurzerhand zum strategischen Unternehmen erklärt. Bei dieser Art Unternehmen werden auch Personalentscheidungen nur in Abstimmung mit dem Kreml getroffen.[187]

Viktor Subkow, seit 2007 Regierungschef, räumte mit dem Präsidentenwechsel seinen Platz für Putin. Er wechselte 2008 in die Position eines stellvertretenden Regierungschefs und avancierte gleichzeitig zum Aufsichtsratsvorsitzenden des staatlichen Megakonzerns Gazprom. In letzterer Eigenschaft trat er die Nachfolge des neuen Präsidenten Medwedew an. Wir erkennen an diesen Beispielen, dass Putin Schlüsselfiguren seiner Präsidialadministration in die Regierung mitnahm.[188] Andere enge Mitarbeiter verblieben unter dem Nachfolger im Kreml.

Die zweite Rochade in den beiden höchsten Staatsämtern ging einfacher vonstatten. Von einer Auseinandersetzung administrativer Parteien war nichts mehr zu spüren. Medwedew räumte im Herbst 2011 kurzerhand seinen Platz für Putin, indem er diesen als Nachfolger vorschlug. Putin wiederum empfahl Medwedew als künftigen Ministerpräsidenten. Der Mohr Medwedew hatte seine Schuldigkeit getan, sein Wechsel an die Spitze der Regierung hatte den Beigeschmack eines Trostpreises. Formal war dies alles korrekt. Aber in der Sache wirkte es, als ob Putin bloß das Verfassungstrikot wechselte, sonst aber alles

---

[187] Frank Nienhuysen: Ein Land, zwei Regierungen, in: Süddeutsche Zeitung vom 24.5.2012, S. 8.
[188] Dazu sehr informativ die Aufstellungen "Kräftegruppen in der russischen Führung im Jahr 2007, ergänzt um die Position 2010", in: Russland-Analysen, Nr. 202 vom 4.6.2010, S. 15-17, und „Einflussgruppen in der russischen Politik", ebd., S. 18.

beim Alten bleiben sollte. Politisch Interessierte und Aufgeklärte empfanden diesen Vorgang als beschämend. Die Manipulation der Duma-Wahl war dann der berühmte Tropfen, der bei kritischen Bürgern das sprichwörtliche Fass zum Überlaufen brachte.

Die förmliche Nominierung des noch amtierenden Regierungschefs Putin zum Kandidaten wurde im Dezember 2011 in einer nach dem letzten Schrei der Bühnen- und Lichttechnik ausgestatteten Arena mit Tausenden Teilnehmern inszeniert. Aus ihren Reihen forderten ausgesuchte Delegierte, unter anderem ein Offizier, ein Jungunternehmer und eine gestandene Mutter dazu auf, Wladimir Putin zu nominieren. Die Aufführung erinnerte an sowjetische Parteitagsszenen.

Trotz der zielgerichteten Unregelmäßigkeiten im Wahlablauf verfehlte Einiges Russland deutlich sein Wahlziel, die Bestätigung der Zweidrittelmehrheit in der Duma. Dieses Szenario war im Drehbuch so wenig vorgesehen wie die lautstarken Proteste in Moskau und anderen Städten. Signale eines Neustarts waren angezeigt.[189] Der Putin-Vertraute Boris Gryslow war seit acht Jahren Duma-Präsident. Nach der Wahl trat er zurück.[190] Sergej Naryschkin, Vertrauter Putins und Chef der Medwedewschen Präsidialadministration, der dort als Exponent einer harten Linie galt, kandidierte für dessen Nachfolge; er wurde mit knapper Mehrheit gewählt. Wladislaw Surkow, der politische Chefstratege des Kreml, gab seinen Job auf, blieb aber im politischen Geschäft und wechselte als Stellvertretender Ministerpräsident in die Regierung. Er wurde in seiner bisherigen Funktion von Wjatscheslaw Wolodin abgelöst. Dieser hatte seine Fähigkeiten im Political Engineering bereits mit dem Projekt einer Allrussischen Volksfront unter Beweis gestellt (siehe unten).[191]

Mit der Amtsübernahme Putins im Mai 2012 blieb das politische Kräftefeld unverändert. Lediglich sein Schwerpunkt wanderte ins Präsidentenamt zurück. Die Präsidialadministration wurde von zehn auf 16 Abteilungen erweitert, die Zahl der Stellvertreter des Leiters der Administration wurde von drei auf fünf gesteigert. Enge Weggefährten des einstigen Kreml-Allrounders Surkow blieben im Geschäft des Managements der Beziehungen zu Parteien, gesellschaftlichen Organisationen und Regionalpolitik.[192] Die Chefs der Machtministerien für Verteidigung und Äußeres, über die der Präsident zu befinden hat, behielten ihre Regierungsposten. Lediglich der Innenminister, Igor Nurgaliew, wegen der har-

---

[189] Frank Nienhuysen: Russisches Personalroulette, in: Süddeutsche Zeitung vom 29.12.2011, S. 7.
[190] Putin-Vertrauter tritt zurück, in: Süddeutsche Zeitung vom 15.12.2011, S. 8.
[191] Gerhart Mangott: Kampfrhetorik und „saubere Siege": Die ausgestreckte Hand Putins ist unabdingbar, in: Russland Analysen, Nr. 235, vom 9.3.2012, S.3.
[192] Alexej Nikolski und Natalja Kostenko: Präsidialverwaltung, Innenressort gestärkt, in: Russland heute, vom 26.3.2012, http://rusland-heute.de/articles/2012/03/20/praesidialverwaltung_innen ressort, gestaerkt.html, aufgerufen am 9.5.2012.

ten Polizeieinsätze umstritten, musste gehen – aber nicht als Bauernopfer; er wechselte als Berater in die Kreml-Administration, wo er seither den Sicherheitsrat leitet. Ersetzt wurde er durch den bisherigen Moskauer Polizeichef, einen inzwischen im Umgang mit Demonstrationen erfahrenen Silowik. Die Minister für Finanzen, Bildung, wirtschaftliche Entwicklung, Transport und Soziales schieden aus der Regierung aus und wechselten ebenfalls in die Kreml-Administration. Putins Erster Stellvertretender Ministerpräsident Pjotr Schuwalow, auch er ein enger Vertrauter Putins und bisher dessen Mann fürs Wirtschaftliche, blieb auf seinem Posten, ebenso der frühere Kreml-Berater Surkow in der Eigenschaft eines weiteren Stellvertretenden Ministerpräsidenten. Die Masse der übrigen Minister wurde ausgetauscht.[193] Doch die zentralen Figuren blieben ungeachtet des Ämtertauschs im Regierungsgeschäft, teils in der Regierung selbst, teils in der noch einmal aufgewerteten Präsidialadministration. Die zahlreichen neuen – und jüngeren – Gesichter in der Regierungsmannschaft, die wohl einen Neuanfang suggerieren sollten, fielen demgegenüber weniger ins Gewicht: Es handelte sich um Beamte aus der zweiten Reihe der Ministerialelite; sie lösten andere frühere Beamte mit dem Titel eines Ministers ab, die in der Öffentlichkeit kaum weniger bekannt waren als ihre Nachfolger.

Der Putin-Vertraute Igor Setschin kehrte mit Beginn der neuen Amtszeit Putins an die Spitze des Ölkonzerns Rosneft zurück, schied aber aus der Regierung aus. Erst ein Jahr zuvor hatte er auf Druck des Medwedews aus dem Management ausscheiden müssen.[194]

Medwedew war in seiner Präsidentenrolle von Putin noch mit einem gewissen Respekt behandelt worden, der dem Nimbus des Amtes galt, das nicht beschädigt werden sollte. In seiner neuen Eigenschaft als Regierungschef schrumpfte er auf das Format eines bloßen Titelträgers. Die Kohabitation à la russe ist beendet.

Auch politikinhaltlich machte sich mit der Rückkehr Putins in den Kreml eine neue Gangart bemerkbar. Die Außen- und Sicherheitspolitik setzte stärker auf die Stärkung und Modernisierung der Verteidigung. Mit dem programmatischen Brimborium Medwedews, das hin und wieder Erwartungen auf eine Abkehr von der staatlich dirigierten und rohstoffbasierten Strategie genährt hatte, hatte es ein Ende. Die Innenpolitik verzeichnete eine Verschärfung des Demonst-

---

[193] Anna Sulimina: In the Kremlin, A Shadow Cabinet, in: Moscow News vom 30.5.2012, http://the moscownews.com/politics/2120524/189765343.html, aufgerufen am 30.5.2012 Evgenya Chaykorskaya: Fired Ministers to Work with Putin, in: Moscow News vom 24.5.2012, http://themoscow news.com/politics/20120522/1897554944.html, aufgerufen am 24.5.2012. RIA/Novosti: Putin Ally Retains Role als New Government Appointed, in: Moscow News vom 21.5.2012, htttp://themoscow news.com/politics/20120521/189749537.html, aufgerufen am 21.5.2012.
[194] Frank Nienhuysen: Ein Land, zwei Regierungen, in: Süddeutsche Zeitung vom 24.5.2012, S. 8.

rationsrechts und ein härteres Vorgehen gegen spontane Demonstrationen. Auch die mit einigen Erwartungen befrachtete Rückkehr zur Wahl der Gouverneure fiel auf eine Art und Weise aus, die keine Zweifel daran ließ, dass zentrale Kontrolle und politische Disziplin weiterhin höchste Priorität hatten. Die dahinter verborgene Kritik an den Worten und Gesten des Vorgängers, der Erwartungen an eine liberale Innenpolitik geweckt hatte, war nicht zu übersehen.

Wer die Regierungspartei kontrolliert, hat parlamentarische Macht, damit auch Regierungsmacht. Gegen den Willen der Duma, würde sie nicht von der Staatspartei beherrscht, könnte auch der Präsident nichts ausrichten. Im kontrollierten Verfassungsleben des Landes gehört beides zusammen: der Präsident und eine Duma-Mehrheit, die auf sein Wort hört. Dies setzt aber voraus, dass sich der Wähler als Lieferant eines opportunen Votums hergibt, das von den Medien und den Verwaltungen eingesteuert wird.

Kämpfe um Einfluss und Positionen überschreiten in dieser Machtstruktur kaum die Grundstücksgrenzen des Kreml und des Regierungssitzes.

Eine kollektive Führung, wie wir sie etwa in der Volksrepublik China antreffen, wo außer der Partei wichtige Ministerien, die Wirtschaftsverwaltung und die wichtigsten Regionen und Metropolen in die Führungsgremien eingebunden sind, speichert eine Fülle persönlicher Erfahrungen und Fähigkeiten. Die gilt nicht zuletzt für Beamte und Funktionäre, die den Regenten in assistierender Funktion zur Hand gehen. Wo viele ins Boot geholt werden müssen und deshalb hierarchische Blaupausen nicht die größte Bedeutung haben, bilden sich Konventionen. Es reifen Nachfolgeregeln und stillschweigende Übereinkünfte über das Mögliche und Erlaubte. Allenfalls tritt ein Erster unter Gleichen hervor. Durch Kooptation werden neue Mitglieder in den Führungskreis hineinsozialisiert. Deshalb lässt sich das Herrschaftssystem Chinas recht gut in seinen Institutionen beschreiben. Institutionen verpacken politische Inhalte. Im heutigen China lautet diese Politik auf Parteiherrschaft plus Kapitalismus.

Dieses Beispiel hat nichts mit Demokratie zu tun, aber viel mit Kontinuität und Berechenbarkeit. An Institutionen dieser Art, dem Baumaterial informeller und gleichwohl kalkulierbarer Politik, fehlt es in Russland. Kontinuität haftet hier an der Person im politischen Zentrum und an den Kräften, die um dieses Zentrum angeordnet sind. Letztere bilden Koalitionen, bestehend aus Regierungsfunktionären, Präsidentenberatern und Konzernchefs, also aus institutionellen Akteuren. Sie bilden eine Art administrative Parteien, die aber keine Entscheidungsmacht besitzen. Ihr Gewicht bestimmt sich nach den Prioritäten der Person im Zentrum des Regimes.[195] Sollte es jemals eine administrative Partei

---

[195] Auf diese Beobachtung stützt Richard Sakwa seine These vom russischen Doppelstaat, vom Nebeneinander eines konstitutionellen und eines administrativen Staates: The Dual State in Russia, in: Post-Soviet Affairs, 26. Jg. (2010), S. 185-207. In dieser These steckt nichts anderes als die Logik

gegeben haben, die sich entsprechend der Rhetorik des vorletzten Präsidenten Medwedew Hoffnungen auf die Entwicklung einer leistungsfähigen produzierenden Wirtschaft, auf eine Verbesserung der Infrastruktur und eine bescheidene innenpolitische Liberalisierung gemacht hatte, dürfte sie vorerst verloren haben. Es mag darüber spekuliert werden, ob der Wunsch auf entsprechende Veränderungen nicht eher die Reihen der außerparlamentarischen Opposition verstärken dürfte.

6.3 Kohabitation auf Russisch

Der Platztausch zwischen den Präsidenten Putin und Medwedew warf im Jahr 2008 die Frage auf, wie es weitergehen sollte, wenn 2012 die nächste Präsidentenwahl anstand. Sollte es bei diesem Gespann bleiben, gäbe es eine neue Rochade, käme eine dritte Person ins Spiel, würde sich Putin aus der Politik zurückziehen? In einer pluralistischen Demokratie würden sich die Amtsträger, wie Putins Amtsnachfolger Medwedew, wohl kaum zuerst ins Schaufenster stellen und sich dann wieder klaglos wieder herauskomplimentieren lassen. Schon die personellen und institutionellen Interessen, die eine Regierungspartei tragen, würden hier Ärger verheißen: Viele setzen ihre Karriere auf den Amtsinhaber. Eine kritische Öffentlichkeit würde bohrende Fragen stellen, was von einem Präsidenten zu halten ist, der nicht alle Bedenken zerstreut, er sei im Dienste eines noch Mächtigeren unterwegs.

Das Tandem Medwedew/Putin wie auch die Nachfolgekombination Putin/Medwedew sind Zeugnisse schwacher politischer Institutionen. Brauchbare Institutionen reifen in der Zeit. Russland hat nach dem Zusammenbruch der Sowjetunion und nach der turbulenten Übergangsphase der Ära Jelzin gerade erst eine Dekade politischer Stabilität hinter sich. Zehn Jahre sind aber zu wenig, um über die Reifung von Institutionen zu urteilen.

Der bisherige Wechsel zwischen einem erratischen Präsidenten Jelzin, zuletzt eine Marionette enger Verwandter und Günstlinge, einem führungsstarken

---

politischer Systeme, in denen bürokratische Strukturen die parlamentarischen überwuchern. Die These ist Ernst Fraenkels Analyse des Dual State entlehnt. Sie war auf das Nebeneinander der Verwaltungsstrukturen des überkommenen deutschen Rechtsstaates und des allein der Weltanschauung und Machtsicherung verpflichteten nationalsozialistischen Maßnahmenstaates gemünzt. Doch Russland hat kein ideologisch gesteuertes politisches System und trotz aller Macht der Sicherheitsapparate ist es auch kein Führerstaat. Deshalb überzeugt zwar die These des Nebeneinanders bürokratischer und konstitutionell-parlamentarischer Strukturen, aber nicht der Bezug auf Fraenkel, dem es um eine Analyse des NS-Staates ging. Siehe Ernst Fraenkel: Der Doppelstaat, Frankfurt/M. 1974 (engl. Erstausg. 1940).

Putin und einem Jungpräsidenten Medwedew, der im Schatten seines Vorgängers und Förderers stand und dann für den Meister selbst die Bühne wieder freimachte, bietet vorerst wenig Stoff, um die weitere Entwicklung abzuschätzen. Ungeachtet der Ämterrochaden ist Putin die Konstante in der russischen Politik der letzten zwölf Jahre. Nun ist es keineswegs außergewöhnlich, dass sich mächtige politische Führer ungern von der Macht verabschieden, wenn sie von den Verfassungsvorgaben dazu gezwungen werden. Im autoritären System kennen wir den Regelfall, dass einfach die Amtszeitbegrenzung aufgehoben wird. Asien, Afrika und auch Lateinamerika bieten dafür zahlreiche Beispiele.

Russland ist anders, warum? Die Antwort deutet auf ein Kalkül, das bereits im Zusammenhang mit der politischen Kultur erörtert wurde. Hätte Putin gewollt, wäre er auch nach seiner zweiten Amtszeit Präsident geblieben. Dann aber hätte er sich mit autoritären Potentaten in eine Reihe gestellt. Der Ruf des verfassungsmäßigen Regierens wäre dahin gewesen. So aber gab es im Jahr 2008 und dann noch einmal 2012 einen sauberen Wechsel. War es beim Präsidenten Putin klar, dass Amt und Machtzentrums eins waren, stellte sich im Duumvirat Medwedew/Putin die Frage, welche Spielräume der Nachfolger hatte und wie lange er im Kreml bleiben durfte.

Vier Jahre lang demonstrierten Präsident und Regierungschef öffentlich, dass sie sich vertrugen und die Sphären respektierten, die ihnen von der Verfassung und dem Beispiel der Vorgänger zugewiesen waren: Hier Putin, der Chef der Wirtschafts- und Infrastrukturregierung, dort Medwedew, der Chef der Diplomatie, der Verteidigung, der Inneren Sicherheit und des Katastrophenmanagements.[196]

Die Kohabitation à la russe, die sich dahinter verbarg, ging nicht ohne einen Eiertanz vonstatten. Während Medwedew laufend erklärte, Russland müsse ein Rechtsstaat werden, gegen die Korruption zu Felde zog und im Herbst 2010 vorübergehend ein Autobahnbauvorhaben stoppte, dem wertvolle Wälder im Moskauer Umland zum Opfer gefallen wären, wogegen Umweltschützer medienwirksam demonstrierten, schmähte Putin im Interview die Demonstranten und verabschiedete die Duma ein Gesetz, das den Geheimdienst FSB das Recht zusprach, verdächtigte Personen zu verwarnen, sie bis zu zwei Wochen zu inhaftieren und zu einer Strafzahlung zu zwingen.[197] Der Präsident legte gegen das besagte Demonstrationsgesetz ein Veto ein und setzte sich damit in eine vordergründig starke Pose. Am Vorgehen der Sicherheitskräfte gegen missliebige Demonstranten änderte sich freilich nichts.[198]

---

[196] Sakwa: The Crisis of Russian Democracy, S. 301ff.
[197] Frank Nienhuysen: Widerstand im Wald, in: Süddeutsche Zeitung vom 31. 7./1. 8.2010, S. 8, und Sonja Zekri: Gesetz der Angst, in: Süddeutsche Zeitung vom 17./18.7. 2010, S. 9.
[198] Frank Nienhuysen.: Medwedjew, der Verkünder, in: Süddeutsche Zeitung vom 3.2.2011, S. 4.

Putins mediale Allgegenwart bei einer katastrophalen Brandkrise im Sommer 2010, die ganze Landstriche verwüstete, erinnerte an eine frühe Positionierung für den nächsten Präsidentschaftswahlkampf.[199] Medwedew blieb in seinem Amt nichts anderes übrig, als hier und dort eigene Akzente zu setzen, wollte er nicht alle Vorurteile bekräftigen, dass er für Putin lediglich den Platz freihielt. Er wählte Untertöne, um sich bemerkbar zu machen. So kritisierte er im November 2010 die Chancenlosigkeit der Opposition und löste in der Staatspartei irritiertes und beredtes Schweigen aus.[200] Medwedew setzte sich 2009 kritisch mit den Gefahren einer ganz auf den Energieexport ausgerichteten Ökonomie auseinander. Freilich hat er selbst ein gutes Teil seiner Karriere im Aufsichtsrat des Energiegiganten Gazprom verbracht. Er entließ demonstrativ Gouverneure, denen der Ruf anhing, korrupt zu sein. Bei der Ernennung der Gebietschefs war er aber ganz auf die Vorauswahl der vom Regierungschef beherrschten Partei Einiges Russland angewiesen.

Diese Vorgänge lassen erstens sich so deuten, dass Präsident und Regierungschef mit verteilten Rollen dasselbe Spiel spielten, wobei Medwedew die Rolle zugeteilt schien, in Richtung Westen ein reformfreudiges Russland zu projizieren.[201] Ob eine zweite Deutung realistischer ist, dass alles nur inszeniert war, darf stärker bezweifelt werden. Die Biographie Medwedews und eine frühe Karriere als Rechtswissenschaftler deuten darauf hin, dass es ihm ernst war, wenn er Rechtsstaatsdefizite kritisierte und den derb-burschikosen Putin mit betont kultiviertem Auftreten konterkarierte.[202] Dass der Kritik keine Taten folgten, dürfte seine Gründe im Machtgefälle gehabt haben.[203] Medwedew hatte keine anderen Mittel als das Wort, um politische Akzente zu setzen. Sein Reden ging stets in dieselbe Richtung: Das Anmahnen von Rechtstaatlichkeit. Auch in der Außenpolitik setzte sich Medwedew mit geschmeidigeren Positionen von Putin ab, so zuletzt Anfang 2011, als Putin beim Besuch eines Rüstungsbetriebs erklärte, der Westen veranstalte mit seiner Unterstützung der Kräfte, die sich in Nordafrika gegen die Regime auflehnten, einen Kreuzzug. Medwedew kommentierte, diese Sprache sei nicht hilfreich.[204]

---

[199] Ders.: Brennender Ehrgeiz, in: Süddeutsche Zeitung vom 7./8. 8.2010, S. 2.
[200] Ders.: Medwedjew fordert Parteienwettbewerb, in: Süddeutsche Zeitung vom 25.11.2010, S. 7.
[201] George W. Breslauer: Reflections on Patterns of Leadership in Soviet and Post-Soviet (Russian) History, in: Post-Soviet Affairs, 26. Jg. (1010), S. 269ff.
[202] Henning Schröder: „Moderne Zeiten" – Bewegung in der russischen Politik, in: Russland-Analysen, Nr. 199 vom 23.4.2010, S. 2-5.
[203] Frank Nienhuysen: Die russische P-Frage. Premier Putin spricht in der Duma – und befeuert Spekulationen, dass er 2012 als Präsident kandidieren könnte, in: Süddeutsche Zeitung vom 21./22.4.2011, S. 8.
[204] Sonja Zekri: Tandem aus dem Tritt, in: Süddeutsche Zeitung vom 23.4.2011, S. 8.

Die Außen- und Verteidigungspolitik ist das Ressort des Präsidenten. Aber auch hier verstand es Putin, den Präsidenten auszubremsen. Während Medwedew 2010 mit dem französischen Präsidenten den Ankauf von Hubschraubern vereinbarte, deren Wert für die russischen Streitkräfte zumindest zweifelhaft war, verzögerte die Regierung den Beschaffungsvorgang.

Mit geradezu absurden Behauptungen wurde im Dezember 2010 ein zweiter Prozess gegen den früheren Oligarchen Michail Chodorkowski eröffnet, während der Angeklagte noch eine Haftstrafe wegen Steuerhinterziehung verbüßte, zu der er sieben Jahre zuvor verurteilt worden war.[205] Die Anklage lautete auf den Diebstahl von einer Viertelmillion Tonnen Öl, die dem russischen Staat zugestanden hätten. Abgesehen von der absurden Vorstellung, diese Menge physikalisch überhaupt unbeobachtet entwenden zu können, ging es hier, wie im ersten Prozess um etwas Anderes: Während Premier Putin, studierter Jurist, öffentlich erklärte, ein Dieb gehöre nun einmal hinter Gitter, betonte Präsident Medwedew, ebenfalls Jurist, politische Bewertungen hätten zu unterbleiben, bis das Gericht gesprochen habe. Erwartungsgemäß fällte das Gericht in den letzten Tagen des Jahres 2010 einen Schuldspruch.[206] Je lauter sich das Ausland und die wenigen Demokraten im eigenen Lande empörten, desto deutlicher traten Putin und seine Umgebung als die treibenden Kräfte in dieser Affäre hervor. Jedes Einknicken vor dem Protest, jedes faire Urteil, das den Angeklagten entlastet hätte, wäre einem Sieg der Kritiker des Regimes im In- und Ausland gleichgekommen. Dass der Prozess ungerührt auch als Politikum durchgezogen wurde, war ein Musterfall in angewandter souveräner Demokratie.

Als Ministerpräsident war Putin in den Medien so stark präsent wie kein Amtsvorgänger. Noch Präsident, posierte Putin als sportiver und viriler Typ, als Angler, Reiter, auch im trauten Kreise der Familie. Die Selbstdarstellung setzte er im Amt des Ministerpräsidenten als Krisenmanager, Biker, Pianospieler und Sänger bei Benefizveranstaltungen fort.[207] Im August 2011 ließ er als erfolgreicher Antiquitätentaucher im Schwarzen Meer über sich berichten; schon beim ersten Tauchgang brachte er zwei antik aussehende Amphoren mit, ein Vorgang, der ihm freilich hämische Kommentare eintrug. Für das gehobene Publikum, die Leserschaft des Blattes „Kommersant" gab Putin im August 2010 ein Interview am Steuer eines Sportwagens auf einer sibirischen Schnellstraße.[208] Inmitten der sich immer stärker verdichtenden Spekulation, ob er im März 2012 erneut für die

---

[205] Dies.: Der Prozess, in: Süddeutsche Zeitung vom 11./12.12.2010, S. 3.
[206] Dies.: Empörung über Chodorkowskij-Urteil in: Süddeutsche Zeitung vom 28.12.2010, S. 1; Dies.: ebd..: Im Namen Putins., S. 2; Dies.: ebd.: Putins gefährlichster Gegner, S. 4.
[207] Dies.: Go West, in: Süddeutsche Zeitung vom 27./28.11.2010, S. 3.
[208] Kommersant: Putin Gives Interview to Kommersant While on Vacation, in: Current Digest of the Post-Soviet Press, 62. Jg. (2010), Nr. 34/35, S. 9ff.

Präsidentschaft kandidieren würde, demonstrierten Präsident und Regierungschef herzliches Einvernehmen, als sie sich beim gemeinsamen Angeln und bei einer gemeinsamen Fahrradtour im Park der Präsidentenresidenz aufnehmen ließen.[209]

Präsident Medwedew, klug, kontrolliert, stets korrekt, wirkte wie ein Gegentyp zu seinem Vorgänger. Die Selbstdarstellung als unbeugsamer, effizienter Staatslenker, als oberster Kümmerer um die Nöte der Landsleute und als derber Verteidiger russischer Interessen in der Welt, die Putin inszenierte, entsprach nicht Medwedews Gaben.[210] Putin erzählte einst dem französischen Präsidenten Nicolas Sarkozy, er sei der Bad cop, Medwedew der Good cop. Medwedew korrigierte in einem BBC-Interview, sie beide seien Good cops. Die Macht Medwedews war nicht originär. Sie gründete in der Macht Putins. So hatten im Mai 2010 über 60 Prozent der Befragten eine günstige Meinung von der Amtsführung Medwedews. Doch nur knapp über 20 Prozent urteilten, der Präsident führe eine unabhängige Politik, und über 60 Prozent sahen den Präsidenten unter dem beherrschenden Einfluss Putins und seiner Umgebung.[211] Wer in der russischen „tandemocracy" die Steuerkonsole bediente, gab keine allzu großen Rätsel auf.[212] Wie ein russischer Beobachter konstatierte, war Medwedew ein Präsident der öffentlichen Erklärungen, der die Sphäre der virtuellen Politik okkupierte, Putin hingegen ein Präsident der Taten und Entscheidungen, der die reale Politik beherrschte. In der Eigenschaft des Premierministers fehlte ihm allein die förmliche Kontrolle über Angelegenheiten der inneren Sicherheit und der Verteidigung.[213]

Trotz allem steckte in dieser Konstellation ein Risiko. Weil keine Seite daran interessiert war, das Amt zu beschädigen, konnten Dissonanzen, wie substanziell sie auch sein mochten, nicht ausbleiben. Medwedew konnte schwerlich seine Persönlichkeit verbergen, ohne sich in der Öffentlichkeit als Marionette des Regierungschefs zu präsentieren. Kritiker Putins, die den jungen Präsidenten beim Wort nahmen, projizierten auf Medwedew Hoffnungen, die keine realistische Chance hatten.[214] Putin wiederum durfte sich bei allem förmlichen Respekt

---

[209] Frank Nienhuysen: Tandem auf zwei Fahrrädern. Präsident Medwedjew und Premier Putin geben sich als enge Freunde – doch ganz Russland spekuliert, wer von ihnen 2012 zur Wahl antritt, in: Süddeutsche Zeitung vom 18./19.6.2011, S. 10.

[210] Richard Sakwa: Putin's Leadership: Character and Consequences, in: Europe-Asia Studies, 60. Jg. (2008), S. 882.

[211] Dazu die grafische Ergebnisdarstellung "Betreibt Dmitrij Medwedew eine unabhängige Politik?" und „Haben Sie von Dmitrij Medwedew einen günstigen oder ungünstigen Eindruck gewonnen?", in: Russland-Analysen, Nr. 202 vom 4.6.2010, S. 21.

[212] Nikolai Petrov: Warm Spell or Spring Thaw? Imagined and Real Changes in the Russian Political System, in: Russian Politics and Law: A Journal of Translations, 47. Jg. (2009), S. 40-46.

[213] Nikolai Petrov: Highly Managed Democracy: The Tandem and the Crisis, in: Russian Politics and Law: A Journal of Translations, 49. Jg. (2011), S. 69, 77.

[214] Novaya Gaseta vom 6.12.2010: Next Presidential Election, in: Current Digest of the Post-Soviet Press, 62. Jg., Nr. 48 (2010), S. 14.

vor dem Präsidenten nicht allzu weit zurücknehmen, um zu verhindern, dass Regierungspolitiker in der zweiten Reihe ihre Karriereplanung auf Medwedew umpolten. Der eine durfte sich nicht zu klein machen, um in seiner neuen Rolle – auch im Ausland – überhaupt ernst genommen zu werden. Dem anderen blieb wenig anderes übrig, als in seiner förmlich kleineren Position immer wieder daran zu erinnern, dass er die Gesamtleitung des Regierungsgeschäfts innehatte. Hätte diese zu Missverständnissen und Fehleinschätzungen einladende Konstellation Medwedew zum Wagnis einer Absetzbewegung von Putin ermuntert, wäre es zu einer vor der Öffentlichkeit nicht mehr zu verbergenden Machtprobe gekommen. Die administrativen Parteien wären zur Parteinahme gezwungen worden, dies aber mit dem Risiko, auf das falsche Pferd zu setzen.[215]

Alle Spekulation um den künftigen Präsidenten Russlands endete am 23. September 2011. Medwedew schlug auf einem Parteikongress von Einiges Russland Putin als Nachfolger vor, und dieser empfahl im Gegenzug Medwedew als Spitzenkandidaten für die Dumawahl und damit als nächsten Ministerpräsidenten. Die Überraschung hielt sich in Grenzen. Mit dem erneuten Aufrücken Putins an die Staatsspitze hatten die meisten Beobachter gerechnet. Allein das Moment des Ringtauschs sorgte für eine Überraschung. Wohin einen früheren Präsidenten entsorgen? Die Lösung des Problems war nichts weniger als elegant. Dadurch, dass Putin selbst schon einmal Platz zwei in der förmlichen Staatshierarchie eingenommen hatte, war die Position des Ministerpräsidenten geadelt.

Im politischen Spiel Russlands waltet Nullsummendenken, wir oder sie! Wer wen? Macht ist hier noch eine sehr ursprüngliche, wenig bearbeitete Substanz, weit entfernt von den durch Erfahrung, Gewohnheit, Vorsicht und Überzeugung moderierten pluralistischen Machtspielen in den etablierten Demokratien, die sich im Laufe der Zeit zu Institutionen verfestigt haben. In Russland ist politische Macht auch noch in viel stärkerem Maße als dort an Personen gebunden.[216] Geteilte Macht ist nicht nur halbe, sondern schon halb verlorene Macht. Man urteile nicht vorschnell: Derlei ist in vielen Staaten der Normalzustand.

Unabhängig von der Person des Präsidenten steht hinter der Verfassungsfassade letztlich die Nominierungsmacht für die Parlamentskandidaten und das höchste Staatsamt. Sie liegt bei der Staatspartei Einiges Russland. Ihre Funktionäre sind Putin verpflichtet. Dieser zahlt den Lohn für Loyalität mit Ministerämtern, Vorstandsposten in staatsnahen Konzernen und mit der Erlaubnis zum Geschäftemachen.[217]

---

[215] Nezavisimaya gazeta vom 11.1.2011: The Danger of Mixed Signals, in: Current Digest of the Post-Soviet Press, 63. Jg., Nr. 1 (2011), S. 6f.
[216] Gerald M. Easter: The Russian State in the Time of Putin, in: Post-Soviet Affairs, 24. Jg. (2008), S. 202f.
[217] Kryshtanovskaya: The Russian Elite in Transition, S. 596f.

Wie in jeder personalisierten Struktur stellt sich stets die Frage, was kommt, wenn die Referenzperson abtritt. Institutionalisierte Strukturen arbeiten einen Führungswechsel in kollektiven Prozessen, d.h. in einem Mix von förmlichen und informellen Regeln ab. Die Gewinn- und Verlustrisiken in einer personalisierten Machtstruktur sind ungleich größer! Institutionalisierte Systeme belassen bei einem Führungswechsel viele Gremien und andere Machtträger, die ins Boot geholt oder bei der Stange gehalten werden müssen. Von einem Kenner der politischen Szenerie Moskaus wird Putin mit dem Cheflenker eines Staatsschiffes umschrieben, bei dem die Kommandostränge der hochkomplizierten Maschinerie zusammenlaufen. Dieser kann zwar nicht alles selbst erledigen, kontrolliert aber haarklein den Handlungsrahmen seiner Beauftragten und Helfershelfer. Es handelt sich um Handsteuerung im Unterschied zu einem System, in dem die Prozesslenkung mit Hilfe eines Automaten – gleichbedeutend mit Institutionen – stattfindet, wobei das Schiff auch dann noch Kurs hält, wenn der Mann am Ruder einmal ausfallen sollte.[218]

Die konstitutionellen Strukturen Russlands haben durchaus ihre Bedeutung. Zur Beschreibung von Machtlagen, Vorgängen und Entscheidungen tragen sie aber nicht allzu viel bei. Die politischen Auseinandersetzungen bleiben der Öffentlichkeit verborgen, bis das Ergebnis feststeht. Die Verfassungsinstitutionen legitimieren Entscheidungen, die in der wirklichen Machtstruktur getroffen werden. Dies gilt in gewissem Maße auch für jede etablierte Demokratie. Doch eines ist anders: Kommt es dort zu Reibungen zwischen den konstitutionellen und den informellen Strukturen, berufen sich etwa Bürger, Parlamentarier, Richter und Bürgermeister auf die Verfassung, obsiegt das Regelwerk. In Russland sorgt im Regelfall bereits die Erfahrung, insbesondere die Abschätzung der Machtlage dafür, dass das konstitutionelle Regelwerk gar nicht erst gegen den wirklichen Inhaber der Regierungsmacht in Stellung gebracht wird.[219]

Straßenproteste sind eine andere Sache. Sie lassen sich unterdrücken, aber nicht verhindern. Aber sie stellen, medientaktisch gut organisiert, das wirksamste Mittel dar, um den Dissens zum Ausdruck zu bringen. Dass diese Ausdrucksform politischer Partizipation ihre Wirkung nicht verfehlt, dokumentierten die Ereignisse um die kontroverse Duma-Wahl des Jahres 2011. Sie wurden mit bescheidenen Konzessionen quittiert, unter anderem mit dem Versprechen, die Hürden für die Kandidatur zum Parlament und zum Präsidentenamt zu senken, die Wahl der Gouverneure wieder einzuführen und den Verlauf der Wahlen künftig besser zu überwachen.

---

[218] Vgl. Nikolai Petrov: The Political Mechanics of the Russian Regime, in: Russian Politics and Law: A Journal of Translations, 49. Jg. (2011), S. 54.
[219] Richard Sakwa: The Dual State in Russia, in: Post-Soviet Affairs, 26. Jg. (2010), S. 185-207.

6.4 Licht- und Schattenecken politischer Repräsentation: Parteien und gesellschaftliche Organisationen

Russland hat ein Mehrparteienregime. Wurde bis 2003 noch ein gemischtes Wahlsystem praktiziert, nach dem ein Teil der Parlamentsabgeordneten über Parteilisten, ein anderer Teil als Direktkandidaten in die Duma gewählt wurden, kandidieren seither nur noch Parteilisten. Diese Änderung stellt sicher, dass populäre Lokal- und Regionalpolitiker als Unabhängige keine Chance mehr haben, in die nationale Politik vorzudringen.[220]

De facto verstärkt diese Regelung die Filterwirkung von Einiges Russland für aussichtsreiche Parlamentskandidaturen. Listenverbindungen sind nicht mehr erlaubt. Damit werden die kleineren Oppositionsparteien gezwungen zu fusionieren, wenn sie im politischen Spiel bleiben wollen. In Anbetracht der großen Unterschiede gerade zwischen diesen Parteien ist dies aber mehr als unwahrscheinlich.

Nur noch Parteilisten, die sieben Prozent der Wählerstimmen auf sich vereinigen, werden in der Duma repräsentiert. Diese Hürde wurde 2009 kosmetisch gesenkt, indem Parteien, die über fünf, aber weniger als sieben Prozent erreichen, mit einigen Abgeordneten in der Duma vertreten sein dürfen. Schon in der vorletzten Duma war die dem Regime lästige liberaldemokratische Partei Jaboklo gar nicht mehr vertreten. Sie erreichte in der Wahl des Jahres 2007 keine vier Prozent.

Werfen wir zunächst einen Blick auf die Wahlen. Sie finden unter Bedingungen statt, die den Beobachter, dem Wahlen in etablierten Demokratien vor Auge stehen, irritieren dürften. Die Staatspartei Einiges Russland genießt den Rückenwind der Medien und der lokalen Verwaltungen. Stimmenkauf, mag er auch nicht flächendeckend sein, kommt häufig vor. Behördenangestellte und Firmenmitarbeiter wissen, was von ihnen erwartet wird. Andernfalls lassen sich berufliche Nachteile nicht ausschließen. Logos der Staatspartei zieren Behördenautos. Veranstaltungsräume für die Oppositionsparteien werden mit dem Hinweis auf technische Schwierigkeiten oft gar nicht erst zur Verfügung gestellt oder nach einer anfänglichen Genehmigung wieder gekündigt.[221] Professoren warben 2011 in Hörsälen für die Wahl der Staatspartei, Staatsbedienstete wissen, was am Wahltag von ihnen erwartet wird.[222]

---

[220] Zur Struktur des Parteiensystems bis zur Gründung von Einiges Russland Hans Oversloot und Ruben Verheul: Managing Democracy: Political Parties and the State in Russia, in: Journal of Communist Studies and Transition Politics, 22. Jg. (2006), S. 383-405.
[221] Beispiele bei Stephen White: Elections Russian Style, in: Europe-Asia Studies, 63. Jg. (2011), S. 541ff.
[222] Frank Nienhuysen: Der Zorn der Ungeduldigen, in: Süddeutsche Zeitung vom 2.12.2011, S. 9; Einiges Russland gewinnt trotz schwerer Verluste, in: Süddeutsche Zeitung vom 5.12.2011, S. 8.

In der Vorwoche der Duma-Wahl des Jahres 2011 ermittelte eine Umfrage, dass lediglich 24 Prozent der Befragten keine Unterstützung der örtlichen Behörden für den Wahlkampf einer Partei beobachtet hatten. Bei 48 Prozent war dies der Fall, davon bei 38 Prozent zu Gunsten von Einiges Russland.[223]

Tabelle 4: Ergebnisse der Wahlen zur Staatsduma (in Prozent)

	1993*	1995*	1999*	2003**	2007**	2011**
Regierungsnahe Parteien						
Einiges Russland			23.3***	37,6	64,0	49,3
Unser Haus Russland	17,1***	10,1	1,2			
Ganz Russland			13,1			
Gerechtes Russland					7,7	13,2
Rodina				9,0		
Oppositionsparteien						
Liberal-Demokraten	22,9	11,9	6,1	11,5	8,1	11,7
Kommunisten	12,4	22,3	24,3	12,6	11,6	19,2
Agrarpartei	8,0			3,6	2,3	
Union der Rechten	15,5***	3,9***	8,6	4,0	1,0	
Demokraten/ Jabloko	7,9	6,9	8,6	4,0	1,0	3,4
Sonstige						1,6

* Kombination von Persönlichkeits- und Verhältniswahl.
** Verhältniswahl.
*** Vorläuferpartei.

---

[223] Gab es Wahlbeeinflussung?, in: Russland-Analysen, Nr. 231 vom 16.12.2011, S. 17, Grafik 3; siehe auch Andrei Yakovlev: Die regionalen Eliten, föderale Transferzahlungen und Anreiz zur Wahlfälschung, in: Russland Analysen, Nr. 235, vom 9.3.2012, S. 4.

Die weltweit üblichen Tricks, vorgefüllte Urnen und mobile Wählertrupps, die nacheinander diverse Wahllokale aufsuchen, sind auch in Russland Standard. Ob sie die gesamtrussischen Ergebnisse tatsächlich in großem Ausmaß verfälschen, steht dahin. Die Manipulation geht nicht so weit, um Stimmungen und Stimmen gegen die Staatspartei vollständig abzuwürgen.[224]

Tabelle 5: Sitzverteilung in der Staatsduma (in Prozent)

	1993*	1995*	1999*	2003**	2007**	2011**
Einiges Russland			31,6***	49,3	70,0	52,9
Unser Haus Russland		12,0	1,2			
Ganz Russland			13,1			
Gerechtes Russland					8,4	14,2
Rodina				8,2		
Liberal-Demokraten	22,9	10,0	3,9	8,0	8,9	12,5
Kommunisten	12,4	35,1	25,6	11,6	12,7	20,5
Agrarpartei	14,2			0,4		
Union der Rechten	17,1***	3,9***	6,6	0,7		
Demokraten	3,4	12,0	8,6	0,9		
Sonstige	30,0	27,0	9,4	20,9		

* Kombination von Persönlichkeits- und Verhältniswahl.
** Verhältniswahl und Sperrklausel von sieben Prozent.
*** Vorläuferpartei bzw. Vorläuferparteien zusammen.

Bei allem, was Beobachter und Meinungsumfragen über die Duma-Wahl des Jahres 2011 berichteten, eine verbreitete Unzufriedenheit mit der Politik des Kreml, wäre bei dieser Wahl eine weitere, manipulierte Zweidrittelmehrheit für

---

[224] Ian McAllister und Stephen White: Public Perceptions of Electoral Fairness in Russia, in: Europe-Asia Studies, 63. Jg. (2011), S. 668, Tabelle 2.

Einiges Russland nicht überzeugend gewesen. Die Optik einer Mehrheit von knapp unter 50 Prozent, die dicht bei seriösen Prognosen lag, wahrte der Staatspartei aber allemal die Regierungskontrolle.

Den meisten Bürgern sind die Wahlen nicht sonderlich wichtig.[225] Die Wahlbeteiligung liegt konstant bei über 60 und unter 70 Prozent. Wahlen bieten die Gelegenheit, Missfallen an der Politik der Regierenden auszudrücken. Von der 2011 in Aussicht genommenen abermaligen Rochade Putins und Medwedews in den Ämtern des Staats- und Regierungschefs ließen sich die Wähler nicht beeindrucken. Im Stimmenverlust von gut 20 Prozent für Einiges Russland kam ein wachsendes Missfallen am regierenden Tandem von Präsident und Regierungschef zum Ausdruck.

Tabelle 6: Wahlbeteiligung in Russland (in Prozent)

Präsident		Duma	
1996	68,9	1995	64,8
2000	68,6	1999	61,9
2004	64,3	2003	55,8
2008	69,6	2007	63,7
2012	65,3	2011	60,1

Der Stimmenzuwachs für Parteien, die soziale Themen auf ihre Fahnen geschrieben hatten, insbesondere Kommunisten und Gerechtes Russland, machte gleichzeitig deutlich, welche Versäumnisse die Wähler der bisherigen Politik anlasteten.

Die Medien

Die staatlich gelenkten Medien halten sich in der politischen Berichterstattung an das von Kreml und Regierung Erwünschte. Die Print-Medien mit Qualitätsanspruch sind eine andere Sache. Sie haben jedoch kleinste Auflagen und erreichen lediglich ein gebildetes und politisch interessiertes Publikum. Dieses positioniert sich vor allem im Lager der Demokraten und ist darüber hinaus noch in Moskau und Petersburg konzentriert.[226] Sofern sich Zeitungen und Magazine im Besitz reicher Unternehmer befinden, werden die Redaktionen zurückgepfiffen, wenn

---

[225] Frank Nienhuysen: Dekorative Demokratie, in: Süddeutsche Zeitung vom 1.12.2011, S. 2.
[226] Jukka Pietiläinen: Media Use in Putin's Russia, in: Journal of Communist Studies and Transition Politics, 24. Jg. (2008), 370ff.

sie den Mächtigen zu nahe kommen, so zuletzt etwa, als der eng mit dem Gazprom-Konzern verbundene Oligarch Alischer Usmanow Redaktion und Verlagsleitung des Magazins „Kommersant Wlast" entließ, das im Umfeld der umstrittenen Duma-Wahl kritisch über Putin und die Staatspartei berichtet hatte.[227] Für wirtschaftlich überlebensfähige TV-Sender fehlen den Medienmachern im Spektrum russischer Demokraten die Werbegelder und letztlich auch der Zugang zu den Behörden, die Lizenzen erteilen und Frequenzen vergeben.

Die Kaufkraft in der Provinz und auf dem Lande ist gering. Es fehlt deshalb an Abonnenten für Zeitungen, ganz davon abgesehen, dass die Vertriebswege angesichts der Größe Russlands und seiner teils sehr spärlichen Besiedlung lang und kostspielig wären. Politische Berichterstattung, die unterschwellig politische Werte und Einstellungen zu transportieren vermag, wird in der Breite allein vom Fernsehen geleistet. Dieses aber, ob öffentlich oder privat, gehorcht den Maßgaben des Kremls.[228]

Im Vorfeld des Stabwechsels von Putin zu Medwedew wurden die Behördenstrukturen auf die Medienkontrolle in einer Hand umgestellt. Bislang getrennt arbeitende Behörden im Kommunikationsbereich wurden 2007 in einer Stelle zusammengeführt, die für Telekommunikationsnetze, Medien und Kultur zuständig ist.[229] Bis zu den innenpolitischen Erschütterungen um die Dumawahlen ließen die Behörden, mit mürrischer Attitüde zwar, doch immerhin einige kritische private Sender gewähren, die auch die Opposition zu Worte kommen ließen: den „Sender Dodsch", dessen Sendungen weit über seinen Moskauer Standort gesehen werden, und den Radiosender „Echo Moskwy". Vor dem Hintergrund der Straßenproteste gegen die Dumawahl des Jahres 2011 wurden die Sender zu lästig. Die Staatsanwaltschaft und die Eigner wurden aktiv, um daran zu erinnern, dass die Redaktionen die Kreise des künftigen Präsidenten störten.[230]

Die Parteien

Parteien sind als politische Akteure randständig. Für die Oppositionsparteien gilt dies allemal, aber auch für die Staatspartei Einiges Russland. Mit den Parteien verbinden sich andere Vorstellungen als in den etablierten Demokratien. Politi-

---

[227] Frank Nienhuysen: Steiniger Weg zurück in den Kreml, in: Süddeutsche Zeitung vom 14.12.2011, S. 8.
[228] Scott Gehlbach: Reflections on Putin and the Media, in: Post-Soviet Affairs, 26. Jg. (2010), S. 77-87, S. 78ff.
[229] Blank: The Putin Succession, S. 247.
[230] Frank Nienhuysen: Schauspielern für Putin. Die Staatsmacht kujoniert die Medien, die Opposition kündigt Massenproteste an, in: Süddeutsche Zeitung vom 172.2012, S. 8.

sche Konkurrenz, Parteienstreit und Dissens finden wenig Zustimmung. Parteien werden wie Interessengruppen gesehen, von denen erwartet wird, dass sie konkrete Leistungen erbringen.[231]

Im Wissenshorizont der meisten Bürger sind Parteien, wie sie in den etablierten Demokratien existieren, weder kognitiv, etwa als Resultat politischer Bildung, noch als persönliche Erfahrung geläufig. In positiver Wahrnehmung sind Parteien Attribute der Macht. Es ist besser, sich auf die Seite der Mächtigen zu schlagen. Sie haben die Mittel zum Belohnen und Bestrafen.[232] Sich denen anzuschließen, die nicht mitregieren oder gar opponieren, wäre aus dieser Sicht unvernünftig. Also bleiben als Motive für die Wahl dieser Parteien letztlich Ressentiment, Enttäuschung und Protest. Parteien werden weithin nicht als Mechanismen der politischen Willensbildung verstanden. Die Wenigsten schreiben dem Parteienwettbewerb einen intrinsischen Wert zu. Die Erwartung geht dahin, dass die Parteien eine Gegenleistung für das Wählervotum erbringen müssen. Dass Parteien überflüssig sind, erklärten im Dezember 2006 insgesamt 19 Prozent der Teilnehmer an einer Umfrage. Von den Befragten, die Parteien für immerhin nützlich befanden, hielten 47 Prozent den Parteienwettbewerb (Kritik, Oppositions- und Abgrenzungsverhalten) für schädlich.[233]

Tabelle 7: Russische Parteien (Stand April 2010)

	Mitglieder	*Gebietsorganisationen*
Einiges Russland	1.931,667	83
Liberaldemokratische Partei	1.885.573	83
Gerechtes Russland	402.017	82
Kommunistische Partei	152.444	80
Russische Patrioten	87.344	80
Rechte Sache	61.691	74
Yabkloko	55.930	76

Quelle: Cameron Ross: The Rise and Fall of Political Parties in Russia's Regional Assemblies, in: Europe-Asia Studies, 63. Jg. (2011), S. 441, Tabelle 3.

---

[231] Dazu die Ergebnisse einer Befragung: Grigorii Kerman: The Status of the Party in Russian Political Culture, in: Russian Politics and Law: A Journal of Translations, 46. Jg. (2008), S. 53ff.
[232] Mikhail Afanas'ev: The Quality of the State: Russia's Chief Problem, in: Russian Politics and Law: A Journal of Translations, 47. Jg. (2009), S. 62.
[233] Grigorii Kertmann: The Status of Parties in Russian Political Culture, in: Russian Politics and Law: A Journal of Translations, 46. Jg. (2008), S. 51-66.

Die Kreml-Parteien

Einiges Russland ist die Erfindung des Kreml-Politkonstrukteurs Wladislaw Surkow. Als Präsident mied Putin lange den Eindruck, überhaupt eine Partei zu favorisieren. Einiges Russland entstand aus Parteien, die Putin nach seiner ersten Wahl zum Präsidenten in der Duma unterstützten. Regionale Schwergewichte wie der damalige Moskauer Bürgermeister Juri Luschkow und der tatarische Präsident Mintimer Shaimiev trugen maßgeblich zum organisatorischen Gelingen dieses Projekts bei. Die Partei steigerte ihren Mitgliederbestand von noch 300.000 Mitgliedern im Jahr 2003 auf zwei Millionen im Jahr 2008. Sie unterstützt kategorisch die Politik des Präsidenten bzw. des Regierungschefs. Putin ließ sich nach dem Ausscheiden aus dem Präsidentenamt 2008 zum Vorsitzenden nominieren, trat ihr aber nicht bei. Als er 2012 erneut Präsident wurde, legte er diesen Vorsitz nieder und schlug den nunmehrigen Ministerpräsidenten Medwedew als Nachfolger vor. Aus den Reihen dieser Partei, die mit der Zweckbestimmung einer Staatspartei aus der Taufe gehoben wurden, werden die Kader für die politische Verwaltung rekrutiert.[234]

Ab 2008 war Einiges Russland vorübergehend kein Instrument des Präsidenten mehr, sondern dasjenige des amtierenden Regierungschefs. Als Wahl- und Nominierungsmaschine ähnelt es einem Speichenrad. Die Speichen verbinden die politischen Verwaltungen in den 83 Teilstaaten mit dem Machtzentrum, das der Nabe dieses Rades gleicht. Für die politische Dominanz von Einiges Russland ist die Kontrolle der regionalen Verwaltungen unverzichtbar. Die Verwaltungen genehmigen Veranstaltungen, sie weisen Plätze und Veranstaltungsräume zu und setzen dabei unliebsame Antragsteller und Parteien zurück; sie beschäftigen ferner eine Vielzahl von Menschen, von denen unausgesprochen erwartet wird, für die Regierungspartei zu votieren. Schließlich erreichen sie entlegenste Orte in der Provinz.[235] Die Politische Abteilung in der Präsidialverwaltung lässt die Gouverneure wissen, welche Ergebnisse für die Staatspartei man sich dort vorstellt.[236]

Die Aktivität dieser Staatspartei ist ausschließlich auf die Unterstützung des Präsidenten und der Regierung gerichtet. Zum Vergleich: Die KPdSU war der Kern eines Einparteistaates. Die Partei war wichtiger als der Staat, die Politik des Staates wurde in den Führungsorganen der Partei beraten und beschlossen. Eini-

---

[234] Nicole M. Kuderer: The Sovietization of Russian Politics, in: Post-Soviet Affairs 25. Jg. (2009), S. 292f.
[235] Ora John Reuter 2010: The Politics of Dominant Party Formation: United Russia and Russia's Governors, in: Europe-Asia Studies, 62. Jg. (2010), S. 293-327.
[236] Grigorii Golosov: Contemporary Regional Politics in Russia: A Chronicle of Degradation, in: Russian Analytical Digest vom 26.4.2010, S. 12.

ges Russland ist hingegen kein politischer Akteur. Es ist ein – wichtiges – Instrument in den Händen der Schlüsselfigur im tagesaktuell gewichtigsten der beiden höchsten Staatsämter. Die öffentlichen Auftritte der Staatspartei sind Leistungsschauen, durchsetzt mit langen Berichten der Funktionsträger und stürmischem Applaus – ein Nachhall sowjetischen Parteigeschehens.[237]

In der Umgebung Putins wurde 2005 die Jugendorganisation Naschi (Wir) gegründet. Sie demonstrierte die Mobilisierungsfähigkeit des Regimes. Ihre Gründung war eine Reaktion auf die Geschehnisse um die so genannte Orangene Revolution in der Ukraine. Massen junger Leute hatten Ende 2004 in Kiew mit Erfolg gegen die Manipulation der Präsidentenwahl protestiert.[238] Zur gleichen Zeit gingen in Russland Menschen gegen die Reform der Sozialpolitik auf die Straße. Im Kreml fürchtete man Ansteckungsgefahr, zumal die russische und die ukrainische Gesellschaft einander recht ähnlich sind.[239] Naschi suggerierte mit Auftritten, die TV-taugliche Bilder lieferten, dass die städtische Jugend hinter den Regierenden stand. Ihre Aktionstage für Alte und Kriegsteilnehmer, ebenfalls professionell für die Medien inszeniert, waren darauf berechnet, Zielgruppen zu erreichen, die sonst am Rande der Gesellschaft stehen. Naschi veranstaltete auch Sommercamps mit Jugendlichen. Die Mitglieder der Organisation wurden bevorzugt in Moskau und Umgebung rekrutiert, um sie bei Bedarf für spontan wirkende Aktionen und Proteste mobilisieren zu können.[240]

Nachdem man in Moskau erkannt hatte, dass die Farbenrevolution in der Ukraine nicht ansteckend war, ja sich als Strohfeuer entpuppte, wurden Naschis Aktivitäten zurückgefahren. Als Reserve steht die Organisation aber immer bereit, wie sich zuletzt 2011 zeigte, als sie mobilisiert wurde, um die regimekritischen Demonstrationen in Moskau mit Demonstrationen für Putin zu konterkarieren.[241] Die mit gut 100.000 Mitgliedern ebenso große Jugendorganisation der Staatspartei Einiges Russland, Molodaia Garda (Junge Garde), ist auf die Nachwuchsgewinnung für die Staatspartei angelegt. Das Gleiche gilt für Rossia Molodaia (Russische Jugend). Sie organisiert Studierende an den Moskauer Hochschulen.[242]

---

[237] Olga Kryshtanovskaya und Stephen White: The Sovietization of Russian Politics, in: Post-Soviet Affairs, 25. Jg. (2009), S. 293ff. Putin wurde Anfang Dezember 2011 in einem Saal riesigen Ausmaßes von Tausenden Delegierten mit Feststellung des Versammlungsleiters per Handzeichen zum Präsidentschaftskandidaten der Partei nominiert.
[238] Horvath: Putin's Preventive Counter-Revolution, S. 15f.
[239] Vladimir Pastukhov: The Ukrainian Revolution and the Russian Counterrevolution, in: Russian Politics and Law: A Journal of Translations, 49. Jg. (2011), Nr. 3, S. 74ff.
[240] Blank: The Putin Succession, S. 246.
[241] Jessica Schober: Ausgedient. Die kremltreue Jugend Naschi ist in der Krise, in: Süddeutsche Zeitung vom 25.26.2.2012, S. 10.
[242] Levintova/Butterfield: Higher Education, S. 157ff.

Einiges Russland ist eine politische Maschine ohne politisches Innenleben, die administrativ vom Kreml oder aus der Regierungszentrale gesteuert und in der Wahlsaison hochgefahren wird.[243] Sie konzentriert sich auf die Präsidenten-, Parlaments- und Provinzparlamentswahlen. Sonst aber ist sie eine Relaisstation für Patronage und allerlei sonstige Vergünstigungen.[244] Einiges Russland legt mit seiner Mehrheit in der Duma das Parlament als Kontrollinstanz lahm.[245] Die Duma und die Regionalparlamente sichern die Flanken des Präsidenten bzw. des Regierungschefs in den kollektiven Organen des Staates.[246] Besonderen Wert legt Einiges Russland auf das Erreichen einer Zweidrittelmehrheit in der Duma. Damit kann die Staatspartei ohne Absprache mit anderen Parteien und gemeinsam mit dem Föderationsrat die Verfassung ändern. Diese Zweidrittelmehrheit ging 2011 verloren.

Mit Stellvertreterparteien hat der Kreml wiederholt versucht, der politischen Konkurrenz Stimmen abzunehmen. Die Partei Rodina wurde 2003 gegründet. Gebildet aus Abtrünnigen der Kommunistischen Partei und gesponsert vom Kreml, hatte sie den Auftrag, in der Wählerschaft der Kommunisten zu wildern. Ihr Programm und ihre Rhetorik stellten darauf ab, die Stimmung derjenigen Bürger zu treffen, die mit der Politik des Kremls nicht einverstanden waren.[247] Dieses Experiment mit einer Satellitenpartei hatte unerwartete Folgen. Als die Regierung 2005 ihre seit langem vorbereiteten Pläne zur Monetarisierung der Sozialleistungen für Rentner und Bedürftige ins Werk setzte, regte sich unter den Betroffenen lautstarker Widerstand. Rodina-Abgeordnete, darunter auch der Parteiführer Dmitri Rogosin, drängten an die Spitze der Proteste. Sie begannen sogar einen Hungerstreik, um die Maßnahmen abzuwenden. Der Kreml zog die Notbremse. Mit administrativen Maßnahmen wurde Rodina diszipliniert.[248]

Die Idee einer zweiten Kreml-Partei war indes noch nicht erloschen. Als neue Junior-Staatspartei entstand 2006 Gerechtes Russland. Es handelte sich um ein Patchwork aus der früheren Rodina, die sich gleichzeitig auflöste, sowie anderer zielgruppenorientierter Kleinstparteien, darunter auch eine Rentnerpartei, die einst gegründet worden war, um ältere Wähler zu erreichen. Die treibende

---

[243] Zur Binnenstruktur von Einiges Russland Boris Makarenko: The Post-Soviet Party of Power: United Russia in Comparative Context, in: Russian Politics and Law: A Journal of Translations, 50. Jg. (2012), 66ff.
[244] Remington: Patronage and the Party of Power, S. 984.
[245] Sarah Whitmore: Parliamentary Oversight in Putin's Neopatrimonial State: Watchdogs or Show-Dogs?, in: Europa-Asia Studies, 63. Jg. (2010), S. 929-1025.
[246] Darrell Slider: How United Is United Russia? Regional Sources of Intra-Party Conflict, in: Journal of Communist Studies and Transition Politics, 26. Jg. (2010), S. 262ff.
[247] Vladimir Gelman: Party Politics in Russia: From Competition to Hierarchy, in: Europe-Asia Studies, 60. Jg. (2008), S. 923.
[248] Horvath: Putin's Preventive Counter-Revolution, S. 8f.

Kraft hinter ihrer Gründung war Igor Setschin, Vertreter der Silowiki-Fraktion im Kreml. Auch diese Partei lief bald aus dem Ruder. Im Bemühen, gemäß dem Gründungsauftrag an die Unzufriedenen zu appellieren, fand ihr Führer Sergei Mironow Gefallen an populistischem Auftreten. Er traf damit auf eine empfängliche Stimmung. Gerechtes Russland definiert sich mittlerweile als eine sozialdemokratische Partei.

Einiges Russland zog 2007, wie geplant, mit überwältigender Mehrheit in die Duma ein. Mironow durfte immerhin zum Vorsitzenden der Zweiten Kammer, dem Föderationsrat, aufsteigen. Doch als Mehrheitsbeschaffer in der Duma wurde seine Partei nicht mehr gebraucht, weil die Staatspartei jetzt eine Zweidrittelmehrheit besaß. Der Kreml konnte es sich leisten, dem schwierigen Juniorpartner die kalte Schulter zu zeigen; er ließ ihn aber nicht fallen. Stattdessen machte Putin den oppositionellen und nationalistischen Liberaldemokraten Avancen. Diese waren nur allzu erfreut, von Fall zu Fall an den Tisch der Mächtigen gebeten zu werden und gemeinsam mit Einiges Russland noch größere Duma-Mehrheiten für den Kreml zu produzieren.

Auch der Parteichef von Gerechtes Russland lernte aus seinen Fehlern. Als Putin im Frühjahr 2008 Medwedew als Nachfolger vorschlug, nahm Mironow den Vorschlag sogleich auf und unterstützte dessen Kandidatur.[249] Der Spagat zwischen Juniorpartner der Staatspartei und scheinoppositionellem Gebaren brachte die Partei in eine Zwickmühle. Ihr Vorsitzender fand aus dem Dilemma schließlich nicht mehr heraus. Als sich der Petersburger Mironow gegen die Idee aussprach, Putin sollte 2012 abermals für das Präsidentenamt kandidieren und darüber hinaus auch noch die Korruption in seiner Heimatstadt anprangerte, zog ihn das Petersburger Parlament als Vertreter im Föderationsrat kurzerhand ab. Er verlor auch seinen Posten als Vorsitzender des Föderationsrates und zog sich aus dem Alltagsmanagement der Partei zurück. In der Duma-Wahl von 2011 wurde Gerechtes Russland unter einem neuen Vorsitzenden, Nikolai Newitschew, schon als Oppositionspartei wahrgenommen. Es verzeichnete nahezu eine Verdoppelung des Wähleranteils gegenüber der vorletzten Parlamentswahl.

Im Vorfeld dieser Wahl tat sich Leonid Gozman, zuvor eine der führenden Figuren in der wirtschaftsliberalen Union der Rechten (siehe unten), mit dem bekannten Journalisten Gregroii Bovt und dem Führer eines Kleingewerbeverbandes, Boris Titow, zusammen. Sie gründeten die neue Partei Gerechte Sache. Auch bei dieser Parteigründung hatte der Kreml seine Hand im Spiel. Gerechte Sache sollte Wähler ansprechen, die sonst die vom Kreml nicht kontrollierbaren rechten Parteien wählen könnten.[250]

---

[249] Sakwa: The Crisis of Russian Democracy, S. 22ff., 66, 208.
[250] Orttung: Can Russia's Opposition Liberals Come to Power?, S. 3f.

Den Vorsitz dieser Partei übernahm im Mai 2011 Michail Prochorow. Er gilt als zweitreichster Oligarch Russlands und hatte bis 2009 an der Spitze des Rohstoffkonzerns Norilsk Nickel gestanden. Er ist auch Mehrheitseigner des amerikanischen Baseballverein New Jersey Nets. Eine von ihm gegründete Stiftung unterstützt den Kulturbetrieb in sibirischen Städten. Prochorow erklärte lautstark seine Unterstützung für die Reformbekundungen Medwedews. Andere Oligarchen reihten sich hingegen in die von Putin inspirierte Allrussische Volksfront (siehe unten) ein.[251] Prochorow ereilte das gleiche Schicksal wie andere Parteiführer, die in der Rolle des Scheinkonkurrenten mit der Staatspartei unerwartet eigene Ambition entwickelten. Selbstbewusst kritisierte er die Währungspolitik und brachte sich als möglicher Regierungschef ins Gerede. Der Kreml zog die Notbremse. Ein Teil seiner Partei kündigte ihm die Loyalität auf und wählte ihn als Parteivorsitzenden ab. Öffentlich lastete Prochorow die Verantwortung für diese Vorgänge Wladimir Surkow, dem Politmanager des Kreml, an. Er lag damit vermutlich gar nicht falsch. Viel Publikum fand Prochorow nicht. Die Fernsehsender verzichteten darauf, über seine Vorwürfe berichteten.[252] Prochorow kandidierte für die Präsidentschaftswahl des Jahres 2012 und erzielte immerhin acht Prozent der Stimmen. Dennoch wollten die Gerüchte nicht verstummen, Prochorow hätte den Auftrag, Stimmen zu sammeln, mit denen Putin nicht rechnen durfte.[253] Die Wähler von Gerechte Sache zeigten sich irritiert und enttäuscht, als Prochorow inmitten einer Kulisse anhaltender Proteste gegen die Präsidentenwahl noch gut zwei Monate nach der Wahl öffentlich so gut wie abgetaucht blieb.

Einiges Russland ist für Putin keine heilige Kuh. Ohne wirkliches Parteileben, stets mit der Macht verbunden und als Appendix des Staates wahrgenommen, vermeldeten Soziologen, die Wähler würden dieser Partei überdrüssig. Eine neue Konstruktion sollte Abhilfe schaffen. Einiges Russland öffnete sich 2011 für die Teilnahme von Gewerkschaftern, Kriegsteilnehmern und Jugendverbänden unter dem politischen Dach einer Allrussischen Volksfront.[254] Die Idee dahinter: Ohne förmlich der Partei anzugehören, kandidierten Vertreter dieser Gruppen auf den Listen der Staatspartei. Diese Neuerung kalkulierte auf den

---

[251] Frank Nienhuysen: Gezähmte Oligarchen: Russlands Superreiche machen wieder Politik – für die Regierung, in: Süddeutsche Zeitung vom 25.5.2011, S. 1.
[252] Frank Nienhuysen: Zu eigenständig und zu selbstbewusst. Oligarch wollte mit einer Partei den Kreml herausfordern, nun wurde er abgestraft, in: Süddeutsche Zeitung vom 17./18.9.2011, S. 7.
[253] Frank Nienhuysen: Milliardär und Rivale. Der russische Präsidentschaftskandidat Prochorow attackiert Putin überraschend offen – und gilt vielen dennoch als Kandidat des Kreml, in: Süddeutsche Zeitung vom 15.2.2012, S. 2.
[254] Frank Nienhuysen: Putins Volksfront. Im Wahljahr versucht Russlands Premier Putin die Regierungspartei aus dem Umfragetief zu holen und gründet ein neues politisches Sammelbecken, in: Süddeutsche Zeitung vom 6./7. August 2011, S. 7.

Mitzieheffekt von Kandidaten, die nicht als Repräsentanten des diskreditierten politischen Betriebs wahrgenommen wurden.[255] Zur Mitwirkung an diesem Unterfangen wurden sogar Oligarchen eingeladen. Allein zehn der reichsten Männer des Landes kandidierten 2011 für die Duma.[256]

Die Oppositionsparteien

Die wichtigsten Oppositionsparteien sind die Liberaldemokraten (LDPR) und die Kommunisten (KPR). Erstere stehen rechts, Letztere deutlich links von der Staatspartei. Programmatisch trennt beide nicht allzu viel von Einiges Russland. Die Liberaldemokraten mit ihrem Führer Wladimir Schirinowski sind sich in vielen Punkten mit Putin einig. In der Duma stimmen sie in über 80 Prozent der Fälle gemeinsam mit Einiges Russland. In zweierlei Hinsicht jedoch zeigen sie eigenes Profil. Sie sind antisemitisch und treten für die Vereinigung aller Russen in einem Staat ein, also für ein Großrussland, in dem auch die in den Nachbarstaaten lebenden Russen Platz finden. Dem politischen Modell des Westens ist die Partei abhold.

Die Kommunistische Partei hat sich offiziell mit der Abschaffung des Sowjetsystems abgefunden. Den Kapitalismus und die westliche Demokratie lehnt sie aber weiterhin ab. Die Partei ist eine politische Kraft von gestern. Seit den turbulenten Zeiten der Jelzin-Präsidentschaft verhält auch sie sich in mancher Hinsicht wie ein Juniorpartner der Staatspartei. In der gemeinsamen Abgrenzung zur westlichen Demokratie und in der Betonung der Einzigartigkeit der russischen Gesellschaft gibt es sogar programmatische Gemeinsamkeiten.[257] Der Nationalismus der Kommunistischen Partei ist freilich kein russischer, sondern ein russländischer, der die in der Föderation lebenden nicht-russischen Völker in die Nation hineindefiniert. Darin stimmt sie mit der Putin-Partei überein.[258] Die Kommunisten streichen ferner das egalitäre Moment im politischen Erbe heraus. Sie wollen den Staat wieder stärker in die Wirtschaft hineinholen und verlangen die Rückkehr zu einer flächendeckenden Sozialpolitik.[259] Schon seit Jahrzehnten keine Regierungspartei mehr, fällt es ihnen leicht, die Korruption anzuprangern und damit Punkte zu sammeln, gleichzeitig aber das Bild einer patriotischen

---

[255] Ders.: Russen, hört die Signale. Einiges Russland, die Partei des Premiers, hat Nachwuchssorgen – nun plant Putin eine Volksfrontbewegung, in: Süddeutsche Zeitung vom 13.5.2011, S. 9.

[256] Ders,: Gezähmte Oligarchen: Russlands Superreiche machen wieder Politik – für die Regierung, in: Süddeutsche Zeitung vom 25.5.2011, S. 1.

[257] Gelman: Party Politics in Russia, S. 925.

[258] Veronika Rasynkova: The Communist Party in Contemporary Russia: Problems of Transformation, in: Perspectives on European Politics and Society, 6. Jg. (2005), S. 244f.

[259] Timm Beichelt: Two Variants of the Russian Radical Right: Imperial and Social Nationalism, in: Journal of Communist and Post-Communist Studies, 42. Jg. (2009), S. 505-526.

Partei zu wahren, die sich von der intellektuellen und bürgerlichen Opposition abgrenzt. Gennadij Sjuganow gibt der Kommunistischen Partei seit zwanzig Jahren ein Gesicht. Obgleich bei Präsidentenwahlen ewiger Zweiter, genießt er bei über der Hälfte der Wähler den Ruf eines glaubwürdigen Politikers.[260]

Beide Parteien sind in der russischen Peripherie stark, die Liberaldemokraten markant im sibirischen Landesteil und im Fernen Osten, wo das Empfinden, von Moskau vernachlässigt zu sein, besonders stark ausgeprägt ist. Die Kommunistische Partei findet starken Zuspruch in der Region südlich des Ural, im südrussischen Schwarzerdegebiet, in der Wolgaregion und in der Enklave Kaliningrad.[261]

Im Ausland finden vor allem die oppositionellen Liberalen Beachtung. Sie gruppieren sich um die Partei Jabloko. Doch gerade sie ist mit ihrem Leitbild einer westlichen Demokratie[262] in der Gesellschaft am schwächsten verwurzelt.[263] Gewählt wird sie hauptsächlich von Intellektuellen und Akademikern in den Metropolen. Bis 2008 war sie eng mit der wichtigsten Persönlichkeit in ihren Reihen, Grigorii Jawlinski, verbunden. Angesichts einer Serie von Wahlniederlagen resignierte Jawlinski und zog sich aus der Parteiführung zurück. Unter seinem Nachfolger Sergei Wassili Mitrochin verlor die Partei an Profil. Heute konzentriert sie sich auf die Lokalpolitik in ihren wenigen Hochburgen, besonders in Moskau.[264] Jawlinski blieb als Person allerdings im politischen Geschäft. So meldete er für März 2012 seine Präsidentschaftskandidatur an. Als Kandidat war er trotz seiner Chancenlosigkeit gefährlicher als je zuvor, weil er genau für die Positionen stand, welche in diesen bewegten Wochen die Demonstranten auf die Straße brachten. In den Metropolen verhieß dieser Kandidat wenig schmeichelhafte Ergebnisse für Putin. Die Wahlkommission erklärte ein Viertel der zwei Millionen Stimmen, die für seine Meldung zur Kandidatur erforderlich waren, für ungültig.[265]

Als weitere liberale Partei gab es bis 2008 noch die Union der Rechten (SPS). Sie wurde 1999 von den führenden Köpfen hinter den Jelzinschen Wirtschaftsreformen, Boris Nemzow, Jegor Gaidar und Anatoli Tschubais gegründet

---

[260] Russland Analysen, Nr. 235, vom 9.3.2012, S. 22, Grafik 8.
[261] Arkadij Ljubarew: Die Ergebnisse der Dumawahlen, in: Russland-Analysen, Nr. 233 vom 10.2.2012, S. 14.
[262] Political Committee of the Russian United Democratic Party Yabloko: Overcoming Stalinism and Bolshevism as a Condition for Modernizing Russia in the Twenty-First Century, in: Russian Politics and Law: A Journal of Translations, 48. Jg. (2010), S. 80-88.
[263] David White: The Russian Democratic Party Yaboklo: Opposition in a Managed Democracy, Aldershot 2006.
[264] Robert W. Orttung: Can Russia's Opposition Liberals Come to Power?, in: Russian Analytical Digest, Nr. 60 vom 19.5.2009; S. 4.
[265] Frank Nienhuysen: Das Volk will Trophäen sehen. Putin macht Zugeständnis, beißt Konkurrenten aus dem Feld – prompt steigen seine Werte, in: Süddeutsche Zeitung vom 27.1.2012, S. 2.

– durchweg Marktliberale, die bis heute für die Wirtschaftspolitik der 1990er Jahre und die Verarmung breiter Bevölkerungskreise verantwortlich gemacht werden. Die SPS repräsentierte Unternehmer und Geschäftsleute, die Gewinner jener Zeit. Sie wurde auch von Michail Chodorkowski unterstützt. Ihr Programm erschöpfte sich im Wesentlichen in der Opposition zu Putin. Der als Arbeitgeber und Unternehmer auch persönlich umstrittene Tschubais wird immer wieder von seiner Vergangenheit eingeholt.[266] Boris Nemzow, einer der Führer der Union der Rechten, nahm in den Ereignissen um die Orangene Revolution in der Ukraine lautstark Partei für den pro-westlichen Kandidaten Juschtschenko, während der Kreml im Wahlkampf dem pro-russischen Kandidaten Janukowitsch den Rücken stärkte. Nemzow diente sich dem späteren ukrainischen Präsidenten Juschtschenko sogar als Wirtschaftsberater an.

Bei Jabloko und der Rechten handelt es sich um Strukturen, wie sie überall in der liberalen Parteienfamilie anzutreffen sind, Rechtsstaatsliberale hier, Wirtschaftsliberale dort. Die Schwäche beider Parteien hätte verlangt, sich zusammenzuschließen. Persönliche Animositäten zwischen den Parteiführern, aber auch Bedenken bei Jabloko, sich an der mit der Rechten verbundenen Erinnerung an die neoliberalen Exzesse zu infizieren, verhinderten die Fusion.[267] Das größte Problem der Rechten ist der fehlende Rückhalt in der Wählerschaft. Schon 2003, als sie nicht mehr in die Duma kam, verlor sie vollständig an Bedeutung. Im Jahr 2007, nach einem weiteren Desaster an den Wahlurnen, löste sie sich auf.

Aus ihren Reihen bildeten sich zwei neue Parteien: die Solidarität und die Rechte Sache. Der Solidarität gehören Menschenrechtsaktivisten, darunter der frühere Schachweltmeister und bekannte Regimekritiker Juri Kasparow an. Sie prangert das politische System als autoritär an und setzt sich dafür ein, es mit demokratischen Reformen zu verändern.

Ende 2010 bildete sich aus vier liberalen Bewegungen die Partei der Volksfreiheit (Parnas). Gründungsmitglied waren abermals der frühere Vizepremier Boris Nemzow, ferner die früheren Vizepremiers Nikolai Ryschkow und Wladimir Milow sowie der frühere Regierungschef Michail Kasjanow. Ihr Programm war ein Gegenentwurf zum existierenden politischen System. Die Zulassung zu den Duma-Wahlen wurde mit fadenscheinigen Gründen abgelehnt.[268]

---

[266] Sakwa: The Crisis of Russian Democracy, S. 224f.
[267] David White: Going their Own Way: The Yabloko Party's Opposition to Unification, in: Journal of Communist Studies and Transition Politics, 21. Jg. (2005), S. 462-482.
[268] Frank Nienhuysen: Versuch Nummer acht. In Russland strebt eine neue, tatsächlich liberale Partei ins Parlament, in: Süddeutsche Zeitung vom 22./23.6.2011, S. 7.

Wirtschaftsinteressen

Die russische Wirtschaft wird heute nicht mehr so stark wie in der Vergangenheit von Reichen des Typs der Oligarchen, sondern vielmehr von Finanz- und Industriekonglomeraten beherrscht. Dessen ungeachtet sind die Superreichen noch präsent, mögen sie auch an politischer und Wirtschaftsmacht verloren haben. Im Jahr 2007 zählte Russland 53 Dollar-Milliardäre, mehr als in Deutschland.[269] Ihre Zahl stieg bis 2011 auf 101 an.[270]

Die Union der Industriellen und Unternehmer (RUIE), der wichtigste Wirtschaftsverband, zählt über 300.000 Mitglieder. Einst als Instrument der Oligarchen gegründet, um ihr geballtes Potenzial in Jelzins Russlands auf die Waage zu bringen, ist RUIE ist seit der politischen Zähmung dieser Oligarchen nur noch ein Statusanzeiger: die Mitglieder gehören demselben Klub an wie die Superreichen und die Großkonzerne.[271] Der Adressat des Verbandes ist die große und schwerfällige Bürokratie. Die bedeutendsten russischen Unternehmen handeln nicht im Kollektiv dieses Verbandes, sie bahnen sich allein ihre Wege zum Ziel.

Die Union der Unternehmervereine (OPORA) repräsentiert kleine und mittlere Unternehmen. Auch ihr wird mit ihren 850.000 Mitgliedern Gehör im Kreml nachgesagt, unter anderem deshalb, weil sie Unternehmensgrößen vertritt, denen Bedeutung für die Entstehung einer leistungsstarken Mittelschicht und weiterer Arbeitsplätze zugemessen wird. Der Verein der Industrie- und Handelskammern vertritt das Kleingewerbe.

In der großen Politik haben alle diese Verbände nichts zu melden. Der Staat ist der zentrale ökonomische Akteur. Das Big Business zahlt einen politischen Preis dafür, dass es Geschäfte machen darf. Politiker, hohe Beamte und politisch protegierte Manager rücken in Vorstände und Aufsichtsräte ein und erwerben Beteiligungen. Spitzenpolitiker rangieren unter den Großverdienern.[272] Im Gegenzug zeigt sich die Regierung offen für Wünsche und Beschwerden, die mit Blick auf den Machterhalt nichts kosten.[273] In der kleinteiligen Politik, wo es um das Plus und Minus geht, das Unternehmen durch neue Gesetze entsteht, kommuniziert das Business bilateral mit den Abgeordneten und Ministern.

---

[269] Razisade: Putin's Mission in the Russian Thermidor, S. 5.
[270] Hans-Henning Schröder: Wahlen und Machtarrangements, in: Russland-Analysen, Nr. 224 vom 15.7.2011, S. 10.
[271] Philip Hanson und Elizabeth Teague: Big Business and the State in Russia, in: Europe-Asia Studies, 57. Jg. (2005), S. 657-680.
[272] S. P. Peregudov: Business and State Bureaucracy in Russia: Dynamics of Interaction, in: Russian Politics and Law: A Journal of Translations, 47. Jg., (2009), S. 45f., 47ff.
[273] Stanislav Markus: Capitalists of All Russia, Unite! Business Mobilization Under Debilitated Dirigisme, in: Polity, 39. Jg. (2007), S. 283ff.

Die neue Generation russischer Wirtschaftsführer meidet die Protzerei und Kraftmeierei der alten Oligarchen. Sie bemühen sich auf allen Ebenen um stille, langfristige Kontakte zu Politik und Verwaltung und verhalten sich damit ähnlich wie ihresgleichen überall dort, wo der Primat der Politik funktioniert.[274]

Aus den strategischen Industrien halten sich ihre Firmen heraus. Öl und Gas sind die Reservate supergroßer staatlicher Konzerne, insbesondere Rosneft und Gazprom. Sie werden betriebswirtschaftlich geführt, gehorchen aber den Erwartungen des größten Anteilseigners, dem Staat. Im Jahr 2008 kontrollierte der Staat 40 Prozent der Stimmrechte in den 20 größten russischen Unternehmen.[275]

Einiges Russland platziert Kandidaten, die diesen Unternehmern und Wirtschaftsgruppen nahestehen, auf seinen Kandidatenlisten für die Duma. Etliche Reiche und Superreiche bekleiden ein Duma-Mandat. Die im Dezember 2011 gewählte Duma zählte 39 Abgeordnete mit einem Privatvermögen von mindestens einer Million Dollar, die meisten darunter Mitglieder von Einiges Russland.[276] Das Geld, das diese Kandidaten in den Wahlkampf einbringen, kommt der Gesamtpartei zugute.[277] Die Satzung der Partei sieht vor, dass sich eine Mindestzahl von Abgeordneten in der Duma zu einer innerparteilichen Faktion zusammenschließen und eigene parlamentarische Anträge einbringen dürfen. Abgeordnete, die im Auftrag der Finanzgruppen unterwegs sind, finden in den Fachausschüssen, im internationalen Vergleich durchaus üblich, Plattformen für das Gespräch mit Regierungsbehörden vor.[278] Die politische Betätigung der Manager, Firmenverbünde und großen Privatunternehmer im parlamentarischen Betrieb okkupiert eine politische Funktion, die eigentlich von den Parteien zu leisten wäre.[279]

Von den Zentren der Macht, dem Kreml und der engeren Regierung, halten sich die Wirtschaftslenker heute fern. Das diskrete Agieren im Hintergrund ist effektiver.[280] Es eignet sich besser, um Regierungsbeamte und Justizbehörden einzubinden und mit Geld nachzuhelfen, um das Gewünschte zu erreichen.[281]

---

[274] Olga Kryshtanovskaya und Stephen White: The Rise of the Russian Business Elite, in: Journal of Communist and Post-Communist Studies, 38. Jg. (2005), S. 302.
[275] Samuel Charap: No Obituaries Yet for Capitalism in Russia, in: Current History, October 2009, S. 334.
[276] Frank Nienhuysen: Parlamentarische Oligarchie, in: Süddeutsche Zeitung vom 19.4.2012, S. 7.
[277] Dazu und im Folgenden Thomas Remington: Patronage and the Party of Power: President-Parliament Relations under Vladimir Putin, in: Europe-Asia Studies, 60. Jg. (2008), S. 959-987.
[278] Chebankova: Business and Politics, S. 43.
[279] Henry E. Hale: Why Not Parties? Electoral Markets, Party Substitutes and Stalled Democratization in Russa, in: Comparative Politics, 37. Jg. (2004/2005), S. 152.
[280] Kryshtanovskaya: The Russian Elite in Transition, S. 596.
[281] Serguei Cheloukine und Joseph King: Corruption Networks as a Sphere of Investment Activities in Modern Russia, in: Journal of Communist and Post-Communist Studies, 40. Jg. (2007), S. 113ff.

Der Protest als Sensor der Zumutbarkeit

Wo bleiben in diesem Bild die Arbeiter, Bauern und kleinen Leute? Sie gehen zur Wahl und tun, was von ihnen erwartet wird, sonst bleiben sie passiv. Die Gewerkschaften und die bäuerlichen Genossenschaften sind schwach und politisch machtlos.[282] Bei den offiziellen Gewerkschaften handelt es sich um parastaatliche Organisationen mit dem Auftrag, Arbeitskämpfe zu verhindern.

Veritable Arbeitskämpfe ereignen sich außerhalb der offiziellen Gewerkschaftsstrukturen. Noch die größte Kampfkraft haben die Transportarbeitergewerkschaften, Busfahrer, Bahnpersonal etc. Die Gründe für Arbeitskämpfe haben sich im Laufe der Zeit geändert. War es am Anfang des neuen Russland noch die nackte Not, die Menschen in gefährdeten Branchen zum Protest und zur Arbeitsniederlegung trieb, spielt heute auch das Motiv eine Rolle, nicht nur einen Job zu haben, sondern auch einen besser bezahlten.[283]

Ein Drittel aller Russen halten den Gegensatz zwischen Arm und Reich für ein großes Problem; sie beklagen unter anderem die Ungleichheit der gesundheitlichen Versorgung.[284] Als Anfang 2005 die Sozialleistungen auf Geldzahlungen umgestellt wurden, kam es in nahezu allen Großstädten zu heftigen Protesten. Die Maßnahmen wurden als Aufkündigung eines Bürgerrechts empfunden. Betroffen waren vor allem Rentner, Veteranen des Großen Vaterländischen Krieges, ehemalige Militärangehörige, Polizisten, Strahlenopfer der Reaktorhavarie von Tschernobyl, Behinderte und Bewohner der unwirtlichen Nordregionen. Sie zahlten bis dahin für Wohnung, Medizin, Strom, Wasser und Sanatoriumsaufenthalt keine oder reduzierte Gebühren. In Geld ausgedrückt, wurde der Wert dieser unentgeltlichen Leistungen 2003 auf einen Wert von zehn bis 15 Prozent im Einkommen der Empfänger geschätzt.

Anstelle dieser Leistungen wollte die Regierung nur noch Versorgungsbezüge überweisen. Es handelte es sich hier keineswegs um Leistungen, die in besonderer Weise auf Arme und Bedürftige zugeschnitten waren. Die Aufwendungen belasteten den Föderationshaushalt mit Ausgaben, die tatsächlich sinnvoller zur Armutsbekämpfung oder zur Aufstockung der Renten hätten verwendet werden können. Der Regierung ging es mit der Monetarisierung der Sachleistungen nicht nur um Einsparungen, sondern auch darum, das Kostenbewusstsein der Nutznießer zu fördern. Die Betroffenen demonstrierten, sie blockierten Stra-

---

[282] Paul Kubicek: Civil Society, Trade Unions and Post-Soviet Democratization: Evidence from Russia and Ukraine, in: Europe-Asia Studies, 54. Jg. (2002), S. 603-624.
[283] Samuel A. Greene und Graeme B. Robertson: Politics, Justice and the New Russian Strike, in: Journal of Communist and Post-Communist Studies, 43 Jg. (2010), S. 73-93.
[284] John Round: The Construction of Poverty in Post-Soviet Russia, in: Perspectives on European Politics and Society, 6. Jg. (2005), S. 425ff.

ßen und Regierungsgebäude. Unter anderem kam es zu Rangeleien zwischen Fahrgästen und Busfahrern, die nun die kostenlose Beförderung verweigerten.[285]
Bei alledem ging es um den Verlust liebgewordener Privilegien. Nachdem zunächst die Polizei in Aktion trat, um die Aktionen zu unterbinden, ruderte die Regierung zurück. Sie hatte allen Grund, die Proteste ernst zu nehmen. In Georgien war 2003 eine Regierung im Straßenprotest der Bürger gestürzt worden. In der Ukraine hatten Demonstranten 2004 die Wiederholung einer manipulierten Präsidentenwahl erzwungen. Der Kreml diagnostizierte Ansteckungsgefahr und bemühte sich, den Anlass der Proteste zu dämpfen. Putin kritisierte Minister und Gouverneure, sie hätten die Reform unzureichend vorbereitet. In der Sache gab die Regierung zwar ein Stück nach, indem sie einzelne Maßnahmen aufschob sowie Renten und Niedriggehälter anhob.[286] Die Entscheidung über das Fortgelten unentgeltlicher Leistungen wurde auf die Teilstaaten überwälzt. Diese gingen damit unterschiedlich um. So entschied die Moskauer Stadtregierung, die Leistungen weiterhin kostenfrei bereitzustellen.[287]

Die Autofahrer bilden eine protestfreudige Gruppe. Sie gehören schon kraft ihres Status zu den Besserverdienern Russlands. Illegales Schröpfen durch eine Verkehrspolizei, die Autofahrer unter fingierten Vorwänden anhält, um Bestechungsgelder zu erpressen – im Jahr 2008 die Erfahrung von 44 Prozent der Petersburger Autobesitzer –, und die falsch geparkte Autos konfisziert, ferner Bauplanungen, denen die in Wohngebieten errichteten beliebten Kleingaragen zum Opfer fallen, ließen Initiativen sprießen, die sich gegen die Behörden zur Wehr setzen.[288]

Zwischen Februar und Juli 2008 stiegen – vom Weltmarkt bedingt – die Benzinpreise um 40 Prozent. Als die Autofahrer mit Unterstützung ihrer Klubs landesweite Proteste organisierten, blieb die Regierung passiv. Zwei Jahre zuvor hatte sie bei moderateren Preisanstiegen die Ölfirmen noch gebeten, steigende Kosten an den Zapfsäulen zu vermeiden. Damals waren die Rentnerproteste noch in frischer Erinnerung; zu diesem Zeitpunkt war die Orangene Revolution in Kiew noch nicht als Strohfeuer erkannt.[289] Priorität hatte zwei Jahre später wieder der Vorsatz, das Bewusstsein für die realen Kosten von Treibstoff und Energie zu fördern. Aus demselben Grund lässt die Regierung auch die Gaspreise für

---

[285] Suzanne Wengle und Michael Rasell: The Monetization of L'goti: Change Patterns of Welfare Politics and Provisions in Russia, in: Europe-Asia Studies, 60. Jg. (2008), S. 740ff., 743ff.
[286] Indra Overland und Hilde Kutschera: Pricing Pain: Social Discontent and Political Willpower in Russia's Gas Sector, In: Europe-Asia Studies, 63. Jg. (2011), S. 321f.
[287] Wengle/Rasell: The Monetization of L'goti, S. 751ff.
[288] Markku Lonkila: Driving at Democracy in Russia: Activities of St. Petersburg Car Drivers' Associations, in: Europe-Asia Studies, 63. Jg. (2011), S. 291-309; Elena Chebankova: Public and Private Cycles of Socio-Political Life in Putin's Russia, in: Post-Soviet Affairs, 26. Jg. (2010), S. 132ff.
[289] Overland/Kutschera: Pricing Pain., S. 322f.

Privathaushalte steigen. Es geht ihr darum, die Preisdifferenz zu den westeuropäischen Exportkunden abzubauen und Geld für die Sanierung des maroden Leitungsnetzes zu beschaffen.[290]

Eine Hinterlassenschaft der sowjetischen Ära sind Städte, die um einen einzigen Industriekomplex herum gewachsen sind. In der Nachfolge der Staatsbetriebe gibt es dort lediglich einen nennenswerten privaten Arbeitgeber. In diesen etwa 500 Mono-Städten leben geschätzte zwölf Prozent der Bevölkerung. Die im Herbst 2008 hereinbrechende Wirtschaftskrise hinterließ gerade dort ihre Spuren. Betriebe entließen bis zur Hälfte der Beschäftigten. Die Proteste der Betroffenen ließen nicht lange auf sich warten. An einem der besonders stark betroffenen Ort, in der Stadt Pikaljowo, die vor dem Krieg um ein Zementwerk herum erbaut wurde, tauchte 2009 Regierungschef Putin in Begleitung des Fernsehens höchstpersönlich auf. Er schalt den Eigentümer, verlangte seine Zustimmung zur Wiederinbetriebnahme des stillgelegten Werkes, setzte hinter den Kulissen jedoch die Hebel in Bewegung, um dem überschuldeten Betrieb mit Staatsgeldern aus der Patsche zu helfen.[291]

Ereignisse dieser Art sind eine Konstante der russischen Politik.[292] Bei Demonstrationen und Bürgerprotesten ist die Regierung stets rasch mit der Polizei zur Stelle. Aber sie schätzt die Lage ab. Hier bleibt sie hart, dort gibt sie nach. Bei Armen und Rentnern ist es ratsam, nachzugeben, auch weil es sich hier um eine Klientel handelt, die ins Lager der Kommunisten abwandern könnte. Bei den Autofahrern bleibt sie stur, weil sich die meisten Russen kein Auto leisten können. Bei unverschuldet in Not geratenen Menschen, die für ihre Empörung keine andere Adresse haben als die Regierung, sind Volksnähe, Mitgefühl und sichtbare Abhilfe angezeigt. Protest hat für das Regime auch seine Vorteile. Wie ein Überdruckventil zeigt er an, wo die Dinge nicht rund laufen.

Im Jahr 2006 beschloss die Regierung, die rechtlichen Voraussetzungen für die Bildung von NGOs, Vereinen und formal organisierten Bürgergruppen strikter zu fassen. Dies kümmerte nur wenige Russen. Betroffen waren vor allem Bürger, die für Menschenrechte, Demokratie und Transparenz eintraten – Werte, die den meisten nichts oder wenig bedeuten. Die Stoßrichtung der Einschränkungen ging dahin, die finanzielle Unterstützung ausländischer Spender und NGOs zu unterbinden, die sich dem Ziel der Demokratieförderung verschrieben

---

[290] Louis Skyner: The Reform of the Russian Power Sector: The Rhetoric and Reality, in: Europe-Asia Studies, 62. Jg. (2010), S. 1384ff.
[291] Overland/Kutschera: Pricing Pain , S. 324f.
[292] Tomila Lankina und Alexy Savrasov: Growing Social Protest in Russia, in: Russian Analytical Digest, Nr. 60 vom 19.5.2009, S. 6-12.

hatten.²⁹³ Diese NGOs waren dem Kreml verdächtig. Ihre Vorstellung von Demokratie war der US-amerikanischen Demokratie entlehnt. Es gelang ihnen einerseits nicht, in der russischen Gesellschaft Fuß zu fassen. Ihre schwache Resonanz in der Gesellschaft warf andererseits die Frage auf, wozu diese Aktivitäten dann überhaupt gut sein sollten. Durch die Farbrevolutionen (Georgien, Ukraine, Kirgisistan) drängte sich den Regierenden ein verschwörungstheoretischer Deutungsrahmen auf, in den sich auch die Proteste gegen die Duma- und Präsidentenwahlen im Winter 2011/2012 gut einpassten. Die Duma legte nach der Wahl Putins zum Präsidenten im März 2012 noch einmal nach und verpflichtete vom Ausland mitfinanzierte NGOs, sich als solche registrieren zu lassen.

Tatsächlich lagen die Dinge eher so, dass die westlichen Förderer und Geldgeber in soziozentrischer Manier über die eigenen Füße stolperten.²⁹⁴ Sie machten den gleichen Fehler wie so häufig die US-Außenpolitik: den Rest der Welt nach dem eigenen Bilde formen zu wollen. An den in der russischen Gesellschaft selbst keimenden kleinen NGOs, die ökonomische und Umweltthemen aufgreifen, liefen die Förderprogramme vorbei.²⁹⁵ Sie haben es generell schwer – nicht etwa nur, weil sie allenthalben auf den Widerstand der Behörden stoßen, sondern auch deshalb, weil die Selbstorganisation der Bürger noch keine Tradition hat. Wo sich die Menschen aus eigenem Antrieb organisieren, um sich zur Wehr zu setzen, geht es um Probleme des Alltags; die Ansprechpartner sind dann örtliche Behörden, oft in der fernen Provinz. Die lästigen Formalien, die vom Vereinsgesetz vorgeschrieben wurden, hemmten die Aktivität auch dieser originären Bürgerinitiativen.

Zweck des neuen Vereinsgesetzes war es weniger, bürgerschaftliches Engagement abzuwürgen, als es unter Beobachtung zu stellen und es vielleicht sogar für die im Kreml erdachte Vorstellung von einem modernen Russland einzuspannen.²⁹⁶ Die Gründung einer Öffentlichen Kammer war ein weiteres Indiz für diese Absicht.

Die von Putin ins Leben gerufene Öffentliche Kammer hat die Aufgabe, die Vereine und gesellschaftlichen Organisationen Russlands im Staat zu repräsentieren. Sie ist kein Bestandteil der Verfassung. Die Regierung bestimmte die Gründungsvereine; diesen stand es dann frei, weitere Vereine zu kooptieren. Die Mitglieder der Öffentlichen Kammer sind aufgefordert, dort Beschwerden vor-

---

[293] Jo Crotty: Making a Difference? NGOs and Civil Society Development in Russia, in: Europe-Asia Studies, 61. Jg. (2009), S. 88f.
[294] Dazu auch Sinikukka Saaari: European Democracy Promotion in Russia Before and After the „Colour" Revolutions, in: Democratization, 16. Jg. (2009), S. 732-755.
[295] Sarah L. Henderson: Selling Civil Society: Western Aid and the Non-Governmental Organized Sector in Russian, in: Comparative Political Studies, 35. Jg. (2002), S. 139-175.
[296] Dazu ausführlich Dies.: Civil Society in Russia: State-Society Relations in the Post-Yeltsin Era, in: Problems of Post-Communism, 58. Jg. (2011), S. 18ff.

tragen, von denen sie im Vereinsleben erfahren, auf Missstände hinzuweisen und Lösungen anzuregen. Auch diese Kammer war eine Reaktion auf die Sozialproteste des Jahres 2005. Sie nahm ein Jahr später ihre Arbeit auf. Sie tritt selten zusammen, erkennbare Bedeutung ist ihr versagt geblieben.[297]

Die russisch-orthodoxe Kirche wird vom Regime gehätschelt; sie genießt Steuer- und Handelsprivilegien.[298] Sie zahlt zurück, indem sie in ihre vorsowjetische Rolle als Stütze des Staates zurückkehrt. Analog zur Staatsideologie der souveränen Demokratie, die sich auf die Eigenarten der russischen Geschichte und Kultur beruft, grenzt sich die Kirche traditionell von den Westkirchen ab.[299] Mit der hochkontroversen Entscheidung, den Religionsgemeinschaften ihr 1917 verstaatlichtes Eigentum zurückzuerstatten, stieg sie zur größten Immobilienbesitzerin des Landes auf.[300]

Nach dieser Umschau werden weitere Konturen des russischen Regimes erkennbar. Sie verweisen abermals auf Juan Linz' eingeschränkten Pluralismus, das Merkmal des autoritären Regimes. Die gesellschaftlichen Profiteure des Status quo dürfen auf den zugewiesenen Plätzen mitmischen, aber sie müssen die Parameter der Machtverteilung respektieren. Doch die übrigen Interessen werden nicht ganz untergepflügt. Das neue Russland trat das Erbe der sowjetischen Gesellschaft mit ihrer Beschäftigungsgarantie, breiter Volksbildung und sozialer Rundumversorgung an. Es konnte dieses Leistungsprogramm beim besten Willen nicht fortführen. Deshalb wurde der Sozialstaat verschlankt und umgebaut. Eine Preisgabe der sozialen Grundversorgung stand nie zur Debatte. Sie würde die Leidensfähigkeit selbst dieser so sehr an Entbehrungen gewöhnten Gesellschaft überfordern. Wie die Beispiele zeigen, regt sich wie in aller Welt die Bereitschaft zum Protest vor allem dann, wenn sich die materiellen Lebensbedingungen verschlechtern.

Im März des Krisenjahres 2009 waren in einer Befragung immerhin 26 Prozent bereit, gegen die Verschlechterung ihrer Lebensbedingungen auf die Straße zu gehen. Davon abgesehen, dass die Bereitschaft zum Handeln und das Handeln selbst zwei verschiedene Paar Schuhe sind, ist es doch bemerkenswert, dass noch 2005, lange vor der Krise, der gleiche Wert ermittelt worden war.[301]

---

[297] James Richter: Putin and the Public Chamber, in: Post-Soviet Affairs, 25. Jg. (2009), S. 39-65.
[298] Knox, Zoe: The Symphonic Ideal: The Moscow Patriarchate's Post-Soviet Leadership, in: Europe-Asia Studies, 55. Jg. (2003), S. 575-596.
[299] A. E. Sebentsov: Religion in the System of State Power, in: Russian Politics and Law: A Journal of Translations, 49. Jg. (2011), S. 50f.
[300] Russland gibt Kirche Eigentum zurück, in: Süddeutsche Zeitung vom 20./21.11.2010, S. 7.
[301] Daten bei Overland/Kutschera, Pricing Pain, S. 327.

Aufstand der Mittelschicht?

An dieser Stelle bietet es sich an, die Proteste zu beleuchten, die – für alle Beobachter unerwartet – im Dezember des Jahres 2011 das Regime zwar nicht erschütterten, aber doch gründlich irritierten. Sie korrigierten das Bild einer Gesellschaft, die mehr oder minder klaglos alles mit sich machen lässt. Ausgelöst wurden diese Proteste von der Manipulation der Duma-Wahl. Plump gemacht, genau, wie viele Kritiker erwartet hatten, degradierte sie die Wähler zu Unmündigen, deren Votum der Nachhilfe der Behörden bedurfte. Ein weiterer Grund für die Empörung ging der Wahl voraus: der angekündigte Ämtertausch zwischen Präsident und Regierungschef. Putin war auch nach dem förmlichen Rückzug aus dem Kreml in einer „gefühlten dritten Amtszeit" der eigentliche Präsident Russlands geblieben. Nun bahnte sich eine weitere förmliche Amtszeit an.

Die Bürgerproteste hielten nach der Dumawahl an und steigerten sich noch im Vorfeld der für Anfang März 2012 terminierten Präsidentenwahl. Hauptschauplatz der Proteste war Moskau, gefolgt von Petersburg; mit abnehmender Beteiligung ereigneten sie sich auch in weiteren großen Städten. Die Proteste wurden hauptsächlich von der gebildeten und zu Wohlstand gelangten Mittelschicht getragen. Am Rande einer Demonstration im Dezember 2011[302] ergab eine Befragung des renommierten Lewada-Zentrums, dass 60 Prozent der Teilnehmer zwischen 18 und 40 Jahre alt waren und 70 Prozent einen Hochschulabschluss besaßen. 25 Prozent waren Geschäftsleute, zwölf Prozent Studierende, 70 Prozent bezeichneten sich als Liberale, 24 Prozent als Linke.[303]

Zum Bild der Protestdemonstrationen gehörten Autokorsos, in denen sich auch BMWs und schwere Luxusgeländewagen bewegten, aus deren Fenstern weiße Tücher und Bänder geschwenkt wurden, die Farben des Protests. Das hämische Wort von der Revolution der Pelzmäntel machte die Runde. Unverkennbar kamen hier Menschen zusammen, die nicht nur über die materiellen Lebensverhältnisse in Europa, unter anderem durch Urlaubsreisen, sondern auch ziemlich gut darüber Bescheid wussten, wie dort Politik funktioniert, nämlich mit Bürgern, die sich nicht bevormunden lassen, und Regierenden, von denen sie ernst genommen werden. Funktionäre der kommunistischen und anderer kleiner Parteien reihten sich als Trittbrettfahrer in die Demonstrationen ein. Diese boten eine gute Gelegenheit, vor den Kameras die eigene Fahne zu schwenken. Ledig-

---

[302] Frank Nienhuysen: Russland steht auf. Bei den größten Demonstrationen seit Wladimir Putins Amtsantritt fordern die Menschen ein „Ende der Bevormundung", in: Süddeutsche Zeitung vom 27.12.2011, S. 7.
[303] Wer geht auf die Straße: die russische Mittelschicht, in: Russland-Aktuell, Internet-Zeitung, vom 27.12.2011, aufgerufen am 8.1.2012.

lich 13 Prozent der Befragten erklärten in einer Umfrage vom Februar 2012, dass sie die Parteien unterstützten, die sich an diesen Protesten beteiligten.[304]

Alles, was in der Hauptstadt geschieht, ist so wenig repräsentativ für den Rest des Landes, wie es Moskau und Petersburg für das übrige Russland sind. Westliche Lebensart hat dort am stärksten Fuß gefasst. Die Städte sind Magneten für Studierende, für erfolgreiche Geschäftsleute und für Menschen mit gehobener Bildung – kurz: Hochburgen der jungen Mittelschicht.

In Ruf- und Sichtweite der Protestdemonstrationen waren Gegendemonstrationen für die Staatspartei zu besichtigen; die Parteijugend Naschi machte mobil.[305] Die Teilnehmer, darunter Studenten und Staatsbedienstete, gaben ohne Umschweife zu, dass sie dafür einige Rubel auf die Hand bekamen, oder dass ihre Chefs daran erinnert hatten, dass sie ihr Brot bei einem staatlichen oder kommunalen Arbeitgeber verdienten.

Bemerkenswert an alledem: Die Protestierenden zeigten keine Angst, oder sie kalkulierten einfach darauf, dass man es nicht wagen würde, sie mitten in Moskau mit Polizeigewalt von der Straße und aus der Reichweite der Kameras zu vertreiben.

Der Fortgang der Ereignisse, auch das Abebben der Proteste nach der Präsidentenwahl, zeigte allerdings, dass hier nichts geschah, was ganz Russland erschüttert hätte. Die Lebenswelt der Moskauer und Petersburger Mittelschicht hat mit dem Milieu der Dörfer, den Existenznöten der Rentner und dem Alltag in den unansehnlichen städtischen Wohnquartieren so gut wie nichts zu tun. Im Februar 2012 prognostizierten in einer Umfrage 38 Prozent, die Proteste würden nach der Präsidentenwahl nachlassen.[306] Weiterhin waren 34 der Auffassung, Ursache der Proteste sei die Fälschung der Dumawahl. Dagegen sahen 38 Prozent die Ursache eher in der angestauten Unzufriedenheit mit der allgemeinen Situation des Landes. Den Unterstützern Putins bei Gegenveranstaltungen schrieben 37 Prozent der Befragten das Motiv zu, sie hätten Angst vor Veränderungen; 27 Prozent billigen ihnen wirkliche Zufriedenheit mit Putins Politik zu.[307]

Eine Bewegung, welche diese sozialen Welten hinter einem gemeinsamen politischen Motto vereinigen könnte, ist nicht in Sicht.[308] Nur sie aber könnte zur ernsthaften Herausforderung für das Regime werden.

---

[304] Russland Analysen, Nr. 235, vom 9.3.2012, S. 20, Tabelle 8.
[305] Frank Nienhuysen: Hier spricht die Macht. Putin gibt seine Zurückhaltung auf und versucht, die Oppositionellen als Feinde der Nation zu denunzieren, in: Süddeutsche Zeitung vom 6.3.2012, S. 2.
[306] Russland Analysen, Nr. 235 vom 9.3.2012, S. 21, Grafik 6.
[307] Ebd., S. 20, Tabellen 8 und 9.
[308] Das fehlende Gesicht der Opposition, in: Süddeutsche Zeitung vom 12.3.2012, S. 4.

Mochten die spontanen Demonstrationen tatsächlich nur Nadelstiche sein, zog es der vorgestrige und neue Regieführer im Kreml, Putin, gleich zu Beginn seiner dritten Amtsperiode vor, ihnen mit administrativen Maßnahmen den Boden zu entziehen. Gegen den Protest sämtlicher Oppositionsparteien, die aus diesem Anlass den Plenarsaal verließen, beschloss die Duma im Mai 2012 ein Gesetz, das die Organisatoren nicht genehmigter Demonstrationen mit horrenden Geldstrafen von bis zu einer Million Rubel (26.000 Euro) und die Teilnehmer an solchen Veranstaltungen mit einer Strafe von 300.000 Rubel (7.100 Euro) – bei einem Durchschnittsverdienst von umgerechnet 500 Euro – bedroht.[309] Auch die Polizei ging wieder härter gegen die Teilnehmer an spontanen Demonstrationen vor. Die Botschaft dahinter lässt keine Missverständnisse zu: Unkontrollierte Demonstrationen dürfen kein Bestandteil des politischen Alltags werden.

6.5 Die Machtvertikale: Die Rückkehr zum staatlichen Zentralismus in den Hülsen des Föderalstaates

Die Gouverneure der russischen Teilstaaten wurden seit 2004 nicht mehr von den Bürgern oder Parlamenten gewählt, sondern vielmehr vom Präsidenten ernannt. Gleichzeitig wurde den Teilstaaten ein Wahlsystem vorgeschrieben, nach dem die Hälfte der Parlamentarier über Parteilisten zu wählen waren. Zuvor war bereits das Parteiengesetz so gefasst worden, dass für die Wahlen sowohl in der Union als auch in den Teilstaaten allein Parteien kandidieren dürfen, die seit 2012 mindestens 40.000 Mitglieder haben müssen, die sich darüber hinaus auf mindestens 40 Teilrepubliken verteilen müssen und in denen jeweils 400 Mitglieder nachzuweisen sind. In den übrigen 38 Regionen genügt der Nachweis von 150 Mitgliedern. Eine angekündigte weitere Senkung der Zulassungsschwelle dürfte daran wenig ändern.

Diese Regeln sind darauf angelegt, die Erfolgsaussichten unabhängiger Kandidaten und regionaler Parteien zu schmälern. Sie benachteiligen aber auch Parteien, wie etwa die Kleinparteien der demokratischen Opposition, deren Anhang sich in den beiden russischen Großmetropolen konzentriert.

Im selben Kontext stand auch der Übergang zur Ernennung der Gouverneure. In der Ära Jelzin leistete die Regierungs- und Verwaltungsmacht gewählter Gouverneure der Entstehung regionaler Parteien und der Profilierung gegen Moskau Vorschub.[310] Mit Abschaffung der Gouverneurswahl lag es beim Präsidenten, einen Kandidaten für das Gouverneursamt vorzuschlagen. Im März 2009

---

[309] Duma erschwert Demonstrationen, in: Süddeutsche Zeitung vom 6./7.6.2012, S. 7.
[310] Henry E. Hale: Explaining Machine Politics in Russia's Regions: Economy, Ethnicity and Legacy, in: Post-Soviet Affairs, 19. Jg. (2003), S. 228-263.

– der neue Präsident Medwedew hatte bereits zehn Gouverneure ernannt – wurde dieses Vorschlagsrecht dahin modifiziert, dass der Präsident seine Auswahl aus einer Liste treffen musste, die vom Parlament des betreffenden Teilstaates zu beschließen war. Sämtliche im Parlament vertretenen Parteien mussten auf dieser Liste berücksichtigt werden. Was auf den ersten Blick wie ein Stück Korrektur in Richtung auf die stärkere Beteiligung der Parlamente anmutete, entpuppte sich bei näherem Hinsehen als ein Vetorecht der Staatspartei gegen missliebige Vorschläge des Präsidenten.[311] Zwar konnte der Präsident den Vorschlag einer anderen Partei aufgreifen. Die Mehrheit der Parlamentarier, die dem Vorschlag zustimmen mussten, stand und steht aber in den meisten Teilstaaten auf der Liste Einiges Russland.[312] Lediglich zehn der insgesamt 83 regionalen Regierungschefs gehörten Ende 2010 nicht der Staatspartei an.[313]

In 20 Parlamenten erreichte Einiges Russland in den Regionalwahlen des Oktober 2010 über 50 Prozent, in 25 Parlamenten über zwei Drittel und in 37 Parlamenten sogar mehr als drei Viertel der Mandate. Weil die Mehrheitsfraktion nur dort vollständig die Verfahren beherrscht, wo sie zwei Drittel der Mandate kontrolliert, ist sie in 21 Regionalparlamenten auf die Kooperation mit anderen Parteien angewiesen.[314] Lediglich in St. Petersburg und in der Industriemetropole Jekaterinburg verfehlte Einiges Russland die absolute Mehrheit. In sieben Teilrepubliken zählte die Staatspartei sogar über 90 Prozent der Abgeordneten.[315] Ein Beobachter charakterisiert diese Verhältnisse als Autoritarismus per Staatspartei.[316]

Die Mitgliedschaft in der Staatspartei ist ein Muss für alle, die etwas zu verlieren haben oder ihre Situation verbessern wollen. Deshalb sind reiche und mächtige örtliche Unternehmer in den heute 83 Regionen noch genauso präsent wie in der Ära Jelzin. Sie betreiben ihre wirtschaftlichen Interessen nur nicht mehr mit den Mitteln maßgeschneiderter regionaler Parteien, sondern in den Reihen der Staatspartei. Unter dem Dach von Einiges Russland ziehen die Politi-

---

[311] Frank Nienhuysen: Neue Fürsten in der Provinz, in: Süddeutsche Zeitung vom 26.2.2010, S. 7.
[312] Dazu und im Folgenden Joel C. Moses: Russian Local Politics in the Putin-Medvedev Era, in: Europe-Asia Studies, 62. Jg. (2010), S. 1437ff.
[313] Joel Moses: Medvedev, Political Reform, and Russian Regions, in: Problems of Post-Communism, 58. Jg. (2011), S. 20.
[314] Ksenia Chepikowa: Wie stark ist Putins Partei in den Regionen? Fraktionelle Zusammensetzung der Regionalparlamente, in: Russland-Analysen, Nr. 211 vom 3.12.2010, S. 14f.
[315] Cameron Ross: The Rise and Fall of Political Parties in Russia's Regional Assemblies, in: Europe-Asia Studies, 63. Jg. (2011), S. 441.
[316] Vladimir Gelman: Der subnationale Autoritarismus in Russland, in: Russland-Analysen, Nr. 191 vom 6.11.2009, S. 4.

ker der Teilstaaten keineswegs an einem Strang, sondern verfolgen höchst unterschiedliche Eigeninteressen.[317]

Parakonstitutionelle Einrichtungen lagern sich um die in der Verfassung aufgeführten Institutionen. So existiert ein Staatsrat, in dem der Präsident mit den Chefs der Republiken zusammenkommt. Die vom Präsidenten ernannten Gouverneure und Bürgermeister erfahren dort höchstpersönlich, was von ihnen erwartet wird. Auf der legislativen Seite existiert ein Rat der Legislatoren, dem die Präsidenten der Regionalparlamente angehören; den Vorsitz führt der Präsident des Föderationsrates. Beide Räte haben keinerlei Bedeutung.[318] Putin richtete darüber hinaus einen Präsidentenrat zur Verwirklichung nationaler Projekte ein (Wirtschaftspolitik, Infrastruktur). Die Leitung dieses Rates war zeitweise dem späteren Präsidenten Medwedew anvertraut.

Der Präsident beanspruchte darüber hinaus, die Gouverneure zu entlassen. Die Rechtsgrundlage dafür war mehr als dürftig, die Praxis als solche ist inzwischen aber etabliert. Ergänzende Bestimmungen unterstreichen die enge Kontrolle der Zentralregierung. In der Präsidialverwaltung wird eine Kaderliste mit geeigneten Kandidaten für frei werdende Verwaltungspositionen geführt. Die Kandidaten werden aus einer Personalreserve rekrutiert. Sie sollen sich durch Kompetenz, Verwaltungserfahrung und Fähigkeiten im Management auszeichnen. Dahinter steht die Idee, den Nährboden für Korruption und Inkompetenz auszutrocknen.[319] Präsident Medwedew legte darüber hinaus fest, kein Gouverneur dürfe älter als 50 sein. Vom März 2009 bis zum April 2010 wurden 25 neue Gouverneure ernannt und lediglich 17 weitere im Amt bestätigt. Die Staatspartei entwickelte daraufhin selbst einige Prüfsteine für ihren Listenvorschlag an den Präsidenten.[320] Bei der Nach- und Neubesetzung der regionalen Verwaltungschefs setzte Interimspräsident Medwedew eigene Akzente. Zählt man ab Beginn seiner Amtszeit, gab es im Mai 2010 41 neue Gesichter in den Reihen der Republikchefs, darunter sehr viele bedeutend jünger als die älteren Kollegen.[321]

Nicht Erfahrung und Vertrautheit mit den örtlichen Verhältnissen zählten beim neuen Gouverneurstypus, sondern die Passgenauigkeit im Erwartungsprofil der Präsidialadministration. Ein Problem des ernannten Gouverneurs war die Tatsache, dass die entsprechenden Kandidaten im Unterschied zu den gewählten

---

[317] Aleksandr Kyev: Distinctive Features of Interparty Struggle in the Russian Regions, in: Russian Politics and Law, 49. Jg. (2011), S.76, 83ff.
[318] Cameron: Federalism and Inter-Governmental Relations, S. 175ff.
[319] Moses: Medvedev, Political Reform, and Russian Regions, S. 18.
[320] Ebd., S. 20.
[321] Helge Blakkisrut: Medvedev's New Governors, in: Europe-Asia Studies, 63. Jg. (2011), S. 369, 372.

Gouverneuren oft keinerlei Erfahrung in der Auseinandersetzung mit den Bürgern und Regionalparlamentariern besaßen.[322]

In der Ära der gewählten Gouverneure genossen die Teilstaaten eine Zeitlang Autonomie. Nicht wenige darunter fuhren gut mit Verwaltungschefs, die sich auf die örtlichen Verhältnisse eingestellt hatten. Die Ernennung ortsfremder Gouverneure führte vereinzelt zu heftigen Konflikten. In einigen Fällen wurden diese Gouverneure wieder aus dem Verkehr gezogen, um Ruhe einkehren zu lassen. Bis 2010 ging die Entlassung der Gouverneure meist unspektakulär vonstatten. Betroffen waren in aller Regel ferne Regionen in Sibirien und in den notorisch unruhigen und von extremer Korruption gezeichneten Republiken des nördlichen Kaukasus. Für Letztere, eine notorische Krisenzone, wurde Anfang 2010 eigens ein neuer, achter Föderationskreis gebildet.

Der Übergang zur Ernennung der Gouverneure hatte einen rationalen Kern. In den 1990er Jahren eroberten Allianzen lokaler Politiker und örtlicher Wirtschaftsgrößen die Regionen. Diese Praxis sollte unterbunden werden. Bis heute verhält es sich noch so, dass Geschäftsleute und Manager mittlerer bis großer Unternehmen bis zu 80 Prozent der Regionalparlamentarier stellen.

Das Verhältnis des Kremls zum lokalen Business war ambivalent. Zum einen betrieb die lokale Geschäftswelt ein Lobbying bei der Präsidialadministration, um einen ihr genehmen Gouverneur zu bekommen. Zum anderen ging der Kreml selbst auf erfolgreiche Unternehmer zu, um sie für die Kandidatur zu gewinnen. Wir beobachten hier also, ähnlich wie im Verhältnis der Staatsführung zu den Mega-Konzernen, ein Verschwimmen der Grenzen zwischen Politik und Geschäftswelt.[323]

Vorbereitet von einer Kampagne der staatlich kontrollierten Medien, vollzog sich im Oktober 2010 die Ablösung des Bürgermeisters Juri Luschkow, Regierungschef des Moskauer Stadtstaates. Ihm wurden Korruption und Begünstigung der Geschäfte seiner Ehefrau vorgeworfen, die als Bauunternehmerin zur Liga der Superreichen Russlands gehört. Die Missstände in der Hauptstadt und der luxuriöse Lebenswandel des Bürgermeisters drohten Präsident Medwedew angelastet zu werden, der nichts dagegen unternahm. Luschkows Entlassung wurde als ein Akt der politischen Reinigung inszeniert. Inzwischen der letzte unter den noch mächtigen russischen Politikern der ersten Stunde, war Luschkow, der sich überaus stark wähnte, für Präsident und Regierungschef unberechenbar geworden. Er wurde durch Sergei Sobjanin ersetzt. Dieser war bis 2008

---

[322] Ebd., S. 375ff.
[323] Elena Chebankova: Business and Politics in the Russian Regions, in: Journal of Communist Studies and Transition Politics, 26. Jg. (2010), S. 34, 39ff.

Putins Stabschef im Kreml und im Zeitpunkt der Ernennung zum Moskauer Bürgermeister Erster Stellvertretender Ministerpräsident.[324]

Für die Gouverneursposten wurden durchweg Kandidaten vorgeschlagen, die wenig eigenes Profil zeigten, die ferner ihre Finger von den Medien ließen und die schließlich auch sonst Gewähr boten, die vom Zentrum bestimmten Spielregeln einhalten. Wie die Kommandeure des Verteidigungs- und Staatssicherheitskomplexes sind diese Kandidaten Bestandteil einer Moskauer Nomenklatura. Sie werden an beliebigen Plätzen eingesetzt.

Das „Einfliegen" ortsfremder Gouverneure ging nicht immer reibungslos vonstatten.[325] Im südrussischen Oblast Samara wurde 2007 der langjährige Gouverneur Konstantin Titow entlassen. Er hatte das Gebiet zuvor 18 Jahre lang verwaltet. In Samara gab es relativ große Pressefreiheit, die Arbeit der Oppositionsparteien wurde nicht groß behindert. Der Gouverneur erfreute sich einer gewissen Popularität und war im Jahr 2000 sogar als – aussichtsloser – Präsidentschaftskandidat gegen Putin angetreten. Er wurde durch Wladimir Artyakow ersetzt, einen früheren Nachrichtendienstler, der sogleich einen harten autoritären Kurs einschlug. Die Wähler quittierten diesen Oktroi bei nächster Gelegenheit mit deutlichen Stimmenverlusten für die Staatspartei.[326]

Einige Regionen haben überragende wirtschaftliche und politische Bedeutung. Dies gilt etwa für die Republik Tatarstan. Es handelt sich um eine hochindustrialisierte Republik mit tatarischer Mehrheit. Die dort lebenden Tataren, mehrheitlich sunnitische Muslime, sind jedoch sind denkbar stark an russische Sprache und Lebensweise assimiliert.[327] Diese Republik befand sich seit 1992 fest im Griff ihres autoritären Präsidenten Mintimer Schaimiew. Eigentlich war der Übergang zur Ernennung der Gouverneure dazu bestimmt, starke Führungspersönlichkeiten wie Schaimiew aus dem Verkehr zu ziehen. Um in dieser wichtigen Region aber keine Unruhe zu provozieren, arrangierte sich Moskau: Es ließ die Cliquen und Klans gewähren, die sich um den Tatarenpräsidenten gebildet hatten. Schaimiew kam Moskau entgegen, indem er mit Beginn der Putin-Präsidentschaft den Vorrang der föderalen Steuer- und Sicherheitsgesetze akzeptierte. Seine Nachfolge wurde in der Weise bewerkstelligt, dass die unter dem

---

[324] Frank Nienhuysen: Sobjanin wird Moskauer Bürgermeister, in: Süddeutsche Zeitung vom 16./17.10.2010, S. 9; Ders.: „Mach' ihn fertig, in: Süddeutsche Zeitung vom 29.9.2010, S. 2; Sonja Zekri: Sergej Sobjanin. Neuer Bürgermeister von Kremls Gnaden, in: Süddeutsche Zeitung vom 18.10.2010, S. 4.
[325] Rostislav F. Turovski : How Russian Governors are Appointed: Inertia and Radicalism in Central Policy, in: Russian Politics and Law: A Journal of Translations, 48. Jg. (2010), S. 58-80.
[326] Moses: Russian Local Politics, S. 1442f.
[327] Frank Nienhuysen: Der Friede von Kasan. Im Land der Tataren leben Christen und Muslime gewaltfrei zusammen – und doch wittert die misstrauische Regierung im fernen Moskau überall Extremismus, in: Süddeutsche Zeitung vom 2./3.7.2011, S. 10.

Vorgänger gereiften Strukturen weiterhin zum Zuge kamen: Ein langjähriger Mitarbeiter Schaimiews, Rustam Minnichanow, zugleich der tatarische Ministerpräsident, wurde zum Nachfolger ernannt.[328] Solange der Primat der Zentralregierung garantiert war, mochte Tatarstan eigene Wege gehen.

In den zu Russland gehörenden nördlichen Kaukasusrepubliken toleriert Moskau sogar den Republikchef Tschetscheniens, Ramsan Kadyrow. Dieser führt sich nicht anders auf als die Autokraten in den regimepolitischen Schlechtwetterecken des Globus – selbstherrlich, bereicherungssüchtig und brutal. Er herrscht mit einer bewaffneten Miliz, stellt nach außen muslimische Frömmigkeit zur Schau und lässt Kritiker aus dem Weg räumen – kurz: Verhältnisse, die im übrigen Russland undenkbar wären. Aber er ist nützlich, weil er die Autorität Moskaus respektiert.[329] Anderswo im Kaukasus, so im ethnisch zersplitterten Dagestan, arrangiert sich Moskau mit einer Vielzahl von Stammes- und Klanchefs; als Aushängeschild dient ein schwacher Formalpräsident.[330] Von der islamisch-konservativen Gesellschaft des Kaukasus droht kein Liberalisierungsfunke ins übrige Russland überzuspringen. Deshalb gibt es wenig Grund, dort nicht großzügig zu sein, solange kein Separatismus droht. In den sperrigen, oft am Rande des Bürgerkriegs lavierenden Republiken, darunter Inguschetien und Ossetien, die in der jüngsten Vergangenheit auch Operations- und Rückzugsräume kaukasischer Islamistengruppen waren, gilt die Devise: Existieren Strukturen, die den Bürgerkrieg verhindern und die Autorität Moskaus respektieren, stören diese Schmutzecken im russischen Staat nicht weiter.

Die Exklave Kaliningrad, das vormalige Nordostpreußen, fällt gesamtstaatlich nicht ins Gewicht. Umschlossen von Mitgliedstaaten der Europäischen Union und bewohnt von Menschen, welche die Unterschiede zwischen dem eigenen und dem europäischen Lebensstandard handgreiflich spüren und die dazu in baulichen Zeugnissen, im Tourismus und im historischen Wissen von der deutschen Vergangenheit umgeben sind, findet sie in der Hauptstadt allerdings besondere Beachtung.[331] Die Empörung kochte hoch, als der Kreml 2009 die Importzölle auf Autos heraussetzte und damit den Autohändlern vor den Toren der europäischen Neu- und Gebrauchtwagenmärkte das Geschäft verdarb. Als im Januar 2010 die ortsverwurzelte Verwaltungsspitze abgelöst und durch Orts-

---

[328] V. V. Mikhailov: Authoritarian Regimes of Russia and Tatarstan: Coexistence and Subjection, in: Journal of Communist Studies and Transition Politics, 26. Jg. (2010), S. 471-493.

[329] John Russell: Kadyrov's Chechnya – Template, Test or Trouble for Russia's Regional Policy, in: Europe-Asia Studies, 63. Jg. (2011), S. 509-528.

[330] Hans Oversloot und Ger P. van den Berg: Politics and the Ethnic Divide: Is Dagestan Changing from Complex to Simple Oligarchy?, in: Journal of Communist Studies and Transition Politics, 21. Jg. (2005), S. 307-331.

[331] Yury Zverev: Kaliningrad: Problems and Paths of Development, in: Problems of Post-Communism, 54. Jg. (2007), S. 9-25.

fremde ersetzt wurde, kam es zu heftigen Demonstrationen. Der Kreml entschloss sich, nachzugeben und seinen handverlesenen Gouverneur wieder aus dem Verkehr zu ziehen.[332]

Einige Teilstaaten stehen unter besonderer Beobachtung, etwa der hochindustrialisierte Oblast Jekaterinburg (früher Swerdlosk) im Ural. Er wurde gut 15 Jahre lang bis 2009 von einem der bekanntesten Lokalpolitiker des Landes, Eduard Rossel, verwaltet. Einige Regionen, etwa der Oblast Kemerovo mit seinem Kusbass-Kohlerevier und der Nationale Kreis Krasnojarsk mit seinen Gruben, Industrien und Energieanlagen exportieren stark nach China und sind durch Rohstofflieferungen auch eng mit der ukrainischen Wirtschaft verflochten.[333]

In sowjetischer Zeit war das große und menschenleere Sibirien von größter strategischer Bedeutung. Mit dem Zusammenbruch der Sowjetunion und dem Ende des Kalten Krieges entfielen die Gründe, im polaren Norden die vorhandene Infrastruktur zu pflegen und den Menschen den Verbleib in der unwirtlichen Region zu erleichtern. Die Einstellung der Infrastruktur- und Einkommenssubventionen hatte dort eine massive Entvölkerung zur Folge.[334]

Der Fernöstliche Föderationskreis, insbesondere der Nationale Kreis Wladiwostok an der Gegenküste zu den USA war in der Sowjetzeit noch eine hochgerüstete Sperrzone. Vom Ende der Sowjetunion war er besonders stark betroffen. Die Garnison wurde drastisch verkleinert und die Infrastruktur vernachlässigt. Im Bemühen, den Menschen, die nicht abgewandert waren, eine Existenz zu sichern, knüpften lokale und regionale Politiker und Unternehmer in eigener Initiative Wirtschaftsbeziehungen zum chinesischen Nachbarn. China bot sich als Absatzmarkt für Bauholz an, ein grenzüberschreitender Handel kam in Gang. Es lohnte sich, auf der anderen Seite der Grenze einzukaufen, chinesische Unternehmer und Vertragsarbeiter fassten Fuß.

Der Ferne Osten entwickelte sich zum Absatzmarkt für japanische Gebrauchtfahrzeuge, Pkws, Lkws und Baufahrzeuge. Sie waren günstiger zu erwerben und hatten eine bessere Qualität als russische Fabrikate. Um das japanische Auto entstanden Reparaturgewerbe, Handel und Ersatzteilproduktion. Kostengünstige chinesische Konsumgüter eroberten die lokalen Märkte. Es schien, als integriere sich die Region als Randgebiet in die ostasiatische Wachstumsregion. Die lokalen Behörden sahen großzügig darüber hinweg, dass die Wirtschaftspraktiken im Reise- und Straßenverkehr gegen die eine oder andere Vor-

---

[332] Moses: Russian Local Politics, S. 1442.
[333] Elvira Abrazakova: Western Siberia, Central Asia, and China, in: Problems of Post-Communism, 54. Jg. (2007), S. 554ff.: Andrew Yorke: Business and Politics in Krasnoyarsk Krai, in: Europe-Asia Studies, 55. Jg. (2003), S. 241-262.
[334] Robin Round: Revealing Russia's Geography: The Challenges of Depopulating the Northern Periphery, in: Europe-Asia Studies, 57. Jg. (2005), S. 705-727.

schrift verstießen. Der Erfolg gab ihnen recht, die Abwärtsentwicklung kam zum Stillstand.

Moskau beäugte diese Entwicklung dennoch mit Argwohn.[335] Es drängte auf die Einhaltung gesamtrussischer Gesetze, die darauf angelegt waren, die Produzenten im eigenen Lande zu schützen. Offene Märkte wurden künftig unterbunden, die Gepäckkontrollen bei Einkaufstouristen in China verschärft. Als Folge verkümmerte die fernöstliche Wirtschaft erneut. Proteste flammten auf. Grenzüberschreitende Projekte mit China schliefen ein.[336] Als mit der Weltfinanzkrise auch in Russland die Konjunktur einbrach, hob die Regierung zum Schutz der heimischen Autoproduzenten Anfang 2009 die Zölle auf Importautos an. Diese Maßnahme war in den Teilstaaten des Fernöstlichen Föderationskreises höchst unpopulär. Die Fahrzeugflotte besteht zum großen Teil aus japanischen Fabrikaten mit Rechtslenkung; Ersatzteillogistik, Reparaturgewerbe und Fahrzeughandel sind auf diese Art Autos ausgelegt. Die Proteste waren so heftig, dass sich die Moskauer Regierung entschloss, Spezialeinheiten der Polizei ins 9.000 km entfernte Wladiwostok zu schicken.[337]

An diesem Beispiel zeigt sich, wo Moskau die Prioritäten setzt: beim Primat politischer Kontrolle bis in den äußersten Winkel des Staatsgebiets. Aber auch hier zeigten sich Grenzen. Moskau setzte 2007 Nikolai Kolesow als Gouverneur des fernöstlichen Gebiets Amur ein. Aus seiner bisherigen Erfahrung in der Republik Tatarstan an einen autoritären Stil gewohnt, stieß er im Fernen Osten, wo sich die Menschen von jeher von Moskau vernachlässigt sehen und inzwischen mit ortsverwurzelten Politikern weiche Regierungspraktiken zu schätzen gelernt hatten, auf Ablehnung. Er brachte die Öffentlichkeit, das Parlament und die örtliche Wirtschaft dermaßen gegen sich auf, dass sich Präsident Medwedew zwei Jahre später im Hagel der Proteste entschloss, ihn wieder abzuziehen.[338]

Womöglich steht die Fernostregion vor einer einschneidenden Strukturreform. Der Duma lag im April 2012 ein Gesetzentwurf für die Entwicklung des östlichen Sibirien und des Fernen Osten vor. Er sieht die Schaffung einer Staatsgesellschaft vor, die den Auftrag hat, Investoren dafür zu gewinnen, die Rohstoffe auszubeuten und die Waldflächen wirtschaftlich zu nutzen und die Infrastruktur entsprechend auszurichten. Unternehmen, die dafür Geld fließen lassen, sol-

---

[335] L. E. Bliakher und L.A. Vasil'eva: The Russian Far East in a State of Suspension: Between the "Global Economy" and "State Tutelage", in: Russian Politics and Law: A Journal of Translations, 48. Jg. (2010), S. 80-95.
[336] Gilbert Rozman: Strategic Thinking about the Russian Far East: A Resurgent Russia Eyes Its Future in Northeast Asia, in: Problems of Post-Communism, 55. Jg. (2008), S. 49ff.
[337] Overland/Kutschera: Pricing Pain, S. 323f.
[338] Moses: Russian Local Politics, S. 1443f. Weitere Beispiele bei Nikolay Petrov: Regional Governors under the Dual Power of Medvedev and Putin, in: Journal of Communist Studies and Transition Politics, 26. Jg. (2010), S. 280ff.

len weitreichende Steuerprivilegien erhalten und in Abstimmung mit der Staatsgesellschaft auf Jahrzehnte freie Hand bei ihren geschäftlichen Operationen bekommen. Die Gesellschaft untersteht direkt dem Präsidenten. Anderen Behörden ist es verwehrt, in ihre Aktivitäten einzugreifen. Damit wäre auch die Autonomie der Teilstaaten dieser Gebiete weitgehend dahin.[339] Vorbereitend wurde im Mai 2012 ein Ministerium für die Entwicklung des Fernen Ostens eingerichtet.

Völlig überraschend und vorrangig wohl in der Absicht, die Proteste gegen den Verlauf der Duma-Wahl von 2011 zu dämpfen, kündigte Präsident Medwedew Ende Dezember 2011 an, dass die Gouverneure künftig wieder gewählt werden sollen. Er erfüllte damit eine Forderung der Opposition. Die Gründe für die frühere Entscheidung, die Wahl der Gouverneure abzuschaffen, hatten sich zu diesem Zeitpunkt erledigt. Ging es 2003 darum, mit der Ernennung der Gouverneure die zentrale Staatsautorität zu restaurieren, die in der Ära Jelzin stark gelitten hatte, stand acht Jahre später die Autorität Moskaus in den Regionen nicht mehr infrage. Mit Einiges Russland existierte inzwischen eine Staatspartei, die trotz deutlicher Popularitätsverluste weiterhin eine Mehrheit in der Duma sowie die Regierung stellte. Wie die oben aufgeführten Beispiele zeigen, fügen sich die Menschen, teils auch die Regionalparlamente einiger Regionen nicht mehr selbstverständlich in das, was ihnen von Moskau vorgesetzt wird.

Das Gesetz zur Wiedereinführung der Gouverneurswahl verlangte für eine gültige Kandidatur fünf bis zehn Prozent Unterstützer in den Gemeinderäten des betreffenden Teilstaates. Auch in den Kommunen ist Einiges Russland dominant. Damit auch die politisch uninteressierten Wähler wissen, was von ihnen erwartet wird, hat der Präsident darüber hinaus das Recht, sich für einen der Kandidaten zu erklären.[340] Dies alles sollte genügen, um im Regelfall den Kandidaten des Kreml ins Amt zu bringen. Es schließt aber nicht aus, dass unter ungünstigen Bedingungen auch ein Kandidat der nationalen Oppositionsparteien das Rennen macht.

Schließlich wurden in der Putin-Ära auch die Gemeinden einer stärkeren Kontrolle der Staatspartei unterworfen.[341] In den Kommunen hat die Staatspartei den schwersten Stand. Bekannte Gesichter aus dem lokalen Umfeld haben die beste Chance, gewählt zu werden. Zwar werden die Bürgermeister nach wie vor direkt gewählt. Aber für die Gemeindevertretungen gilt seit 2003 ein Mischwahl-

---

[339] Russlands Ferner Osten: "Staat im Staate", in: Russland heute vom 20.4.2012. http://russland-heute.de/articles/2012/04/20/russlands_ferner_osten_staat_im_staate, aufgerufen am 12.5.2012.
[340] Anna Arutunyan: Critics Decry Governor Bill, in: Moscow News vom 10.5.2012, http://themosocownews.com/politics/20120426/189670658.html, aufgerufen am 10.5.2012.
[341] Moses: Russian Local Politics., S. 1429ff.

system aus Listen- und Direktwahl. Die Listenwahl verschafft Einiges Russland selbst dort eine Repräsentanz, wo seine Kandidaten in der direkten Konkurrenz mit anderen Kandidaten schlechte Chancen hätten. Das Amt des Bürgermeisters wurde 2005 zusätzlich entwertet. Wenn die Gemeinde es will, tritt ein Stadtdirektor, der vom Gemeinderat, also von den Parteien gewählt wird, neben den Bürgermeister. In einem Drittel der russischen Gemeinden ist dieser City Manager bereits installiert. Er vollzieht den Haushalt und leitet die kommunalen Behörden. Sind die kommunalen Parteien mit seiner Arbeit nicht zufrieden, kann er von der Kommunalvertretung abgewählt werden.

Gemeinden und Regionen bieten den politischen Kräften neben der Staatspartei bessere Voraussetzungen als die Moskauer Politikszene, Regierungs- und Verwaltungserfahrung zu sammeln, in der lokalen Bevölkerung ein Vertrauenskapital zu erarbeiten und sich als glaubwürdige Alternative zur Staatspartei anzubieten. In großen Städten (Jaroslawl, Astrachan, Omsk) der Provinz fordern teils bereits mit Erfolg unabhängige Kandidaten Einiges Russland bei den Bürgermeisterwahlen heraus und protestieren die Bürger gegen die Manipulation der Wahlergebnisse durch die örtlichen Behörden.[342]

---

[342] Julian Hans: Erfolgreich gegen den Kreml, in: Süddeutsche Zeitung vom 3.4.2012, S. 7; Frank Nienhuysen: Widerstand in der Provinz, in: Süddeutsche Zeitung vom 17.4.2012, S. 8.

7 Die weltwirtschaftlichen Nahtstellen der Innenpolitik zur Staatenwelt

7.1 Russland als Rohstoffökonomie

Die immense Weltnachfrage nach Heizenergie sowie Treib- und Schmierstoffen bringt die Öl und Gas produzierenden Staaten in eine komfortable Lage. Zwar müssen auch sie hin und wieder Einbußen hinnehmen. Doch solange der Vorrat reicht, verschafft ihnen die weltweite Abhängigkeit vom Öl eine sichere Einnahmequelle. Dies gilt für Russland um nichts weniger als andere Staaten, deren ökonomische Entwicklung auf Rohstoffen basiert. Zwar stehen Öl und Gas im Mittelpunkt der russischen Exportbilanz. Aber das Land hat einiges mehr an Rohstoffen zu bieten, die es ebenfalls zu einem begehrten Lieferanten für die Weltwirtschaft machen. In Mittelsibirien, um Norilsk, wird weltweit nachgefragtes Nickel abgebaut (Konzern Nickel Norilsk), in Westsibirien, in Kemerowo (Kusbass) Kohle, die teils nach China und in die Ukraine exportiert, teils in der örtlichen Stahl- und Aluminiumherstellung verwendet wird.

Die Rentenökonomie ist ein zweifelhafter Segen. Die Einkünfte alimentieren die Staats- und Sicherheitsapparate und in Russland auch den Sozialstaat. Sie haben eine Bourgeoisie entstehen lassen, die am Import von Luxusgütern für die Eliten und für die kaufkräftigen Schichten verdient. Investitionen in die Industrie brauchen demgegenüber ihre Zeit, um sich auszuzahlen. Wozu im eigenen Lande herstellen, was das Ausland zu günstigen Preisen anbietet? Als der russische Staat seine Hand auf die Rohstoffe legte, verlegte sich westliches Kapital auf die Geschäftsfelder des Fast food, der Soft drinks, der Baumärkte und der Möbelangebote für die Eigenmontage. Der Staat zeigte hier keinerlei Interesse, Schutzzäune zu errichten, hinter denen eine russische Konkurrenz hätte aufwachsen können.[343] Im Jahr 2008 kontrollierte er aber bereits 80 Prozent der Gas- und 40 Prozent der Ölproduktion.[344]

Expandierte die zaristische Ökonomie durch die Erschließung neuer Anbauflächen bis nach Sibirien und Zentralasien, die stalinistische Ökonomie im Zeitalter der Schwerindustrie durch die Ausbeutung der Arbeitsbevölkerung und der

---

[343] Hillel Ticktin: The Inherent Instability of the Ruling Elite?, in: Stephen White (Hrsg.), Politics and the Ruling Group in Putin's Russia, London 2008, S. 79.
[344] Samuel Charap: No Obituaries Yet for Capitalism in Russia, in: Current History, October 2009, S. 334.

Rohstoffvorkommen, befindet sich das gegenwärtige Russland in einer günstigeren Situation. Es verkauft Energie, und die Energieförderung beansprucht hauptsächlich eine Technologie, für die es keiner Arbeitermassen und keiner Fabriken bedarf. Öl, Gas und andere Rohstoffe finanzieren die wirtschaftliche Modernisierung – in staatlicher Regie. Diese Vorstellung legte Putin bereits in seiner unveröffentlichten Dissertation dar.[345] Die Anfang 2012 ventilierten Pläne zur Erschließung der sibirischen und fernöstlichen natürlichen Ressourcen durch eine protostaatliche Wirtschaftsgesellschaft bekräftigen, dass diese Linie weiter verfolgt wird. Putins Finanzminister Alexej Kudrin, Fürsprecher einer anderen Wirtschaftspolitik, dem nachgesagt wurde, mit der von Putin in der Endphase des Präsidentenwahlkampfs angekündigten Steigerung der Militärausgaben nicht einverstanden zu sein, erklärte Ende 2011, unter einem Regierungschef Medwedew, der dies alles ohne Widerspruch hinnahm, nicht mehr arbeiten zu wollen; er schied aus der Regierung aus.

Eines zieht sich als Konstante durch die Zeiten: Russland setzt auf seine riesige Fläche mit ihren noch nicht ausgeschöpften natürlichen Ressourcen, um als Staat zu bestehen und heute auch, um als strategischer Spieler in der Weltwirtschaft mitzuhalten.[346] Wo viel Geld vorhanden ist und Bankgeschäfte, Handel und Import/Export Talente anziehen, kommt es zur Unterbewertung des auf Anwendung bezogenen Wissens der Ingenieure. Hinzu kommt, dass sich die Massenkaufkraft im bescheidenen Rahmen hält.

In der Logik des Rentenstaates, die viele Parallelen in außereuropäischen Rentenökonomien findet, werden Infrastruktur und Landwirtschaft vernachlässigt. Dies fand seinen jüngsten und geradezu dramatischen Ausdruck in den Feuersbrünsten, die im Juli/August 2010 zunächst um Moskau wüteten, in der Metropole die Sicht vernebelten und zahlreiche Hauptstädter veranlassten, das Weite zu suchen oder das Freie zu meiden. War hier die Ursache eine ökologisch unvernünftige, seit Jahrzehnten betriebene Austrocknung natürlicher Moore, stellten sich durch Extremtemperaturen und Brandstifter bis hin zum Ural bald weitere Feuer ein. Für unseren Zusammenhang ist die Tatsache der Katastrophe als solche weniger bemerkenswert als die Mängel in der Forstbewirtschaftung und im Brandschutz, die bei dieser Gelegenheit ans Licht kamen. Sie waren nur ein Beispiel für den Verfall der Infrastruktur, die schon in sowjetischer Zeit nicht üppig war, aber durch übereilte Privatisierung und Unterfinanzierung noch schlechter geworden ist. Zwar wurden in den vergangenen Jahren großzügig Konzessionen erteilt, um aus der Abholzung russischer Wälder schnelles Geld zu

---

[345] V. Putin: V. Putin's Academic Writing and Russian Natural Resource Policy, in: Problems of Post-Communism, 53. Jg. (2006), S. 48-54.
[346] Allen C. Lynch: How Russia Is not Ruled: Reflections on Russian Political Development, Cambridge 2005, S. 26.

machen. Gleichzeitig wurden die Forstverwaltung und das ländliche Feuerwehrwesen vernachlässigt. Hier handelt es sich nur um ein besonders dramatisches Beispiel. Kleinere Katastrophen, die durch veraltete Technik, versäumte Wartung oder einfach durch einen zur zweiten Natur gewordenen Schlendrian verursacht werden, Trunkenheit von Schiffs- oder Flugzeugführern, dilettantische Beseitigung von Altmunition, neue Straßen, die kurz nach der Freigabe schon wieder unbefahrbar sind, sind Alltagsgeschehen.

Die russische Landwirtschaft liegt über zwei Jahrzehnte nach dem Ende des Sozialismus immer noch danieder: Die Abkehr Russlands von Planwirtschaft und Staatseigentum wurde hauptsächlich im Bereich der Rohstoffwirtschaft und in einigen Industriebereichen konsequent betrieben. Die Landwirtschaft, ein notorisches Sorgenkind bereits des Sowjetsystems, versprach wenig Verdienstmöglichkeiten. Die bäuerlichen Genossenschaften existierten in neuer Rechtsform weiter. Nur wenige Bauern versuchten sich als selbständige Landwirte. Bis heute ist die Kolchose der Mittelpunkt des ländlichen Lebens. Wo sich etwas in Richtung Modernisierung tut, geschieht es meist in Regionen und Produktbereichen, in denen sich die kapitalintensive Landwirtschaft lohnt. Genossenschaften und Einzelbauern fehlt es an Kapital. Statt ihrer wenden sich private Unternehmen, die primär im Banken- und Industriesektor tätig sind, dem Landkauf und der industriell betriebenen Landwirtschaft zu.[347]

Der Vorstoß von Kapitalgesellschaften in die Agrarwirtschaft ist ein Phänomen, das wir auch in den USA antreffen, wo es seinen Ursprung hatte. Er greift auch in den EU-Ländern Platz. Der trotz allem grundlegende und für Russland nachteilige Unterschied: Traditionelle bäuerliche Landwirtschaft, d.h. Familienbetriebe prägen dort immer noch das Gesamtbild. In Russland wurde die bäuerliche Landwirtschaft hingegen vor 80 Jahren nachhaltig vernichtet. Außerhalb der fruchtbaren Schwarzerdezone dient die Landwirtschaft hauptsächlich der Subsistenz einer durchweg armen und überalterten Landbevölkerung.[348]

Dennoch hat sich seit Beginn des neuen Jahrtausends einiges getan. Die großen, produktiven Betriebe werden gefördert, vor allem, um ihren Beitrag zur Lebensmittelproduktion zu steigern. Auch Anreize für kleine, private Landwirte wurden geschaffen. Ausländische Agrarunternehmer wurden willkommen geheißen, ihr Know-how auf Großflächen anzuwenden, von denen sie in ihren Her-

---

[347] Grigory Ioffe: The Downsizing of Russian Agriculture, in: Europe-Asia Studies, 57. Jg., (2005), S. 179-208.
[348] Grigory Ioffe.: The Limits of Land Reform in Russia, in: Problems of Post-Communism, 55. Jg.. (2008), S. 14-24; S. K. Wegren: The Rise, Fall, and Transformation of the Rural Social Contract in Russia, in: Journal of Communist and Post-Communist Studies, 36. Jg. (2003), S. 1-27; S. K. Wegren, David J. O'Brien und Valeri V. Patsiorkovski: Why Russia's Rural Poor Are Poor?, in: Post-Soviet Affairs, 19. Jg. (2003), S. 264-287.

kunftsländern nicht einmal träumen konnten. Die Versäumnisse vergangener Jahrzehnte lassen sich aber nicht rasch ausgleichen. Es wird geschätzt, dass die technologische Ausstattung der russischen Landwirtschaft um zwei bis drei Generationen hinter dem Stand der Agrarwirtschaft in den entwickelten Industrieländern herhinkt.[349] Die schlechte Infrastruktur erweist sich als großes Hindernis für eine durchgreifende Modernisierung. Mit Ausnahme großer Betriebe ist manuelle Arbeit immer noch kostengünstiger als der Einsatz kapitalintensiver Maschinen. Nach Expertenschätzung leben 77 Prozent der Kinder auf dem Lande unter 16 Jahren unterhalb des monetären Existenzminimums und 67 Prozent der Land- und Forstarbeiter von Einkommen, die unterhalb der offiziellen Armutsschwelle liegen.[350] Große Betriebe erwirtschafteten 2007 85 Prozent der gesamten Getreideernte, insgesamt kamen sie für 41 Prozent der gesamten Agrarproduktion auf.[351]

Rentierstaaten sind nach dem Prinzip des „no taxation without representation" konstruiert.[352] Der Staat muss sich nicht groß anstrengen, um im Wege der steuerlichen Umverteilung seine Apparate zu finanzieren. In der historischen Rückschau haben sich effektive staatliche Strukturen aber durchweg um die extraktive Leistung des Staates herum entwickelt: um die Fähigkeit, als Steuerstaat auf die Vermögen und Einkommen der Untertanen zuzugreifen.[353] Der Rohstoffstaat indes verteilt bloß die Erträge aus dem Verkauf des Tafelsilbers. Dazu muss er nicht tief in die Gesellschaft eindringen, sich nicht groß um die Zustimmung der Betroffenen bemühen und auch seine Zwangsmittel nicht schärfen. Das gesellschaftliche Wurzelwerk des Staates ist deshalb schwach entwickelt.

Auch eine weitere typische Deformation des Öl- und Gasrentenstaates zeigt sich in Russland. Die großen Vermögen, die mit diesen Gütern verdient werden, sickern keineswegs so weit nach unten durch, dass auch die Ärmeren etwas davon haben. Ganz im Gegenteil: Die allumfassende Korruption sorgt dafür, dass selbst das Geld, das durch Steuern an die öffentlichen Verwaltungen fließt, zweckentfremdet wird. Deshalb kommt etwa in der ländlichen Infrastruktur nicht einmal das wenige an, was dafür vorgesehen ist.

---

[349] Stephen K. Wegren: Agriculture in the Late Putin Period and Beyond, in: Stephen Wegren und Dale R. Herspring (Hrsg.): After Putin's Russia: Past Imperfect, Future Uncertain, 4. Aufl., Plymouth 2010, S. 215.
[350] Ebd.
[351] Ebd., S. 205.
[352] Okruhlik, Gwenn: Rentier Wealth, Unruly Law, and the Rise of Opposition, in: Comparative Politics, 51. Jg. (1999), S. 296.
[353] Terry Lynn Karl: The Paradox of Plenty: Oil Booms and Petro States, Berkeley, Los Angeles und London 1997, S. 10ff.

In Russland liegen die Dinge trotz allem anders als in den klassischen Petrostaaten, wie sie im arabischen und afrikanischen Raum anzutreffen sind. Der Staat hat immerhin soviel Biss, dass es ihm gelingt, die Einnahmenbeschaffung durch Steuern zu bewerkstelligen. Den Löwenanteil an den Steuereinnahmen beansprucht Moskau. Noch bevor die Wahl der Gouverneure abgeschafft und damit das politische Eigenleben in der Provinz gedrosselt wurde, schockierte der erst kurz im Amt befindliche Präsident Putin die Regierenden in den Teilstaaten, als er den Bundesanteil an ihren Steuereinkünften auf 70 Prozent steigerte.[354]

Wo die Erträge aus der Ausbeute der Ressourcen fließen, sammeln sie sich in aller Regel auf die Konten einer überschaubaren Klasse von Politikern und Geschäftsleuten. Dafür gibt es einen zwingenden Grund. Er mag am Beispiel der Erdöl produzierenden Staaten verdeutlicht werden. Die Länder der arabischen Golfregion, der Sahara und an den Küsten des Golfs von Guinea, wo die großen Ölvorkommen entdeckt wurden, standen zu dem Zeitpunkt, als die lukrative Förderung begann, unter der Herrschaft autoritärer Regime. Da die Macht schon im Zeitpunkt der Entdeckung lukrativer Ressourcen bei den Eliten konzentriert war, flossen auch die Mittel aus dem Ressourcenverkauf dorthin. Ähnlich ist in dieser Hinsicht allerdings die Situation in Russland.

Jene Mittel, die nach dem persönlichen Konsum und den Ausgaben für die Regimesicherheit noch übrig bleiben, bringen mehr, wenn sie in London, Zürich und New York Zinsen erwirtschaften, als würden sie für Infrastrukturprojekte und Investitionen im eigenen Lande verausgabt, die sich erst langfristig auszahlen.

So gibt es auch in Russland eine Zweiklassengesellschaft, in der die Struktur der Rohstoffökonomie erkennbar wird. Hier der Staat und eine Staatsklasse von Politikern, Beamten, Managern und reichen Unternehmern, die so leben, wie es dem Standard der Mächtigen und Reichen in Europa und Nordamerika entspricht – bis hin zur Beschulung der Kinder auf superteuren Internaten und im Ausland, nicht zu vergessen auch das Parken großer Geldbeträge in Zürich und London, die ein bequemes Auskommen im Exil erlauben würden. Dort eine diffuse Masse von Bürgern in bescheidenen Verhältnissen, die von der Hand in den Mund leben. Dazwischen heute eine kleine, aber wachsende Mittelschicht, die von den Sickereffekten großer Vermögen und der Rohstoffökonomie lebt und es zu einem gewissen Wohlstand gebracht hat. Ausgerechnet ein Teil dieser Schicht verlangt nach sauberer Politik und orientiert am demokratischen Europa. Diese Konstellation verlangt der russischen Politik die Fähigkeit ab, alle drei Klassen unter einen Hut zu bringen.

---

[354] Dmitri Mitin: From Rebellion to Submission: The Evolution of Russian Federalism under Putin, in: Problems of Post-Communism, 55. Jg. (2008), S. 56.

7.2 Die Grenzen des russischen Kapitalismus: Der Staat als Global player

Die Domestizierung der Oligarchen gipfelte 2003 in der Verhaftung des Multimilliardärs Michail Chodorkowski und der anschließenden Zerschlagung seines Ölkonzerns Jukos. Sie hatte regimepolitische, aber auch wirtschaftsstrategische Gründe. Die politischen Gründe lagen in der Befürchtung, dieser letzte große Gewinner des Übergangs von der Plan- zur Marktwirtschaft könnte sein Vermögen für politische Zwecke gebrauchen. Die wirtschaftlichen Gründe deuteten auf den strategischen Plan für die wirtschaftliche Modernisierung des Landes, die mit den Einnahmen aus dem Verkauf der Rohstoffe geleistet werden sollte. In dieses Design passte ein privates, global operierendes Unternehmen nicht hinein. Insbesondere Öl und Gas finanzieren in beträchtlichem Ausmaß den Staatshaushalt. Nahezu alle gehobenen Konsumgüter werden importiert. Skandinavische Möbelhäuser, deutsche Baumärkte und amerikanische Fast-food-Ketten florieren, der Handel mit europäischen und japanischen Autos blüht, aber die heimische Produktion liegt danieder. Die Regierenden wissen um die Nachteile dieser Situation. Für die gesellschaftliche Stabilität und die Zukunftsfähigkeit der Wirtschaft ist die eigene industrielle Kapazität wichtig.

In der Ära Jelzin war Russland eine offene Marktwirtschaft. Es gab nicht einmal soviel Schutz für die heimische Industrie, wie ihn vor Jahrzehnten Japan, Südkorea und später auch China für sich in Anspruch genommen hatten, bevor sie weltweit konkurrenzfähig wurden. Dort allerdings verlief die weltwirtschaftliche Öffnung kalkuliert und in kleinen Schritten. Die Superreichen, d.h. die Oligarchen, mit denen Jelzin sein politisches Schicksal verband, führten sich auf wie die US-amerikanischen Gründerzeitkapitalisten; die Politik war ein lästiger Störfaktor in den Geschäften. Es galt Politiker zu kaufen und bei Entscheidungen ihre Hand zu führen.[355] In dieser Rolle setzten sich die Oligarchen in den denkbar größten Gegensatz zur sowjetisch-russischen Vergangenheit. Bereits unter den Zaren beanspruchte der Staat seinen Platz vor den Reichen. Putin trat als Präsident mit dem Vorsatz an, die bisherige Entwicklung zu korrigieren und den Staat nachträglich als Regisseur privatwirtschaftlicher Prozesse zu installieren.[356]

Internationale Macht, dies war Putin klar, drückt sich heute weniger in Waffenpotenzial als in Wirtschaftskraft aus. Wäre Russland in den Spuren der 1990er Jahre geblieben, wäre die weitere Entwicklung vorgezeichnet gewesen: eine für Wenige profitable Marktwirtschaft, aber hohe Arbeitslosigkeit sowie

---

[355] Michael McFaul: State Power, Institutional Change and the Politics of Privatiszation, in: Europe-Asia Studies, 47. Jg. (1995), S. 210-243.
[356] Peter W. Schulze: Russland im autoritären Zwischenstadium – Der lange Marsch in die Modernität, in: Gabriele Gorzka und Peter W. Schulze (Hrsg.), Wohin steuert Russland unter Putin, Frankfurt/M. und New York 2004, S. 139ff.

gravierende und dauerhafte Ungleichgewichte zwischen Hauptstadt-Metropolen und Peripherie.[357]

Vor diesem Hintergrund war die Auseinandersetzung um Jukos und Chodorkowski auch ein wirtschaftspolitischer Richtungskampf. Jukos war der zweitgrößte Ölkonzern neben der Nummer eins des staatlich kontrollierten Konzerns Rosneft. Mittelpunkt seines Firmenimperiums war die Bank Menatep. Chodorkowski führte Gespräche über den Kauf des dritten großen Ölkonzerns Sibneft und streckte seine Fühler zu US-amerikanischen Ölfirmen aus. Seine Kontakte zu internationalen Gesprächspartnern erstreckten sich auf Schlüsselfiguren der ultrakonservativen Bush-Administration. Er rief eine Stiftung zur Förderung der russischen Demokratie ins Leben, spendete an internationale Museen und kassierte im Westen Beifall als Hoffnungsträger eines freieren Russland. Im Parlamentswahlkampf 2003 unterstützte er finanziell Kandidaten der liberaldemokratischen Partei Jabloko. Gerüchte machten die Runde, er gedenke in seinem Leben noch etwas anderes zu unternehmen als das Geldverdienen. Großes Selbstbewusstsein, das im Umgang mit dem Präsidenten an Respektlosigkeit grenzte, ließ bei Putin auch persönliche Aversion reifen. Kurz: Chodorkowski überschritt sehenden Auges eine rote Linie.[358]

In diesem Zusammenhang sei an die Idee der souveränen Demokratie erinnert, an den eng geführten politischen Pluralismus, der sich dem Vorrang des Staates vor dem privaten Interesse und dem Unikatscharakter der russischen Kultur und Gesellschaft zu beugen hat. Chodorkowski wurde konsequent nicht nur als Person abgeschaltet, sondern unter fadenscheinigen Vorwänden auch seine Firma Jukos zerschlagen. Ihr Vermögen ging in einem manipulierten Bieterverfahren an staatsnahe Unternehmen, Hauptprofiteur war die Firma Rosneft, an ihrer Spitze der Kreml-Berater Igor Setschin. Die dritte größere Ölfirma auf dem russischen Markt, Sibneft, wurde bald ebenfalls an Staatskonzerne verkauft. Ihr Eigner, der Oligarch Roman Abramowitsch, der sich als als Erfolgstrophäe den britischen Fußballklub Chelsea leistet, hatte die Zeichen der Zeit erkannt: Die Milchkühe der russischen Wirtschaft, Öl und Gas, sind zu wichtig, um sie in den Händen privaten Kapitals zu belassen.

Alle Projekte zum Aufbau einer leistungsfähigen Investitions- und Konsumgüterindustrie, auch durch Joint Ventures oder Firmenkauf, gehen seither in enger Abstimmung der Eigner mit den staatlichen Stellen vonstatten. Russisches Kapital steckt in europäischen Edelfirmen. Europäisches und US-amerikanisches

---

[357] Hillel Ticktin: The Inherent Instability of the Ruling Elite?, in: Stephen White (Hrsg.), Politics and the Ruling Group in Putin's Russia, London 2008, S. 63-86.
[358] Richard Sakwa: The Quality of Freedom: Khodorkovsky, Putin, and the Jukos Affair, Oxford und New York 2009, S. 72ff.

Kapital, das in Russland produzieren lässt, wird angehalten, mehr als nur Endmontagestätten zu errichten. Russland wird von Männern regiert, die einiges von Ökonomie verstehen und ihre Lehren aus dem Erfolg der Nachbarn, namentlich in Ostasien, aber auch in der Türkei gezogen haben. Vom Klimawandel, der die Polkappen abschmelzen lässt, versprechen sich die Anrainerstaaten des Nordpols eine Rohstoffbonanza. Im hohen Norden rammt Moskau in der Konkurrenz mit Norwegen, den USA und Kanada rechtzeitig die Pflöcke ein, um hier neue Produktionsfelder für die Förderung von Öl und anderen Mineralien zu sichern.[359] Ressourcensicherung ist Staatsräson. Rohstoffe sind das Minimum dessen, was Russland anzubieten hat, um seine gegenwärtige Bedeutung in der Weltwirtschaft und Weltpolitik zu bewahren und womöglich noch auszubauen, damit aber auch die Mittel zu erwirtschaften, die zumindest den innenpolitischen Status quo stabilisieren.

---

[359] Andrew C. Kuchins: Russia, the 360-Degree Regional Power, in: Current History, October 2011, S. 270f.

8 Russland in der Staatenwelt

8.1 Die russische und sowjetische Vergangenheit

Betrachten wir Russland nun im weiter gefassten historischen Rückblick. Russlands Geschichte im 19. Jahrhundert stand im Zeichen der Expansion. Der Ausdehnung nach Westen waren von den Nachbarstaaten Deutschland und Österreich-Ungarn Grenzen gesetzt. Die Grenzlinien der letzten polnischen Teilung (1795) standen nicht zur Debatte. Dies hätte den Krieg zwischen den hochgerüsteten Mächten in der Mitte Europas bedeutet. Doch in Mittelasien mit seinen archaischen politischen Strukturen, auch im Kaukasus und auf dem Balkan, wo sich das mürbe Osmanenreich auf dem Rückzug befand, ergaben sich Möglichkeiten, die Grenzen vorzuschieben und den russischen Einfluss auszudehnen. Im Vergleich zu Frankreich, Großbritannien, Deutschland und selbst zum Habsburger Doppelreich war Russland technisch, industriell und militärisch rückständig. Sein europäischer Großmachtstatus war freilich akzeptiert.

Das imperiale Russland war trotz seiner bescheidenen Industriekapazität deshalb eine europäische Großmacht, weil es eine riesige Landmasse bedeckte. Im Verhältnis zum Osmanenreich und zu den nomadischen und halbnomadischen Bewohnern der südsibirischen und asiatischen Steppen sowie zu den kaukasischen Bergvölkern war es ein Riese unter Zwergen. Russische Truppen mochten noch so viele Niederlagen gegen georgische und – schon damals – tschetschenische Krieger einstecken. In ihrem Rücken befanden sich Eisenbahnlinien, über die sie kontinuierlich mit kriegswichtigen Ressourcen versorgt wurden. Nicht viel anders als im amerikanischen Westen eroberte und stabilisierte Russland seine Neueroberungen mit Eisenbahnpolitik. Stammestradition, Familienclans und Kriegerethos hatten gegen solche Mittel keine Chance. Aber warum das alles?

Die Antwort des historisch gebildeten Lesers wird dahin lauten, dies sei eben die Epoche des Imperialismus gewesen, eine nach heutiger Moralität üble Denk- und Politikmode. So richtig dies ist, verfehlt es doch den entscheidenden Punkt: das Geschichtsbild. Das alte Russland, sein sowjetischer Nachfolgestaat und selbst das Russland unserer Tage bestimmen ihren Platz in der Staatenwelt geopolitisch. Das ist bei vielen weiteren Staaten gewiss nicht anders. Politik hat nun einmal auch eine räumliche Dimension. Wenn man auf die beiden letzten Jahrhunderte zurückblickt, ist das Sammeln von Quadratkilometern kein russisches Spezifikum. Hinter der russischen Fixierung auf Grenzen und Raum steht nicht einfach Habenwollen um des Status und der Macht willen. Es kommt noch ein entscheidendes Moment hinzu: Raum bedeutet Schutz! Das ausgeprägte Schutzbedürfnis deutet auf historische Traumata. Unter diesen ragen die großen Kriege des 19. und 20. Jahrhunderts heraus.

Das 20. Jahrhundert hat die Geografie als Schutzfaktor entwertet. Auch Russland musste diese Erfahrung machen. Bereits im Krimkrieg 1853/54 hatte es sich an seiner späteren Schwarzmeerbadestelle einer durch Seetransport und moderne Beschießungstechnik ermöglichten Belagerung durch Briten und Franzosen zu stellen. Die als Asiaten verachteten Japaner zettelten 1894 in der russischen Einflusssphäre Chinas – der heutigen Mandschurei – einen Krieg an. Im Jahr 1905 prügelten sie bereits überlegen auf die russischen Fernosttruppen ein und bohrten dank moderner Marinetechnik und besserer Taktik die russische Ostseeflotte auf den Grund, die für dieses triste Ende eigens den Globus umrundet hatte.

Dies alles spornte Russland aber nur an, noch mehr räumliche Sicherheit zu gewinnen. Bereits die Eroberung Mittelasiens hatte in dieser Epoche zeitweise die Züge eines Wettlaufs mit den Briten, die Russland auf Distanz zu ihrem wertvollsten Kolonialbesitz in Indien halten wollten. Geopolitik diktierte das außenpolitische Kalkül der Sowjetunion auch vor dem deutschen Überfall im Zweiten Weltkrieg. Erinnert sei an die sowjetische Komplizenschaft bei der Aufteilung Polens, an die Einverleibung der baltischen Staaten (Hitler-Stalin-Pakt, 1939) und an den russischen Überfall auf Finnland (1940). Der größte Wurf bei der Ausdehnung sowjetischer Militärmacht gelang in Jalta (1945) mit der Teilung Europas.

Höchste Priorität gewann das Rüsten in der stalinistischen Sowjetperiode. Die junge Sowjetunion, ein Paria unter den großen Staaten, hatte allerlei nachvollziehbare Gründe, ihren „Sozialismus in einem Lande" zu bewehren, bevor sie darauf hoffen durfte, dass die geknechtete übrige Welt ihrem Beispiel folgte. Die deutsche Aggression von 1941 und der Kriegsverlauf bestätigten im Nachhinein die Dringlichkeit einer leistungsfähigen Rüstungsindustrie und Bewaffnung. In militärischer Hinsicht leistete die Sowjetunion Beachtliches. Sie hielt immerhin gut 40 Jahre dem hochtechnologischen Konkurrenzdruck der USA stand. Die Kosten und Opfer dieser Gewaltanstrengung, die Russlands Weltmachtstatus garantierte, waren jedoch ungleich größer als im Westen.[360] Dort belastete die Rüstung die Etats. Aber sie bestimmte nie die Schlagzahl der Produktion oder des Verbrauchs. In der Sowjetunion würgte sie in Tateinheit mit dem planwirtschaftlichen Zuteilungssystem die Verbraucherversorgung ab. Sie intensivierte ferner den der Planwirtschaft immanenten Trend zu Schwarzen

---

[360] Klaus von Beyme: Die Sowjetunion in der Weltpolitik, Frankfurt/M. 1983.

Märkten. Der mit dem Namen des Sowjetreformers Michail Gorbatschow verbundene Versuch, mit grundlegenden Veränderungen in der Innen- und Außenpolitik das Ruder umzulegen, misslang.[361] Das Ende dieser Geschichte ist bekannt. Mit dem Ende des Kalten Krieges verlor die Sowjetunion ihren klassischen Gegner.

8.2 Eine multiple Regionalmacht[362]

Die Geografie ist auch in der nachsowjetischen Ära die wichtigste Ressource Russlands. Durch den Zerfall der Sowjetunion entstanden in der Ukraine, im Kaukasus und in Zentralasien nennenswerte russische Diasporen. Russische Auslandsgemeinden sind erstmals ein Faktor der Außenbeziehungen Moskaus. Das Heimatempfinden für Russland hängt in den großen Diasporen Kasachstans und der Ukraine eng mit einer Umgebung zusammen, in der Russisch – zum Teil neben anderen Sprachen – als Umgangssprache gebraucht wird.

Alles in allem sollte sich die Auflösung der Sowjetunion für Russland als Vorteil erweisen. In der Sowjetunion lebten lediglich etwa zur Hälfte ethnische Russen, im neuen Russland sind es 80 Prozent. In der Spätphase der Sowjetunion zeigte sich, welche Sprengkraft dem multinationalen Imperium innewohnte. Die Balten drängten aus der Union heraus, sobald mit der Perestroika Gorbatschows die innenpolitischen Zügel gelockert wurden. In Aserbeidschan entbrannte ein Bürgerkrieg um die von ethnischen Armeniern bewohnte, zu Aserbeidschan gehörende Autonome Republik Berg-Karabach. Ein Großteil der Sowjetmuslime, die in der kaukasischen und zentralasiatischen Pufferzone zum Orient (Iran, östliche Türkei, Afghanistan, Pakistan) lebten, drifteten in eigenen Staaten von der Sowjetunion ab. Lediglich im nördlichen Kaukasus ragte noch ein Teil der konfliktreichen orientalischen Welt nach Russland hinein. Selbst dieser kleine Rest machte dem russischen Staat schwer zu schaffen: der tschetschenische Dauerkonflikt und dessen Funkenflug in die benachbarten innerrussischen Republiken, der auf dem Wege des Terrors sogar die russische Hauptstadt erreichen sollte. Es bedarf keiner großen Phantasie, um sich auszumalen, womit sich die russische Politik herumzuschlagen hätte, wenn auch die westlich orientierten baltischen Republiken, die Staaten im Südkaukasus sowie Aserbeidschan, Kirgi-

---

[361] Hans-Henning Schröder: Sowjetische Rüstungs- und Sicherheitspolitik zwischen "Stagnation" und "Perestroika". Eine Untersuchung der Wechselbeziehungen von auswärtiger Politik und innerem Wandel in der UdSSR (1979-1991), Baden-Baden 1995.
[362] Zur Außenpolitik der aktuelle Überblick von Christian Wipperfürth: Russlands Außenpolitik, Wiesbaden 2011.

sistan und Tadschikistan noch zum Staatsverband des gegenwärtigen Russland gehörten.

Auf der anderen Seite steht die Tatsache, dass Russland als ein „eurasisches" Gebilde durch die fünf unabhängigen, vormals sowjetischen mittelasiatischen Staaten Konkurrenz bekommen hat. Diese sind zwar jeder für sich nicht sonderlich mächtig, obgleich in wirtschaftlicher Hinsicht mit ihren Rohstoffen überaus wichtig. Aber gemeinsam bilden sie eine Landbrücke zwischen der europäischen Welt und derjenigen Asiens. An ihrem westlichen Ende liegt die dynamisch sich entwickelnde Türkei. Sie gilt in der orientalischen Welt als ein gelungenes Beispiel für die Verbindung abendländischen Erbes mit dem Politik- und Wirtschaftsmodell des Westens.[363]

Russland tangiert kraft seiner Ausdehnung die wichtigsten Weltkulturen sowie zahlreiche aktuelle und latente regionale Konfliktherde.[364] Es ist in Europa präsent. Das mit ihm partiell schon wieder verschmelzende Belarus stößt an die polnischen Ostgrenzen, mit Finnland grenzt Russland an die EU. Mit dem Kaliningrader Gebiet, der vormaligen Nordosthälfte Ostpreußens, klemmt es mit allen Problemen eines Exklaventerritoriums zwischen den NATO-Partnern Polen und Litauen. Das Kaspische Meer bedeckt eine der größeren, bis in jüngere Zeit aber überschätzten Erdölreserven der Welt. Das unter aserbaidschanischer Hoheit geförderte Öl verläuft durch Pipelines an Russland vorbei durch Georgien und die Türkei.

Russland agiert an den Stoßkanten zur islamischen Welt nach raumpolitischer Räson und nicht mit anti-islamischem Ressentiment. Der Iran und Russland sind die beiden wichtigsten Regionalmächte im kaukasisch-mittelasiatischen Raum. Es handelt sich um denkbar ungleiche Staaten. Im Misstrauen gegenüber dem Westen, insbesondere gegenüber den USA, sind sie sich einig. Der Iran mit seinen von Turkmenen und Aserbeidschanern besiedelten kaukasischen und zentralasiatischen Grenzprovinzen dürfte von Erschütterungen des Status quo nichts gewinnen. Am Aufrühren grenzüberschreitender Wir-Empfindungen ist dem multinationalen Iran so wenig gelegen wie dem multinationalen Russland. Russland ist dank der geografischen Gegebenheiten eine Weltmacht, weil es an vielen Stellen als bedeutsame regionale Macht auftritt – nicht zuletzt auch deshalb, weil es in Europa, im Kaukasus und in Zentralasien Mitinteressenten am Status quo gefunden hat.

Ein wichtiges Kapital in den Beziehungen zu den zahlreichen Nachbarstaaten, aber auch zu regional bedeutenden Staaten in anderen Weltgegenden – Beispiele sind das Syrien Assads und das Venezuela Hugo Chavez' – ist das russi-

---

[363] Dmitri Trenin: Russia's Post-Imperial Condition, in: Current History, October 2011, S. 274.
[364] Kuchins: Russia, the 360-Degree Regional Power, S. 266ff.

sche Pochen auf das Prinzip der Nichteinmischung in die Angelegenheiten anderer Länder. In der Sicht autoritär geführter Regime hebt sich diese Einstellung vorteilhaft vom Demokratiepostulat ab, das die USA und die europäischen Staaten in den bilateralen Beziehungen zu anderen Ländern einfordern. Für die Beziehungen zu China ist es ebenso eine wichtige Grundlage wie für die angestrebten engeren Beziehungen zu den sowjetischen Nachfolgestaaten.

8.3 Russland, die USA und die NATO

Außerhalb Europas ist Russlands Gewicht an einer Staatenumgebung zu messen, die den Zuschnitt der Dritten Welt besitzt. Dort ist Russland ein Riese unter Klein- und Normalwüchsigen. Aus der europäischen Perspektive allerdings mutet Russland in Teilen selbst wie ein Stück Dritte Welt an. Gerade in Europa sucht es aber von jeher Anerkennung als Gleiches unter Gleichen. Über den Wechsel der inneren Regime hinweg scheint in Russland ein geografisch definierbares Sicherheitsinteresse zu existieren. Dazu gehört militärisch unterlegte Macht. Seitdem nicht bloß der Raum und uniformierte Menschenmassen strategische Vorteile verschaffen, bestimmen Waffentechnologie, Kommunikation und Führungstechnik Bedrohungslagen und Sicherheitsdefinitionen entscheidend mit.

Die Politik des russischen Nachfolgestaates stellte sich auf das Verschwinden der Staatenblöcke des Kalten Krieges ein. Großmachtzubehör militärischer Art wurde vorübergehend ausrangiert, abgestellt oder reduziert. Pfleglicher ging Moskau mit Truppen um, die sich für Polizeiaufgaben im Inneren einsetzen ließen – die innere Regimeverteidigung lief der Landesverteidigung den Rang ab. Russland hat sich von Hochseeflottenplänen verabschiedet, ebenso von Bodentruppen, die auf die Besatzung eines halben Dutzends europäischer Staaten ausgelegt wären, und es bevorratet keine Waffensysteme mehr für das Szenario eines Großkrieges mit der NATO. Seitdem es sich wirtschaftlich erholt hat, poliert es die Bestände auf und betreibt moderate Innovation. Warum auch nicht?

Bedrohung und Sicherheitsvorsorge sind eine Sache der historisch gefilterten Wahrnehmung. Dass frühere Verbündete im Warschauer Pakt nun der NATO angehören, schmerzte in Moskau, ganz besonders aber die Aufnahme der 50 Jahre lang zur Sowjetunion gehörenden baltischen Republiken in das Bündnis. Die NATO-Mitglieder wollten zwar weder die Ukraine noch Georgien im atlantischen Bündnis haben. Aber die Präsidenten beider Länder, die sich beide auf vermeidbare Konflikte mit Moskau einließen, spielten bis 2010 lautstark mit dem

Gedanken, dort um Aufnahme zu bitten. Für Russland war dies inakzeptabel.[365] Während sich die europäischen Bündnispartner zurückhielten, spielte Washington in der Ära George W. Bush mit dem Feuer. Es solidarisierte sich gar, als Georgien 2008 in einem provokanten und irrationalen Akt das russische Protektorat Südossetien zurückerobern wollte.

Im Jahr 2001 kündigte Washington den Vertrag zum Verzicht auf Raketenabwehrsysteme. Ab August 2007 wurde ein – inzwischen zurückgefahrenes – Projekt für Raketenabwehrstellungen in Polen und eine Radarleitzentrale in Tschechien betrieben. Begründet wurde dies mit dem Schutzbedürfnis vor eventuellen iranischen Raketenattacken. Vor dem Hintergrund der jüngsten Geschichte ist die Moskauer Wahrnehmung nicht unplausibel, es solle damit strategisch in die Enge getrieben werden. Nicht von ungefähr kündigte der Noch-Premier und künftige Präsident Wladimir Putin im Wahlkampf 2012 die Modernisierung der russischen Streitkräfte an. Bei alledem, vor allem bei den Nuklearwaffen und den Abwehrsystemen, geht es aber nicht mehr um eine veritable Rüstungskonkurrenz wie noch in Zeiten des Kalten Krieges, sondern vielmehr darum, als gleichwertiger Teilhaber mit den USA im Klub der Atommächte anerkannt zu werden.[366] Russland verlangte Respekt. Genau diesen aber verweigerte die Bush-Administration. Das Verhältnis zu den USA wurde dadurch langfristig belastet. Damit wurde eine Gelegenheit verpasst, Vertrauen wachsen zu lassen. Die Obama-Administration verbesserte die Beziehungen zwischen den Regierungen, als sie 2009 das ursprünglich geplante europäische Raketenabwehrschild-Projekt auf Eis legte und ein neues Rüstungskontrollsystem (START II) aushandelte, das allerdings im US-Senat auf Widerstände stieß und noch der Ratifizierung harrt.[367]

Die Idee einer Raketenabwehr gegen eventuelle drohende Gefahren aus dem Mittleren Osten wurde von der Nato aber nicht aufgegeben. Aus Sorge, auch ein anders disloziertes System könne den Abschreckungswert der russischen Raketenstellungen entwerten, und mit Blick auf die Weigerung, Russland eine Mitsprache zu gewähren, kündigte bereits der noch amtierende Premier und künftige Präsident Putin die Stationierung russischer Kurzstreckenraketen im Kaliningrader Gebiet an. Die südöstlichen Mitgliedstaaten der Nato liegen einfach nahe der russischen Grenzen. Wollen sich USA und Nato mit einem Abwehrschild gegen eventuelle Gefahren aus dem Mittleren Osten wappnen, kann es schwerlich verwunden, dass diese Vorsorge von Russland als potenzieller

---

[365] Eugene B. Rumer.: Russian Foreign Policy Beyond Putin, London 2007: 30ff.; Fiona Hill: Moscow Discovers Soft Power, in: Current History, 105. Jg. (2006), S. 46.
[366] Jennifer G. Mathers: Nuclear Weapons in Russian Foreign Policy: Patterns in Presidential Discourse 2000-2010, in: Europe-Asia Studies, 64. Jg. (2012), S. 459-519.
[367] Kuchins: Russia, S. 268.

Schwachpunkt der eigenen Sicherheit wahrgenommen wird. Zu bedenken sind in diesem Zusammenhang auch die Fortschritte insbesondere der USA auf dem Gebiet der „smart weapons" (Drohnen, Präzisionslenkwaffen u.ä.), die den Rückstand der russischen Rüstungstechnologie unterstreichen.

Im Unterschied zur Sowjetunion und dem Warschauer Pakt haben das westliche Bündnis und die USA das Ende des Kalten Krieges überlebt. Sein Gründungszweck, der Expansion des sowjetischen Einflussbereichs in Europa Einhalt zu gebieten, hat sich historisch erledigt. Vor diesem Hintergrund lässt sich der Eindruck verstehen, das westliche Bündnis übertrage das Feindbild Sowjetunion auf das neue Russland, und die Europäer machten sich zu Komplizen der US-amerikanischen Hegemonialpolitik. Russland kennt keine Bündnistradition, in der es sich als Gleiches mit Gleichen hätte arrangieren müssen. Der Warschauer Pakt war eine hierarchische Angelegenheit – mit der Sowjetunion als Zentralakteur unter kopfnickenden Vasallenstaaten. Ähnlich wird die Nato von Russland aus als Instrument der US-amerikanischen Weltpolitik gesehen.

Bei alledem geht es um die historisch-politische Identität. Die Sowjetunion existiert nicht mehr, aber Russland will als Nachfolgestaat weiterhin als ein großer Spieler auf der weltpolitischen Bühne geachtet werden. Gewinnt die russische Führung den Eindruck, dieser Respekt werde ihm verweigert, steigt das Empfinden einer Demütigung auf, die nicht ohne Antwort bleiben darf. Der eingeforderte Respekt betrifft, wie oben geschildert, nicht nur die Einbeziehung Russlands, wenn Europa und die USA an der europäischen Sicherheitsarchitektur arbeiten und nach Lösungen zur Bewältigung der Konflikte in Nordafrika und im Orient suchen, sondern auch die Struktur seines politischen Systems.

8.4 Russland und Europa

Die Sowjetunion gestaltete ihre Beziehungen zu den eigenen Verbündeten bilateral. Von dieser Tradition her fällt es in Moskau bis heute schwer, einen passenden Zugang zur Europäischen Union zu finden. Es bevorzugt bilaterale Kontakte zu den größten EU-Staaten, insbesondere zu Deutschland und Frankreich, die nicht im Ruf stehen, in wichtigen Fragen notorisch an die Seite Washingtons zu treten.[368] Umso größer gerät dann in Moskau die Enttäuschung, wenn auch diese

---

[368] Angela E. Stent: Restoration and Revolution in Putin's Foreign Policy, in: Europe-Asia Studies, 60. Jg. (2008), S. 1098.

Partner um einer gemeinsamen Position in der EU willen schärfere Töne anschlagen, als es eigentlich ihrer Neigung entspricht.[369]
Die EU kooperiert mit Russland auf vielen Ebenen. Die Union und ihre größten Staaten erwarten, dass in den Wirtschaftsbeziehungen zu engen Partnern ein hoher Standard der Rechtssicherheit waltet und dass sich die Regierungen aus der Geschäftspolitik der Unternehmen heraushalten. Dies ist in Russland jedoch nur bedingt der Fall. Die russischen Energieunternehmen sind eng mit dem Staat verflochten. Manches Geschäft kommt nicht zustande, weil die russische Regierung die Mitsprache von Ausländern in russischen Konzernen unterbindet. Und umgekehrt reagieren Mitgliedstaaten der EU mit Misstrauen, wo sich russische Energiekonzerne und Banken in europäische Firmen einkaufen wollen. Sie vermuten dahinter politische Absichten. Dies wiederum verletzt den Stolz der Regierenden Russlands, ebenso wie die Dauerkritik westlicher Firmen und Regierungen an der – auch in Moskau nicht bestrittenen – Korruption.[370]

Vor diesem Hintergrund wird verständlich, dass die Rede vom russischen Demokratiedefizit und das Bejubeln der Bürgerproteste in Russland als Attacken auf die Legitimität des russischen Regimes aufgenommen werden. Dem Ausbooten der georgischen Führung durch eine proamerikanische Fraktion, die im Jahr 2003 in halbwegs freien Wahlen gewonnen hatte, sah Moskau noch gelassen zu. Von den Vorgängen in der Ukraine im Jahr 2004/05 zeigte es sich alarmiert. Dort war ein von Russland recht plump unterstützter Präsidentschaftskandidat dem prowestlichen Kandidaten der ukrainischen Opposition unterlegen. Medial wurden die Ereignisse in der europäischen und US-amerikanischen Öffentlichkeit als Sieg der Idee westlicher Demokratie über die gelenkte Demokratie gefeiert. Es braucht nicht viel Phantasie, um daraus eine Herausforderung an das russische Politikmodell zu konstruieren[371]

Wie die westlichen Staaten in ihrer Außenpolitik das eigene Herrschaftssystem bestätigen, indem sie überall in der Welt Demokratie und Rechtsstaatlichkeit einfordern, schützt Russland sein Herrschaftssystem, indem es auf den Grundsatz der Nichteinmischung in die Verhältnisse anderer Staaten pocht. Russland pflegt gute Kontakte zum Iran, zu Syrien und zu Venezuela. Der sozialrevolutionär auftretende venezolanische Staatspräsident Hugo Chavez und das Teheraner Klerikerregime baden im Geld, das sich aus der Förderung des wertvollsten

---

[369] Marie Mendras: Authority and Identity in Russia: in Katlijn Malfliet und Ria Laenen (Hrsg.), Elusive Russia: Current Developments in Russian State Identity and Institutional Reform under President Putin, Leuven 2007, S.27.
[370] Fyodor Lukyanov: Russia-EU: The Partnership That Went Astray, in: Europe-Asia Studies, 60. Jg. (2008), S. 1113ff.
[371] Alfred B. Evans.: Putin's Legacy and Russia's Identity, in: Europe-Asia Studies, 60. Jg. (2008), S. 905.

Wirtschaftsgutes im Zeitalter der Verbrennungsanlagen ansammelt. Sie wettern gegen das amerikanische Hegemoniestreben in aller Welt. In ihrer Nachbarschaft unterstützen sie Staaten, die in das gleiche Horn blasen. Diese Partner sind für Russland wertvoll. Bei allen Unterschieden haben sie eines mit ihm gemeinsam. Sie bieten Moskau die Gelegenheit, sich fernab von Europa mit Akteuren zu solidarisieren, die den USA Paroli bieten.[372]

In diesem Punkt stimmt es auch mit seinem östlichen Nachbarn China überein. Als Vetomacht im Sicherheitsrat der Vereinten Nationen ist Russland in der Lage, mehr zu tun, als nur Worte zu spenden, wann immer ein unbequemer und vermeintlich delinquenter Staat im Sicherheitsrat verurteilt werden soll. Aber selbst in diesem Punkt sieht sich Russland von den westlichen Vetomächten zurückgesetzt. Die Nato-Intervention im Kosovo 1999 und der 2003 von den USA eröffnete Krieg gegen den Irak wurden ohne ein Mandat der UN unternommen.[373] Das Gleiche wiederholte sich unter dem Vorwand einer Flugverbotszone, als die Nato 2011 militärisch in den libyschen Bürgerkrieg intervenierte.

Nach dem Zerfall der Sowjetunion bildeten die nunmehr souveränen Nachfolgestaaten der Sowjetunion – mit Ausnahme der baltischen Republiken – die Gemeinschaft Unabhängiger Staaten (GUS). In ihrer Zweckbestimmung als Auffangkonstruktion für die Sowjetunion erwies sie sich als Misserfolg. Heute kämpft sie mit Auflösungserscheinungen.[374] Mit einigen Neustaaten, die vorher zur Sowjetunion gehört hatten – Tadschikistan, Kasachstan, Kirgisistan, Armenien, Belarus – schloss Russland bilaterale Militärabkommen. Die Reflexe der Großmacht sind in Russland lebendig, und ganz ähnlich begegnet Russland selbst dem Westen noch mit der Gestik von gestern. Letzteres ist vernünftiger, als es vielleicht scheint, weil Russland an vielen Stellen in der Welt einfach gegenwärtig ist.

8.5 Russland und das nachsowjetische Ausland

Beginnen wir mit Russlands Platz in Europa. Die GUS-Staaten werden in Moskau als privilegierte Interessensphäre betrachtet. Hier handelt es sich um den post-sowjetischen Raum: frühere Unionsrepubliken, heute unabhängige Staaten, von denen sich der Westen als Objekt der Begierde fernhalten sollte. Die baltischen Staaten betreiben trotz der ostentativen Zurückhaltung der Nato erfolg-

---

[372] Lilia Shevtsova: Russia's Ersatz Democracy, in: Current History, 105. Jg. (2006), S. 312.
[373] Stent: Restauration and Revolution, S. 1095ff.
[374] Richard Sakwa und Mark Webber: The Commonwealth of Independent States, 1991-1998: Stagnation and Survival, in: Europe-Asia Studies, 51. Jg. (1999), S. 379-415.

reich ihre Aufnahme in das westliche Verteidigungsbündnis.[375] Dies war für Moskau ein Ansporn, nach diesem Anfang weiteren Versuchen zu wehren. Jahrzehntelang durch den Stalinismus und die massive Zuwanderung von Russen bedrängt, fürchteten diese kleinen Nationen im Nordosten Europas in der Sowjetära um den Erhalt ihrer Sprache und Kultur. Nach Wiedererlangung der Unabhängigkeit verlangten sie rigide Tests, bevor sie ihre russischen Bewohner als Staatsbürger anerkannten. Dies gab Moskau in der Vergangenheit allerlei Gründe, die Demütigung russischer Menschen jenseits seiner Grenzen zu beklagen und grobe Drohgesten zu zeigen. Hier erwarb sich die EU Verdienste um eine Entspannung der Situation, indem sie den Kandidatenstatus für die Unionsmitgliedschaft von einer liberalen Einbürgerungspraxis abhängig machte. Die Präferenz der baltischen Russen – Euro-Russen – für das Leben in den Ostseestaaten trug einiges dazu bei, dass hier auch mit dem größten propagandistischen Aufwand kein Szenario einer geknechteten Irredenta konstruiert werden konnte.

Schwer tut sich Russland bis heute mit dem Faktum einer unabhängigen Ukraine. Die Ostukraine und Teile der mittleren Ukraine sind von ethnischen Russen bewohnt. Das Erscheinungsbild und der Gesamtzuschnitt dieses Neustaates weisen im Hinblick auf Lebensart, Sprache und wirtschaftliche Strukturen geringe Differenzen zu Russland auf. Doch der Lebensstandard und die ökonomischen Ressourcen der Ukraine fallen deutlich hinter diejenigen Russlands zurück. Das Verhältnis beider Gesellschaften ist nicht antagonistisch. Im Gegenteil: Für die Russen ist die Ukraine ein historischer Teil Russlands, und etliche Ukrainer sehen dies auch nicht anders. Umso entschiedener setzt sich ein Teil der ukrainischen Elite von Russland ab, um die Eigenständigkeit ihres Landes herauszustreichen. In den bilateralen Beziehungen ist das Schicksal der Krim ein besonders kritischer Punkt. Sie wurde 1954 in einer Feierlaune vom früheren sowjetischen Parteichef Nikita Chruschtschow anlässlich eines historischen Datums aus der russischen Unionsrepublik herausgelöst und der ukrainischen Schwesterrepublik geschenkt. Die Krim ist unverändert – heute auf Pachtbasis – ein Stützpunkt der russischen Schwarzmeerflotte. Sie wird mehrheitlich von Russen bewohnt. Die ebenfalls noch aus sowjetischer Zeit stammende Berechnung von Vorzugspreisen bei der Energielieferung in die GUS-Staaten wurde eingestellt, ein Schritt, der in der hochindustrialisierten Ukraine für viel Unmut sorgte.[376]

Russland verfügt über einen großen Anteil der zurzeit bekannten Öl- und Gasvorräte. Diese bilden zusammen mit den noch aus sowjetischer Zeit stammenden Pipeline-Systemen die Basis seiner ökonomischen Macht. Pipelines sind

---

[375] Ronald D. Asmus und Robert C. Nurick: NATO Enlargement and the Baltic States, in: Survival, 38. Jg. (1996), S. 121-142.
[376] Stent: Restauration and Revolution, S. 1094.

Staatspolitik, mögen sie auch in der Regie russischer Firmen geplant und gebaut werden. Besonderer Wert wird darauf gelegt, die Lieferstränge von Erdgas nach Europa zu kontrollieren. Unzuverlässige Transitpartner sind dabei hinderlich. Dies gilt besonders für die Ukraine, von der Moskau wiederholt behauptete, Gas für den eigenen Bedarf abzuzweigen. Das inzwischen vollendete, durch die Ostsee führende Leitungssystem North Stream bietet seit 2011 die Möglichkeit, die Ukraine als Transitland für sibirisches Erdgas zu umgehen. Die Trassenführung an Polen und den baltischen Staaten vorbei verbürgt, unter anderem zum Verdruss Polens, dass ausschließlich Russland den Lieferweg kontrolliert.

Mittelasien und der Kaukasus beherbergen ebenfalls bedeutende Öl- und Gasvorkommen, vor allem im Bereich des Kaspischen Meeres. Hier hat Moskau erreicht, dass die Förderstaaten – Aserbaidschan, Kasachstan, Turkmenistan – über Russland führende Pipelines benutzen. Ferner hat es mit diesen Ländern langfristige Lieferverträge geschlossen, um deren Förderleistung dem Zugriff westlicher Firmenkonsortien zu entziehen. Auch Usbekistan und Turkmenistan, die anfänglich eine gewisse Distanz zu Russland hielten, ließen sich auf die russischen Vorstellungen zur Energielogistik ein. Westliche Kritik an ihren autoritären Regimen trug einiges dazu bei, dass sie sich in der Partnerschaft mit Russland besser aufgehoben sahen.

Um sich beim Bezug kaspischen Gases von Russland unabhängig zu machen, betrieben europäische Staaten halbherzig den Bau des Leitungssystems Nabucco, das die Gaslieferung über Georgien und die Türkei an Russland hätte vorbeiführen können. Russland reagierte mit dem Gegenprojekt des Pipelinesystems South Stream. Dieses sieht ein Leitungssystem vor, das durch das Schwarze Meer in den Balkan verläuft und sich von dort aus nach West- und Mitteleuropa verzweigt. Da die Aussichten für den Erfolg von Nabucco schlechter denn je stehen, würde South Stream die Lieferallianz mit Zentralasien stabilisieren, ohne sich beim Streckenverlauf auf den schwierigen und feindseligen Nachbarn Georgien einlassen zu müssen.[377]

Die russische Regierung verhinderte darüber hinaus mehrfach eine Kapitalbeteiligung westlicher Firmen in der russischen Öl- und Gasbranche. Die Regie des russischen Staates in den Firmenkonsortien, welche diese Projekte betreiben, stellt sicher, dass auf diesem Geschäftsfeld keine Entscheidungen getroffen werden, die von der geostrategischen Linie der Regierung abweichen.[378] Im Übrigen jedoch handeln diese Konzerne wie übliche Wirtschaftsunternehmen, die sich am Markt orientieren. Die enge Verquickung des bedeutendsten Energiekonzerns Gazprom mit der Regierung führt in der Wahrnehmung der westlichen Öffent-

---

[377] Hubert Wetzel: Machtspiele mit Gas und Geld, in: Süddeutsche Zeitung vom 26.4.2012, S. 4.
[378] Harley Balzer: The Putin Thesis and Russian Energy Policy, in: Post-Soviet Affairs, 21. Jg. (2005), S. 210-225.

lichkeit dazu, dass ökonomische Entscheidungen des Unternehmens als Regierungspolitik wahrgenommen werden. Althergebrachte Politikbilder von einem Russland, das in seinen Beziehungen Macht ausspielen will, waren früher auf die militärische Weltmacht gemünzt. Heute werden sie auf die strategischen Güter Öl und Gas übertragen. Dabei ist Russland ein nachweislich zuverlässiger Energielieferant.[379]

Auch das ressourcenarme Kirgisistan, Usbekistan und Tadschikistan schlossen sich in letzter Zeit enger an Moskau an. Russland bietet ihnen Hilfe bei der Sicherung ihrer Grenzen und bei der Bekämpfung islamistischer Guerillas an. Kasachstan hat einen weiteren Grund, auf Russland Rücksicht zu nehmen. Immer noch ein Drittel seiner Bevölkerung besteht aus ethnischen Russen. Sie leben stark konzentriert unweit der russischen Grenze. Zwischen Russland und Kasachstan besteht inzwischen eine Zollunion, der 2011 auch Weißrussland beigetreten ist. Die Regierenden in Russland und Zentralasien eint gemeinsames Interesse. Die zentralasiatischen Republiken werden durchweg autoritär regiert. Familiär miteinander verbundene Cliquen lenken diese Staaten. Von Moskau droht keine Gefahr für die Stabilität der Regime. Noch ein weiteres Moment kommt hinzu. In allen diesen Staaten gibt es russische Diasporen, und die lokalen Russen wecken im Unterschied zu den umtriebigen Chinesen keinerlei Konkurrenzneid; sie haben das Image verträglicher Nachbarn.

8.6 Russland und China

Damit kommen wir zum großen Nachbarn Russlands im Osten: China. Die russische Fernostregion ist ein Armenhaus, während gleich hinter der Grenze die zweitgrößte Ökonomie der Welt boomt. Dass diese Region nur in Kooperation in China entwickelt werden kann, ist in Moskau geläufig (siehe oben 6.5). Gleichzeitig gibt es aber die Befürchtung, die Region könnte sich allzu eng mit dem chinesischen Wirtschaftsraum verbinden und de facto vom übrigen Russland abdriften, zumal die Abwanderung junger Menschen aus dem Fernen Osten anhält. Obgleich von Moskau aus im allerfernsten Asien gelegen, wird der Ferne Osten, wo fast ausschließlich ethnische Russen leben, als Teil des europäischen Russland verstanden. Entsprechend groß ist das Unbehagen über das bevölkerungsreiche China in der unmittelbaren Nachbarschaft.[380]

---

[379] Valentina Feklyunina: Russia's International Images and Its Energy Policies: An Unreliable Supplier, in: Europe-Asia Studies, 64. Jg. (2012), S. 449-469.
[380] Natasha Kuhrt: The Russian Far East in Russia's Asia Policy: Dual Integration or Double Periphery?, in Europe-Asia Studies, 64. Jg. (2012), S. 471-493.

Offene Konflikte in den Beziehungen zu China gibt es nicht, sieht man davon ab, dass es die politische Elite Russlands kränkt, dass ihr China den Rang als zweite große Macht neben den USA abgelaufen hat. China hat seine Interessen bis in den Orient, nach Afrika, nach Lateinamerika ausgedehnt; es gilt als verantwortlicher Akteur in den globalen Politik. Der Aufstieg Chinas hat die Wahrnehmung der USA als Primärbedrohung russischer Interessen in der Welt relativiert, zumal die ökonomischen Turbulenzen um die Weltfinanzkrise seit 2008 vor Augen geführt haben, dass der militärische Weltmachtkoloss Amerika auf tönernen ökonomischen Fundamenten ruht.[381] Die USA sind bei chinesischen Banken verschuldet. In den Turbulenzen nach der Weltfinanzkrise des Jahres 2008 war und ist China ein gefragter Partner und Nothelfer, von Russland aber kaum die Rede.

Alle früheren Grenzkonflikte aus sowjetischer Zeit sind bereinigt, am chinesischen Einparteisystem nimmt Moskau sowenig Anstoß, wie es China gleichgültig ist, wie in Russland geherrscht wird. Die russische Energiezufuhr verbindet beide Länder, ebenso schätzt man in Beijing, dass Moskau schweigt, wenn die westlichen Regierungen und Öffentlichkeiten die Drangsalierung politischer Dissidenten und nationaler Minderheiten beklagen.

---

[381] Kuchins: ebd., S. 267.

B. Russlands Nachbarn.
Die postsowjetische Staatenwelt

Russland ist das zwar mit Abstand größte und gewichtigste Fragment der ehemaligen Sowjetunion, aber nur eines von vielen. Die post-sowjetische Staatenwelt zeichnet sich durch einen autoritär anmutenden oder unverfälscht autoritären Regierungsmodus aus, durch die Konzentration großer Vermögen in Staatshand, bei wenigen Reichen oder bei den Familien der Herrschenden. Das politische Modell der russischen Superpräsidentschaft hat dort Schule gemacht und wird teilweise noch übertroffen. Russisch hat unverändert den Status einer Lingua franca. Im Unterschied zum Englischen ist es nicht nur in den oberen Etagen, sondern auch in der Mitte der Gesellschaft noch geläufig, ähnlich wie das Englische und Französische in den vormaligen britischen und französischen Kolonien Afrikas.

Der folgende Blick auf die Nachbarstaaten Russlands hat den Zweck, Gemeinsamkeiten mit Russland und Unterschiede auszuloten. Die Unterschiede springen trotz der gemeinsamen russisch-sowjetischen Vergangenheit ins Auge. Die gemeinsame systempolitische Wurzel, so der Ausgangspunkt dieser Überlegungen, gab den Ländern aber einen Korridor für ihre spätere Entwicklung vor.

Die Ukraine wird im Folgenden intensiver betrachtet als die übrigen Nachfolgestaaten der Sowjetunion. Dies hat den Grund, dass es sich hier – abgesehen von der Nationalitätenfrage – um eine Gesellschaft handelt, die der russischen kulturell und als Industriegesellschaft sehr ähnlich ist. In den kaukasischen und zentralasiatischen Staaten stellen wir neben den Prägungen aus sowjetischer Zeit Strukturen und Konfliktlagen fest, die auf Ähnlichkeiten im postkolonialen Orient und in Afrika deuten.

Auch das folgende Kapitel soll die Frage beantworten, ob die betrachteten Länder die Kriterien eines autoritären Systems erfüllen. Autoritäre Herrschaft kann in Institutionen ausgeübt werden. Sie vollzieht sich dann in einem bürokratischen Modus, der sich mit der Arbeitsweise von Regierungsbehörden, mit den Interessen der Wirtschaftswelt und mit einer dirigierten Medienlandschaft verbindet. Solche Strukturen sind in Russland vorhanden. Systeme dieser Art geraten bei einem Wechsel an der Staatsspitze nicht gleich ins Wanken; eine Nachwuchsreserve steht bereit, vakante Position zu füllen. Kurz: Dieses System ist einigermaßen berechenbar, weil es nach gewissen Regeln funktioniert, auch darin, dass es Linien markiert, die besser nicht überschritten werden, ohne Sanktionen auszulösen.

Von einem autoritären System mit diesen Merkmalen ist die neopatrimoniale Herrschaft zu unterscheiden. Der Begriff geht auf Max Weber zurück.[382] Das Patrimonium stellt eine Analogie zum Eigentümer her, der beim Gebrauch seines Eigentums keinem Dritten verantwortlich ist. Eigentum lässt sich pflegen, meh-

---

[382] Max Weber: Schriften 1894-1922, ausgew. u. hrsg. von Dirk Käsler, Stuttgart 2002, S. 720ff.

ren, verschleudern und verschenken. Den Schaden oder Nutzen hat niemand außer dem Eigentümer selbst. Patrimonialherrschaft bedeutet Herrschaftsausübung ohne Regelbindung. In Anlehnung an Max Weber ist auch von sultanistischer Herrschaft die Rede. Dieser Herrscher ist nicht einmal durch Tradition und Konventionen gebunden. Der idealtypische patrimoniale Herrscher ist ein Despot..

Die Politikwissenschaft hat das Bild des patrimonialen Systems zum neopatrimonialen System weiterentwickelt. Im „neo" wird deutlich, dass sich selbst die meisten Autokraten heutzutage den Sachzwängen eines Regierungsapparats beugen müssen. Ohne ein Minimum an fachbürokratischer Kompetenz greift auch autoritäre Herrschaft ins Leere. Zwar kommt der neopatrimoniale Herrscher an Bürokraten nicht vorbei. Diese besorgen seine Geschäfte und gewinnen dabei ein Stück eigene Macht. Aber letztlich liegt es allein bei ihm, wen er an die Spitzen dieser Bürokratien setzt. Dabei obsiegt im Regelfall persönliche Ergebenheit über Kompetenz.[383]

Eine letzte Vorbemerkung zu den folgenden Passagen: Der beschreibende Zugriff genießt in der Politikwissenschaft kein großes Ansehen. Politische Systeme, in denen Personen und Ereignisse, informelle Strukturen und kulturelle Kodierungen stärker hervortreten als Institutionen, sind kein dankbarer Gegenstand für die Verallgemeinerung. Doch der historische Rückblick auf Konflikte, Personen und Veränderungen führt in schwach institutionalisierten Regimen weiter als der Versuch, die Beobachtung in verallgemeinernde Modelle zu pressen.

---

[383] S. N. Eisenstadt: Traditional Patrimonialism and Modern Patrimonialism, Beverley Hills und London 1973, S. 30ff., 50ff.

Tabelle 8: Soziale Basisdaten post-sowjetischer Staaten im Vergleich 2009

	Bevölkerung[1] (2009)	Anteil der städtischen Bevölkerung (2009)[2]	durchschnittliche Lebenserwartung (2009)	Bevölkerung unter 15 Jahre (2009)[2]	Kindersterblichkeit 1.000 Geburten (2009)	Zugang zu Trinkwasser (2009)[2]	Lesen und Schreiben (2005-09) m/w[2]	Bruttonationaleinkommen je Einwohner (2009)[3]
Deutschland	81.800	74	80	14	4	100		36.850
China	1.339.002	44	73	20	19	89	97/91	6.890
Türkei	74.816	69	72	27	20	99	96/85	13.500
Ägypten	82.899	43	70	32	21	99		5.680
Nigeria	154.279	49	48	43	138	58	72/50	2.070
Uganda	32.710	13	53	49	128	67	83/65	1.190
Russland	141.850	73	69	15	12	96	100/99	18.330
Ukraine	46.008	68	69	14	15	98	100/100	6.180
Weißrussland	9.663	74	70	15	12	100	100/100	12.740
Armenien	3.083	64	74	20	22	96	100/99	5.410
Aserbaidschan	8.781	52	70	24	34	80	100/99	9.020
Georgien	4.269	53	72	17	29	99	100/100	4.700
Turkmenistan	5.110	49	65	29	45		100/99	6.980
Usbekistan	27.767	37	68	29	36	87	100/99	2.910
Tadschikistan	6.952	26	67	37	61	70	100/100	1.950
Kirgisistan	5.321	36	67	29	37	90	100/99	2.200
Kasachstan	15.888	58	68	24	29	95	100/100	10.320

Quelle: Fischer Weltalmanach 2012, S. 534ff. [1] Tausend. [2] Prozent. [3] Tausend, preisbereinigt in Dollar.

Tabelle 9: Ökonomische Basisdaten post-sowjetischer Staaten im Vergleich 2010 (in Prozent)*

	Erwerbstätige Landwirtschaft	Erwerbstätige Industrie	Import Agarprodukte	Import Öl und Gas	Export Agrarprodukte	Export Öl und Gas	Anteil der Exporte nach Russland
Deutschland	0,9	27,8	5,0	9,0	4,0		
China	5,8[1]	33,1[1]		14,0			
Türkei	26,0	26,0		21,0			
Ägypten	31,0[1]	22,0[1]	15,0	14,0	11,0[2]	34,0	
Nigeria	42,0[2]	24,0[2]	6,0[3]			98,0[3]	
Russland	9,0[2]	29,0[2]				69,0	
Ukraine	17,0[2]	24,0[2]		32,0	17,0	7,0	26,0
Weißrussland	10,7[3]	34,5[3]	8,0	35,0	13,0		38,0
Armenien	46,0[3]	16,0[3]			15,0[2]		17,0[2]
Aserbeidschan	39,0[2]	13,0[2]	16,0		1,0	94,0	4,0
Georgien	53,0[2]	10,0[2]		18,0[1]	18,0[1]		4,0[2]
Turkmenistan	48,0[5]	14,0[4]	5,0		2,0[4]	82,0[4]	
Usbekistan	29,0[3]	13,0[3]	11,0	6,0	21,0	25,0	34,0[1]
Tadschikistan	67,0[2]		18,0[1]	20,0[1]	17,0[1]		9,0[2]
Kirgisistan	48,0[3]	13,0[3]	14,0[2]	27,0[2]	13,0[2]		13,0[1]
Kasachstan	32,0[3]	18,0[3]			2,0	63,0	8,0

* Quelle: Fischer Weltalmanach 2012, S. 534ff. [1]2009. [2] 2007. [3] 2005. [4] 2003.

Tabelle 10: Nationale und religiöse Profile Russlands und seiner Nachbarstaaten 2009 (Zahlen in Prozent)

	Titularnation	nationale Minderheiten	Religionen
Russland[1]	Russen: 80,0	Tataren: 4.0 Ukrainer: 2,0	Orthodoxe: 70,0 Muslime: 14,0 Protestanten: 1,4 Katholiken: 0,6 Juden: 0,5
Ukraine[2]	Ukrainer: 78,0	Russen: 17,0 Weißrussen: 0,6 Krimtataren: 0,5	Orthodoxe: 52,0 Griech.-Kathol. 9,0 Sunn. Muslime: 4,0 Protestanten: 3,0 Katholiken: 2,0
Weißrussland[3]	Weißrussen: 81,0	Russen: 11,0 Polen: 4,0 Ukrainer u.a.: 2,0	Orthodoxe: 60,0 Katholiken: 8,0
Armenien[2]	Armenier: 97,9	Kurden: 1,3	Armen. Kirche: ca. 95,0
Aserbaidschan[3]	Aserbeidschaner: 91,0	Lesgier: 2,0 Russen: 2,0 Armenier u.a.: 2,0	Muslime: 90,0 - Schiiten: 65,0 - Sunniten: 35,0
Georgien[1]	Georgier: 84,0	Aserbeidschaner: 7,0 Armenier: 6,0 Russen: 1,5 Osseten: 0,9	Orthodoxe: 84,0 Muslime: 10,0 Armen. Kirche: 4,0 Katholiken: 0,8
Turkmenistan[4]	Turkmenen: 85,0	Russen: 7,0 Usbeken: 5,0	Sunn. Muslime: 90,0 Orthodoxe: 9,0
Usbekistan[5]	Usbeken. 74,0	Russen: 6,0 Tadschiken: 5,0 Kasachen: 4,0 Krimtataren: 2,0 Karakalpaken: 2,0	Sunn. Muslime: 90,0
Kirgisistan[3]	Kirgisen: 70,0	Usbeken: 15.0 Russen: 8,4	Sunn. Muslime: 80,0 Orthodoxe: 10,0
Tadschikistan[6]	Tadschiken: 79,9	Usbeken: 15,3 Russen: 1,1 Tataren: 0,3	Muslime, vorwiegend Sunniten: 97,0
Kasachstan[3]	Kasachen: 63,1	Russen: 23,7 Usbeken: 2,8 Ukrainer: 2,1	Muslime, vorwiegend Sunniten: 65,0 Orthodoxe: 35,0

[1] 2010. [2] 2001. [3] 2009. [4] 2007. [5] 1989. [6] 2000.

1 Die Ukraine

1.1 Russische und sowjetische Prägungen

Die Ukraine war stets ein klassisches Grenzland, ein Sicherheitskordon zunächst für Polen-Litauen, später für das Russische Reich. Sozial geprägt war sie ursprünglich durch das Wehrbauerntum der Kosaken. Die kosakische Lebensweise war freier als die der Bauern im benachbarten Polen und Russland. Nach der Vertreibung der Tataren im 15. Jahrhundert legte zunächst das aufstrebende Polen-Litauen seine Hand auf das Gebiet. Die kosakische Oberschicht kooperierte, teils integrierte sie sich in die Słachta, den polnischen Adel. Dieser ließ seine Ländereien vielfach durch jüdische Verwalter bewirtschaften. Unter polnischer Herrschaft wuchsen vitale Städte heran. Dort lebten in aller Regel Polen, Deutschen und Juden, deren Ansiedlung auch von den polnischen Herrschern gefördert wurde. Sie besaßen Fähigkeiten, etwa im Kommerz und im Bildungswesen, an denen es in der ukrainischen Landbevölkerung mangelte. Diese wurde auf den Status von Pächtern, Landarbeitern und Tagelöhnern fixiert. Unter polnischer Herrschaft erhielt die gesellschaftliche Hierarchie einen religiös-kulturellen Anstrich, hier eine polnische katholische Herrenschicht, dort weit überwiegend orthodoxe ukrainische Bauern. In dem Maße, wie Polen im 17. Jahrhundert in Osteuropa den Rückzug antrat, wuchs der russische Einfluss auf die Ukraine. Russen lösten polnische Adlige als Herrenschicht ab.[384]

Ab 1654 verschmolzen die russische und die ukrainische Geschichte. Der polnischen Herrschaft überdrüssig, entschlossen sich die Führer der Kosaken (Hetmane) links des Dnjepr, dem russischen Herrscher zu huldigen. Mit den polnischen Teilungen gelangten ab 1771 weitere ukrainische Gebiete rechts des Dnjepr an Russland, darunter die historische Landschaft Galizien. Mit der letzten polnischen Teilung 1795 wurde auch Galizien geteilt. Westgalizien ging an Österreich, das sich damit begnügte, dort Garnisonen einzurichten und eine eigene Verwaltung zu betreiben. Die Wiener Regierung stieß sich nicht an der polnischen Identität der galizischen Bildungsschicht, im Bildungswesen blieb Polnisch in Gebrauch. Als die Donaumonarchie unterging, wurde dieses Gebiet nach einigen Wirren von der polnischen Republik übernommen. Ukrainer lernten dort bis an die Schwelle des Zweiten Weltkriegs Herrschaft in mitteleuropäischer

---

[384] Dazu und im Folgenden Andreas Kappeler: Kleine Geschichte der Ukraine, München 1994.

Tradition und eine einigermaßen sachgerechte und rechtsstaatliche Verwaltung kennen.[385]

In der übrigen Ukraine griffen die in Russland entwickelten Strukturen Platz. Teile des Kosakenadels integrierten sich in den russischen Adel. Einige reüssierten im Zarenreich. Andere sanken in die bäuerliche Bevölkerung ab. Die Gemeinsamkeit der orthodoxen Kirchen leistete der Integration in das russische Reich Vorschub. Im russischen wie im österreichischen Teil der Ukraine hielt sich gleichermaßen der Kontrast zwischen den polyglotten großen Städten, in denen sich eine polnische, jüdische und deutsche Kultur entfaltet hatte, und den ausgedehnten Landgebieten, wo in Sprache und Folklore das Ukrainische bewahrt wurde.

In der langen Zeit unter österreichischer Herrschaft, als Eisenbahnen, Schulen und Zeitungen die Verhältnisse zu ändern begannen, im späten 19. Jahrhundert, entwickelte sich in Galizien die Idee einer eigenen ukrainischen Nation. Nationalistische Intellektuelle verlangten einen eigenen Staat.[386] Dies war Teil einer Gesamtentwicklung im Osten Europas. Im gleichen Zeitraum sprossen weiter nördlich im Russischen Reich aus einer bäuerlich-ländlichen Bevölkerung baltische und finnische Nationalbewegungen, die gegen die Herrschaft russischer Verwalter und die Dominanz polnischer, deutsch-baltischer und schwedischer Städter und Landbesitzer aufbegehrten. Durch den Zerfall des russischen Reiches erhielten Litauer, Letten und Esten eigene Staaten.

Der erste Versuch einer ukrainischen Staatsbildung scheiterte im Chaos, das Revolution und Bürgerkrieg nach 1917 in Russland anrichteten. Russischukrainische Nationalisten riefen 1918 einen eigenen Staat aus. Dieser konnte sich aber nur solange halten, bis sich deutsche und russische Truppen aus diesem Gebiet zurückzogen. Danach kam es dort zu einem Bürgerkrieg, der 1920 von der prosowjetischen Partei entschieden wurde. Unter sowjetischer Flagge kehrte dieser Teil der Ukraine ins vormals russische Imperium zurück. Im vormals österreichischen Galizien wurde 1919 eine Westgalizische Republik gegründet. Der junge polnische Staat beanspruchte dieses Gebiet für sich. Darüber kam es zum Krieg (1918/19). Mit dem polnischen Sieg in dieser Auseinandersetzung wurde dieser Teil der Ukraine polnisch. Dieses Gebiet mit seiner Metropole Lemberg verstand sich als ein Stück Europa, nicht anders als das übrige Polen. Sonst aber blieb es rückständig und agrarisch geprägt.

---

[385] Andrew J. Drummond und Jacek Lubecki: Reconstructing Galicia: Mapping the Cultural and Civic Traditions of the Former Austrian Galicia in Poland and Ukraine, in: Europe-Asia Studies, 62.Jg. (2010), S. 1311-1338.

[386] Serhy Yekelchyk: Out of Russia's Long Shadow: The Making of Modern Ukraine, Belarus, and Moldova, in: Oliver Schmidtke und Serhy Yekelchyk (Hrsg.), Europe's Last Frontier? Belarus, Moldova, and Ukraine between Russia and the European Union, Houndmills 2008, S. 17.

In der russischen Ukraine hingegen gab es wichtige Bodenschätze. Bereits in zaristischer Zeit entstanden um Bergbau und Eisen moderne Industrien. Viele Russen wanderten zu, um in Gruben und Fabriken zu arbeiten. Als Industriestandort hatte die sowjetische Ukraine strategische Bedeutung. Kaum weniger bedeutsam war sie als Agrarregion. Für Stalins Aufbau des Sozialismus hatte sie den Rang einer Kernregion. Die Zwangskollektivierung der sowjetischen Landwirtschaft in den 1930er Jahren traf die Ukraine besonders hart. Millionen Bauern fielen dem Hunger zum Opfer. Der Zweite Weltkrieg zog die Ukraine stark in Mitleidenschaft. Die deutsche Rassepolitik löschte mit der Ermordung der jüdischen Bevölkerung eine alte und lebendige Kultur aus. Im Krieg wurde ein beträchtlicher Teil der Infrastruktur und des Industriepotenzials zerstört.[387]

Als Kriegsbeute wurde die vormals polnische Ukraine an die Sowjetukraine angeschlossen. Hier kamen jetzt Gebiete zusammen, die zwar ein gemeinsames kulturelles Erbe hatten, doch seit 150 Jahren in denkbar unterschiedlichen politischen Verhältnissen und Rechtssystemen existiert hatten. Wie die übrigen Teilrepubliken der Sowjetunion gelangte auch die Sowjetukraine nie über den Status eines Verwaltungsgebiets hinaus. Die ukrainischen Parteichefs Nikita Chruschtschow und Nikolai Podgorny bewährten sich dort, wie von ihnen erwartet, als Statthalter ihrer Moskauer Auftraggeber. Ersterer wurde danach mit dem Amt des gesamtsowjetischen Partei- und Regierungschefs belohnt, Letzterer schaffte es in das Amt des sowjetischen Staatsoberhaupts (Vorsitzender des Präsidiums des Obersten Sowjets). Parteichef Pjotr Schelest jedoch, seit 1963 im Amt, mahnte dazu, den Besonderheiten der ukrainischen Republik mehr Raum zu lassen. Er gab sein Amt 1972 auf Druck Moskaus auf. Mit seinem Nachfolger Wladimir Schtscherbitzki trat erneut ein Erfüllungsgehilfe der Moskauer Parteizentrale an. Doch auch er geriet in Konflikte mit Moskau. Die Gründe lagen in der inkompetenten Handhabung des Reaktorunfalls in Tschernobyl (1986), der neben Weißrussland vor allem die nördliche Ukraine stark in Mitleidenschaft zog.[388]

1.2 Auswirkungen der Perestroika

Nachdem zunächst die baltischen Republiken 1988, in der Spätphase der Perestroika, ihren Willen demonstriert hatten, aus der Sowjetunion auszuscheiden, regten sich auch in der Ukraine Initiativen für die Selbständigkeit. Die Erinne-

---

[387] Taras Kuzio: Nationalism, Identity and Civil Society in Ukraine: Understanding the Orange Revolution, in: Journal of Communist and Post-Communist Studies, 43. Jg. (2010), S. 286ff.
[388] Hiroaki Kuromiya: Political Leadership and Ukrainian Nationalism 1938-1989: The Burden of History, in: Problems of Post-Communism, 52. Jg. (2005), S. 39-48.

rung an das österreichische und polnische Galizien war in der individuellen Erinnerung der Eltern- und Großeltern und im Brauchtum aufbewahrt worden.[389] Die Bewegung Ruch spielte dabei die wichtigste Rolle. Sie wurde von nationalistischen Intellektuellen und Funktionären der westlichen Ukraine getragen. Sie empfanden die Zugehörigkeit zur Sowjetunion noch als Okkupation. Ruchs großes Motto war die Ukraine als eigene Kulturnation.

In der Spätphase der Perestroika freundeten sich auch ukrainische Sowjetfunktionäre mit der Idee eines unabhängigen Staates an. Sie hatten dabei die Wahrung ihrer Besitzstände im Auge. Leonid Krawtschuk, der letzte Parteichef der Sowjetukraine, sprang auf das Trittbrett der Nationalbewegung auf, um sich dem Sog der Staats- und Wirtschaftsreformen zu entziehen, mit denen in Moskau experimentiert wurde. Er hatte eine maßgebliche Stimme, als es 1991 zu entscheiden galt, ob die Sowjetunion als Staat weiterbestehen oder sich aber auflösen sollte. Die nationalen Parolen, die dabei laut wurden, waren lediglich nützliche Begleitmusik für einen politischen Eigenweg, bei dem es darum ging, durch den Ausstieg aus dem Sowjetstaat die Art und das Tempo der unvermeidlich gewordenen Veränderungen selbst zu bestimmen. Von einer Staatsgeschichte der Ukraine kann streng besehen erst seit dem Zerfall der Sowjetunion die Rede sein.[390]

1.3 Oligarchen und politische Unternehmer

Beim Abschied von der Staatswirtschaft wurden wie in Russland kreative junge Leute und Altfunktionäre mit dubiosen Methoden schnell reich, bevor die politischen Strukturen der sowjetischen Zeit endgültig verschwanden. Das Fundament für große private Vermögen war auf diese Weise bereits gelegt, als die Modernisierung der staatlichen Strukturen in Angriff genommen wurde.

Die gleiche Mischung von Unternehmergeist und krimineller Energie, mit der in Russland junge Männer zunächst noch in der sowjetischen Untergrundwirtschaft, später im Zuge der wirtschaftlichen Transformation Geld scheffelten, produzierte in der Ukraine ähnliche Ergebnisse. Was Wunder? Die Strukturen der industriellen Staatswirtschaftswirtschaft waren gleich, auch die Richtung der Veränderungen, ebenso der Abschied vom Einparteistaat und die Art der Bildung privater Vermögen. Bald lenkten auch in der Ukraine mächtige Oligarchen Wirtschaftsimperien. Wo sich diese Oligarchen geschäftlich ins Gehege kamen, verfolgten sie ihre Interessen keineswegs zimperlich – auch mit Gewalt. Dabei ent-

---

[389] Drummond/Lubecki: Reconstructing Galicia, 1311ff.
[390] Andreas Kappeler: Kleine Geschichte der Ukraine, München 1994.

standen mafiotische Beziehungen zur Unterwelt. Weil der Staat zunächst noch Steuermann beim Umlenken auf das nachsowjetische Wirtschaftssystem war, bedienten sich die Oligarchen gern politischer Mittel, bis hin zur Gründung und Unterstützung politischer Parteien und dem Kauf von Abgeordnetenstimmen.

Ein grundlegender Unterschied hebt die ukrainische Wirtschaft von der russischen ab. Die Ukraine hat keine Petro- oder Rohstoffökonomie. Zwar hochindustrialisiert, war sie dank ihres Parts in der arbeitsteiligen Sowjetwirtschaft ein Standort der Schwerindustrie, durchweg energieintensive Industrien. Sie wurden aus sibirischen Quellen versorgt. Mit der Unabhängigkeit wurde die Ukraine zum Energieimporteur. Durch die Versorgungsnetze und die bestehenden Verträge war sie auf den Energielieferanten Russland festgelegt. Moskau nutzte diese Abhängigkeit zeitweise als Hebel, um auf die Innen- und Außenpolitik der einstigen Schwesterrepublik einzuwirken. Die ukrainischen Oligarchen repräsentieren die aus der Sowjetzeit überkommene Industriestruktur: Bergbau, Stahlproduktion, Maschinenbau, darunter Rüstungsindustrie. Die planvoll betriebene Privatisierung der großen Staatsunternehmen setzte im größeren Umfang erst gegen Ende der 1990er Jahre ein, als sie in Russland bereits zu Ende ging. Zu dieser Zeit hatten die findigen Jungunternehmer die Gelegenheit, im benachbarten Russland zu beobachten, dass es mit dem Schutz des Eigentums nicht weit her ist, wenn die Wirtschaftsgewaltigen im Kräftemessen mit der Politik den Kürzeren ziehen.

Leonid Kutschma wurde mit seiner Wahl zum Nachfolger des ersten Präsidenten Krawtschuk 1994 zur beherrschenden Figur der ukrainischen Politik. Seine Heimatbasis war die Region Dnjepropetrowsk. Anfänglich genoss er noch Unterstützung in allen ukrainischen Regionen. Doch sein autoritärer Herrschaftsstil fand heftige Kritik. In Russland konnte er beobachten, dass sich Putins harter Kurs in einer Stabilisierung des Systems auszahlte. Der Präsident lehnte sich auch außenpolitisch enger an Russland an.

Die Vorgänge in Russland vor Augen, verfolgten die Reichen mit Argwohn, wie sich der eigene Präsident verhielt. Kutschma indes fand starke Verbündete in den Industriellen des Donezk-Gebiets. Die Sympathie Moskaus war ihm dabei gewiss. Diese Region ist russisch geprägt und von gleichem Zuschnitt wie die großen Industrieregionen in Russland. Mit dieser Allianz verärgerte Kutschma indes die Wirtschaftsführer der mittleren Ukraine.

Die Wirtschaftskapitäne der Industrieregionen des Donezker Raumes (Donbass), Kiews und Dnjepropetrowsks halten jeweils in einer Art regionaler Klans zusammen: Sie machen untereinander Geschäfte und akzeptieren einen der ihren als Ersten unter Gleichen. Der diszipliniertste und mächtigste Klan ist im kulturell russisch geprägten Donbass, in der Industrieregion um die Großstadt Donezk, beheimatet. Sein Pate ist der Industrielle Rinat Achmetow. Er steht der

Holding System Capital Management vor. Sie befindet sich nahezu vollständig in seinem persönlichen Besitz. Popularität genießt Achmetow als Präsident des Fußballklubs Schachtor Donezk. Seine politische Adresse ist die Partei der Regionen mit ihrem Parteichef Janukowitsch.[391] Heute teilen sich zwei Klans die Donzek-Wirtschaft, einmal Achmetow mit seinen Unternehmen in der Energiewirtschaft, dem Bergbau und der Metallindustrie, und der Oligarch Dmitto Firtasch mit seinen Firmen in der Öl- und Gasindustrie. Seit Herbst 2010 amtiert Janukowitsch als Präsident. Seither sind beide Oligarchen mit nahestehenden Ministern in der Regierung vertreten. Firtasch legt großen Wert auf die Zusammenarbeit mit russischen Unternehmen; das Achmetowsche Firmenimperium steht eher in der Konkurrenz mit russischen Unternehmen.[392]

Auch in der zweiten großen Industrieregion Dnjepropetrowsk waren Klans dieser Art anzutreffen. Dem heute wohl noch wichtigsten stand der Schwiegersohn des ehemaligen Präsidenten Kutschma vor, Viktor Pintschuk. Der zweite Oligarch dieser Region war Pavlo Lasarenko. Er protegierte in den 1990er Jahren die Unternehmerin Julia Timoschenko; sie war im Gasgeschäft tätig. Lasarenko hatte unter Präsident Kutschma vorübergehend als Regierungschef amtiert. Als Skandale aufflogen, in die er verwickelt war, setzte er sich vor der drohenden Strafverfolgung in die USA ab, wo er freilich verurteilt wurde. Seither liefen Timoschenkos Geschäfte schlechter. Später sollte sie die Parteienallianz Block Timoschenko gründen.

Ein weiterer Industrieklan der mittleren Ukraine hat seinen Schwerpunkt in der Kiewer Region. Sein wichtigster Repräsentant war Viktor Medwedschuk. Von Präsident Kutschma wurde er 2002 zum Leiter der mächtigen Präsidialverwaltung berufen. Mit dem Ausscheiden Kutschmas aus dem Präsidentenamt zog er sich aus der Politik zurück.

Die Klans schließen untereinander keine festen Allianzen. Ihre Verbindungen zur Politik verlaufen über Parteien, die von ihnen unterstützt werden. Als Eigentümer großer Unternehmenskomplexe nennen sie auch Zeitungen und TV-Sender ihr eigen. Sie nutzen diese Medienmacht, um die Regierung zu unterstützen, indem sie kritische Redaktionen an die kurze Leine nehmen; andernfalls lassen ins Horn der Opposition blasen.[393]

---

[391] Heiko Pleites: Demokratisierung ohne Demokraten. Die Oligarchen in der ukrainischen Politik, in: Osteuropa, 60. Jg. (2010), S. 123-134; Kerstin Zimmer: Machteliten im ukrainischen Donbass. Bedingungen und Konsequenzen der Transformation einer alten Industrieregion, Berlin 2006, S. 82ff.; Eberhard Schneider: Das politische System der Ukraine. Eine Einführung, Wiesbaden 2006, S. 127ff.
[392] Katerina Maligyna: Die Etablierung Viktor Janukowitschs als Präsident der Ukraine ist noch nicht abgeschlossen, in: Ukraine-Analysen, Nr. 80 (2010), S. 18.
[393] Natalja Ryabinska: The Media Market and Media Ownership in Post-Communist Ukraine, in: Problems of Post-Communism, 58. Jg. (2011), Nr. 6, S. 3-20..

Eine vergleichbare Konzentration wirtschaftlicher und politischer Macht in den Regionen sucht man in Russland vergeblich. Auch Russland besitzt mehrere Industrie- und Wirtschaftszentren, ohne dass sich diese Pluralität jemals in der Politik Ausdruck verschafft hätte. Der Unterschied liegt in der Hauptstadtfunktion Moskaus bereits für das zaristische Russland und die Sowjetunion. Dort liefen stets alle Kommunikations- und Befehlsstränge zusammen. Die Hauptstädte der nicht-russischen Sowjetrepubliken waren lediglich gehobene Verwaltungszentren. Wichtig waren damals die Beziehungen der ukrainischen Wirtschaftsfunktionäre nach Moskau, nicht die Kiewer Behörden. Diese waren bloß ausführende Organe der Union. Ein politisches Zentrum gab es in der Ukraine so wenig wie in den übrigen Unionsrepubliken.

Als die Sowjetunion von der Bildfläche verschwand und sämtliche Republiken selbständig wurden, regten sich auch in Russland zentrifugale Kräfte. Doch die wirtschaftlichen und politischen Machtkämpfe wurden stets, wie oben geschildert, in Moskau entschieden. Putin brauchte bloß die Gouverneure an die kurze Leine zu nehmen und die Oligarchen von den Fluren der Macht zu verbannen, und schon war der Primat der Politik über die Milliardäre hergestellt. Von soviel Einfluss, wie ihn die ukrainischen Oligarchen besitzen, dürfen russische Wirtschaftsgewaltige heute nicht einmal träumen.[394] Demgegenüber war Kiew lediglich ein politischer Ort, an dem sich konkurrierende Wirtschaftsgruppen und Unternehmer um den bestimmenden Einfluss auf die Politik balgten.

1.4 Parteigründungen

Die Bildung des gegenwärtigen Parteiensystems vollzog sich in einer recht kurzen Zeitspanne in den Jahren 2001/2002. Die einzigen nennenswert organisierten Parteien waren zu diesem Zeitpunkt die Kommunistische Partei, die das Erbe des ukrainischen Zweigs der KPdSU angetreten hatte, und die Sozialistische Partei der Ukraine (PSU). An der Spitze der PSU stand seit ihrer Gründung Olexandr Moroz, ein scharfer Kritiker Präsident Kutschmas. An der Regierung war die PSU lediglich von 2006 bis 2008 beteiligt. Seither ist sie nicht mehr im Parlament vertreten.

Die neuen Parteien bildeten die wirtschaftlichen Schwerpunktgebiete, aber auch die regionale Zerklüftung des Landes ab.[395] Viktor Janukowitsch, damals Regierungschef, gründete 2001 die Partei der Regionen. Es handelt sich um eine

---

[394] Scott Radnitz: The Color of Money: Privatization, Economic Dispersion, and the Post-Soviet „Revolutions", in: Comparative Politics, 42. Jg. (2010), S. 136f.
[395] Hans van Zon: Why the Orange Revolution Succeeded, in: Perspectives on European Politics and Society, 6. Jg. (2005), S. 377ff.

Regionalpartei des russischsprachigen Donbass-Gebiets und darüber hinaus der russischsprachigen östlichen und südöstlichen Ukraine.

Janukowitschs Vorgänger als Regierungschef, Viktor Juschtschenko, hob wenige Monate später seine Partei Unsere Ukraine aus der Taufe. Ihre Basis war die galizische Westukraine, also jener Landesteil, der am wenigsten russisch geprägt ist. Schließlich zog 2002 Julia Timoschenko mit der Gründung ihres Blocks Julia Timoschenko nach. Sie war Ministerin in Juschtschenkos Regierung gewesen und wie dieser von Präsident Kutschma im Streit über die Wirtschaftspolitik entlassen worden. Der Block Timoschenko hatte seine Basis zwar in der Zentralukraine, aber realistische Chancen, auch in der russischsprachigen Ukraine Fuß zu fassen. Timoschenkos Parteienallianz stand in enger Verbindung mit den Oligarchen der mittleren Ukraine. Die Entscheidung für die organisatorische Form des Parteienblocks fiel in der Einsicht der koalierenden Parteiführer, dass sie mit der bekannten Timoschenko als gemeinsame Werbeträgerin mehr erreichen konnten als jeweils im Alleingang. Schließlich gründete Wlodimir Lytwyn 2006 eine weitere Parteienallianz unter dem Namen Block Lytwyn. Nach einer vorgezogenen Parlamentswahl überwand diese Formation 2007 nur noch mit knapper Not die Sperrklausel.

Attribute wie links und rechts spielen bei diesen Parteien keine Rolle, mag sich die Timoschenko-Partei auch als liberal darstellen und die Partei der Regionen als links. Die Motive ihrer Unterstützerszene, hauptsächlich der Wirtschaftswelt, sind Positionen in Regierung und Parlament, ferner Immunität vor Strafverfolgung und schließlich die Gelegenheit, aus der Verbindung mit der Politik heraus Geschäfte zu machen.[396]

1.5 Eine post-sowjetische politische Kultur

Politik findet im kleinsten Kreise statt. Das Volk nimmt kaum daran teil.[397] Die sowjetisch geprägte politische Kultur unterstützt eine geringe Partizipationsbereitschaft.[398] In einer Umfrage vom Mai 2009 antworteten 58 Prozent der Befragten, die Person an der Spitze einer Partei gebe bei ihrem Votum den Ausschlag. Die Verhaftung der früheren Ministerpräsidentin im Jahr 2011 kam vor diesem Hintergrund einer Enthauptung ihrer Partei gleich. Weitere 90 Prozent der Befragten sahen die Parteien von Finanz- und Wirtschaftsinteressen gesteuert. Dass

---

[396] Pauld'Anieri: Structural Constraints in Ukrainian Politics, in: East European Politics, 1. Jg. (2012), S. 31f.
[397] Ebd., S. 40.
[398] Taras Kuzio: Political Culture and Democracy: Ukraine as an Immobile State, in: East European Politics and Society, 25. Jg. (2011), S. 89, 95ff.

die Parteien allein im Interesse ihrer Führer tätig sind, erklärten 56 Prozent der Befragten. Lediglich zwölf Prozent erklärten, die Parteien verträten die Interessen des Volkes. Lediglich ein Drittel war der Auffassung, die Ukraine brauche ein Mehrparteiensystem, 52 Prozent hielten ein pluralistisches Parteiensystem für überflüssig.[399] Die Bürger empfinden nach einer Umfrage vom Dezember 2011 die Korruption als größte Plage ihres Alltags. Weitere 75 Prozent widersprachen der These, dass die Parteien das Volk vertreten. 70 Prozent beklagten eine politisierte Justiz.[400]

Politiker und Parteien manipulieren die regionale Identität als politisches Kampfmittel, insbesondere Sprache und Geschichtsbilder. Parteiführer und Präsidentschaftskandidaten kehren die Bindung an eine Region heraus. Keine der drei großen Regionen, weder die Westukraine noch die mittlere noch die östliche Ukraine wären für sich allein groß genug, um die beiden anderen politisch zu überspielen. Dennoch wird lieber die regionale Flagge geschwenkt, als dass ein gemeinsamer Nenner gesucht wird.[401] Dazu zwei Beispiele:

Präsident Viktor Juschtschenko (2005-2010), ein Exponent der westukrainischen Politik, lehnte sich in seiner Amtszeit als enger Freund des Westens aus dem Fenster und polarisierte damit das Verhältnis zu Russland, das bereits durch die Umstände der Wahl belastet war. Die beiden anderen Schwergewichte der ukrainischen Politik, Viktor Janukowitsch und Julia Timoschenko, beide mal Gegner, mal Verbündete des Präsidenten, setzten auf die enge Kooperation mit Russland. Sie betonten die Eigenart der Ukraine als bikulturelle ukrainische und russische Gesellschaft. Das Gegenlager um Juschtschenko provozierte mit der Idee, im Behördenverkehr und im Bildungswesen müsse Ukrainisch den Vorrang vor dem Russischen haben. Die ohne Not eröffnete Kontroverse endete ebenso plötzlich, wie sie thematisiert wurde, als sich zeigte, dass nicht einmal diejenigen Bürger Gefallen an der Diskriminierung des Russischen fanden, die in den weniger russisch geprägten Regionen lebten.

Janukowitsch wiederum, seit 2010 Präsident, bediente seine engere Klientel in den russophonen Landesteilen, indem er die Verpflichtung aufhob, Prüfungen im Bildungswesen nicht mehr in beiden Sprachen abzulegen, sondern in der Sprache ihrer Wahl: eine Spitze gegen die anderen Parteien, aber nichts, was in irgendeiner Weise die tatsächlich vorhandenen Sprachgepflogenheiten in den Landesteilen beeinträchtigte. Eine Reviermarkierung, die das gegenseitige Misstrauen in die Absichten des anderen bestätigte, aber die labile Balance der regionalen Machtkomplexe nicht störte!

---

[399] Ukraine-Analysen, Nr. 102 vom 27.3.2012, S. 8ff., Grafiken 5, 6, 7.
[400] Ebd., S. 10, Grafik 10.
[401] D'Anieri: Structural Constraints (2011), S. 30ff.

Phänomene wie ein generelles Misstrauen der Menschen in Staat und Politik, die Korruption der Verwaltung und krasse Gegensätze zwischen Arm und Reich unterscheiden die Ukraine kaum vom russischen Nachbarn. Auch eine heruntergekommene Infrastruktur, schlechte Berufsperspektiven für junge Menschen, Umweltbelastungen, die Überalterung und Verarmung der Landbevölkerung (Tabelle 11) und eine weithin unproduktive, teils übermäßig kleinparzellierte, teils industriell betriebene Landwirtschaft[402] lassen große Ähnlichkeiten erkennen.

Im politischen Betrieb lässt sich beobachten, dass die Oppositionstoleranz gering und Kompromissbereitschaft kaum vorhanden ist.[403] Im Parlament kommt es nicht selten zu Tumulten, Handgreiflichkeiten und Beschimpfungen.

Die Regionen sind feste Größen im Verhalten der politischen Klasse. Politiker und Parteien führen sich als Anwälte regionaler Interessen auf; die größeren Parteien werden vorzugsweise in einer der drei Großregionen gewählt. Für die Parteiführer gibt es keinerlei Anreize, dieses politische Stammkapital mit dem riskanten Versuch zu gefährden, als gesamtukrainische Partei Fuß zu fassen. Die Interessen der russisch geprägten Landesteile mit bis zu einem Fünftel der Gesamtbevölkerung kommen im Einheitsstaat besser zur Geltung als in einer bundesstaatlichen Struktur. Eine Föderalisierung der Ukraine stand nie zur Debatte.[404] Führt eine Partei die Regierung oder kommt gar der Präsident aus ihren Reihen, wird ihr unterstellt, dass sie für die Interessen ihrer Wählerhochburg arbeitet. Die Oppositionsführer würden in gleicher Lage nicht anders handeln. Deshalb waltet zwischen den Parteien selbst dann Misstrauen, wenn sie gemeinsam regieren. Akzeptierte Spielregeln für das Verhalten der Regierenden und der Opposition existieren nicht.[405]

1.6 Eine fatale Tradition fasst Fuß: Verfassung und Regeln als Waffen im Machtkampf

Die kurze Geschichte der unabhängigen Ukraine verzeichnet ein wechselvolles, schwer nachvollziehbares Hin und Her verschiedener Koalitionen, ein Zerbrö-

---

[402] Gerlinde Sauer: Entwicklungsperspektiven der Agrar- und Ernährungswirtschaft in der Ukraine, in: Ukraine-Analysen, Nr. 71 (2010), S. 2-7.
[403] Taras Kuzio: Political Culture and Democracy: Ukraine as an Immobile State, in: East European Politics and Societies, 25. Jg. (2011), S. 95ff.
[404] Paul d'Anieri: Ethnic Tensions and State Strategies: Understanding the Survival of the Ukrainian State, in: Journal of Communist Studies and Transition Politics, 23. Jg. (2007), S. 4-29.
[405] D'Anieri: Structural Constraints (2012), 31f.

seln regierender Mehrheiten und ein fortdauerndes Spiel um die Manipulation der Verfassung, des Parteien- und des Parlamentsrechts.

Um vor Augen zu führen, welche Kalküle die ukrainische Politik bewegen, eignet sich am besten eine Verlaufsschilderung der Verfassungspolitik. Sie gleicht einem Gewinnspiel, das im Rhythmus der Wahlen und Regierungsbündnisse immer wieder von Neuem beginnt. Das Beispiel Russlands spornte bereits in der Frühphase der Unabhängigkeit Regierungspolitiker an, eine Verfassung herbeizumanipulieren, die auf einen starken Präsidenten angelegt war. Diejenigen Politiker, die lediglich das Parlament kontrollierten, sträubten sich gegen die Aufwertung des Präsidenten, um dann später wieder, als einer der ihren Präsident war, mit einer Kehrtwendung für den konstitutionell starken Präsidenten zu plädieren.

Erste Etappe: Verfassungsmodell und Formierung des politischen Kräftefeldes

Leonid Krawtschuk war erster Präsident der unabhängigen Ukraine. Er gehörte zu den sowjetischen Großfunktionären, die mit den von Gorbatschow angestoßenen Reformen nicht einverstanden waren. Noch unter einer Übergangsverfassung wurde 1994 Leonid Kutschma zum Nachfolger gewählt. Das ukrainische Parlament, die Rada, beriet 1996 über die Ablösung der vielfältig abgeänderten alten Sowjetverfassung. Die Befürworter eines starken Parlaments und das Gegenlager, das für einen starken Präsidenten plädierte, legten sich gegenseitig lahm. Letztlich fiel die Entscheidung für ein semi-präsidentielles System, das dem Präsidenten eine starke Stellung zusprach.[406]

Diese Verfassung, die als Kleine Verfassung mit dem Etikett der Vorläufigkeit versehen war, sah die Volkswahl des Präsidenten vor. Sie gab dem Präsidenten das Recht, das Parlament aufzulösen, die Regierung zu entlassen, ein Veto gegen Gesetzesbeschlüsse einzulegen und der Rada Gesetze vorzuschlagen: also ein präsidentiell-parlamentarisches Regime. Präsident Kutschma machte von diesen Rechten entschieden Gebrauch. Auch eine mächtige Präsidialverwaltung nach russischem Vorbild wurde eingerichtet. Sie sollte in den Folgejahren wie eine Gegenregierung des Präsidenten agieren, wenn es der Präsident mit einer politisch nicht genehmen Parlamentsmehrheit zu tun hatte. Das Parlament war zu zerstritten, um dagegen zu halten, zu blockieren und dem Präsidenten Kompromisse aufzuzwingen.[407]

---

[406] Ellen Bos: Das politische System der Ukraine, in: Wolfgang Ismayr (Hrsg.), Die politischen Systeme Osteuropas, 3. Aufl., Wiesbaden 2010, S. 527-581.
[407] Oleh Protsyk: Troubled Semi-Presidentialism: Stability of the Constitutional System and Cabinet in Ukraine, in: Europe-Asia Studies, 55. Jg. (2003), S. 1079f.

Die Mehrheit der ukrainischen Wähler bestätigte Kutschma 1999 im Präsidentenamt. Kutschma betrieb weitere Verfassungsänderungen, mit denen die Rechte des Staatsoberhauptes noch weiter ausgebaut werden sollten. Er pflegte einen autoritären Regierungsstil. Kritische Journalisten und Oppositionelle lebten gefährlich.[408] Ein von Kutschma betriebenes Volksbegehren mit dem Ziel, die präsidiale Komponente der Verfassung aufzuwerten, fand 1999 eine Mehrheit. Die letzte Entscheidung über die Verfassungsänderungen hatte jedoch die Rada zu treffen. Dort besaß der Präsident keine Mehrheit. Um die fehlenden Stimmen zu beschaffen, umwarb er die prominentesten Führer der Opposition. Aus diesem Grund wurde der westukrainische Politiker Viktor Juschtschenko zum Regierungschef berufen und die damalige mittelukrainische Energieunternehmerin Julia Timoschenko zur Ministerin mit der Verantwortung für den Energiesektor ernannt.

Doch die vermeintlichen Helfershelfer des Präsidenten arbeiteten nicht zur Zufriedenheit der Paten Janokowitschs. Die Donbass-Industriellen beklagten, dass sie beim Regierungschef Juschtschenko nicht mehr den gewohnten Zugang zum Regierungsapparat hätten. Sie waren auch unzufrieden, weil die Regierung plante, ihre Einkünfte aus Joint Ventures künftig als Gewinn zu versteuern.[409] Ministerin Timoschenko erwarb Popularität, als sie vorschlug, die zusätzlichen Steuereinnahmen für die Bezahlung der Staatsbediensteten, die lange keinen Lohn erhalten hatten, sowie für Rentenzahlungen zu verwenden.[410]

---

[408] Taras Kuzio: Oligarchs, Tapes and Oranges: 'Kutschmagate' to the Orange Revolution, in: Journal of Communist Studies and Transition Politics, 23. Jg. (2007), S. 31ff.
[409] Kuzio: Kutschmagate, S. 41.
[410] Serkiy Kudelia: Revolutionary Bargain: The Unmaking of Ukraine's Autocracy through Pacting, in: Journal of Communist Studies and Transition Politics, 23. Jg. (2007), S. 78ff.

Tabelle 11: Ukrainische Präsidentenwahlen (Kandidaten mit mehr als zehn Prozent)

	1. Wahlgang	Stichwahl
1994	Krawtschuk: 37,7[1] Kutschma: 31,3 Moroz: 13,0[2]	Kutschma: 52,1 Krawtschuk: 45,1
1999	Kutschma: 36,5[1] Simonenko: 22,2[3] Moroz: 11,3[2] Witrenko: 11,0[4]	Kutschma: 56,3 Simonenko: 37,6
2004	Janukowitsch: 39,3[5] Juschtschenko: 39,9[6]	Janukowitsch: 49,5 Juschtschenko: 46,6 *Wiederholung der Stichwahl:* Juschtschenko: 52,0 Janukowitsch: 44,2
2010	Janukowitsch: 35,3[5] Timoschenko: 25,1[7] Tihipko: 13,1	Janukowitsch: 49,0 Timoschenko: 45,5

[1] Amtsinhaber. [2] Sozialistische Partei. [3] Kommunistische Partei. [4] Progressive Sozialistische Partei. [5] Partei der Regionen. [6] Unsere Ukraine. [7] Block Timoschenko.

Von heute auf morgen schlug die Volksstimmung gegen Kutschma aus, als Sozialistenführer Oleksandr Moroz im November 2001 den Präsidenten anklagte, ein Komplott zur Ermordung des präsidentenkritischen Journalisten Myroslawa Gongadze betrieben zu haben. Er belegte diesen Vorwurf durch Tonmitschnitte einer Besprechung des Präsidenten mit den Leitern der Sicherheitsapparate. Umgehend kam es zu Protesten und Straßendemonstrationen, die den Rücktritt des Präsidenten verlangten. Nachdem Juschtschenko und Timoschenko in dieser Affäre den Präsidenten zunächst unterstützt hatten, wandten auch sie sich gegen den skandalgebeutelten Präsidenten.

Kutschma machte sich daraufhin persönlich die Mühe, eine parlamentarische Koalition zu schmieden, um seinen Regierungschef los zu werden. Ein Misstrauensvotum kostete Juschtschenko das Amt. Der Donezker Gouverneur Viktor Janukowitsch trat im November 2001 seine Nachfolge an. Die Wirtschaftsführer des Donbass hatten beschlossen, ihre Interessen fortan mit einer politischen Partei zu verfolgen. Das Ergebnis war die Gründung der Partei der Regionen, die von Janukowitsch bewerkstelligt wurde. Wie oben skizziert, kam es danach in kürzester Frist zur Gründung weiterer Parteien durch Juschtschenko und Timoschenko.[411]

Tabelle 12: Ergebnisse der Wahlen zur Rada (in Prozent)*

	2002	2006	2007
Partei der Regionen	11,8**	32,1	34,4
Block Julia Timoschenko	7,3	22,3	30,7
Bündnis Unsere Ukraine	23,6	13,9	14,2
Sozialistische Partei	6,9	5,7	
Kommunistische Partei	19,9	3,7	5,4
Block Lytwyn		2,4	4,0
Sonstige/Parteilose	30,5	19,9	11,3

* Die Wahlergebnisse für 1992, 1996 und 1999 lassen sich in den seit 2001 gebildeten Parteien nicht abbilden.
** Vorläuferparteien.

Tabelle 13: Ministerpräsidenten der Ukraine

	Amtszeit	Grund für Ausscheiden	Amtierender Präsident
Simonenko	10/1992	kommissarisch im Amt	Krawtschuk
Kutschma	10/1992-9/1993	Rücktritt	
Swjahilski	9/1993-6/1994	Neuwahl/Mehrheitsverlust	
Massol	6/1994-3/1995	Rücktritt	
Martschuk	6/1995-5/1996	Entlassung	Kutschma
Lasarenko	5/1996-6/1997	Rücktritt	
Durdinez	6/1997-	Entlassung	

---

[411] Van Zorn: Why the Orange Revolution Succeeded, S. 381; Kerstin Zimmer und Olexiy Haran: Unfriendly Takeover: Successor Parties in Ukraine, in: Journal of Communist and Post-Communist Studies, 41. Jg. (2008), S. 541-561.

	Amtszeit	Grund für Ausscheiden	Amtierender Präsident
	7/1997		
Postuwoitenko	7/1997-12/1999	Rücktritt/neuer Präsident	
Juschtschenko	12/1999-5/2001	Misstrauensvotum*	
Kinach	5/2001-11/2002	Entlassung	
Janukowitsch	11/2001-1/2005	Rücktritt/neuer Präsident	
Asarow	1/2005-2/2005	kommissarisch im Amt	Juschtschenko
Timoschenko	4/2005-9/2005	Entlassung	
Jechanurow	9/2005-8/2006	Neuwahl/Mehrheitsverlust	
Janukowitsch	8/2006-11/2007	Neuwahl/Mehrheitsverlust	
Timoschenko	11/2007-3/2010	Abwahl/neuer Präsident	
Turtschynow	3/2010	kommissarisch im Amt	
Asarow	seit 3/2010		Janukowitsch

* Vom Präsidenten betrieben.

Die Partei der Regionen agiert als einzige einigermaßen diszipliniert, das parlamentarische Verhalten aller übrigen Parteien und Parteienblöcke ist schwer berechenbar.[412]

Allen Parteien geht es vorrangig darum, parlamentarische Positionen, insbesondere Ausschüsse zu besetzen und an der Regierung beteiligt zu werden.[413] Die jeweilige Opposition hat deshalb keinerlei Grund, sich auf Ideen einzulassen, die das Parlament schwächen könnten.

---

[412] Kerstin Zimmer: Unfriedly Takeovers: Successor Parties in Ukraine, in: Journal of Communist and Post-Communist Studies, 41. Jg. (2008), S. 554ff.
[413] Dieter Segert: Political Parties in Ukraine since the Orange Revolution, in: Juliane Besters-Dilger (Hrsg.): Ukraine on Its Way to Europe: Interim Results of the Orange Revolution, Frankfurt/M. 2009, S. 52ff.

Das Parlament quittierte Interventionen Kutschmas in das parlamentarische Geschehen, die auf Stimmenkauf und den Parteiwechsel einzelner Abgeordneter zielten, mit einem Gesetz, wonach künftig die Parteien und Parteienblöcke in der Rada für die Dauer der Legislaturperiode zusammenbleiben mussten. Das Herausbrechen einzelner Abgeordneter aus den Fraktionen, um eine Regierung zu Fall zu bringen, sollte erschwert werden.[414]

Der vom Skandal angeschlagene Kutschma baute gegen Ende seiner letzten nach der Verfassung erlaubten Amtsperiode Regierungschef Janukowitsch zum Nachfolgekandidaten auf. Dessen Chancen waren jedoch ungewiss. Für den Fall, dass ein Kandidat des oppositionellen Lagers die Präsidentschaft gewinnen sollte, wurde es jetzt wichtiger, künftig mit einer starken Partei im Parlament mitzubestimmen, als auf die ungewisse Aussicht zu setzen, das Präsidentenamt zu erobern. Kutschma vollzog 2001 eine verfassungspolitische Kehrtwendung. Er plädierte nunmehr für die Aufwertung des Regierungschefs. Die Rada stimmte zu. Entsprechende Verfassungsänderungen sollten aber erst 2006, mit Konstituierung der nächsten Rada, in Kraft treten.

Wie bereits nach der vorausgehenden Kleinen Verfassung sollte der Präsident künftig in zwei Wahlgängen auf fünf Jahre vom Volk gewählt werden. Verfehlten die Kandidaten im ersten Wahlgang die absolute Mehrheit, traten die beiden bestplatzierten Kandidaten in einer Stichwahl gegeneinander an. Die Amtszeit war weiterhin auf zwei aufeinander folgende Wahlperioden begrenzt (Art. 103).[415]

Nach dieser neuen Verfassung hatte der Präsident nur noch das Recht, das Parlament aufzulösen, wenn es die Rada versäumen sollte, binnen 30 Tagen nach der Wahl die Arbeit aufzunehmen oder wenn es ihr nicht gelingen sollte, 60 Tage nach dem Rücktritt der bisherigen Regierung eine neue Regierung zu bilden. Der Regierungschef sollte fortan vom Präsidenten auf Vorschlag einer regierungswilligen Koalition der Parlamentsfraktionen nominiert werden. In Fragen der nationalen Sicherheit wies die revidierte Verfassung weiterhin dem Präsidenten die führende Rolle zu. Er vertrat die Ukraine in internationalen Verhandlungen. Ein Nationaler Sicherheitsrat ging ihm dabei zur Hand. Den Außen- und den Verteidigungsminister schlug der Präsident zur Wahl vor. Die übrigen Minister durfte er nur auf Vorschlag des Regierungschefs ernennen. Die Regierung durfte nur entlassen werden, wenn der Regierungschef dies beantragte oder wenn die Rada ihr das Vertrauen entzog. Künftig sollte der Präsident die Regierung nicht mehr nach Ermessen entlassen können.

---

[414] Dazu der Überblick von Cornelia Göls: Die politischen Parteien in der Ukraine. Eine Analyse ihrer Funktionsfähigkeit in Wahlen, Parlament und Regierung, Frankfurt/M. 2008.
[415] Die Artikel beziehen sich auf die Ukrainische Verfassung vom 27.6.1996 in der Fassung vom 8.12.2004.

Zweite Etappe: Orangene Revolution

Viktor Juschtschenko trat 2004 als gemeinsamer Präsidentschaftskandidat der bisherigen Oppositionsparteien an. Er selbst mit seiner schmalen Basis in der Westukraine war der schwächste Mitspieler im regionalen Kräftekonzert. Weil er offenbar durch ein Lebensmittelattentat beinahe zu Tode gekommen wäre, das Mutmaßungen den russischen Geheimdiensten zuschrieben, und weil er sich ferner als Vorkämpfer der Demokratie gegen die ukrainischen Mächte inszenierte, die mit Moskau verbunden waren, erlangte er weit über die Ukraine hinaus Bekanntheit. Julia Timoschenko entschloss sich, seine Kandidatur zu unterstützen. Mit ihren Verbindungen zu den Machtkomplexen der bevölkerungsstarken mittleren Ukraine war sie eine politisch weitaus stärkere Akteurin als Juschtschenko selbst. Auch der Chef der Sozialisten (SPU), Olexandr Moroz, unterstützte Jutschtschenko. Mit ihm kam Juschtschenko überein, die bereits beschlossenen Verfassungsänderungen nach seinem Wahlsieg wieder zu Gunsten eines starken Präsidenten zu korrigieren.[416]

Die Präsidentschaftswahlen verliefen höchst kontrovers. Moskau mischte sich plump zu Gunsten Janukowitschs in den Wahlkampf ein. Es lieferte Juschtschenko eine Steilvorlage, um die Wahl zu einer Entscheidung über die endgültige Wende zur Demokratie und zur Westbindung der Ukraine zu stilisieren. Die Wahlen wurden massiv zu Gunsten Janukowitschs manipuliert. Nach der Stichwahl reklamierten beide Seiten den Sieg. Überlegungen Janukowitschs, die Angelegenheit durchzustehen und die Opposition mit Gewalt niederzuhalten, scheiterten an widersprüchlichen Signalen aus dem Sicherheitsapparat. Während das Innenministerium (Polizei) bereit war, Gewalt anzuwenden, ließ die Staatssicherheit wissen, sie werde nicht gegen die Demonstranten vorgehen.[417] Hier zeigt sich ein fundamentaler Unterschied zu Russland. Dessen Sicherheitsapparate gehorchen den Befehlen des Präsidenten.

Timoschenko und Moroz unterstützten in dieser Auseinandersetzung weiterhin Juschtschenko. Beide mobilisierten ihre Anhängerschaft. Demonstranten, die logistisch von Unternehmern unterstützt wurden, die sich auf Juschtschenkos Seite schlugen, strömten nach Kiew. Sie kampierten vor dem Parlamentsgebäude und zeigten viel Orange, das zum Symbol für die Demokratiebewegung wurde. Sie boten westlichen TV-Journalisten prächtige Bilder. Dem Juschtschenko-Lager gelang es schließlich, beim Obersten Gericht die Wiederholung der Stich-

---

[416] Dazu und im Folgenden Paul d'Anieri: Understanding Ukrainian Politics: Power, Politics and Institutional Design, Armond und London 2007, S. 94ff.; siehe auch Taras Kuzio: Civil Society, Youth and Societal Mobilization, in: Ders. (Hrsg.), Aspects of the Orange Revolution: Post-Communist Democratic Revolutions in Comparative Perspective, Stuttgart 2007, S. 146f.
[417] Van Zorn: Why the Orange Revolution Succeeded, S. 387ff.

wahl durchzusetzen. Diese Wahl brachte dann im Dezember 2004 Juschtschenko ins Amt.[418]

Dritte Etappe: Jeder gegen jeden: Verfassungs- und Koalitionspolitik in der Präsidentenära Juschtschenko

Durch die geschilderten Umstände gelangte mit Juschtschenko ein Politiker ins Präsidentenamt, der aus der am wenigsten bedeutenden Region kam und die kleinste der bedeutenderen Parteien führte. Wollte er sich nicht von vornherein mit der Rolle eines Juniorpartners begnügen, waren Konflikte in der Verfassungspolitik und bei der Regierungsbildung unausweichlich.

Zur Regierungschefin berief der neue Präsident seine Mitstreiterin in der Präsidentschaftswahl, Julia Timoschenko. Die Präsidentenpartei Unsere Ukraine war in dieser Koalition nach Lage der Dinge der Juniorpartner. Juschtschenko verfolgte weiterhin seinen Plan, die noch gar nicht in Kraft befindlichen Verfassungsänderungen so bald wie möglich rückgängig zu machen, um die anstehende Schwächung der präsidialen Rechte zu verhindern.[419] Für dieses Vorhaben war Timoschenko nicht zu haben. Sie war nicht angetreten, um ihre Gestaltungsmöglichkeiten als Führerin der größten Regierungspartei an einen gestärkten Präsidenten abzutreten.

Vorsorglich schloss Timoschenko einen Pakt mit den Sozialisten um Moroz, um ihre Mehrheit zu erweitern. Des Weiteren beförderte sie im großen Stil ihre Anhänger in den Ministerien. Sie organisierte sie die Regierungsstruktur um, indem sie zahlreiche Gremien und Ausschüsse auflöste, in denen die Präsidialverwaltung bislang eine Mitsprache geübt hatte. Schließlich schlug sie auch noch vor, das Verhältniswahlsystem einzuführen. Es hätte die Repräsentanz ihres Parteienblocks im Parlament erheblich verbessert.

Von heute auf morgen wurde Timoschenko im September 2005 entlassen. Präsident Juschtschenko machte in letzter Stunde von einem Recht Gebrauch, das ihm einige Wochen später, mit dem Inkrafttreten der Verfassungsänderungen, genommen würde.[420]

Timoschenkos Nachfolger, Juri Jechanurow, kam aus den Reihen der Präsidentenpartei Unsere Ukraine. Er war erst wenige Wochen im Amt, als Ende 2005

---

[418] Lucan A. Way: Authoritarian State Building and the Sources of Regime Competitiveness in the Fourth Wave: The Cases of Belarus, Moldova, Russia, Ukraine, in: World Politics 57. Jg. (2005), S. 231-261.
[419] Paul Kubicek: Problem of Post-Communism: Ukraine after the Orange Revolution, in: Democratization, 16. Jg. (2009), S. 323-343.
[420] Geir Flikke: Pacts, Parties and Elite Struggle: Ukraine's Troubled Post-Orange Transition, in: Europe-Asia Studies, 60. Jg. (2008), S. 375-396.

ein Streit zwischen Russland und der Ukraine ausbrach. Gründe waren die Abzweigung von Gas aus ukrainischen Pipelines, die von Russland nach Westeuropa führten, und die russische Preisgestaltung für Gaslieferungen. Moskau sperrte die durch die Ukraine führenden Leitungen. Der Präsident hatte diesen Konflikt provoziert. Juschtschenko suchte die Konfrontation mit Russland, um im Westen weitere Unterstützung für seine Präsidentschaft zu generieren. Neben frierenden Ukrainern hatten den ökonomischen Schaden vor allem die Sponsoren der Partei der Regionen: die Donezker Industriemagnaten. Ihnen drohte die Energie für die Produktion auszugehen.

Die Parlamentsmehrheit riet in diesem Konflikt zur Mäßigung, um das Verhältnis zum großen Nachbarn nicht zu zerrütten. Sie sprach Jechuranow das Misstrauen aus. Weil sie sich aber nicht fristgerecht auf einen Nachfolger verständigen konnte, bot sie dem Präsidenten die einzige nach der geltenden Verfassung noch verbliebene Möglichkeit, das Parlament aufzulösen. In der anschließenden Wahl des März 2006 verloren die Regierungsparteien ihre Mehrheit.

Mit der Wahl einer neuen Rada im Jahr 2006 traten die zwei Jahre zuvor beschlossenen Verfassungsänderungen in Kraft. Der Präsident verlor damit sein Recht, ohne Rücksicht auf die parlamentarischen Mehrheitsverhältnisse eine Regierung zu ernennen.

Widerstrebend ernannte der Präsident seinen Rivalen Janukowitsch von der Partei der Regionen zum Regierungschef. Sogleich kam es wieder zu Schwierigkeiten. Die neue Verfassung verlangte, das Verfassungsgericht neu zu besetzen. Janukowitsch und die Rada aber weigerten sich, den Richtervorschlägen des Präsidenten zuzustimmen. Die Rada bestätigte die Richter erst, nachdem sie einen Beschluss gefasst hatte, der die Überprüfung der Verfassungsmäßigkeit der 2004 beschlossenen Verfassungsänderungen untersagte, die wegen einiger Formfehler ins Spiel gebracht worden war. Damit hätte es eine Chance gegeben, die Schwächung des Präsidentenamtes auf richterlichem Wege zu revidieren.[421] Juschtschenko hatte in dieser Auseinandersetzung bereits erwogen, entgegen der Verfassung das Parlament erneut aufzulösen. Er besann sich aber eines anderen, als Janukowitsch versprach, neben dem Block Lytwyn auch seine eigene Partei Unsere Ukraine in die Regierung aufzunehmen. Eine ernsthafte Bereitschaft, mit der Regierung zusammenzuarbeiten, stand aber nicht dahinter.

Entgegen den Verfassungsbestimmungen löste Juschtschenko Anfang April 2007 schließlich doch die Rada auf. Als Grund fingierte er den Fraktionswechsel von Abgeordneten seiner eigenen Partei und derjenigen Timoschenkos. Die Rada und die Regierung weigerten sich, das Dekret zu respektieren. Daraufhin schob der Präsident Ende April ein zweites Dekret mit der abermals konstruierten Be-

---

[421] Bos: Das politische System der Ukraine, S. 571f.

gründung nach, die Regierung sei illegal, weil sie nicht fristgerecht gebildet worden sei. Es zeichnete sich ab, dass das Verfassungsgericht dieses Dekret für ungültig erklären würde. Vorsorglich entließ Juschtschenko den Gerichtspräsidenten und zwei weitere Richter, von denen erwartet wurde, für die Aufhebung des Dekrets zu votieren.

Im Juni 2007 erließ der Präsident schließlich ein drittes Auflösungsdekret, diesmal mit der Begründung, durch den Mandatsverzicht von Abgeordneten der Opposition komme die Rada nicht mehr auf Zweidrittel der verfassungsmäßigen Mitglieder. Die einschlägige Verfassungsbestimmung bezog sich aber lediglich auf die Konstituierung eines neugewählten Parlaments. Regierungschef Janukowitsch konterte diese Politik mit Gesetzesbeschlüssen, die jetzt auch von Timoschenko unterstützt wurden. Ihnen zufolge sollte das Recht des Präsidenten auf die Ernennung des Außen- und Verteidigungsministers erlöschen, wenn der Präsident bis zur Ernennung eine Frist überschritten hatte. Hinter diesem Vorschlag stand das Kalkül mit dem parlamentarischen Brauch, fristgerechte Beschlüsse durch Verschleppung zu verhindern.[422] Beiden Seiten, so war hier deutlich zu erkennen, war die Verfassung als solche gleichgültig. Sie war nichts anderes als eine Waffe im politischen Kampfgetümmel.

In der neu gewählten Rada bildeten abermals Unsere Ukraine und der Block Timoschenko eine Regierungskoalition, Unsere Ukraine war wie beim letzten Mal der Juniorpartner. Die Neuauflage des Streits zwischen Juschtschenko und Timoschenko ließ nicht lange auf sich warten. Der Grund: Juschtschenkos Entschluss, einen der Superreichen, einen Freund der Familie, zum Chef des Sicherheitsrates zu ernennen und ihm Vollmacht zu erteilen, an der Regierungschefin vorbei in die Ministerien hineinzuregieren.[423]

Offensichtlich versuchte der Präsident auch, seinen Zugriff auf die Ordnungsmacht zu steigern. Er entzog dem sozialistischen Innenminister das Kommando über die paramilitärischen Ordnungstruppen und nahm sehenden Auges eine Konfrontation mit der Schutzpolizei in Kauf, die weiterhin dem Minister unterstand. Als Regierungschefin Timoschenko 2008 den Leiter der staatlichen Vermögensverwaltung ablöste und sich für diesen Schritt mit einem Gerichtsbescheid absicherte, ließ Juschtschenko dessen Amtsgebäude von der Präsidentengarde besetzen. Er gab erst nach, als das das Parlament seinen Kandidaten für diese Position ablehnte.[424]

---

[422] Dazu und im Folgenden Ivan Katchanovski: The Orange Evolution? The „Orange Revolution" and Political Changes in Ukraine, in: Post-Soviet Affairs, 24. Jg. (2008), S. 338ff.
[423] Paul Kubicek: Problems of Post-Communism: Ukraine after the Orange Revolution, in: Democratization, 16. Jg. (2009), S. 329.
[424] D'Anieri: Structural Constraints in Ukrainian Politics, S. 37f.

Der Dauerkonflikt mit dem Präsidenten veranlasste Timoschenko schließlich, die Regierung platzen zu lassen. Unsere Ukraine musste auf die Oppositionsbänke wechseln. Timoschenko hingegen knüpfte Kontakte zu Janukowitschs Partei der Regionen.[425] Der Block Lytwyn und die Kommunisten wurden förmlich in die Regierung aufgenommen. Juschtschenko leistete Timoschenkos Frontwechsel ungewollt Vorschub, indem er Pläne vorbereitete, das Russische aus dem öffentlichen Raum zu verbannen. Selbst in der Ostukraine sollte dies der Fall sein. Timoschenko favorisierte demgegenüber das Nebeneinander beider Sprachen und auch ein gutes Verhältnis zu Russland.

In Absprache mit der Regierungschefin setzte der Präsident Ende 2007 eine Verfassungskommission ein. Deren Empfehlungen sahen die von Juschtschenko erwünschte Stärkung des Präsidentenamtes vor. Timoschenko war nicht damit einverstanden. Sie konterte mit Vorschlägen, die ganz im Gegenteil darauf zielten, die Rechte des Präsidenten noch stärker zu beschneiden und unter anderem auch die Beteiligung des Präsidenten an der Bestellung des Außen- und Verteidigungsministers zu kassieren. Außerdem plädierte sie dafür, den Präsidenten künftig von der Rada wählen zu lassen.

Vierte Etappe: Der Sieg des lachenden Dritten: Die Gesamtukraine entscheidet sich für einen Präsidenten Janukowitsch

Bei der anstehenden Präsidentenwahl des Jahres 2010 ging abermals Janukowitsch ins Rennen. Timoschenko kandidierte erstmals selbst für das Präsidentenamt. Beide wurden als Favoriten gehandelt. Das Ansehen Juschtschenkos, der für eine zweite Amtszeit kandidierte, war inzwischen auf den Nullpunkt gesunken. Ihm wurden keine Chancen mehr eingeräumt. Sämtliche Kandidaten außer ihm traten für eine Politik des Bikulturalismus und für ein gutes Verhältnis zum russischen Nachbarn ein. Janukowitsch setzte sich in der Stichwahl erwartungsgemäß mit deutlicher Mehrheit durch. Die Marginalisierung von Unsere Ukraine, welche die kleinste und für die Ukraine insgesamt untypische Region im Westen des Landes vertrat, „normalisierte" die Kräfteverhältnisse insofern, als tatsächlich nur noch große Parteien bzw. Parteienbünde übrig blieben, welche die Großregionen der östlichen und der mittleren Ukraine vertraten. Für die Partei der Regionen und ihren Führer Janukowitsch wurde die Konkurrenz der Kräfte hinter Timoschenko aber um so lästiger. Vor diesem Hintergrund gewinnen die im Folgenden zu schildernden Ereignisse ihre Bedeutung.

Timoschenko gedachte die nach Ansicht der Beobachter saubere Wahl zunächst anzufechten, machte dann aber einen Rückzieher. Der neue Präsident

---

[425] Katchanovski: The Orange Evolution, S. 360ff.

Janukowitsch verlangte den Rücktritt der Regierung. Eine Vertrauensbekundung der Rada hätte den Rücktritt verhindern können. Vertreter von Unsere Ukraine und des Block Lytwyn kündigten aber an, der Regierung das Vertrauen zu verweigern. Beide rechneten sich aus, beim Sturz der Regierungschefin weiterhin als Regierungsparteien gebraucht zu werden. Ein zuvor beschlossenes einfaches Gesetz hatte die Verfassungsvorgabe kassiert, dass bei der Einsetzung und Absetzung der Regierung das geschlossene Votum der Fraktionen erforderlich ist.

Timoschenko verlor durch das Wegbröckeln ihrer Mehrheit das Vertrauen des Parlaments. Der von Präsident Janukowitsch vorgeschlagene Nachfolger Mykola Asarow wurde auf der Grundlage dieser Rechtsänderung aber nicht, wie von der Verfassung verlangt, mit dem geschlossenen Votum der Fraktionen ins Amt gewählt. Überläufer aus den übrigen Parteien, darunter aus Unsere Ukraine, verschafften Asarow die rechnerische Mehrheit. Der Präsident erkannte diese arithmetische Mehrheit als rechtmäßig an. Umgehend rief die Opposition das Verfassungsgericht an, um diese Prozedur für null und nichtig zu erklären. Doch das Gericht gab dem Präsidenten Recht. Noch 2008 hatte es in der gleichen Situation bestätigt, dass für die parlamentarische Bestätigung einer neuen Regierung allein das Votum der Fraktionen zählte.

Im Oktober 2010 erklärte das Verfassungsgericht darüber hinaus die seit vier Jahren geltenden Verfassungsänderungen, mit denen die Kompetenzen des Präsidenten beschnitten worden waren, für ungültig. Im parlamentarischen Verfahren waren damals kleine Formfehler unterlaufen.[426]

Die Ukraine kehrte zum präsidentiell-parlamentarischen System zurück. Der Präsident ist wieder ganz offiziell nicht mehr nur als Notar wieder an der Regierungsbildung beteiligt, sondern als gestaltender Akteur.[427] Nicht genug damit, strengte Janukowitschs Regierung auch noch eine Klage gegen Timoschenko an, sie habe in ihrer Regierungszeit Steuergelder missbraucht.[428]

Der Präsident verbesserte umgehend das Verhältnis zu Russland. Unter anderem handelte er Erdgasrabatte aus, die seinen Donezk-Sponsoren die Produktion verbilligen dürften.[429] Finanzielle Förderer des gewählten Präsidenten und deren Vertrauensleute rückten in Schlüsselstellungen der Regierung auf.[430] Die

---

[426] Kuzio: Political Culture and Democracy, S. 93f..
[427] Thomas Urban: Mehr Macht für Janukowitsch, in: Süddeutsche Zeitung vom 2./3.10.2010, S. 7.
[428] Thomas Urban: Korruptionsvorwürfe gegen Timoschenko, in: Süddeutsche Zeitung vom 22.10.2010, S. 10.
[429] Thomas Urban: Schaukeln zwischen Ost und West, in: Süddeutsche Zeitung vom 30. August 2010, S. 4; Ders.: Der Grenzgänger aus Donezk, in: Süddeutsche Zeitung vom 17. Mai 2010, S. 7; Ders.: Timoschenkos Regierung zerbrochen, in: Süddeutsche Zeitung vom 3. März 2010, S. 7; Ders.: Machtkampf nach der Wahl, in: Süddeutsche Zeitung vom 11. Februar 2010, S. 7.
[430] Der Spiegel vom 27.12.2010, S. 128ff.

Nettogewinner dieser Entwicklung waren die Donezk-Oligarchen.[431] Um im Geschäft zu bleiben, passten sich die übrigen Oligarchen den neuen Machtverhältnissen an. Frühere Sponsoren Timoschenkos polten ihre finanzielle Unterstützung auf die Partei der Regionen um.[432] Dies wiederum hatte Konsequenzen für die Medienlandschaft. Die Medieneigentümer verboten ihren Redaktionen eine kritische Berichterstattung über den neuen Präsidenten und seine Regierung.[433]

Ein neues Wahlgesetz verbot für die Zukunft die Kandidatur der Parteien im Rahmen eine Blocks. Diese Maßnahme traf neben der Partei des früheren Parlamentspräsidenten Lytwyn vor allem die Partei Julia Timoschenkos.

Für die Parlamentswahl des Jahres 2012 kandidiert als Nachfolgepartei des Blocks Timoschenko die Partei Vaterland. Die Volkspartei der Ukraine steht in der Nachfolge des Blocks Lytwyn. Ihr wurden keine Chancen mehr gegeben, überhaupt noch die Sperrklausel zu überwinden. Die Partei des früheren Präsidenten Juschtschenko, Unsere Ukraine, hat ihre Aktivitäten bereits eingestellt. Ferner wurde das Wahlsystem auf den Zustand vor 2004 zurückkorrigiert: Die Hälfte der Parlamentsmitglieder werden durch Verhältniswahl, der Rest durch Mehrheitswahl in Einerwahlkreisen bestimmt. Damit wird erneut die Wahl von Unabhängigen und von Parteimitgliedern begünstigt, die nicht auf den Parteilisten, sondern als Personen kandidieren.[434] Das Parlament wird damit geschwächt. Die direkt gewählten Kandidaten sind ein ideales Reservoir, um mit den verschiedensten Verlockungen Mehrheiten für die Abwahl einer Regierung zu organisieren.

Zum Bildungsminister berief Janukowitsch einen umstrittenen Historiker. Ihm eilte der Ruf voraus, die Überlegenheit der russischen Kultur zu propagieren.[435] Sogleich wurde verfügt, dass Prüfungen nicht mehr im Ukrainischen abgenommen werden müssen, sondern auch in den regional vorherrschenden Sprachen abgelegt werden dürfen. In der Ostukraine entfiel damit der Anreiz, sich beim Erwerb von Bildungsqualifikationen des Ukrainischen zu bedienen.[436] Die

---

[431] Nico Lange: Zwischen Re-Sowjetisierung und korporativen Interessen, in: Ukraine-Analysen, Nr. 80 (2010), S.14.
[432] Max Bader: Die politischen Parteien der Ukraine vor den Parlamentswahlen, in: Ukraine-Analysen, Nr. 102 vom 27.3.2012, S. 2.
[433] Heike Dörrenbücher und Volodymyr Oliinsk: Ein Jahr nach den Präsidentschaftswahlen – quo vadis Ukraine?, in: Ukraine-Analysen, Nr. 88 (2011), S. 4.
[434] Bader: Die politischen Parteien der Ukraine, S. 2f.
[435] Thomas Urban: Präsident ohne Visionen. Unter Viktor Janukowitsch herrscht in der Ukraine wieder das alte System der Oligarchen, in: Süddeutsche Zeitung vom 25.10.2010, S. 3.
[436] Heike Dörrenbücher und Volodymyr Oliinsk: Ein Jahr nach den Präsidentschaftswahlen, S. 2. Siehe auch Taras Kuzio: Viktor Janukowitsch, der Konterrevolutionär, in: Ukraine-Analysen, Nr. 80 (2010), S. 17f.

Präsidialadministration wurde massiv aufgewertet. Bedeutsam war diese dem russischen Vorbild nachempfundene Institution von jeher. Jetzt avancierte sie zur politischen Schaltstelle, die auch Parlament und Justiz die Richtung vorgibt.

Bis Mitte Juni 2011 wurden unter fadenscheinigen Vorwänden 300 Richter und Staatsanwälte aus dem Dienst entlassen, welche die Unparteilichkeit ihrer Ämter ernst nahmen. Ebenso wurden auch frühere Minister der Regierung Timoschenko unter Anklage gestellt[437] 20 von ihnen sind mittlerweile inhaftiert. Nicht genug damit, wurde mit Julia Timoschenko auch noch die wichtigste politische Konkurrentin aus dem Verkehr gezogen.[438] Sie wurde unter dem Vorwurf des Amtsmissbrauchs angeklagt, im Jahr 2009 einen für die Ukraine ungünstigen Gasvertrag mit Russland ausgehandelt zu haben. Damit waren Janukowitschs stärkste innenpolitische Konkurrentin neutralisiert und ihre Weggefährten mit Regierungserfahrung ausgeschaltet. Kurz darauf erfolgte Timoschenkos Verurteilung zu sieben Jahren Haft.

Das Urteil löste internationale Proteste aus und veranlasste die Europäische Union, eine Einladung Janukowitschs zu einem Besuch in Brüssel abzusagen. Auch dem früheren Innenminister Juri Luzenko wurde ohne stichhaltige Gründe der Prozess gemacht. Er hatte sich in seiner Amtszeit die Oligarchen der östlichen Ukraine zum Feind gemacht, als er den Strafverfolgern grünes Licht für Korruptionsermittlungen gab.[439]

Selbst der russische Regierungschef Wladimir Putin kommentierte, er verstehe weder den Prozess noch das Urteil. Der frühere Präsident Juschtschenko ließ es sich nicht nehmen, seine frühere Partnerin in diesem Prozess als Zeuge der Anklage mit Vorwürfen zu überziehen.[440] Proteste vor dem Kiewer Gericht wurden mit eigens aus der östlichen Ukraine herangeführten Polizeikräften unterdrückt.[441] Die gefühlte Polarisierung der ukrainischen Regionen verschärfte sich.[442] Im Vorfeld der Fußball-Europameisterschaft 2012, die auch in der Ukraine ausgetragen wurde, verweigerten die ukrainischen Behörden der inhaftierten Timoschenko, die an einem Rückenleiden erkrankt war, die erforderliche medi-

---

[437] Thomas Urban: Fragwürdige Anklagen, in: Süddeutsche Zeitung vom 12. Oktober 2011, S. 7; Ders.: Janukowitschs Rache. Der ukrainische Präsident überschüttet seine Gegner aus den Zeiten der "orangenen Revolution" mit Klagen wegen Amtsmissbrauchs, in: Süddeutsche Zeitung vom 8.6.2011, S. 8.
[438] Ders.: Julia Timoschenko muss in Untersuchungshaft. Richter wirft Ex-Regierungschefin Störung der Verhandlung gegen sie vor, in: Süddeutsche Zeitung vom 6./7. August 2011, S. 7.
[439] Ders.: Die Rache der Oligarchen. Ukrainische Führung will nach Ex-Regierungschefin Timoschenko auch deren Innenminister hinter Gitter bringen, in: Süddeutsche Zeitung vom 27.1.2012, S. 7.
[440] Ders.: Der tiefe Fall des Volkshelden, in: Süddeutsche Zeitung vom 13. Oktober 2011, S. 7.
[441] Ders.: Dahlien unterm Polizeistiefel, in: Süddeutsche Zeitung vom 12. Oktober 2011, S. 7.
[442] Ders.: Im Krieg mit dem eigenen Volk. Ukraines Präsident Janukowitsch rächt sich an jenen Landsleuten, die ihn einst verschmähten, in: Süddeutsche Zeitung vom 16.8.2011, S. 3.

zinische Hilfe und kassierten damit Boykottankündigungen europäischer Spitzenpolitiker bei den Spielen in der Ukraine. Abgesehen von der moralischen Komponente dieser Ereignisse kommt in diesen Ereignissen ein politischer Dilettantismus zum Ausdruck, der seinesgleichen sucht: das Bild dumpfer Rachsucht am politischen Gegner und die Unfähigkeit, die absehbare Reaktion des demokratischen Europa zu antizipieren. Wie auch am Beispiel Weißrussland kurz darzustellen ist, zeigt sich darin, dass Russland mit Blick auf die politischen Eliten den personell besseren Teil des Erbes der Sowjetunion mitgenommen hat – eine Elite mit Weltkenntnis, diplomatischem Gespür und Empfindsamkeit für die wichtige politische Ressource der internationalen Respektabilität. Die Ukraine musste sich mit dem Personal in der zweiten und dritten Reihe begnügen. Dieses mochte für das Management einer großen Provinz genügen, bereitete aber in keiner Weise darauf vor, einen Staat zu regieren.

Der ukrainische Präsident ist ein parteilicher Akteur. Sein Status stiftet Streit. Alle Streitparteien argumentieren verfassungspolitisch. In der Sache geht es aber allein um die Kontrolle des Regierungsapparats. Ein Präsident vom Zuschnitt des russischen Staatsoberhaupts würde die Parteien wie ein Magnet auf die Eroberung des Präsidentenamtes ausrichten. Doch im Unterschied zu Russland würde das Wahlergebnis spaltend wirken, weil es als Sieg der einen Region über die andere wahrgenommen würde. Nur das Niederhalten der Opposition, also eine autoritäre Lösung, verspricht Sattelfestigkeit. Darauf zielt die bizarr anmutende Verfassungspolitik ab, die diesem Ziel seit 2010 näher gekommen scheint als jemals zuvor.[443]

1.7 Die Ukraine als außenpolitischer Akteur

Die Skizze der ukrainischen Außenpolitik beansprucht wenig Text. Präsident Jutschtschenko, der sich dem Westen, insbesondere den USA an die Brust warf, war nicht nur mit seiner Bindung an die Westukraine ein Außenseiter in der Innenpolitik, sondern auch mit seinem zeitweise konfrontativen Kurs gegenüber Russland. Dabei ist zu bedenken, dass seine Präsidentschaft auf mehr als der halben Wegstrecke mit derjenigen der konservativen Bush-Administration in den USA zusammenfiel. Heute gibt es breiten Konsens über alle Lager hinweg, dass ein gutes Verhältnis zu Russland Staatsräson ist, nicht nur in der Sicherheitspolitik – aber wo lauern in Europa schon Gefahren für die ukrainische Sicherheit? –,

---

[443] Otto Luchterhandt: Der Kampf um das Regierungssystem der Ukraine – eine unendliche Geschichte, in: Ukraine-Analysen, Nr. 80 (2010), S. 2-7.

sondern vor allem wegen der engen ökonomischen Verflechtung mit dem russischen Nachbarn. Regimepolitisch sind sich Russland und die Ukraine heute näher als je zuvor. Sieht man von den Lippenbekenntnissen zur westlichen Demokratie einmal ab, die in der Präsidentschaft Juschtschenko beachtliche Ausmaße erreichten, war die Ukraine auch in dessen Amtszeit kein demokratischer Staat. Die Reizthemen dieser Zeit, mehr waren es nicht, wie die Mitgliedschaft in Nato und EU, sind vom Tisch. Realistisch waren diese Perspektiven nie. Zu einer Außenpolitik in Konkordanz mit Russland gibt es keine Alternative.

1.8 Die Unterschiede zu Russland

Es ging bei diesem Blick auf die Ukraine darum zu verstehen, warum die Dinge dort anders gelaufen sind als in Russland. Drei Gründe lassen sich erkennen:

Erstens: Ein Teil der neuen politischen Klasse grenzte sich nicht nur vom vergangenen Sowjetsystem ab, sondern auch von der russischen Identität. Die regionalen Unterschiede wurden von den größeren Parteien als politische Reviere markiert. Für die Verständigung auf gesamtukrainische Interessen blieb dabei wenig Raum.

Zweitens: Ein Konsens über das politische Modell, parlamentarische oder präsidiale Demokratie, kam nicht zustande. Verfassung und Justiz werden manipuliert. Spielregeln im Verhältnis der Parteien, zwischen Koalitionspartnern und im Umgang mit der Opposition gibt es nicht. Alles ist erlaubt, um den eigenen Vorteil zu realisieren. Damit verwischen sich die Grenzen der ukrainischen Formaldemokratie zu einem autoritären Regime.

Drittens: Die Politik ist dem Geld nicht übergeordnet. Aber die Herrscher über die ukrainische Wirtschaft treten dort, wo sie auf die Politik einwirken, nicht geschlossen auf, sondern als Konkurrenten oder Zweckverbündete. Sie eröffnen Politikern und Parteien damit Spielräume. Die ukrainischen Oligarchen befinden sich in einer komfortableren Lage als ihre russischen Pendants. Teils über gesponserte Parteien, sind sie eng in die Machtspiele verwoben.

Viertens: Der ukrainische Staat ist schwach. Weder die Parteien noch die Wirtschaftsgewaltigen haben Interesse an einer parteienblinden Verwaltung und Justiz, die den tagesaktuell Regierenden ihre Grenzen zeigen könnten. Die Situation erinnert an die Verhältnisse im Russland Jelzins.

2 Weißrussland

Der größte Teil Weißrusslands gehörte früher zum russischen Reich und später zur Sowjetunion, ein kleinerer Teil bis 1939 zu Polen. Im östlichen, von jeher russisch geprägten Landesteil liegt das ökonomische und politische Kraftzentrum des Landes. Die weißrussischen Bauern und Landpächter borgten ihre Identität von der russischen Kultur. Die Zugehörigkeit zur ostslawischen Sprachfamilie und zur orthodoxen Kirche – 90 Prozent aller christlichen Weißrussen – und der bäuerliche Lebensalltag förderten die Assimilation. Wir treffen in Weißrussland weit größere kulturelle Homogenität an als in der Ukraine.[444] Die Sowjetvergangenheit erscheint im vorteilhaften Licht. Im Rückblick hatten die Menschen ihr Auskommen und einen Lebensstandard wie keine Generation vor ihnen.

Positiv erscheint diese Vergangenheit auch deshalb, weil Weißrussland von den Zerstörungen des Zweiten Weltkrieges so hart betroffen war wie kaum eine andere Region in Osteuropa. Dies galt einmal für die wirtschaftliche Substanz, weil beim Rückzug der deutschen Truppen kein Stein auf dem anderen blieb. Es galt ebenso für die menschliche Substanz. Das wald- und sumpfreiche Weißrussland war Partisanengebiet. Die Besatzer beantworteten Attacken auf deutsche Posten und Verbindungslinien mit grausamen Repressalien gegen die Bevölkerung. Wie Ostpolen, Litauen und die Ukraine beherbergte Weißrussland darüber hinaus zahlreiche jüdische Menschen, die der Vernichtungsmaschinerie des Dritten Reiches zum Opfer fielen. Am Ende des Krieges war die Vorkriegsbevölkerung um ein Viertel dezimiert – ein Verlust, der zahlenmäßig erst nach einem halben Jahrhundert wieder ausgeglichen wurde.

Ursprünglich einmal reines Agrargebiet, avancierte Weißrussland in der Stalinzeit zu einer bedeutenden Industrieregion. Der Republik wurde die Produktion von Traktoren, Erntemaschinen und Fahrzeugen aller Art verordnet. Die Fabriken wurden über die Republik verstreut, so dass die einheimische Bevölkerung nicht groß in die Städte umziehen musste, um in industrielle Arbeit zu wechseln. Ein unbeabsichtigter Nebeneffekt dieser Ansiedlungspolitik war die kuriose Situation, dass Weißrussland bis heute viel Industrie aufweist, die Mehr-

---

[444] Grigory Ioffe: Understanding Belarus: Economy and Political Landscape, in: Europe-Asia Studies, 56. Jg. (2004), S. 85-118.

heit seiner Menschen aber in ländlicher Umgebung wohnt und arbeitet. Damit hat sich auch ein Stück bäuerlich-ländliche Mentalität erhalten.[445]

Die kleine weißrussische Intellengentsia fiel den Stalinschen Säuberungen zum Opfer. Ambitionierte Weißrussen hatten keine Schwierigkeit, im Sowjetstaat Karriere zu machen. Umgekehrt gab es keine Vorbehalte gegen Russen, die als Spezialisten oder Funktionäre zuwanderten.

Eigentlich wurde Weißrussland nur deshalb ein unabhängiger Staat, weil es in der Sowjetunion – ähnlich wie die kaukasischen und mittelasiatischen Gebiete – den Status einer Sowjetrepublik besaß. Bereits 1994 setzte sich der ehemalige Kolchosdirektor Alexander Lukaschenko als beherrschende Figur durch. Seine Wahl quittierte das Chaos im Gefolge der Perestroika und der ungewollten Unabhängigkeit, das die Menschen aus den vertrauten Verhältnissen riss. Lukaschenko war ein Kandidat, der Restauration versprach und Wort hielt – allerdings um den Preis eines harten Regimes.[446] Das Land wird seither autoritär regiert. Die weißrussische Elite ist stark sowjetisch geprägt. Die Bevölkerung weiß zu schätzen, dass sie in erträglichen materiellen Verhältnissen lebt.[447] Eine andere als eine russische Identität ist nicht vermittelbar.[448]

Von allen europäischen Nachfolgestaaten der Sowjetunion hat Weißrussland den Bruch mit dem Vorgängersystem so gering gehalten wie möglich. Der derzeitige Präsident Lukaschenko ist unbestrittener Chef im Ring. Er hat sich mit keinem Premierminister und keinem Parlament auseinanderzusetzen und es nicht einmal für nötig befunden, eine Partei auf die Beine zu stellen, die das politische System mit dem Getue um eine demokratische Fassade schmückte. Als Parteien gehen lediglich die kleinen und drangsalierten organisierten Oppositionellen durch. Die Mehrheit der Parlamentarier figuriert nicht unter einem Parteilabel. Es handelt sich bei diesen „Unabhängigen" um Funktionsträger des Regimes, die ihre Karriere dem System Lukaschenko verdanken und marionettengleich tun, was ihnen gesagt wird.

Den Typus des Oligarchen gibt es in Weißrussland nicht. Privatisierungen wurden im bescheidenen Rahmen und zurückhaltend durchgeführt, die Regie-

---

[445] Steven M. Eke und Taras Kuzion: Sultanism in Eastern Europe: The Socio-Political Roots of Authoritarian Populism in Belarus, in: Europe-Asia Studies, 52. Jg. (2000), S. 523-547.
[446] Dazu und im Folgenden Nelly Bekus: Struggle Over Identity: The Official and the Alternative "Belarussianness", Budapest und New York 2010.
[447] Anna Zadora: The Belarussian Elite: Formation, Conduct and Developmental Dynamics. A Socio-Political Perspective, in: Hans-Georg Heinrich und Ludmilla Lobava (Hrsg.), Belarus: External Pressure, Internal Chance, Frankfurt/M. 2009, 141ff.
[448] Elena Korosteleva: Was There a Quiet Revolution? Belarus after the 2006 Presidential Election, in: Journal of Communist Studies and Transition Politics, 25. Jg. (2009), S. 335. Siehe auch Natalia Leshchenko: The National Ideology and the Basis of the Lukashenka Regime in Belarus, in: Europe-Asia Studies, 60. Jg. (2008), S. 1419-1433.

rung gab die industriepolitische Regie nie aus der Hand.[449] Damit befindet sich Weißrussland in einer Liga mit Aserbaidschan und den mittelasiatischen Staaten. Die politischen Strukturen werden gar nicht erst herausgefordert, sich mit dem großen Geld auseinanderzusetzen.

Die Unterschiede zwischen Arm und Reich sind deutlich geringer als in Russland und in der Ukraine. Gleichzeitig wurde die Produktion unter Ausnutzung des Lohngefälles zur EU in den Grenzen des Möglichen an die Bedürfnisse der Exportmärkte angepasst. Ein akzeptabler Lebensstandard ließ keine größere Unzufriedenheit reifen.[450] Diese Quelle der Regimestabilität sprudelt seit einigen Jahren deutlich spärlicher. Ein Grund liegt in der Außenabhängigkeit der weißrussischen Ökonomie. Russland verlangt für Gas und Öl inzwischen denselben Preis wie von seinen west- und mitteleuropäischen Kunden, und Russland ist dieser Verbündete, der am Pranger der westlichen Öffentlichkeit steht, bisweilen ausgesprochen peinlich.

Der Präsident verzichtet auf einen artifiziellen Kult um die weißrussische Identität. Sowjetische Symbole wurden reaktiviert, nachdem Präsident Lukaschenko das Ruder übernahm.

Tabelle 14: Präsidentenwahlen in Weißrussland (Ergebnisse in Prozent)

Wahlsieger		Partei	Ergebnis
Lukaschenko	1994	parteilos	80,1*
Lukaschenko	2001	parteilos	75,5
Lukaschenko	2006	parteilos	82,6
Lukaschenko	2010	parteilos	79,6

* Stichwahl: 1. Wahlgang 45,1 Prozent.

Tabelle 15: Mandatsverteilung im weißrussischen Parlament (110 Sitze)

	Parteilose*	Kommunisten	Sonstige
1995/96	61	23	26
2000	92	6	10
2004	98	8	4
2008	103	6	1

* Unterstützer des Präsidenten.

---

[449] Grigory Ioffe: Belarus and Chernobyl: Separating Seeds from Chaff, in: Post-Soviet Affairs, 23. Jg. (2007), S. 235-366; David R. Marples: Color Revolutions: The Belarus Case, in: Journal of Communist and Post-Communist Studies, 39. Jg. (2006), S. 351-364.
[450] Elena Korosteleva: Was There a Quiet Revolution? Belarus After the 2006 Presidential Election, in: Journal of Communist Studies and Transition Politics, 25. Jg. (2009), S.335ff.

Der Form nach besitzt Weißrussland ein präsidentielles Regierungssystem. Der Präsident wird vom Volk gewählt und darf beliebig oft wiedergewählt werden. Die Auflösung des Parlaments ist ihm verwehrt. Ebenso wenig kann das Parlament jedoch den Präsidenten aus dem Amt entfernen. Der Präsident hat das Recht, dem Parlament Gesetze vorzuschlagen. Eine allmächtige Präsidialadministration kontrolliert Gesetzgebung und Verwaltung. Eine hart zugreifende Truppe für Innere Sicherheit steht bereit, um Dissidenten mundtot zu machen, wenn sie es denn riskieren sollten, in der Öffentlichkeit aufzutreten.[451] Die Präsidialverwaltung kontrolliert wie in Russland eine Machtvertikale. Die Bezirkschefs werden vom Zentrum ein- und nach Belieben abgesetzt, um das Aufkeimen konkurrierender Machtträger zu verhindern.[452] Die Wahlen werden manipuliert. Im Jahr 2010 ließ sich Lukaschenko auf das Experiment ein, in der Präsidentenwahl Gegenkandidaten zuzulassen – wohl in der Erwartung, eine ansehnlichere Kulisse für seine Bestätigung im Amt hinzubekommen. Dieses Kalkül ging nicht auf. Die kleine Opposition in der Hauptstadt organisierte sich erfolgreich und verstand es, ihre Existenz in die europäische Öffentlichkeit zu projizieren. Proteste gegen den Ablauf und das Ergebnis der Wahl wurden massiv unterdrückt. Kandidaten, die es gewagt hatten, dem Präsidenten entgegenzutreten, wanderten in Haft.[453]

Gesetzesinitiativen aus den Reihen des Parlaments bedürfen der Freigabe durch ein in der Verfassung nicht vorgesehenes Zentrum für Gesetzgebung. Erst danach darf das Parlament in die Beratung eintreten. Diese Filterinstanz arbeitet dem Präsidenten zu. Der Präsident hingegen darf Gesetzesinitiativen für dringlich erklären und verlangen, dass das Parlament im Eilverfahren lediglich mit Pro und Kontra votiert und auf eine Beratung verzichtet.[454] Kurz: Es gibt nur eine gesetzgebende Instanz: der Präsident.

---

[451] Martin Rossmann: Elections and Political Pluralism in Belarus, in: Hans-Georg Heinrich und Ludmilla Lobava (Hrsg.), Belarus: External Pressure, Internal Chance, Frankfurt/M. 2009, S. 238.
[452] Kimitaka Matzusato: A Populist Island in an Ocean of Clan Politics: The Lukashenka Regime as an Exception among CIS Countries, in: Europe-Asia Studies, 56. Jg. (2004), S. 250.
[453] Uladzimir Padhol: The 2010 Presidential Election in Belarus, in: Problems of Post-Communism, 58. Jg., Nr. 1, S. 3-17.
[454] Silvia von Steinsdorff 2010: Das politische System Weißrusslands, in: Wolfgang Ismayr (Hrsg.), Die politischen Systeme Osteuropas, 3. Aufl., S. 479-526.

3 Die post-kolonialen sowjetischen Nachfolgestaaten im Kaukasus

3.1 Russland und seine kaukasischen Kolonien

Als arabische Eroberer in das Hochgebirge des Kaukasus vorstießen, trafen sie auf eine Vielzahl von Völkern, darunter Armenier und Georgier: Völker mit eigenen christlichen Kirchen und eigener Schriftsprache. Andere Völker nahmen den Islam an. Sie hielten am neuen Glauben fest, als sich die Eroberer wieder zurückzogen. Über Jahrhunderte hinweg gab es immer wieder Eroberungszüge in den Kaukasus. Verschiedene Reiche beanspruchten die Herrschaft über diesen Raum. De facto blieben die heimischen Völker aber unter sich. Die Eroberer, mit denen sie es zu tun hatten, darunter persische Safawiden und das Turkvolk der Osmanen, hatten als Verwalter wenig Biss und noch gar keine Vorstellung von Staatlichkeit. Sie waren es gewohnt, über Imperien mit ihrem charakteristischen Bauprinzip des Nebeneinanders der unterschiedlichsten Strukturen zu herrschen. Auch das zaristische Russland, das dieses Gebiet im 18. Jahrhundert zu erobern begann, begnügte sich mit politischer Kontrolle. Es betrieb dort so wenig wie anderswo in seinem Herrschaftsbereich eine Missionierungs- oder Assimilierungspolitik. Die Russen beließen dem indigenen Adel seine Privilegien. Der Zarismus praktizierte hier eine Art Indirect Rule, ähnlich wie die Briten in Indien und Afrika. Es war für die Russen nicht leicht, diese kriegerischen Völker zu besiegen. Auch nach der Konsolidierung der russischen Herrschaft kam es immer wieder zu Aufständen. Geradezu legendär sollten die von Imam Schamil zwischen 1839 und 1859 angeführten Aufstände im heutigen Dagestan und Tschetschenien werden.[455]

Armenier und Georgier lebten in Klansgesellschaften. Politische Autorität streute über zahlreiche Fürsten, die von den großen Familienverbänden als Führer respektiert wurden. Die gemeinsame Identität als Armenier und Georgier wurzelte in der Sprache und in den Nationalkirchen. Die muslimischen Völker genossen auch im Gebiet des heutigen Aserbaidschan den Respekt der russischen Verwaltung. Die persische Hochkultur, die dort ihre Spuren hinterlassen hatte, stand in Russland in hohem Ansehen. Steuerprivilegien und die Verschonung vom Wehrdienst nahmen Konfliktstoff aus den Beziehungen. Für die Kinder der

---

[455] Andrei Zakharov: Empire and Federation, in: Russian Politics and Law: A Journal of Translations, 45. Jg. (2007), S. 30ff.

Reichen und Mächtigen wurde Russland zur Pforte für die Rezeption europäischer Sitten, von Wissenschaft und Technik. Sie integrierten sich in die multinationalen Eliten des Reiches. Für die Masse der Menschen blieb freilich alles beim Alten.[456]

Die Erschließung der kaspischen Erdölvorkommen ließ bereits an der Schwelle zum 20. Jahrhundert um Baku im heutigen Aserbaidschan Schaufenster westlicher Lebensart entstehen (Straßenbahnen, Autos, Bars, Hotels, Geschäftshäuser). In der Ölindustrie arbeiteten Aserbaidschaner, Armenier, Georgier, aber auch Iraner und Türken. Als an- und ungelernte Arbeiter und Dienstpersonal fanden sie Jobs in den untersten Etagen der Klassenhierarchie. Hier fassten, vermittelt über russische Revolutionäre, marxistische Ideen Fuß. Illegale Gewerkschaftsarbeit und klandestine Parteiaktivitäten keimten auf. In den Reihen der bolschewistischen Revolutionäre, die 1917 den Zarismus stürzten, befanden sich zahlreiche Georgier und Armenier.

Die heute etablierte Unterscheidung in einen Nord- und Südkaukasus gab es damals noch nicht. Sie war das Resultat der am Reißbrett konstruierten Teilrepubliken der Sowjetunion. Während sich um die Ölwirtschaft in Aserbaidschan Inseln der Moderne bildeten, blieb der Kaukasus als Region insgesamt rückständig, ländlich und traditioneller Lebensart verhaftet. Aufstände gegen die russische Herrschaft, die hin und wieder auflebten, hatten ihre Gründe zum größeren Teil darin, dass Bürokratien, fremdes Recht und nicht-religiöse Schulen ein seit Jahrhunderten unverändertes Milieu störten.

Als das Zarenreich am Ende war, die junge Sowjetunion aber noch nicht stark genug, um die russische Herrschaft zu restaurieren, entstanden kaukasische Staaten. Sie hatten keine feste Struktur. Die wenigen Gebildeten hoben 1918 armenische, aserbaidschanische und georgische Papierstaaten mit Flagge, Hymne und Volksversammlungen aus der Taufe. Die Masse der Bevölkerung wurde von alledem kaum berührt.

Als auf den Kaukasus mit all seinen Religionen, Sprachgruppen und Bräuchen Staatsgrenzen gepresst wurden, war es unvermeidlich, dass privilegierte Völker geschaffen und anderen der Status nationaler Minderheiten zugewiesen wurde. Gegen Ende des russischen Bürgerkrieges, ab 1921 war es ein Leichtes, diese schwachen Neustaaten wieder zu beseitigen, sowjetstaatliche Strukturen zu errichten und Einheimische und Russen aus den Reihen der Kommunistischen Partei als Verwalter einzusetzen.

In Georgien ging die Sowjetisierung mit einem finalen Richtungskampf unter den russischen Sozialisten einher. Die Republik war eine Hochburg des men-

---

[456] Dazu und im Folgenden Thomas de Waal: The Caucasus: An Introduction, New York 2010, S. 37ff.

schewistischen Zweigs der russischen Sozialisten. Die Menschewiki waren Anhänger einer sozialdemokratisch-parlamentarischen Republik. Sie wurden von den Bolschewisten um Lenin und Trotzki erbittert bekämpft. In Russland selbst waren sie bereits bei Ausbruch der Revolution ins Abseits geraten. In den Wirren von Revolution und Bürgerkrieg gelang es den Menschewiki, ausgerechnet im rückständigen Kaukasus Fuß zu fassen. Die Integration Georgiens in den Sowjetstaat ging mit einem Vernichtungsfeldzug gegen die Menschewiki einher.

3.2 Der Sowjetkaukasus

Die Republiken Armenien, Aserbeidschan und Georgien bildeten 1918 zunächst eine transkaukasische Konföderation. Dieses Gebilde hielt gerade einmal vier Wochen. Der junge Sowjetstaat machte den verbleibenden Republiken 1921 ein Ende. Unter sowjetischem Vorzeichen lebte Transkaukasien als Sowjetrepublik wieder auf. Moskau sah keinerlei Sinn in Kleinstrepubliken, die das Regieren in einem bis dahin als Einheit behandelten Raum erschwerten. Letztlich kapitulierten aber auch die Bolschewiken vor den komplizierten Verhältnissen. Den Genozid an den armenischen Untertanen des osmanischen Sultans im Ersten Weltkrieg vor Augen, sahen die Armenier im jungen Sowjetstaat eine Schutzmacht; ihr Feindbild war der ebenso junge wie vitale türkische Staat. Die Aserbeidschaner jedoch, Muslime und Glieder der großen Familie turksprachiger Völker, hegten nachbarschaftliche und freundschaftliche Empfindungen zur Türkei. In der Einsicht, dass die nationalen Querelen in dieser Region bloß politische Energie verbrauchten, löste Moskau die Transkaukasische Sowjetrepublik 1936 auf. An ihre Stelle traten jetzt separate armenische, aserbaidschanische und georgische Sowjetrepubliken.

Für nationalstaatlich homogene Republiken[457] fehlten jegliche Voraussetzungen. Die Gemengelage der Sprachen und Völker war in jeder dieser drei Republiken dermaßen kompliziert, dass es keine Alternative dazu gab, Minderheiten in diesen Republiken zu belassen, wie immer man die Grenzen auch ziehen mochte. Moskau behalf sich mit dem Konstrukt ethno-nationaler Teilstaaten. Ein Mehrheitsvolk wurde zur Titularnation erklärt. Siedelten in einer Republik konzentriert Bürger anderer Nationalität, gab man ihnen ein Gebiet mit dem Status eines Autonomen Gebiets, so im Falle Georgiens Abchasien und Südossetien und im Falle Aserbeidschans Berg-Karabach. Von armenischem Staatsgebiet ist die Enklave Nachitschewan umschlossen, die Hoheitsgebiet Aserbeidschans ist.

---

[457] De Waal: The Caucasus, S. 71ff.

Das gleiche ethnische Engineering fand im nördlichen Kaukasus statt. Der Pluralismus der Sprachen und Bräuche war dort noch ausgeprägter als auf der Südseite des Kaukasusgebirges. Die Republik Dagestan wurde von vorherein als Omnibusgebilde konstruiert. Die dort hineindefinierten Völker waren islamisch geprägt, landwirtschaftlich und arm. Den Inguschen und Tschetschenen, ebenfalls muslimische Völker, deren Siedlungsgebiet sich in den Hochkaukasus erstreckt, wurde die Republik Inguschetien-Tschetschenien als politischer Rahmen aufoktroyiert. Sie wurde 1944 wieder aufgelöst. Der Grund: Stalin warf den Tschetschenen vor, mit den deutschen Invasoren kollaboriert zu haben. Ein Teil des tschetschenischen Volkes wurde vertrieben, die Überlebenden durften nach Jahrzehnten zurückkehren. Die nordkaukasischen Republiken blieben in die russische Teilrepublik eingegliedert. Das Kontrollbedürfnis der Moskauer Zentrale war hier besonders groß.

Vetternwirtschaft und Korruption waren in den kaukasischen Republiken Legende. Die Moskauer Führung, seit der Ära Breschnew ganz auf die Wahrung des Status quo bedacht, stieß sich nicht daran. Probleme bahnten sich erst an, als ein Kontrollverlust drohte. Kampagnen zur Bekämpfung der Korruption und des Schlendrians trafen diese Republiken besonders hart: Spitzenfunktionäre verloren ihre Ämter, alte Netzwerke zerrissen, rivalisierende Seilschaften nutzten die Gunst der Stunde, um sich Moskau als Ersatzmannschaft anzudienen. Diese späten Versuche, die Zügel des Zentralstaates zu straffen, kamen der Aufkündigung des stillschweigenden Respekts für die gewachsenen Besitzstände gleich.[458] Die Beziehungen zu Moskau waren dadurch bereits gestört, als die Sowjetunion schließlich unterging.

3.3 Die kaukasische Staatenlandschaft

Was nach dem Zerfall der Sowjetunion geschah, erinnert an den Übergang vormaliger Kolonien in die Unabhängigkeit. Heimische Eliten traten an die Stelle der sowjetischen Funktionäre. Es handelte sich durchweg um Personal, das nicht schlechter qualifiziert war als das russische. Da sich in sowjetischer Zeit kein regionales Führungszentrum bilden durfte, gab es zunächst unklare Machtlagen. Klans und Familiencliquen, die eine große Klientel hinter sich hatten, überstanden die turbulente Phase der Antikorruptionskampagnen und des Kaderaustauschs am Ende der Sowjetära. Jetzt stritten sie darum, im neuen Staat den Ton anzugeben. Es dauerte geraume Zeit, bis sich diese Klans entweder arrangiert

---

[458] Cheloukine/King: Corruption Networks, S. 109.

oder bis sich einer darunter als beherrschend durchgesetzt hatte.[459] Darüber hinaus bedienten sich alle, die Geld, Einfluss und Positionen hatten, bei der Privatisierung des Staatsvermögens.

Professionelles Militär war in den Neustaaten Mangelware. Die Berufsmilitärs der Sowjetarmee waren meist Russen und Ukrainer, Asiaten waren vor allem für das Fußvolk gut. Zwar erhielten auch die Neustaaten ihren Anteil an Truppen und Gerät aus dem Bestand der früheren Sowjetarmee. Doch die Soldaten wurden schlecht bezahlt, ihre emotionale Bindung an die Kunststaaten war mit einem Fragezeichen versehen. Es war zweifelhaft, ob die Militärs ihre Waffen gegen Freunde und Verwandte richten würden. Vor diesem Hintergrund boten sich den Mächtigen die Chefs krimineller Banden als Gewaltdienstleister an. Polizei, Justiz und Finanzbehörden sahen über ihr Treiben hinweg oder kooperierten sogar. Viele Verbindungen zwischen Politik, Verwaltung und Unterwelt haben sich bis heute gehalten.

Zur Bildung einer Schicht von Oligarchen kam es nicht. Die politische Klasse griff selbst auf das Staatsvermögen zu. Je wertvoller die Ressourcen, insbesondere Rohstoffe, Öl und Gas, desto stärker konzentrierte sich die Kontrolle darüber an der Staatsspitze. Je weniger Ressourcen die Neustaaten hatten, je drückender folglich auch die Kosten für die Unterhaltung kostspieliger Sicherheitsapparate, desto ratsamer war es für die Herrschenden, potenzielle Rivalen durch Einbindung in die Staatspatronage zu beschwichtigen.

Georgien

Georgien stürzte nach Auflösung der Sowjetunion ins Chaos. Einen ersten Bruch mit dem Sowjetstaat gab es bereits 1956, als der sowjetische Parteichef Chruschtschow die Entstalinisierung einläutete und dem berühmtesten Georgier Josef Stalin seinen Mythos nahm. In Tiflis kam es zu Demonstrationen. Die Vorgänge in Moskau gaben dem georgischen Nationalismus Auftrieb. Um im Zentrum ruhige Verhältnisse vorzeigen zu können, ließen es Chruschtschows Erben geschehen, dass unter den Republikverwaltern im großen Umfang Bestechung und Kriminalität Platz griffen. Georgische Kriminelle machten in der sowjetischen Schattenwirtschaft gute Geschäfte. Der große außergeorgische Markt bot zahlreiche Möglichkeiten, am illegalen Handel (Alkoholika, Südfrüchte) mit den fernen russischen Metropolen zu verdienen.

Der amtierende georgische Innenminister Eduard Schewardnadse wurde 1972 zum Parteichef der Republik ernannt. Er hatte den Auftrag, in seiner Re-

---

[459] Dazu Eva-Maria Auch: Politische Kultur - Autoritäre Herrscher – pragmatische Loyalitäten, in: Marie-Carin von Gumppenberg und Udo Steinbach (Hrsg.): Der Kaukasus. Geschichte-Kultur-Politik, 2. Aufl., München 2010, S.242ff.

publik aufzuräumen. Mit den Verhältnissen bestens vertraut, ging er diese Aufgabe mit geschicktem Verhandeln an. Es gelang ihm ein Arrangement mit den Strukturen, die an der Wurzel des Problems lagen. Schewardnadse wurde 1985 vom neuen Parteichef Gorbatschow zum sowjetischen Außenminister ernannt.

Als Georgien 1991 unabhängig wurde, drängten die niemals wirklich überwundenen kriminellen Strukturen an die Oberfläche. Klanchefs und Bandenführer machten, was sie wollten. Gewaltsam trugen sie ihre Revierkämpfe aus. Mord, Raub und andere Gewaltverbrechen waren an der Tagesordnung.[460] Die Polizei war machtlos, die Armee schlecht organisiert, Waffen gab es im Überfluss. Wer staatliche Positionen innehatte, versuchte sie zu Geld zu machen – von Bußgeldern für fingierte Verstöße im Straßenverkehr bis hin zum Verkauf von Hochschuldiplomen und Titeln.

Der Literat Swida Gamsadschurdia wurde 1991 erster Präsident des unabhängigen Georgien. Er paktierte mit einem der größten Gangsterhäuptlinge, Jaba Ioseliani. Sein Programm erschöpfte sich in einem dumpfen Nationalismus. Er verfügte, im Bildungswesen und Behördenverkehr gelte ausschließlich die georgische Sprache. Damit brachte er umgehend die zahlreichen Minderheiten des Landes gegen sich auf. Die autonomen Gebiete Südossetien und Abchasien hatten sich bereits vor dem Zerfall der Sowjetunion 1990 aus dem georgischen Staatsverband verabschiedet. Sie waren 70 Jahre zuvor überhaupt nur deshalb in den georgischen Staat hineingeraten, weil die sowjetischen Nationalitätenspezialisten den Völkern südlich des Kaukasus-Gebirgskamms in den 1930er Jahren eigene Sowjetrepubliken geben wollten. Die nördlich davon gelegenen nationalen Siedlungsräume wurden als niederrangige innerrussische Republiken in die große russische Teilrepublik eingemeindet. In der innergeorgischen Republik Abchasien waren die Abchasen zwar selbst nur eine Minderheit. Aber die übrigen nicht-georgischen Völker waren bei der von Georgien nie anerkannten Loslösung Abchasiens von der südkaukasischen Republik an ihrer Seite.

Diese Sezessionsvorgänge wurden vom staatsrechtlichen Ethnonationalismus der früheren Sowjetunion erleichtert. Im Zeitpunkt der Sezession lebten in Abchasien immerhin knapp über die Hälfte Georgier und in Südossetien etwa ein Drittel Nicht-Osseten. Als Hinterlassenschaft des sowjetischen Ethno-Föderalismus gab es autonome abchasische bzw. südossetische Verwaltungen, Parlamente und Regierungen. Deshalb war es ein Leichtes, die Sezession zu bewerkstelligen und effektive Staatsgebilde zu etablieren, denen als einziges Staatsattribut nur noch die internationale Anerkennung fehlte. Was diese selbsterklärten Staaten an eigener militärischer Kapazität nicht hatten, wurde mehr

---

[460] Dazu, auch im Folgenden Alexandre Kukhianidze: Corruption and "Organized Crime in Georgia Before and After the "Rose Revolution", in: Central Asian Studies, 28. Jg. (2009), S. 215-234.

oder weniger von Russland bereitgestellt, das die Vorgänge stillschweigend und mit Wohlgefallen verfolgte.[461] Viele Georgier verließen in den Folgejahren diese Gebiete. In Abchasien leben nur noch etwa 25 Prozent Georgier, um die Hälfte weniger als vor 20 Jahren.

Im innergeorgischen Gebiet Adscharien, wo eine Minderheit von Georgiern islamischen Glaubens lebt, richtete sich nach der Unabhängigkeit der Gewaltherrscher Aslam Abaschidse ein. Er erkannte zwar die formale Souveränität Georgiens über sein Gebiet an, verlangte als Preis jedoch, von der Regierung nicht behelligt zu werden. Russland, das in Georgien noch eine Garnison hatte, hielt schützend seine Hand über ihn.

Mit einem Putsch der Streitkräfte gegen das Regime Gamsachurdia, der auch vom Gangsterboss Ioseliani unterstützt wurde, entbrannte 1991 ein Bürgerkrieg. Ein nicht legitimierter Militärrat bat 1992 Eduard Schewardnadse, an die Spitze des Staates zu treten. Dieser kam der Bitte nach und ließ sich drei Jahre später wählen. Er regiere dann aber so, wie er bereits als Parteichef aufgetreten war, d.h. er arrangierte sich mit den Verhältnissen, stellte aber eine gewisse Ordnung wieder her. Georgien wurde zu einer freieren Gesellschaft, ohne Zensur, mit einem lebhaften Parlament und zahlreichen Parteien. Im Ausland hatte Schewardnadse den Bonus des letzten sowjetischen Außenministers und Weggeführten Gorbatschows. Er hatte eine wichtige Rolle bei der Beendigung des Kalten Krieges und der deutschen Wiedervereinigung gespielt. An der wirtschaftlichen Situation und an der organisierten großen und der kleinen Kriminalität änderte sich auch unter Schewardnadse nichts. Der Staat blieb schwach, die Korruption hielt an. Gewohnt, Probleme mit Geld zu lösen, wurden bei den Wahlen die gewünschten Ergebnisse herbeimanipuliert.[462]

Die Parlamentswahl des Jahres 2003 brachte das Fass zum Überlaufen. Die Opposition organisierte Straßenproteste. Ihre Triebkraft waren die unverändert schlechten Lebensverhältnisse. Die internationalen Finanziers stellten ihre Zahlungen an die Regierung ein, oppositionelle Bewegungen wurden aber weiterhin unterstützt. Schewardnadse wich dem Druck, er trat zurück und machte den Weg für einen neuen Präsidenten frei.

Gewählt wurde sein Herausforderer Justizminister Michail Saakaschwili. Er war ein maßgeblicher Regisseur der Proteste gegen Schewardnadse. Erst einmal ins Präsidentenamt gewählt, ging auch er zu einer härteren Gangart über.[463]

---

[461] Svante E. Cornell: Autonomy as a Source of Conflict: Caucasian Conflicts in Theoretical Perspective, in: World Politics, 54. Jg. (2003), S. 263ff.
[462] Lincoln Mitchell: Compromising Democracy: State Building in Saakashvili's Georgia, in: Central Asian Survey, 28. Jg. (2009), S. 172ff.
[463] Donnada O Beachain: Roses and Tulips: Dynamics of Regime Change in Georgia and Kyrgyzstan, in: Journal of Communist Studies and Transition Politics, 25. Jg. (2009), S. 199-226.

Die Stärkung der staatlichen Institutionen hatte erste Priorität. Die korrupte Polizei wurde aufgelöst, eine neue Truppe aufgestellt und das Militär mit westlicher Hilfe reformiert. Ferner wurde die Justiz neu konstituiert und das Bildungswesen umgekrempelt – dies alles mit beachtlichem Erfolg. Dem Präsidenten ging dabei ein Team von Ministern und Beratern zur Hand, die wie er selbst in den USA studiert und gelebt hatten. Mit einer betont pro-westlichen und antirussischen Haltung gewann Saakaschwili den Rückhalt der Bush-Administration. Georgien hat zwar keine bedeutenden Ressourcen. Als Brückenland im Kaukasus ist es jedoch strategisch bedeutsam.[464]

In einem Kraftakt unterwarf Saakaschwili das Gebiet Adscharien der Regierungskontrolle. Dessen Präsident Abaschidse hatte sich seiner Position sicher gewähnt, weil er die Gunst Moskaus genoss. Im Lichte der Veränderungen in Tiflis kam es auch dort zu Demonstrationen. Im Jahr 2004 wurde das Gebiet von Regierungstruppen erobert. Abaschidse wählte das russische Exil. Der georgische Präsident zog aus diesem Erfolg später die falsche Lehre, auf die gleiche Weise lasse sich auch das Gebiet Südossetien in den georgischen Staatsverband zurückholen.

Die in der Ära Saakaschwili betriebene Stärkung des Staates ging auf Kosten der Liberalität vonstatten. Der Präsident sicherte sich den Zugriff auf die Ernennung der Richter, des Hochschulpersonals und selbst niederrangiger Beamter. Ferner unterwarf er die Presse seiner Kontrolle und marginalisierte das Parlament. Die öffentliche Ordnung wurde zwar hergestellt, die wirtschaftliche Situation blieb aber eine Quelle großer Unzufriedenheit. Da die Kanäle für politische Partizipation immer enger wurden, zwangen sie den Bürgerprotest auf die Straße. Der Staat wiederum zeigte seine Zähne. Bürgerproteste wurden niedergeschlagen, so geschehen 2007, als es in Tiflis zu Straßendemonstrationen kam; der Ausnahmezustand wurde verhängt.

Die Wahlen verlaufen in Georgien heute freier als sonst in der Region, und im Ganzen gilt auch die Verfassung etwas. Die Alternative zum Zerfall der Staatsautorität wird aber nicht in der Kopie des liberaldemokratischen Modells, sondern in einer autoritären Gangart gesucht. Hier geschah im Grunde genommen nichts anderes als das, was Putin betrieb, als er von Jelzin einen schwachen Staat übernahm.

Georgien ist ein Kleinstaat ohne bedeutende Ressourcen, mit einer armen Bevölkerung und einem Territorium, das zum erheblichen Teil von anderen Staaten beherrscht wird. Der Angstgegner Russland, gegen den es eines starken Partners bedarf, bestimmt das politische Kalkül stets mit.

---

[464] Mitchell: Compromising Democracy, S. 175ff.

Tabelle 16: Politische Basisdaten der Kaukasusstaaten (Ergebniszahlen in Prozent)

	Präsidentenwahl: Ergebnis für den Sieger	Parlamentswahl: Ergebnis für die stärkste Partei	Regierungswechsel durch Putsch	Regierungswechsel durch Straßendemonstrationen
Georgien	Gamsachurdia 1991: 86,5 Schewardnadse 1995: 74,9 Schewardnadse 1999: 71,8 Saakaschwili 2004: 96,3 Saakaschwili 2008: 53,5	1995: 23,7 1999: 41,8 2003: 21,3 2004: 66,2 2008: 59,5	1991 (Sturz Gamsachurdias)	2004 (Sturz Schewardnadses)
Armenien	Mutibalow 1991. 90,0 Ter-Petrosjan 1992: 83,0 Kotscharjan 1998: 68,1[2] Kotscharjan 2003: 67,5 Sarkasjan 2008: 52,8	1995: ca. 80[1] 1999: 41,7[1] 2003: 22,5 2007: 32,8		1998 (Sturz Ter-Petrosjans)
Aserbeidschan	Elchibey 1992: 54 Alijew Sr. 1993: 99,8 Alijew Sr. 1998: 76,1 Alijew Jr. 2003: 76,8 Alijew Jr. 2008: 82,3[6]	1995/96[3] 2000[4] 2005[5] 2010[7]	1993 (Sturz Elchibeys)	

[1] Parteienbündnis. [2] Stichwahl, erster Wahlgang 38,8 Prozent. [3] 67 von 125 Mandaten. [4] 75 von 125 Mandaten. [5] 61 von 125 Mandaten. [6] Seit 2009 Präsident auf Lebenszeit. [7] 72 von 125 Mandaten.
Quellen: Fischer Weltalmanach 1992ff.

Saakaschwili unternahm im Sommer 2008 einen Versuch zur Rückeroberung Süd-Ossetiens. Doch die Situation war grundlegend anders als vier Jahre zuvor in Adscharien. Die Osseten wollten keineswegs zurück nach Georgien, sie waren mit dem faktischen Status eines russischen Protektorats zufrieden. Der georgische Präsident ließ sich sehenden Auges auf einen Krieg mit der sowjetischen Militärmacht ein. Er kassierte die kaum überraschende Niederlage, erreichte unter dem Strich aber immerhin persönlich einen politischen Gewinn. In der Aufwallung nationaler Gefühle wurde er nach dem Krieg in der anstehenden Wahl im Präsidentenamt bestätigt.[465]

Die nationalen Minderheiten haben im Rumpfgeorgien einen schweren Stand. Mit dem Vorwand, das Georgische nicht vollständig zu beherrschen, werden Bürger nicht-georgischer Identität von bedeutenderen Positionen ferngehalten.[466]

Saakaschwilis Präsidentenmandat endet nach der Verfassung im Jahr 2012. Heute steht eine umstrittene Parlamentarisierung der Verfassung bevor. Der nächste Präsident wird nur noch repräsentative Pflichten haben. Diese Verfassungsänderung läuft materiell auf das Gleiche hinaus wie im Jahr 2008 der Wechsel des starken Mannes Putin in die russische Regierung. Eine parlamentarische Verfassung wäre dem jungen Präsidenten, der dann an die Spitze der Regierung treten könnte, auf den Leib geschnitten. Die Voraussetzungen dafür sind vorhanden: eine dominante Partei – Vereinte Nationale Bewegung mit 120 von 150 Parlamentsmandaten – und ein Regierungsapparat, der das politische Leben beherrscht.[467] Wir sehen hier Verfassungsmanipulation am Werk, wie wir sie auch in der Ukraine beobachten konnten, gleichzeitig auch die Manipulation ethnischer Vielfalt – ein autoritäres System mit westlicher Verfassungsverkleidung, das sich dem demokratischen Amerika und Europa als westlicher Vorposten in einer Umgebung post-sowjetischer Staaten andient. Das Kalkül könnte aufgehen. Die Kritik an Georgien ist gedämpft.

Armenien

Dreimal so viele Armenier leben in der Diaspora wie im gleichnamigen Staat. Bis an die Schwelle des 20. Jahrhunderts lebten die meisten Armenier Kleinasiens im Osmanischen Reich. Viele reüssierten dort als Ärzte, Kaufleute und sogar

---

[465] Jonathan Wheatley: Managing Ethnic Diversity in Georgia: One Step Forward, Two Steps Back, in: Central Asian Survey, 28. Jg. (2009), S. 129ff.
[466] Povylas Zielis: New Version of the Kirkpatrick Doctrine in the Post-Soviet Space, in: Democratization, 17. Jg. (2010), S. 882.
[467] Sonja Zekri: Eiszeit in Putins Welt. Moskau exportiert mit viel Erfolg sein politisches Modell: nach innen hart, nach außen flexibel, in: Süddeutsche Zeitung vom 21.1.2011,S. 4.

als Beamte. Der Genozid an den osmanischen Armeniern (1915/16) trieb die Überlebenden in den russischen Teil Armeniens oder ins Exil, vorzugsweise in die USA und nach Frankreich. Beim Kollaps des Osmanischen Reiches hatten die armenischen Nationalisten 1918 hochfliegende Ambitionen. Sie erhoben Anspruch auf große Teile des östlichen Anatolien, scheiterten aber an der Gegenkraft des jungen türkischen Staates. Ferner misslang der Versuch, das zweite armenische Siedlungsgebiet Berg-Karabach in den neuen Staat zu integrieren. Karabach wurde stattdessen mit einem Autonomiestatus in den benachbarten Neustaat Aserbaidschan eingegliedert. Die Armenier hatten kein Problem mit dem Sowjetstaat. Die Vielzahl gut ausgebildeter Armenier veranlasste Moskau, dort im Kalten Krieg ein Zentrum für die elektronische Rüstung aufzubauen. Die Republik blieb in der Fläche indes ländlich geprägt.

Im Zeichen des Zerfalls der sozialistischen Staatenwelt, insbesondere der Trennung der baltischen Republiken von Moskau, und in einer Stimmung, welche die Gelegenheit für die Korrektur historischen Unrechts günstig sah, erklärte die ethnische Exklave Karabach, die rechtlich zu Aserbeidschan gehörte, im Jahr 1988 ihre Unabhängigkeit. Darüber kam es zu Krieg mit Aserbaidschan. Der armenische Präsident konnte sich der Stimmung im eigenen Lande, die Brüder in Karabach zu unterstützen, auf Dauer nicht entziehen. In Eriwan bildete sich eine mächtige Karabach-Koalition. Im Jahr 1992 erreichte sie, dass armenische Streitkräfte in die Kämpfe eingriffen. Russlands Haltung enttäuschte. Es hatte Interesse an einem guten Verhältnis zu Aserbaidschan, das mit seinem Ölressourcen ein wichtiger wirtschaftlicher Partner war. Im nachfolgenden Krieg setzte sich Armenien durch. Als sich die Konfliktparteien 1994 auf einen Waffenstillstand verständigten, hatten die Karabacher ihr Gebiet unter Kontrolle und Armenien hielt einen von Aserbaidschanern bewohnten Landstreifen besetzt, der eine direkte Verbindung zwischen beiden Gebieten herstellt.

Ein Superpräsident mit umfassenden Vollmachten beherrscht die armenische Politik. Alle bisherigen Präsidenten bedienten sich autoritärer Methoden. Die Staatsklasse und einige private Geschäftsleute beherrschen die Wirtschaft. Auf dem Lande sind Klanchefs mächtige Figuren. Die politische Auseinandersetzung gleicht einem Kräftemessen, bei dem die Regierenden ihre Positionen und Einkommen verteidigen. Die Wahlen werden mehr oder weniger manipuliert.

Die ersten Jahre nach der Unabhängigkeit standen im Schatten des Karabach-Konflikts. Das Volk scharte sich um Präsident Lewon Ter-Petrosjan und seine nationalistische Partei. Doch die wirtschaftliche Lage war desolat. Die sozialen Sicherheiten der sowjetischen Epoche waren dahin, es mangelte an

Beschäftigung; qualifizierte Jugendliche sahen sich um die Früchte ihrer Ausbildung betrogen.

Die Aussichten für die Wiederwahl Ter-Petrosjans im Jahr 1996 standen schlecht. Die Präsidentschaftswahl wurde deshalb massiv manipuliert. Umgehend kam es zu Demonstrationen, der Präsident reagierte hart und schlug die Kundgebungen nieder, die Oppositionsführer wurden in Haft genommen. Der Dauerkonflikt mit dem ölreichen Aserbaidschan und das Risiko einer Entfremdung von Russland, das auf Baku als strategischen Partner blickte, verhießen Armenien keine gute Zukunft. Ter-Petrosjan bemühte sich deshalb um ein Arrangement mit Aserbaidschan.

Daraufhin verlor der Präsident seinen Rückhalt bei den Stützen des Regimes, es kam zu einem Palastputsch. Der Regierungschef, der Verteidigungsminister, der Innenminister und der Chef der Inneren Sicherheit setzten Ter-Petrosjan unter Druck, sein Amt aufzugeben. Regierungschef Robert Kocharyan übernahm 1998 kommissarisch das Amt des Präsidenten.[468] Er kandidierte für die reguläre Bestätigung im Amt. Auch diese Wahlen waren nicht sauber. Wie erwartet, siegte der vorläufige Amtsinhaber. Kocharyan nahm aber die wichtigsten Vertreter der Opposition in die Regierung auf. Sein Gegenkandidat in der Präsidentschaftswahl, Karen Demirchyan, der letzte sowjetische Republikchef, ließ sich in das Amt des Parlamentspräsidenten wählen, Verteidigungsminister Sargis Sarysjan rückte zum Regierungschef auf. In einem Anschlag, der nie geklärt wurde, stürmten 1999 Bewaffnete das Parlament. Der Parlamentspräsident und der Regierungschef wurden ermordet.

Als 2003 die nächste Präsidentenwahl anstand, war auch Kocharyan unpopulär. Vom Wirtschaftswachstum hatte lediglich eine kleine Schicht von Reichen profitiert. Der Sohn des ermordeten früheren Parlamentssprechers Demirchyan trat in der Präsidentenwahl von 2003 als Gegenkandidat an. Unterstützt wurde er vom Bruder des beim Attentat ebenfalls ums Leben gekommenen Regierungschefs Sarysjan. Daneben kandidierte ein früherer Sowjetfunktionär, Artashes Geghamyan. Er appellierte an Bürger, die der Zeit vor der Unabhängigkeit nachtrauerten. Die von zahlreichen Unregelmäßigkeiten begleiteten Wahlen gewann in beiden Wahlgängen der Amtsinhaber. In der Stichwahl hätte Demirchyan eine gute Chance gehabt, wenn Geghamyan seinen Wählern empfohlen hätte, für ihn zu votieren. Dieser empfahl statt dessen Enthaltung und sicherte damit Kocharyans zweite Amtsperiode.

Massendemonstration für und gegen Demirchyan und gegen die Festnahme Oppositioneller begleiteten diese Ereignisse. Demirchyan klagte gegen das Er-

---

[468] Dazu und im Folgenden Mikayel Zolyan: Armenia, in: Donnacha Ó Beacháin und Abel Polese (Hrsg.), The Colour Revolutions in the Former Soviet Republics, London und New York 2010, S. 83-100.

gebnis der Stichwahl, Geghamyan gegen das der ersten Wahlrunde. Das Verfassungsgericht bestätigte zwar die Korrektheit der Wahl, empfahl jedoch ein Referendum, in dem die Bürger entscheiden sollten, ob der Präsident ihr Vertrauen hätte. Wenige Wochen später wurden auch die Parlamentswahlen zu Gunsten der Präsidentenpartei manipuliert.

Die Strategie der Opposition kreiste fortan um das Referendum. Die Massenproteste vor Augen, die im benachbarten Georgien Präsident Schewardnadse aus dem Amt gedrängt hatten, legten Demirchyan und Geghamyan im April 2004 ihre Differenzen bei, um das vom Verfassungsgericht nahegelegte Referendum herbeizuzwingen. In der Hauptstadt kam es zu Massendemonstrationen. Sie wurden mit massivem Polizeieinsatz niedergeschlagen. Abermals wurden Oppositionelle verhaftet.

Da Kocharyan nach zwei Amtsperioden aus dem Amt scheiden musste, baute er als Nachfolger den aus Karabach gebürtigen Sersch Sargasjan auf. Er war bis 2007 Verteidigungsminister und danach Regierungschef. Überraschend trat 2008 auch der frühere Präsident Ter-Petrosjan als Gegenkandidat in der anstehenden Präsidentenwahl an. Seine zentrale Wahlkampfbotschaft war die Bekämpfung der Korruption. Die Opposition quittierte den Wahlsieg Sargasjans mit Demonstrationen. Es kam zu Verhaftungen, der Ausnahmezustand wurde verhängt und Ter-Petrosjan unter Hausarrest gestellt.

Präsident Sargasjan bemühte sich um die Entspannung des Verhältnisses zur Türkei und eine tragfähige Lösung des Karabach-Konflikts. Er machte aber stets einen Rückzieher, wenn die armenische Auslandsgemeinde den Daumen senkte. Zu Russland unterhält das Regime gute Beziehungen.[469] Eriwan betrachtet Moskau als Schutzmacht. Moskau ist aber auch nützlich, weil es gute Beziehungen zu Aserbaidschan pflegt. Das Interesse der amerikanischen Regierung an Armenien ist nicht sonderlich groß. Erstens positioniert sich Armenien nicht gegen Russland. Zweitens posiert das Regime nicht als Bollwerk der Demokratie in Kaukasien. Die armenische Opposition begnügt sich mit wirtschafts- und sozialpolitischen Zielen.

In einem Punkt gibt es freilich eine Gemeinsamkeit mit Georgien: autoritäre Strukturen, die weich in die Existenz diverser Parteien und in regelmäßige, freilich manipulierte Wahlen verpackt sind.[470]

---

[469] Alla Mirzojan: Armenia, the Regional Powers, and the West: Between History and Geopolitics, New York 2010, S. 21ff.

[470] Tessa Hofmann: Armenien – Überleben am Fuß erloschener Vulkane, in: Marie-Carin von Gumppenberg und Udo Steinbach (Hrsg.): Der Kaukasus. Geschichte-Kultur-Politik, 2. Aufl., München 2010, S. 20ff.; Oliver Reissner: Georgien – Transitland im Süden, in: Marie-Carin von Gumppenberg und Udo Steinbach (Hrsg.): Der Kaukasus. Geschichte-Kultur-Politik, 2. Aufl., München 2010, S. 41ff.

Aserbaidschan

Aserbaidschan besitzt ein neopatrimoniales System. Die ersten Jahre des jungen Staates verliefen turbulent. Ayaz Mutibalow amtierte im Zeitpunkt der Unabhängigkeit als Präsident. Er zerrieb sich in den Konflikten um Karabach. In der ersten regulären Präsidentenwahl wurde er 1992 von Abülfas Elchibey abgelöst. Ein Jahr später wurde Elchibey aus dem Amt geputscht. Die Putschisten setzten dann Hajdar Alijew als neuen Präsidenten durch. Umgehend wurde ein Präsidialsystem eingeführt. Alijew war der letzte starke Mann in der aserbaidschanischen Sowjetrepublik gewesen. Ähnlich wie Schewardnadse im benachbarten Georgien hatte der ehemalige KGB-Funktionär in der Spätphase der Sowjetunion den Auftrag, die Korruption in seiner Heimatrepublik zu bekämpfen. Nach der Unabhängigkeit kontrollierte er als Regierungschef die Exklave Nachitschewan auf armenischem Gebiet. Bis man ihn als Präsidenten Aserbeidschans rief, weigerte er sich beharrlich, seine Exklave der Autorität der Regierung unterzuordnen.

Alijew blieb bis zu seinem Tod im Jahr 2003 die beherrschende politische Figur. Seine Familie stieg in kürzester Zeit zur reichsten im Lande auf. Alijew ließ die vorhandenen Klans und Netzwerke, die sich in der späten Sowjetzeit gebildet hatten, an der Staatspatronage und den Öldollars teilhaben. Alijews Sohn Ilhan übernahm die Präsidentschaft 2003 vom verstorbenen Vater. Er war freilich in die Machtstrukturen eingemauert, die der Vater aufgebaut hatte. Da er den Kräften verpflichtet ist, ihn per Erbfolge auf den Schild gehoben haben, präsidiert er einem oligarchischen System, das auf vielen Schultern ruht.[471] Mit einem Referendum wurde 2009 die Amtszeitbeschränkung aufgehoben, der jüngere Alijew amtiert auf Lebenszeit.

Die Ölwirtschaft wurde nach der Unabhängigkeit mit ausländischen Geldern ausgebaut. Die Familie Alijew und ihre Verbündeten beherrschen die Gewaltapparate und die strategischen Ressourcen.[472] Eine Privatisierung freilich, in der eine Schicht von Oligarchen hätte heranreifen können, blieb aus. Was die Regierung an Kapital brauchte, um die Ölwirtschaft zu entwickeln, beschaffte sie in der Kooperation mit ausländischen Firmen.[473]

Aserbeidschan ist an guten Beziehungen zu Moskau gelegen, wie auch Moskau daran interessiert ist, auf gutem Fuß mit Baku zu stehen. Beide machen

---

[471] Anja Franke, Andrea Gawrich und Gurban Akbarov: Kazakhstan and Azerbaijan as Post-Soviet Rentier States: Resource Incomes and Autocracy as Double „Curse" in Post-Soviet Regimes, in: Europe-Asia Studies, 61. Jg. (2009), S. 117ff.; A. A. Sanglibaev: Ethnic Clan Politics in the Soviet Space, in: Russian Politics and Law: A Journal of Translations, 46. Jg. (2008), S. 78.
[472] Marie-Carin von Gumppenberg und Markus Brach von Gumppenberg: Aserbaidschan – Pokern um Petrodollars, in: Marie-Carin von Gumppenberg und Udo Steinbach (Hrsg.): Der Kaukasus. Geschichte-Kultur-Politik, 2. Aufl., München 2010, S. 54ff.
[473] Radnitz: The Color of Money, S. 140.

ihre Geschäfte in der öl- und gasreichen Region des kaspischen Meeres, und Kooperation ist für die Geschäfte allemal besser als Spannungen und Konflikte. Als Nachbar und Partner ist Moskau um so angenehmer, da es sich nicht groß am autoritären Charakter des Regimes kehrt. Hinzu kommt, dass Russland den großen Nachbarn Iran ausbalanciert.

4 Die post-kolonialen sowjetischen Nachfolgestaaten in Zentralasien

4.1 Russland und seine zentralasiatischen Kolonien

Blicken wir nun nach Mittelasien. Russland expandierte in der zweiten Hälfte des 19. Jahrhunderts nach Sibirien und Zentralasien. Dieser Prozess glich in mancherlei Hinsicht der Besiedlung des amerikanischen Westens. Während aber die indigenen Völker Nordamerikas vertrieben und dezimiert, und diejenigen, die dies alles überlebten, in Reservate gepfercht wurden, ging Moskau mit den Völkern, auf die es traf, einigermaßen tolerant um.

Die russische Expansion hatte politische und strategische, nicht zuletzt auch wissenschaftliche Motive.[474] Russlands Ausdehnung auf den Landkarten des 18. und 19. Jahrhunderts imponierte, mochten in den Weiten Sibiriens auch nur wenige Menschen leben. Auch Russland baute Eisenbahnen in die weit entfernten Neugebiete. Als Sibiriens natürliche Ressourcen noch nicht entdeckt waren, gab es dort kaum etwas zu holen, ebenso wenig wie im Kaukasus und in Zentralasien. Die Verbindungen sicherten lediglich die Kontrolle über Gebiet.

Russland griff sich Stücke des geographischen Asien, bevor ihnen die Briten und später die Japaner zuvorkamen. Es gewann damit ein strategisches Vorfeld, das vor allem Großbritannien auf Abstand hielt.

Während sich in Sibirien bis in die Sowjetzeit wenig tat – es eignete sich kaum für Ackerbau und Viehzucht –, erkannten die Petersburger Bürokraten im späten 19. Jahrhundert in Zentralasien die Chance für eine landwirtschaftliche Nutzung. Turkmenen, Usbeken und Kasachen waren überwiegend Viehzüchter. Klima und Böden Zentralasiens schienen immerhin geeignet, russische Bauern anzusiedeln. Sobald diese Pläne in Angriff genommen wurden, kam es zu Konflikten mit den Einheimischen. Die wehrhaften, aus Tradition mit Waffen vertrauten Einheimischen wehrten sich, die russischen Verwalter setzten das Militär in Marsch.[475]

Der Ausgang der Konflikte war von der technischen Überlegenheit der russischen Macht vorgezeichnet. Aber es kam zu keinerlei Vernichtungsfeldzügen

---

[474] Dazu Rudolf A. Mark: Mit Schwert und Feder. Russland und die Eroberung Mittelasiens seit Peter, in: Osteuropa, 62. Jg. (2012), S. 79-104.
[475] Dazu am Beispiel Kasachstans Martha Brill Olcott: The Kazakhs, 2. Aufl., Stanford 1995, S. 14ff., 88ff.

gegen die Asiaten. Eher versuchte die russische Administration, die Nomaden sesshaft zu machen, was die Konflikte allerdings nur wieder anheizte. Allzu viele Russen waren ohnehin nicht dafür zu gewinnen, ihre europäischen Heimatgebiete zu verlassen und ein neues Leben in ungewohnter Landschaft und im unvertrautem Klima anzufangen.

Die wenigen indigenen Intellektuellen begannen, die Geschichte ihrer Völker zu erforschen und mündliche Überlieferungen aufzuschreiben, kurz: sie konstruierten Identität. Eine breite politische Mobilisierung blieb indes aus. Sie bereitete sich aber in Riesenschritten vor, als der Erste Weltkrieg russische Militärplaner auf die Idee brachte, auch die Angehörigen der asiatischen Völker in die russische Armee einzuziehen. Jetzt kam es bis zum Zusammenbruch des Zarenreiches in Mittelasien zu erbitterten Aufständen. Sie wurden brutal bekämpft und banden mitten im Krieg erhebliche militärische Kräfte.

4.2 Das sowjetische Zentralasien

Das sowjetische Zentralasien wurde 1919 zunächst in einer Turkmenischen Republik organisiert. Sie war mit dem heutigen Raum der fünf zentralasiatischen Staaten identisch. Auch hier zeigte sich bald, dass diese Konstruktion zu groß angelegt war. Zuerst wurde 1924 das Gebiet Kirgisien abgetrennt, es umfasste das heutige Kirgisistan und Kasachstan. Später entstanden die Sowjetrepubliken Usbekistan und Turkmenistan. Mit der Abtrennung Tadschikistans von Usbekistan entstand 1929 eine weitere Republik. Der letzte Schritt bei der Festlegung der innerstaatlichen Grenzen war die Bildung der Republiken Kasachstan und Kirgisien aus dem Bestand der vormaligen Großrepublik Kirgisien (1936).

In der Aufteilung des sowjetischen Mittelasien in fünf Republiken setzte sich bereits wie im Kaukasus die Einsicht der Moskauer Führung durch, die Völker ließen sich besser regieren, wenn die größeren darunter als Titularnation einen eigenen Staat bekämen. Die Konstruktionsgrundsätze waren gleichen wie im Kaukasus: Rücksicht auf Klans- und Stammesgesellschaften, in denen es böses Blut machte, wenn etwa Kirgisen kasachischen Funktionären gehorchen sollten.

Die endgültigen Republikgrenzen trugen auch der Geographie Rechnung. Das Steppengebiet (Kasachstan), das Hochgebirge (Kirgisien, Tadschikistan), die zentralasiatische Wüste (Turkmenistan) und die Oasengebiete (Usbekistan) bildeten sich fortan grob in den innerstaatlichen Grenzen ab. Unvermeidlich gerieten aber auch hier mehr oder weniger große Minderheiten in jede Republik hinein.

Das Sowjetregime konnte und wollte die Rückständigkeit der Verhältnisse in diesen Republiken nicht hinnehmen. Die lokalen Sprachen wurden gefördert, auch mündlich überlieferte Sprachen in Schriftsprache übersetzt. Beflügelt vom Elan der frühen Sowjetzeit, sollte den Völkern der Welt im Kleinmaßstab vorgeführt werden, wie erfolgreich das sozialistische System kulturelle Verschiedenheit und staatliche Einheit zu kombinieren verstand.[476]

Die sowjetischen Sozialingenieure, Geographen, Sprach- und Kulturwissenschaftler sowie Historiker probierten lange herum und fanden irgendwann zu einer dauerhaften Gebietslösung. Ihr Leitprinzip war die Annäherung an politische Einheiten vom Zuschnitt einer Sprachnation, möglichst zugleich auch eines kompakten Wirtschaftsraumes.[477] Der Kontrast zur Berliner Konferenz, auf der im Jahr 1885 europäische Diplomaten, die nichts vom Schwarzen Kontinent wussten, mit Stift und Lineal auf ungenauen Karten Kolonialgebiete vermaßen, aus denen später unabhängige Staaten werden sollten, hätte im positiven Sinne kaum größer sein können.

Die Spezialisten, die im Kaukasus und in Zentralasien staatliche Strukturen verordneten, verloren das ideologische Anliegen des Sowjetstaates nicht aus dem Blick. Die Menschen der kaukasischen und asiatischen Völker sollten zu Bürgern erzogen werden, die hinter dem Standard des europäischen Russland und der Ukraine nicht zurückstanden.

Mit Lesen, Schreiben und Rechnen taten sich die Pforten für berufliche Mobilität auf, für den einen oder anderen sogar eine Karriere außerhalb der engeren Heimat. Gleichzeitig wurde auf diesem Wege das sowjetische Weltbild vermittelt. Es prallte jedoch zumeist an einem gesellschaftlichen Alltag ab, der weiterhin der Tradition folgte. Den zentralasiatischen Republiken wurde eine klimatisch und räumlich angepasste Agrarproduktion vorgeschrieben. Sie behielten ihren ländlichen Zuschnitt. Für die meisten blieb das Dorf der Lebensmittelpunkt, mochte es in sowjetischer Einheitsmanier auch als Produktionsgenossenschaft aufgezogen sein.

Russisch wurde als wichtigste Sprache propagiert. Im Alltag der Bauern und Viehzüchter wurde es aber nur selten gebraucht und verkümmerte. Der Islam wurde aus dem öffentlichen Leben verbannt. Aber im ländlichen Kontext wurde er als Bestandteil des Gemeinschaftslebens weiterhin praktiziert.

In kleinen, traditionell lebenden Völkern reift die Bilingualität in Rollen und Tätigkeiten, für die sich Kulturtechniken schlecht eignen, die allein auf den lokalen und regionalen Kontext ausgelegt sind. Modernisierungsprozesse dieser

---

[476] Hélène Carrère d'Encausse: Risse im roten Imperium. Das Nationalitätenproblem in der Sowjetunion, Wien und München 1980.
[477] Amanda Farrand: Mission Impossible: The Politico-Geographical Engineering of Soviet Central Asia's Republican Boundaries, in: Central Asian Survey, 25. Jg. (2006), S. 61-74.

Art erfassten in Zentralasien lediglich einen kleinen Teil der Gesellschaft. Hier handelt es sich um Parteifunktionäre, Kolchosvorsitzende, Betriebsleiter und Staatsbeamte. Kraft ihrer Funktion brauchten sie den gleichen Kenntnis- und Kommunikationsstandard wie ihre Vorgesetzten und Gesprächspartner in Partei und Verwaltung, bei denen es sich zumeist um ethnische Russen und Ukrainer handelte. Aus diesem Kreis sollten sich die Eliten der nach 1991 unabhängigen Republiken rekrutieren.

Dass es bei einer Teilmodernisierung blieb, die nur einen kleinen Teil der Gesellschaft erreichte, hatte einen simplen Grund: Die Sowjetwirtschaft war wie eine gewaltige Produktionsanlage aufgestellt. Die Regionen um Moskau, Leningrad, im Ural, in der östlichen Ukraine, im südwestlichen Sibirien und in Weißrussland wurden als Industriestandorte bestimmt. Die Industrialisierung strahlte auf die umliegenden Landgebiete aus. Abgesehen von einigen Orten, an denen Öl und Gas gefördert wurden, wurde dem Kaukasus und Mittelasien eine landwirtschaftliche Produktion verordnet. In Usbekistan und Turkmenistan handelte es sich um Baumwolle für die industrielle Verarbeitung, in Kasachstan um Getreide und Viehzucht, im Kaukasus um Obst, Gemüse, Südfrüchte, Wein, eben alles, was den örtlichen Gegebenheiten entsprach. Wo es möglich war, wurden auch Rohstoffe ausgebeutet, so in Kasachstan und Kirgisien. Das südwestsibirische Industriegebiet erstreckte sich auf beide Seiten der russischen und der kasachischen Republik. Deshalb erbte Kasachstan als unabhängiger Staat eine hochgradig verstädterte Industrieregion mit hohem russischem Bevölkerungsanteil.[478]

Das Leben und Arbeiten in den Dörfern begünstigte den Zusammenhalt der Großfamilien und Klans. Der Stalinsche Terror schlug zwar große Lücken in die Reihen der traditionellen Autoritäten, und die herkömmlichen Sozialverbände wurden geschwächt. Doch die überlieferten gesellschaftlichen Praktiken dockten jetzt an Kolchosdörfer und ländliche Verwaltungszentren an.[479] Auf den unteren Partei- und Verwaltungsebenen verschmolzen die Klans und Großfamilien mit der Bürokratie des Sowjetstaates. Kolchosvorsitzende, Bürgermeister und Funktionäre stiegen auf, weil sie mit hohen Funktionären blutsverwandt oder verschwägert waren und/oder aus demselben Landstrich kamen. Die Praxis des Unterlaufens der offiziellen Hierarchie, die oben für die Sowjetunion insgesamt beschrieben wurde, tat hier ein Übriges, um unter der Oberfläche des Sowjetstaates vieles von den alten Strukturen zu konservieren.[480]

---

[478] Alex Danilovich: Kazakhs, A Nation of Two Identities, in: Problems of Post-Communism, 57. Jg. (2010), S. 51ff.
[479] Cathleen Collins: The Political Role of Clans in Central Asia, in: Comparative Politics, 35. Jg. (2003), S. 171-190.
[480] Uwe Halbach: Das Erbe der Sowjetunion, in: Osteuropa, 57. Jg. (2007), S. 77-98.

Die indigenen Funktionäre, die im Laufe der Zeit heranwuchsen, waren ideale Mittler zwischen den sowjetischen Aufsehern und Vorgesetzten und der Masse ihrer Landsleute. Die sowjetische Regionalpolitik folgte dem Prinzip, den heimischen Funktionären russische Stellvertreter oder Vorgesetzte an die Seite zu stellen.

In punkto Bildung hinkten die mittelasiatischen Republiken notorisch hinter der europäischen Sowjetunion her. Für qualifizierte Berufe, Ärzte, Professoren, Agronomen und Facharbeiter gab es nicht genügend heimisches Personal. Für Landmenschen, die Beschäftigung in vertrauter Umgebung hatten, war der Ausstieg aus dem vertrauten Milieu nicht attraktiv. Entsprechende Fähigkeiten wurden mit russischen Zuwanderern importiert. Sie ließen sich auf Dauer in diesen Republiken nieder und passten sich an Land und Leute an. Als die Sowjetunion zerfiel, lebten in Kasachstan 38, in Kirgisistan 21 sowie in Tadschikistan und Turkmenistan etwa neun Prozent Russen.[481]

Bei allen Unterschieden im Einzelnen hatten diese Republiken einen charakteristischen Zuschnitt: a) Eine zugewanderte Schicht von Russen, die in den wenigen Städten lebten, b) ferner indigene Funktionsträger, die in beiden Kulturen, der russischen und in der eigenen heimisch waren, und c) die Masse zumeist auf dem Lande lebender Menschen. Der Gesichtskreis der Letzteren beschränkte sich auf die engere Umgebung. Sie hatten lediglich im Militärdienst intensiveren – und in aller Regel höchst unangenehmen – Kontakt mit russischen bzw. europäischen Sowjetbürgern.

4.3 Die zentralasiatische Staatenlandschaft

Als die Sowjetunion von der Bildfläche verschwand, traten auch hier, wie im Kaukasus, die indigenen Sowjetfunktionäre, oft mit einem Klan verbunden, an die Spitze der Neustaaten.[482] In einigen Republiken gelang es einer singulären Clique, den neuen Staat gleich zu übernehmen, darunter Funktionäre, die dort beim Zerfall der Sowjetunion hohe Führungspositionen innegehabt hatten, so in Turkmenistan und Kasachstan. In Usbekistan, Tadschikistan und Kirgisistan gab es keine konkurrenzlos mächtigen Gruppen. Dort brachten die unklaren Machtlagen Warlords hervor, die Teile des Staatsgebiets kontrollierten, in Tadschikistan kam es sogar zum Bürgerkrieg.

---

[481] Sébastien Peyrouse: Nationhood and the Minority Question in Central Asia: The Russians in Kazakhstan, in: Europe-Asia Studies, 59. Jg. (2007), S. 482.
[482] Kathleen Collins: The Logic of Clan Politics: Evidence from the Central Asian Trajectories, in: World Politics, 56. Jg. (2004), S. 224-261

Tabelle 17: Politische Basisdaten der zentralasiatischen Staaten (Ergebniszahlen in Prozent)

	Präsidentenwahl: Ergebnis für den Sieger	Parlamentswahl: Ergebnis für die stärkste Partei	Regierungsechsel durch Straßendemonstrationen
Usbekistan	Karimow 1991: 86 Karimow 2000: 91,1 Karimow 2007: 88,1	1995/1996[1] 2000/2001[2] 2004/2005[3] 2009/2010[4]	
Turkmenistan	Nijasow 1990, bis 2006, ab 1999 Präsident auf Lebenszeit Berdimuhammedow 2007: 89,2	1994: 100 1999: 100 2005: 100 2009: 100	
Kasachstan	Nasarbajew 1991: 91,5 Nasarbajew 1999: 81,7 Nasarbajew 2005: 91,0 Nasarbajew 2011: 95,5	1994[5] 1999[6] 2004[7] 2007: 88,4	
Kirgisistan	Akajew 1991: 95 Akajew 2000: 74,3 Bakijew 2005: 88,7 Bakijew 2009: 76,1 Atambajew 2011: 63	1995[8] 2000[8] 2005[9] 2007[10] 2010: 16,1	2005 (Sturz Akajews) 2010 (Sturz Bakijews)
Tadschikistan	Rachmonow 1994: 60 Rachmonow 1999: 97 Rachmonow 2006: 79	1995[11] 2000[12] 2005[13] 2010[14]	

[1] Regierungspartei 67 von 125 Mandaten. [2] Regierungspartei 75 von 125 Mandaten. [3] 41 von 120 Mandaten. [4] 53 von 135 Mandaten. [5] 24 von 177. Mandaten für die Oppositionsparteien. [6] Vier Mandate für die Oppositionsparteien. [7] Bis auf zwei Sitze für die Opposition alle übrigen Mandate an die Regierungsparteien. [8] Unabhängige 90 von 105 Sitzen. [9] Keine Information über das Ergebnis [10] Regierungspartei 71 von 90 Mandaten. [11] 85 von 181 Mandaten an die Regierungspartei. [12] 30 von 63 Mandaten für die Regierungspartei. [13] 52 von 63 Mandaten für die Regierungspartei. [14] 46 von 63 Mandaten für die Regierungspartei.
Quelle: Fischer Welt-Alamanach 1992ff.

Mit der Unabhängigkeit änderte sich für die Menschen etliches zum Schlechteren. Die Subventionen und Sozialleistungen der Sowjetzeit fielen weg oder sie verloren durch die Inflation und in einer verfallenden Infrastruktur an Wert. Zusammen mit Geburtenraten, die an die Problemländer des Orients heranreichten, verhieß die Lage wenig Aussicht auf bessere Verhältnisse. In den beiden Jahrzehnten nach der Unabhängigkeit hat sogar eine Re-Ruralisierung der Lebensverhältnisse stattgefunden (Tabelle 11). Die Rückkehr zur Landwirtschaft sichert zwar die blanke Existenz. Für Jüngere bedeutet sie aber ein Leben in der Enge des Dorfes und der Großfamilie; für viele darunter kommt sie einer nutzlose Ausbildung gleich. Viele Usbeken, Kirgisen und Tadschiken schuften auf russischen Baustellen und in der Straßenreinigung russischer Metropolen.[483]

Im geographischen Kleinraum des Ferganatals stoßen die Grenzen dreier zentralasiatischer Staaten zusammen. Diese besonders dicht besiedelte und von jeher fruchtbare Landschaft in einer sonst kargen Umgebung zog in der Vergangenheit Menschen der verschiedensten Völker an. Die Republikgrenzen, die das Tal durchschnitten, spielten im Alltagsleben der Sowjetunion keine Rolle. Als aus den sowjetischen Republiken unabhängige Staaten wurden, welche die Eigenart ihrer Titularnation betonten, entstand dort eine Konfliktregion. Kirgisen, Usbeken und Tadschiken, die im „falschen Staat" lebten, bekamen ihren Minderheitsstatus zu spüren. Beispielhaft ist etwa der Streit, wie viele Tadschiken tatsächlich in Usbekistan leben. Viele Usbeken sind zweisprachig, sie werden vom usbekischen Regime als Usbeken definiert und vom tadschikischen Regime als Landsleute jenseits der Staatsgrenzen. Dies alles spielte keine Rolle, solange die Sowjetunion noch existierte. Das Ideal des Sowjetbürgers überlagerte die innerstaatlichen Grenzen. Dass aus diesen Republiken einmal völkerrechtliche Staaten würden, ließ sich nicht erahnen. Für die damals in den Republiken lebenden Menschen waren die politischen Etiketten noch nicht wichtig. Die wichtigsten Bezugspunkte ihres Alltags waren die Großfamilie, der Klan und das Dorf.

Mittelasien ist Teil der islamischen Welt, Russen sind dort lediglich eine Minderheit (Tabelle 7). Seit dem Zerfall der Sowjetunion hat eine Abwanderung der Russen aus diesen Republiken eingesetzt.

---

[483] Ken Roberts: Post-Communist Youth: Is There a Central Asian Pattern?, in: Central Asian Survey, 29. Jg. (2010), S. 537-549.

Tabelle 18: Das Wachstum der Titularnationen seit dem Ende der Sowjetunion

	1989	2009/2010
Russland	82,6	80,0[5]
Ukraine	72,7	78,0[3]
Weißrussland	77,9	81,0[4]
Armenien	93,3	97,9[3]
Aserbaidschan	85,4[1]	91,0[4]
Georgien	71,1[1]	84,0[6]
Turkmenistan	73,3[1]	85,0[7]
Usbekistan	74,0	
Kirgisistan	56,5[1]	70,0[4]
Tadschikistan	62,3	79,9[8]
Kasachstan	44,3[2]	63,1[4]

[1]1993. [2]1994. [3]2001. [4]2009. [5]2010. [6]2002. [7]1995. [8]2000.

Russland, die Ukraine und Weißrussland weisen einen hohen Anteil in Städten lebender Bevölkerung auf. Im Vergleich mit Westeuropa liegt der Anteil der von agrarischer Tätigkeit lebenden Menschen zwar hoch, aber doch weit unter den Proportionen, die für Armutsgesellschaften wie im Orient und in Afrika typisch sind. Demgegenüber treffen wir im Kaukasus und in Zentralasien hohe Anteile an ländlicher Bevölkerung und von agrarischer Beschäftigung, einen großen Anteil junger Bevölkerung, hohe Kindersterblichkeit und geringe Durchschnittseinkommen an (Tabelle 8 und 9).

An der Verfügung über Öl und Gas gabeln sich die Wege der kaukasischen und mittelasiatischen Neustaaten. Mit fossilen Energieträgern bestreiten Aserbeidschan, Kasachstan und Turkmenistan den Großteil ihres Exports. Weil hier viel Geld fließt, liegt dort das Prokopfeinkommen über dem der Nachbarstaaten. Sonst aber liegt ihr Datenprofil dicht an dem derjenigen Länder, die keine Energie verkaufen können.

Wie Aserbaidschan vom kaspischen Öl, lebt Turkmenistan von beträchtlichen Gasvorkommen. Diese Ressourcen wurden entweder erst gar nicht privatisiert oder aber wenn, dann aber in einer Weise, dass die Einkünfte aus dem Verkauf auf die Konten der Staatspräsidenten und ihrer Umgebung gelangten. Die Geschäfte der Präsidenten und ihrer Familien sind für andere Geschäftsleute tabu. Letztere begnügen sich mit dem, was ihnen die herrschenden Familien übrig lassen, oder sie weichen auf Geschäftsfelder aus, an denen diese kein Interesse haben.

Wir treffen hier also Familienherrschaft an, wie sie selbst im Orient selten geworden und häufig vor allem noch in Afrika anzutreffen ist. Staat und Wirtschaft sind ein Patrimonium, ein Besitz, dazu bestimmt, dem Eigner und seiner Entourage ein gutes Leben zu verschaffen, mit allem, was dazu gehört, Luxuskarossen, Paläste, serviles Personal.

Die politischen Systeme sind einfach gestrickt. Ihre Verfassungen folgen dem russischen Modell: ein superstarker Präsident mit einer Präsidialverwaltung, welche die Ministerien und Staatskonzerne überwölbt und dirigiert.[484] Einen durch Wahlen bewerkstelligten Wechsel an der Staatsspitze verzeichnet allein Kirgisistan. Wählen wir methodisch gänzlich anspruchslos lediglich die letzten Ergebnisse für die Präsidentschaftswahlen und für die stärkste im Parlament vertretene Partei, so springt ins Auge, dass sich die wenigsten Präsidenten mit Wahlergebnissen unter 75 Prozent zufrieden geben. Großzügiger zeigen sich die Regime, wenn es um die Parlamentswahlen geht. Vielfach operieren im Parlament weitere Parteien neben der Regimepartei. Sie können dem Superpräsidenten kaum gefährlich werden. Nach außen projizieren sie das Bild eines politischen Pluralismus, und sie versorgen nicht-regierende Politiker, indem sie Mandate und Privilegien bereitstellen (Tabelle 13).

Die Herrschenden all dieser Neustaaten bemühen sich, wie es einst die Eliten der Nachfolgestaaten des britischen und französischen Kolonialimperiums taten, für ihr Land eine Identität zu konstruieren.[485] Ein maßgeschneidertes Geschichtsbild soll belegen, dass es sich um Menschen einer Nation handelt, die es in den bestehenden Grenzen immer schon gegeben hat. Zu diesem Zweck werden auch historische Stammessymbole wiederbelebt und in den Baulichkeiten, im Umbau der historischen Hauptstadt oder gar – wie im Falle Kasachstans – mit einer strahlenden neuen Retortenhauptstadt Prachtkulissen konstruiert, die an eine große Vergangenheit anknüpfen und den Neuanfang symbolisieren sollen.[486]

Die zentralasiatischen Staaten verzeichnen eine wachsende Identifikation der Menschen mit den Moscheen und islamischen Vereinen. Dafür gibt es ähnliche Gründe wie im Orient und im islamischen Afrika. Der Islam bietet eine Identität, die sich positiv von der Traditionsarmut der Staatsartefakte unterscheidet. Er projiziert eine Gerechtigkeitsvision, die angesichts der krassen Unterschiede zwischen Arm und Reich überzeugt. Nicht zuletzt macht sich auch der Sozialis-

---

[484] August Pradetto und Carola Weckmüller: Präsidenten in postkommunistischen Ländern. Ein Handbuch, Frankfurt/M. 2004.
[485] August Pradetto: Zentralasien und die Weltmächte, oder: Great Game Boys auf Reisen, Frankfurt/M. 2012, S. 102ff.
[486] Dazu die Beiträge in Sally N. Cummings (Hrsg.): Symbolism and Power in Central Asia, London und New York 2010.

lam bemerkbar – mit Stiftungen, Bildungsangeboten und karitativen Vereinen. Diese springen ein, wo das alte sowjetische Leistungsangebot eingestellt worden ist.[487] Solange diese Aktivitäten nicht in oppositionelle Politik umschlagen, werden sie von den Regimen toleriert.[488]

Usbekistan

In Usbekistan herrscht ein überlebensgroßer Präsident Islom Karimov mit allen erdenklichen Vollmachten. Hinzu kommen Personenkult, Prachtbauten, krasse Gegensätze zwischen Arm und Reich.[489] Der Präsident selbst und seine Familie legen ihre Hand auf die gewinnträchtigsten Unternehmen. Die harte Besteuerung der Exportprodukte sichert die Einkommensbasis für die Staatsaktivität. Sie finanziert unter anderem den weitverzweigten Sicherheitsapparat.[490]

Usbekistan ist das bevölkerungsreichste Land Zentralasiens. Usbeken leben darüber hinaus in den Nachbarstaaten Turkmenistan, Kirgisistan und Tadschikistan und jenseits der früheren sowjetischen Grenzen auch in Afghanistan und im Iran. Irredentistische Anwandlungen sind der usbekischen Führung jedoch fremd. Usbeken in den Nachbarländern werden als Bürger anderer Staaten angesehen, die keinen Anspruch auf den Schutz des usbekischen Staates haben.[491] Das Regime kultiviert ein territorial basiertes Weltbild. Es stellt eine Traditionslinie des jungen Kunststaates zu den historischen Reichen Mittelasiens her. Der traditionelle Dorf- und Familienverband wird ideologisch als Keimzelle der Gesellschaft überhöht. Von der davon erhofften engen sozialen Kontrolle im ländlichen Milieu verspricht sich das Regime eine Stabilisierung des Gesamtsystems.

Der Erfolg dieses Kalküls ist mehr als zweifelhaft. Jüngere, die mangels Alternativen mit ihren Familien und in den Dörfern leben müssen, sehen sich um ihre Lebenschancen betrogen. Wie überall in der Region ist das Lebensideal eine Mittelschichtenexistenz mit den weltweit üblichen Konsumattributen.

---

[487] Dazu am Beispiel Kirgisistans Eric McGlinchey: Islamic Revivalism and State Failure in Kyrgyzstan, in: Problems of Post-Communism, 56. Jg. (2009), S. 16-28.
[488] Dazu am Beispiel Usbekistans Andrew F. March: From Leninism to Karimovism: Hegemony, Ideology, and Authoritarian Legitimation, in: Post-Soviet Affairs, 19. Jg. (2003), S. 307-336.
[489] Zum Folgenden der Überblick von Andreas Heinemann-Grüder und Holger Haberstock: Sultan, Klan und Patronage, in: Osteuropa, 57. Jg. (2007), S. 121-138.
[490] Dina Dome Spechler und Martin C. Spechler: Uzbekistan among the Great Powers, in: Journal of Communist and Post-Communist Studies, 42. Jg. (2009), S. 337.
[491] Matteo Fumagalli: Usbekische Zwickmühle, in: Osteuropa, 57. Jg. (2007), H. 8/9, S. 237-244.

Der Präsident teilt mit wichtigsten Machtträgern.[492] Nicht zuletzt den Vertretern der Sicherheitsapparate wird erlaubt, an profitablen Geschäften zu partizipieren.[493] Der Präsident und seine Entourage machen bei allen bedeutenden wirtschaftlichen Aktivitäten ihren Schnitt.

Den Gebietschefs, die ihre Position dem Vertrauen des Präsidenten verdanken, wird ein Teil der Staatspatronage und der Geschäfte überlassen. Diese Mächtigen in der zweiten Reihe versorgen ihrerseits eigene Klienten. In der Klientelpyramide sickern Posten und Geld nach unten. Die auf diese Weise entstandenen administrativen Klans – Sicherheitsapparate, Gebietsverwaltungen – überlagern inzwischen die traditionellen, auf Region und Familie basierenden Strukturen. In typischer Manier für autoritäre Systeme lässt der Präsident eine gewisse Konkurrenz zwischen dem Innenministerium und dem Geheimdienst zu, um die Gefahr konzentrierter Gegenmacht zu verringern.[494] Häufige Personalrotation in den Spitzenfunktionen sorgt dafür, dass sich die Apparate nicht zum administrativen Lehen eines langjährigen Chefs auswachsen.

Präsident Karimov repräsentiert nach Herkunft und Karriere die Region um die Städte Samarkand und Buchara. Beide sind kulturell und sprachlich stark persisch geprägt. Aber auch das zweite Zentrum um die Hauptstadt Taschkent wird in die Machtstruktur eingebunden.[495]

Zu Usbekistan gehört auch der westliche Teil des Ferganatals. Sein Zentrum ist die Stadt Andischan. Dort kam es 2005 zu heftigen Protesten. Etablierte Geschäftsleute, fromme Muslime, hatten Selbsthilfenetzwerke gebildet, um ihre Geschäfte möglichst an den korrupten Behörden vorbei zu betreiben. Unter dem Vorwurf, eine islamische Terrorgruppe zu betreiben, wurden sie verhaftet. Dem Regime war das erfolgreiche Beispiel gesellschaftlicher Selbstorganisation ein Dorn im Auge. Zum Hintergrund: Erst kurz zuvor war der kirgisische Präsident in einer Kulisse organisierter Straßenproteste gestürzt worden.

Nach den Verhaftungen kam es in Andischan zu Massenprotesten. Die Verhaftungsaktion war lediglich der Anlass. Die tieferen Gründe lagen in den schlechten Lebensverhältnissen, die dem korrupten Regime zugeschrieben wurden. Nach dem Motto „Wehret den Anfängen" wurden die Proteste von paramilitärischen Sicherheitstruppen mit vielen Todesopfern niedergeschlagen.[496]

---

[492] Idil Tunçer-Kilavuz: Understanding Civil War: A Comparison of Tajikistan and Uzbekistan, in: Europe-Asia Studies, 63. Jg. (2011), S. 272ff.
[493] Joel Carmel: Machteliten Usbekistans. Clans oder politische Allianzen?, in: Orient, 46. Jg. (2005), S. 589.
[494] Alisher Ilkhamov: Neopatrimonialism, Interest Groups and Patronage Networks: The Impasses of the Governance System in Usbekistan, in: Central Asian Survey, 26. Jg. (2007), S. 76ff.
[495] Carmel: Machteliten Usbekistans, S. 602.
[496] Matteo Fumagalli und Simon Tordjman: Uzbekistan, in: Donnacha Ó Beacháin und Abel Polese (Hrsg.): The Colour Revolutions in the Former Soviet Republics: Sucessions and Failures, London.

Hatte Karimov bis dahin die amerikanische Weltmacht und Russland gegeneinander ausgespielt, indem er seit 2001 dem US-Militär Stützpunkte für die Aktivitäten in Afghanistan zur Verfügung stellte, nahm er die heftige westliche Kritik an der blutigen Repression zum Anlass, die Militärbasen zu schließen und sich außenpolitisch enger an Moskau anzulehnen.[497]

Turkmenistan

Um den 2006 verstorbenen Präsidenten Saparmurat Nijasow, den Vater aller Turkmenen, spielte sich in Turkmenistan ein bizarrer Personenkult ein.[498] Nach 1990 fand keine weitere Präsidentenwahl mehr statt. Das Parlament beschloss 1999 Nijasows Präsidentschaft auf Lebenszeit. Die Bürger wurden verpflichtet, die Schriften des Präsidenten zu studieren. Der Präsident rief sich zum Propheten aus und inszenierte sich als politischer und geistiger Führer seines Volkes. Bereits Erster Sekretär der Sowjetrepublik, stand er am längsten an der Spitze eines zentralasiatischen Staates. Repression untermauerte die Herrschaft seiner Staatspartei. Außer Gas und Öl hat das Land nicht viel zu verkaufen, davon aber viel.[499] Niasow und seine Umgebung monopolisierten die Rohstoffrente.

Nach dem Tod Nijasows fuhr der Nachfolger Gurbanguly Berdimuachmedow den Personenkult herunter. Er folgt seit 2006 dem Beispiel des usbekischen Nachbarn, mit der Konstruktion eines weit in die Vergangenheit zurückreichenden usbekischen Geschichtsbildes Identität zu stiften, die im gegenwärtigen turkmenischen Staat gipfelt. Es teilt seine Kontrolle über Staat und Ressourcen mit den Leitern der wichtigsten Verwaltungsapparate. Das Volk ist bettelarm. Der Staatschef hat viele Gründe, Neider und Verschwörer zu wittern. Minister werden häufig ausgetauscht, um zu verhindern, dass sich Seilschaften entwickeln, die der Alleinkontrolle des Präsidenten gefährlich werden könnten.[500] Während der Vorgänger Nijasow jedoch in der Art eines Despoten völlig unkalkulierbar Personal austauschte und keinerlei Rücksicht auf Stammesloyalitäten

---

und New York 2010, S. 166ff.; Joel Carmel: Machteliten Usbekistans: Clans oder politische Allianzen?, in: Osteuropa, 46. Jg. (2005), S. 592ff.

[497] Luca Anczeschi: Integration, Domestic Politics and Foreign Policy Making: The Cases of Turkmenistan and Usbekistan, in: Central Asian Survey, 29. Jg. (2010), S. 143-158; Martha Brill Olcott: Ohne Linie. Der Westen und Usbekistan nach Andischan, in: Osteuropa, 57. Jg. (2007), H.8/9, S. 389-400.

[498] Sanglibaev: Ethnic Clan Politics, S. 76f., 78ff.; Micheal Densison: Führerkult in Turkmenistan, in: Osteuropa, 57. Jg. (2007), S. 209-224.

[499] Adzhar Kurtov: Presidential Seat or Padisha's Throne, in: Russian Politics and Law: A Journal of Translations, 45. Jg. (2007), S. 19ff.; Slavomir Horák: Ideology of the Turkmenbashi Regime, in: Perspectives on European Politics and Society, 6. Jg. (2005), S. 305-320.

[500] Sanglibaev: Ethnic Clan Politics., S. 75ff.

nahm, ließ der Nachfolger bevorzugt Angehörige seines Stammes an der Staatspatronage teilhaben. Mögen die Personen an der Spitze der Apparate nach dem Gutdünken des Präsidenten auch wechseln, dürfen sich ihre Gefolgsleute weiterhin darauf verlassen, dass einer aus ihren Reihen die Nachfolge antritt.[501]

Kasachstan

Das große und reiche Kasachstan wird in der Art eines Petrostaates regiert. Die Familie Nasarbajew beherrscht die Präsidentschaft und dirigiert das größte Privatvermögen des Landes.[502] Narsultan Nasarbajew war letzter Republikchef vor dem Zerfall der Sowjetunion. Die landschaftliche Vielfalt Kasachstans zwang ihn allerdings zu Rücksichten und Kompromissen. Der Präsident nutzt die Staatspatronage und die Gelegenheit zum Geldverdienen nicht ausschließlich für den eigenen Klan, sondern lässt auch Vertreter der übrigen Klans teilhaben.[503] Die Identifikation mit Großfamilie und Region ist unter den ethnischen Kasachen noch stark ausgeprägt – ein Erbe des ländlichen Milieus, in das sie auch in sowjetischer Zeit eingemauert waren.[504] Nach Siedlungs- und Wirtschaftsräumen lassen sich die Kleine Horde im Westen, die Mittlere Horde im Zentrum und im Norden und die Große Horde im Süden Kasachstans unterscheiden.

Neben dem Präsidenten und seiner Familie existiert zwar eine Klasse von Superreichen – Oligarchen – wie in Russland und der Ukraine. Sie unterscheiden sich im Auftreten und Geschäftsgebaren nicht groß von diesen. Eine Kraftprobe mit der Politik stand aber nie zur Debatte. Im Wirtschaftsleben respektieren diese Oligarchen die Plätze, die ihnen von der Politik zugewiesen sind. Für das Regime war es ein Leichtes, unter ausländischen Geldgebern Partner zu finden, um die vorhandenen Rohstoffressourcen weiterzuentwickeln und neue zu erschließen.[505]

Opposition und Pressefreiheit existieren nicht. Zwar gibt es weitere Parteien neben der Staatspartei des Präsidenten. Aber es handelt sich hier um Kreationen des Regimes, die für das Schaufenster posieren, um politischen Pluralismus vorzutäuschen. Der Präsident selbst ist mit keinem der traditionellen Klans verbunden. Mit Patronage hat er eine Art Staatsklan aufgebaut, der sich mit den landsmannschaftlichen Klans verzahnt.[506] Nasarbajew spielte vor der letzten Präsiden-

---

[501] Nicholas Kunysz: From Sultanism to Neopatrimonialism? Regionalism within Turkmenistan, in: Asian Survey, 31. Jg. (2012), S. 16.
[502] Franke/Gawrich/Alakbarov: Kazakhstan and Azerbaijan, S. 113ff.
[503] Siehe auch Martha Brill Olcott: Kazakhstan: Unfulfilled Promise, Washington, D.C. 2002, S. 83ff.
[504] Beate Eschment: Elitenrekrutierung in Kasachstan, in: Osteuropa, 57. Jg (2007), H. 8/9, S. 180ff.
[505] Radnitz: The Color of Money, S. 141f.
[506] Jonathan Murphy: Illusory Transition? Elite Reconstitution in Kazahstan 1990-2002, in: Europe-Asia Studies, 58. Jg. (2006), S. 523-534.

tenwahl mit der Idee, sich zum Präsidenten auf Lebenszeit einsetzen zu lassen, nahm dann aber wieder Abstand davon.

Unverblümt verdient die Familie des Präsidenten an den großen Geschäften im Lande mit. Ein inzwischen in Ungnade gefallener Schwiegersohn des Präsidenten kontrollierte zusammen mit der Präsidententochter Dariga die wichtigsten privaten Medien und weitere Firmen. Im Hauptberuf war er Leiter einer Steuerbehörde. Ein anderer Schwiegersohn ist Direktor einer Firma, die als Monopolist das Pipeline-Netz für Gas und Öl vermietet. Zum Präsidentenklan gehören ferner einige Banken. Den Sicherheitsdienst KNB leitet ein weiterer Schwiegersohn des Präsidenten. Mit Hilfe des polizeilichen Apparats wird nicht nur die Opposition in Schach gehalten, sondern ggf. auch Druck ausgeübt, wenn die zweite Liga der kasachischen Geschäftswelt[507] den Interessen der Nasarbajews zu nahe kommt.[508]

Dank seiner Rohstoffvorkommen ist Kasachstan ein reiches Land. Es zieht auch Arbeitsmigranten aus den Nachbarstaaten an. Der Präsident ernennt seine Gebietsverwalter einerseits aus den Reihen der lokal bedeutenden Klans, meidet also den Ruch der Bevormundung durch Ortsfremde. Durch Personalrotation wahrt die politische Spitze andererseits die Kontrolle über die Gebietsverwaltungen.[509] Wir beobachten in diesem Punkt ein ähnliches Muster wie heute in Turkmenistan.

Als einzige zentralasiatische Republik besitzt Kasachstan trotz der auch hier waltenden Korruption einen intakten Staatsapparat.[510] Das starke Wirtschaftswachstum und die guten Einnahmen aus der Ölförderung sowie Bergbaukonzessionen pumpen genügend Geld in die Staatskasse,[511] um gleichzeitig die Staatstätigkeit zu finanzieren, die zahlreichen Klientelen zu füttern und auch noch Großprojekte in Angriff zu nehmen. Letztere fordern teils den Geschmack heraus, wie die mitten in die Steppe gebaute neue Hauptstadt Astana, teils sind sie durchaus sinnvoll wie die Bemühungen zur Wiederbewässerung des Aralsees, der aufgrund einer unverantwortlichen sowjetischen Wasserpolitik – Umleitung der Zuflüsse auf die usbekischen Baumwollfelder – im Laufe der Jahrzehnte zu einem Rinnsal ausgetrocknet ist.

In sowjetischer Zeit waren die ethnischen Kasachen für das Leben und Arbeiten in den Dörfern bestimmt. Nach der Unabhängigkeit setzte die rasch voll-

---

[507] Barbara Junisbai: A Tale of the Two Kazakhstans: Sources of Political Cleavage and Conflict in the Post-Soviet Period, in: Europe-Asia Studies, 62. Jg. (2010), S. 246ff.
[508] Sanglibaev: Ethnic Clan Politics, S. 74f.
[509] Ebd. S. 251ff.
[510] Andrei P. Tsygankov: Modern at Last? Variety of Weak States in the Post-Soviet World, in: Journal of Communist and Post-Communist Studies, 40. Jg. (2007), S. 427.
[511] Wojciech Ostrowski: Politics and Oil in Kazakhastan, London und New York 2010.

zogene Dekollektivierung der Landwirtschaft zahlreiche Landarbeiter frei; Landflucht war die Folge. Der von Öl und Gas getragene Boom bot alternative Beschäftigung in den Städten. Die Arbeiter in den entlegenen Fördergebieten haben allerdings wenig davon. Im Dezember 2011 kam es im Westen des Landes zu einem Aufstand von Ölarbeitern, die gegen ausbleibende Lohnzahlungen protestierten. Die Staatsmacht schlug die Rebellion mit aller Härte nieder.[512]

In Almaty, der größten Stadt und ersten Hauptstadt des Landes nahe der Grenze zu China, sowie im nordkasachisch-russischen Industriegürtel, der heute von einer Staatsgrenze durchschnitten ist, leben von jeher zahlreiche Russen und Ukrainer. Die Zuwanderung vom Lande führte dazu, dass diese Städte nach der Unabhängigkeit kasachischer wurden, und dies beschleunigte wiederum die Auswanderung der Russen und Ukrainer in ihre alte Heimat. In gleicher Weise emigrierten deutschstämmige Kasachen in die Bundesrepublik.[513] In den ersten zehn Jahren nach der Unabhängigkeit verließen 800.000 Russen und Ukrainer sowie 600.000 Deutsche das Land. Dieser Verlust wurde vollständig durch die Rückwanderung von Kasachen ausgeglichen, die zuvor in anderen Sowjetrepubliken gelebt hatten.

Wir können also festhalten, dass die kasachische Politik die Kontrolle über die Produktion und das große Geld nicht aus der Hand gibt, aber klug genug taktiert, um die Vorzüge der Staats- und Wirtschaftskontrolle zu streuen. Ohne Zugang zu den Meeren und Nachbar des großen und dynamischen China, ist es nur klug, wenn Kasachstan enge Beziehungen zu Russland pflegt, einem Partner, der zwar gut mit China auskommt, aber alles Interesse hat, im zentralasiatischen Raum keine chinesische Einflusssphäre sprießen zu lassen. Kasaschstan, zwischen zwei großen Nachbarn eingeklemmt, verhält sich nach der Logik kleiner Länder, die sich für die engere Partnerschaft mit dem Nachbarn entscheiden, der die eigene Identität am wenigsten bedroht. Nicht, dass China Aggressivität gegenüber den Nachbarn zeigte. Aber seine Wirtschaftskraft, die Geschäftstüchtigkeit seiner Menschen und die starke Identität der Han-Chinesen, auch der unersättliche Rohstoffbedarf Chinas kombinieren sich zu einer Herausforderung, die im südlichen Sibirien und im Fernen Osten auch dem großen russischen Nachbarn zu schaffen macht. Es kommt hinzu, dass Chinas Umgang mit den zentralasiatischen Völkern seinen Grenzen in einem ungünstigen Kontrast zum ethnischen Pluralismus in Russland steht.

---

[512] Frank Nienhuysen: Rebellion gegen Nasarbajew, in: Süddeutsche Zeitung vom 19.12.2011, S. 7.
[513] Alex Danilovich: Kazakhs: A Nation of Two Identities, in: Problems of Post-Communism, 57. Jg. (2010), S. 52ff.

Kirgisistan

Kirgisistan ist ein Staat mit bizarren Grenzen und bettelarm. Er lässt sich grob in das Hochland-Kirgisien unterscheiden, dass außer mit Kohle und einigen Mineralien wirtschaftlich kaum etwas hergibt, und das Tiefland-Kirgisien, das sich bis ins spannungsreiche Ferganatal erstreckt. Viele Kirgisen verdienen ihr Geld auf den Märkten und Baustellen russischer Städte.[514] Die Machtzuteilung in der Hauptstadt Bischkek gleicht einem Nullsummenspiel. Regiert ein Präsident aus dem Süden, steht er unter Verdacht, dem Norden kein Stück vom Kuchen zukommen zu lassen; das Gleiche gilt umgekehrt.[515] Die Wahlen werden manipuliert, und wenn sie denn trotzdem einen Mehrheitswechsel herbeiführen, quittiert die unterlegene Seite das Ergebnis mit Gewalt. Selbst die kriminelle Szene steigt mit Kandidaten und mit der Anstiftung von Demonstrationen in die Politik ein, wenn sie dafür bezahlt wird. Der Opposition bietet sie sich dann als Knüppel an, mit dem auf die Regierung eingeschlagen wird.[516] Auf die Ordnungsmacht, die schlecht bezahlt ist und selbst einen Spiegel der zerrissenen Gesellschaft darstellt, ist wenig Verlass. Scheinbar spontane Volksaufstände haben bereits zweimal einen Präsidenten aus dem Amt vertrieben.[517] Der Grund war stets der gleiche: Die jeweilige Präsidentenfamilie bediente sich schamlos an den knappen Ressourcen des karg mit natürlichem Reichtum bedachten Landes. Sie düpierte damit Teileliten, die bei der Neuverteilung der Staatsbeute – nach Umsturz und Wahlen – leer ausgegangen waren. Anschließend mobilisierten die Unterlegenen ihr Fußvolk, indem sie die Empörung über die tatsächlich vorhandene Korruption und Bereicherung schürten.[518]

Bei Unruhen im kirgisischen Teil des Ferganatals wurden im Jahr 2010 Usbeken über die Grenze gejagt, ermordet und ihre Häuser angezündet, ohne dass die Ordnungskräfte Einhalt geboten hätten. Auch regt sich seit Jahren eine islamistische Bewegung, die mit Ideen und Waffen aus Afghanistan versorgt wird: Sie will ein Emirat, d.h. ein muslimisches Staatswesen. Die Ursache der schlechten Lebensverhältnisse lokalisiert sie bei den korrupten Regimen. Der politisierte

---

[514] Madeleine Reeves: Materialising State Space: "Creeping Migration" and Territorial Integrity in Southern Kyrgyzstan, in: Europa-Asia Studies, 61. Jg. (2009), S. 1277-1313.
[515] Eugene Huskey und Gulnara Iskakova: The Barriers to Intra-Opposition Cooperation in the Post-Communist World: Evidence from Kyrgyztan, in: Post-Soviet Affairs, 26. Jg. (2010), S. 228-262.
[516] Alexander Kupatadze: Organized Crime Before and After the Tulip Revolution, in: Central Asian Survey, 27. Jg. (2007), S. 283ff.
[517] Johan Engvall: Kyrgyzstan: Anatomy of a State, in: Problem of Post-Communism, 54. Jg. (2007), S. 33-45; Scott Radnitz: What Really Happened to Kyrgyzstan?, in: Journal of Democracy, 17. Jg. (2006), S. 132-146.
[518] Scott Radnitz: Weapons of the Wealthy: Predatory Regimes and Elite-Led Protests in Central Asia, Ithacan und London 2010.

Islam zündet hier in seiner sozialkritischen Eigenschaft. Medressen, islamische Schulen, gewinnen an Bedeutung.[519] Um das Spiel des Alles oder Nichts abzumildern, wurde 2010 eine Verfassungsänderung beschlossen, die das Präsidialsystem gegen ein parlamentarisches System auswechselt. An den Mentalitäten dürfte dies nichts ändern. Eventuell könnte es aber doch etwas Positives bewirken: Nach Lage der Dinge können parlamentarische Regierungen nur Koalitionsregierungen sein, in denen die Partner zum Teilen gezwungen sind. Zum Nachfolger Bakijews wurde im Oktober 2011 Almasbek Amatajew gewählt, ein früherer Minister des Präsidenten Akajew, der sich 2006 der Opposition gegen den Akajew-Nachfolger Bakijew angeschlossen hatte.

Selbst für Russland ist Kirgisistan ein heißes Pflaster. Es hält sich zurück, weil sich die innenpolitische Situation für Moskau so darstellt, dass sich jede Parteinahme für innerkirgische Gruppen, die sich um die Kontrolle des Staates streiten, morgen oder übermorgen rächen kann, wenn die andere Seite wieder Oberwasser bekommt. Die kirgisische Politik setzte früher einmal darauf, ein engeres Verhältnis zu den USA und allgemein zum Westen zu pflegen. Diese Zeit ist vorbei. Afghanistan wird sich spätestens nach dem Ende der militärischen Präsenz des Westens als politisches Desaster erweisen. Russland aber wird als Nachbar bleiben, ebenso bleiben die Herausforderungen eines teils ultraorthodoxen, teils militanten Islam. Ohne dass sich Russland groß bemühen muss, hat Bischkek alles Interesse an einer Partnerschaft mit Moskau.

Tadschikistan

Tadschikistan wurde bis 1997 von einem Bürgerkrieg verwüstet. Das Land mutet sogar im Vergleich mit den übrigen zentralasiatischen Ländern wie eine frappierende Fehlkonstruktion an. Im Hochgebirge gelegen und in viele enge Landschaften zergliedert, führen die Verbindungen zwischen den Landesteilen teilweise über das Gebiet der Nachbarstaaten. Unter den sowjetischen Nachfolgestaaten ist Tadschikistan der ärmste. Darüber hinaus ist es zwar insgesamt von iranischer Sprache und Kultur geprägt. Aber in der südwestlichen und reichsten Provinz im konfliktreichen Ferganatal leben auch zahlreiche Usbeken. Mit Blick auf Religion und Lebensweise präsentiert das Land einen bunten Mix von säkularen Tadschiken sowie moderaten und strengen Muslimen. Die Sowjetära war für Menschen der mittleren und älteren Jahrgänge das goldene Zeitalter. Sie bot soziale Sicherheit, Beschäftigung und Aufstiegschancen in der ganzen Union.

---

[519] Eric Melinchy: Islamic Revivalism and State Failure in Kyrgyzstan, in: Problem of Communism, 56. Jg. (2009), S. 16-28; Emmanuel Karagiannis: Political Islam in Uzbekistan: Hizb ut-Tahrir al-Islami, in: Europe-Asia Studies, 58. Jg. (2006), S. 261-280.

Nach der Unabhängigkeit rangelten sich Elitenfraktionen um die Kontrolle des Neustaates, darunter herausragend die Führer der alten Sowjetrepublik und Politiker, die einen islamischen Staat wollten. Die Provinz Khujand am Nordostrand des Ferganatal war bereits im Zeitpunkt der Unabhängigkeit die wirtschaftliche bedeutendste Region. Sie war am stärksten industrialisiert, das Bildungsniveau lag deutlich höher als im übrigen Tadschikistan, das Russische war weithin geläufig, viele dort lebende gebildete Tadschiken hatten in Moskau studiert. Die übrigen Regionen waren demgegenüber landwirtschaftlich geprägt und pflegten ihre muslimische Identität.

Khujander Politiker machten nach der Unabhängigkeit kaum Anstalten, den Rest des Landes an der Staatskontrolle teilhaben zu lassen. Als Gegenwehr mobilisierten die Sprecher der übrigen Regionen ihre Teilgesellschaften. Dies war umso leichter, da die Klanchefs noch funktionierende Autoritäten darstellen.[520] Waffen gab es zur Genüge, die Grenze zu Afghanistan ist porös.

Die Auseinandersetzung um die Staatskontrolle schlug in einen Bürgerkrieg um. Das russisch geprägte nördliche stand gegen das eher islamisch geprägte südliche Tadschikistan, und Tadschiken standen gegen Usbeken.[521] Russland stellte sich von vornherein auf der Seite der an das Russische assimilierten Tadschiken. Es sorgte sich um Nachahmungseffekte, die von der muslimischen Bürgerkriegspartei auf das übrigen Zentralasien und das asiatische Russland ausstrahlen könnten. Deshalb griff es militärisch in den Konflikt ein. Das Chaos im benachbarten Afghanistan trug sein Teil zu den instabilen Verhältnissen bei.

Seit 1997 gibt es eine labile Balance zwischen den politischen Lagern. Das Regime duldet andere Parteien, aber es wird von einer Staatspartei beherrscht. Angesichts der Schwierigkeit, eine effektive Staatsgewalt aufzubauen, lässt es das von Khujander Politikern getragene Regime geschehen, dass die Menschen in den übrigen Teilen des Landes ihre Angelegenheiten weitgehend selbst erledigen.[522]

Die moderate islamische Opposition wird in der Art eines politischen Überdruckventils einmal administrativ unterdrückt und in Abständen auch verboten, dann aber wieder zugelassen. Die Furcht vor der Politisierungswirkung des Islam ist so groß, dass Jugendlichen unter 18 Jahren bei Strafe der Besuch von Moscheen verboten wurde – eine ebenso hilflose wie wirkungslose Geste. Die Wahlen werden so konditioniert, dass sie den Status quo bestätigen.[523] Die Ge-

---

[520] Tunçer-Kivaluz: Understanding Civil War, S. 274f.
[521] İdil Tunçer Kilavuz: The Role of Networks in Tajikistan's Civil War: Network Activation and Violence Specialists, in: Nationalities Papers, 37. Jg. (2009), S. 994ff.
[522] Gunda Wiegmann: Staatsversagen in Tadschikistan. Lokales Regieren nach dem Bürgerkrieg, in: Osteuropa, 57. Jg. (2007), H.8/9, S. 225-236.
[523] Kurtov: Presidential Seat, S. 10ff.

schichtspolitik ist darauf angelegt, die Existenz eines tadschikischen Volkes nachzuweisen und sich dabei vom benachbarten Usbekistan abzugrenzen. Beide Kunststaaten erheben die Verwaltungsgeschichte der versunkenen Sowjetunion zur Nationalgeschichte.[524] Tadschikistan mutet von allen Staaten der Region am ehesten wie ein verdecktes Protektorat Russlands an.

---

[524] Slavomir Horák: In Search of the History of Tajikistan: What Are Tajik and Uzbek Historians Arguing About?, in: Russian Politics and Law: A Journal of Translations, 48. Jg. (2010), S. 65ff..

5 Bilanz: Neue Staaten mit den Strukturen der Dritten Welt

Die sowjetischen Nachfolgestaaten sind vielfältig mit Russland verbunden.[525] Suchen die Regime Vorbilder und Anregungen, bis hin zum Umgang mit der Geschäftswelt und dem Ressourcenmanagement, bietet ihnen Moskau reiche Anschauung. Dies gilt um nichts weniger für die Politik. Allein Georgien sucht Anerkennung und politische Unterstützung im Westen. Die Präsidenten Armeniens und Georgiens respektieren sogar eine Begrenzung der Amtsperiode. Dessen ungeachtet ist die Kontinuität autoritärer Strukturen auch in diesen Ländern ungebrochen.

Sonst gilt: Neue Präsidenten, insbesondere jene, die vom Vorgänger aufgebaut worden sind, repräsentieren die vertrauten Verhältnisse. In aller Regel haben sie sich bereits auf dem zweiten Platz bewährt. Sie werden vom Vorgänger designiert und zur Begleitmusik der von der Regierung kontrollierten Medien gewählt. Mit den gleichen Mitteln erneuert sich die Mehrheit der Staatspartei.

Zentralasien weist insgesamt größere Gemeinsamkeiten mit den Gesellschaften der Dritten Welt auf als mit Russland. Dies gilt besonders für das Hervortreten ethnischer Konflikte, schwache Institutionen, Stammes- und Familienherrschaften und konstruierte Identitäten. Die Staatswerdung begann im Grunde genommen erst mit dem Zerfall der Sowjetunion.

Die kaukasischen und zentralasiatischen Staaten bilden gleichsam die jüngste Liga in der großen Staatenfamilie der früher so genannten Dritten Welt. Je näher an Europa und Russland, desto stärker bestimmen Nationalismus und historische Animositäten die Agenda (Georgien, Aserbaidschan, Armenien).

Bereits in sowjetischer Zeit hatten die kaukasischen und zentralasiatischen Staaten nicht allzu viel mit Russland gemeinsam. Lediglich das leninistische Herrschaftsmodell und die Planwirtschaft täuschten die Integration in ein kompaktes Ganzes vor. Als diese Klammern gelöst wurden, traten bislang verdeckte, aber immer schon vorhandene Strukturen an die Oberfläche. Strukturen dieser Art gab es weder in Russland noch in der Ukraine. Kurz: Die kaukasischen und zentralasiatischen Neustaaten besitzen das Format postkolonialer Staaten.

---

[525] Roy Medvedev: The Russian Language Throughout the Confederation of Independent States, in: Russian Politics and Law: A Journal of Translations, 45. Jg. (2007), S. 5-30.

C. Resümee: Defekte Demokratie, halbautoritäres System? Plädoyer für ein historisch sensibles Urteil

6. Resümee: Defekte Demokratie, halbautoritäres System? Plädoyer für ein historisch sensibles Urteil

Russland macht es dem Beobachter schwer, zu einem Urteil zu kommen. Bevor wir zur politikwissenschaftlichen Bewertung übergehen, mag es nützlich sein, auf die Politik zu blicken. Die politisch Verantwortlichen in den etablierten Demokratien und die demokratischen Öffentlichkeiten tun sich beim Urteilen nicht schwer. Man hat es mit einem mächtigen Land zu tun, das ein wertvoller Wirtschaftspartner ist und dessen Partnerschaft für die Sicherheit in Europa und in der Welt gesucht wird. Deshalb fallen die Kommentierungen zur russischen Innenpolitik für gewöhnlich diplomatisch zurückhaltend aus. Dessen ungeachtet ist der Tenor in den transatlantischen Demokratien einhellig: Hinter den Maßstab einer liberalen Demokratie fällt Russland zurück.

Machen wir uns aber einmal die Perspektive der Regierenden in China zu eigen. Dort steht man auf dem Standpunkt, jedes Land habe das Recht auf seine aktuelle politische Ordnung. Keinem Land steht es zu, sich in die Angelegenheiten eines anderen Landes einzumischen. Wenn die Repräsentanten des russischen Staates demokratische Verhältnisse reklamieren, dann muss man sie beim Wort nehmen, Punkt!

Beide Positionen sind, wie es in der Politik nicht anders sein kann, vom Interesse geleitet. Politik in der Demokratie muss auch im Außenverhältnis ihre Werte, ihr politisches Modell bestätigen. Politiker im autoritären System verhalten sich nicht anders, indem sie das Souveränitätsprinzip ins Feld führen.

Was haben diese Überlegungen mit der politikwissenschaftlichen Beurteilung zu tun? Die Bewertung Russlands nach seiner demokratischen Qualität ist legitim. Dies ist der normative Teil des politikwissenschaftlichen Geschäfts. Davor kommt jedoch die Analyse, oder um es mit Max Weber auszudrücken: das Verstehen.

Warum treffen wir in Russland die vorhandenen Strukturen an? Die Frage deutet auf Antworten in der Geschichte, in Gewohnheiten, in Enttäuschungen, auf Erwartungen an die Politik, auf die Machtbilder der Herrschenden und der Regierten, auch auf die Vorstellung des angemessenen Verhältnisses von staatlicher und wirtschaftlicher Macht.

Der Seitenblick auf die Nachbarstaaten Russlands zeigt, dass das gemeinsame russisch-sowjetische Erbe keineswegs ähnliche nachsowjetische Entwicklungen determiniert. Die Unterschiede Russlands zur Ukraine und Weißrussland sind beträchtlich. Russland ist freier und liberaler als Weißrussland, weniger pluralistisch als die Ukraine, aber auch stabiler als diese. In den zentralasiatischen Staaten treffen wir autoritäre Systeme an, die mit ihren Superpräsidenten, dem Zusammenfließen von Geld und Macht sowie den pompösen und hohlen Konstrukten nationaler Identität an die Regime des Orients und Afrikas erinnern.

In der Ukraine beobachten wir Machtkämpfe in einer Oligarchie, die sich um die transferierbaren Güter des Präsidentenamtes und Staatspatronage drehen.

In Russland verbinden sich Präsidentschaft und Staatspartei zu einem Machtkomplex, der zwar den politischen Wettbewerb konditioniert und die Erfolgschancen der Opposition mindert, den Dissens als solchen aber nicht erstickt. Die Ukraine verzeichnet zwar einen wirklichen Parteienpluralismus. Dahinter verbirgt sich allerdings die Herrschaft einer Oligarchie, die materiell einem autoritären Regime gleichkommt. Die Regierungsbündnisse folgen nicht der Realisierung politischer Programme, sie sind nicht einmal an Problemlösungen adressiert, sondern dienen allein der Machtbeteiligung von Parteien, die im Auftrag der Reichen und Mächtigen unterwegs sind. Ein Quantum Verfügungsmacht über Regierung und Verwaltung genügt bereits, um teilzuhaben. Diese Art von Pluralismus existiert in Russland nicht, und dies hat den Grund, dass das System Putin die Generalentscheidung getroffen hat, das große Geld unter den Primat der Politik zu zwingen. Das politische Leben selbst wird dort allerdings unter den Primat der Exekutive und der Staatspartei gezwungen. Opposition und Öffentlichkeit können sich nicht so entfalten, wie man es in einem demokratischen System zu erwarten hätte.

Es wäre einigermaßen billig und schlicht, es bei dieser Feststellung zu belassen. Als nächstes käme das Postulat, dass Russland höher springen muss, um nicht die Latte zu reißen, die das Maß für die Demokratiefähigkeit bestimmt. Gerät in Tunesien und in Ägypten ein autoritäres System ins Wanken, brandet in den demokratischen Öffentlichkeiten der Beifall auf. Ein erster Schritt in Richtung auf „something else" als die bisherige Diktatur ist getan. In Russland verzeichnen wir hin und wieder Streiks, eine zwar kleine, aber kritische Presse, neuerdings auch Demonstrationen, zwar vor erdrückender Polizeikulisse, aber immerhin. Hier geht das Urteil bei denselben Beobachtern aber in die andere Richtung. Was anderswo große Erwartungen weckt, wird hier heruntergezensiert. Dafür scheint es zwei Gründe zu geben:

1. Eine soziozentrische Sicht auf Russland: Sie ist im Rahmen eines politischen Urteils legitim, wissenschaftlich jedoch überzeugt sie nicht, weil sie den Bewertungsmaßstab der Politik und auch deren Motiv übernimmt. Es wird so getan, als hätte Russland eine historisch-gesellschaftliche Disposition auf Liberalität und Demokratie, wie die Staatenwelt Europas und Nordamerikas.
2. Alternativ oder ergänzend wird unterstellt, mit dem Anspruch auf demokratische Qualität hätte Russland früher schon einmal besser dagestanden als heute. Der Exitus der Sowjetunion liegt noch nicht einmal ein komplettes Vierteljahrhundert zurück, es kann nur die Ära Jelzin gemeint sein. In dieser Zeit war die Bereitschaft zur Kopie der im Westen geläufigen demokratischen Strukturen in der herrschenden postsowjetischen Elite überwältigend.

Beide Sichtweisen haben eines gemeinsam. Sie bewerten erstens die Tatsache gering, dass die russische Gesellschaft das erste nachsowjetische Jahrzehnt als Negativerfahrung in Erinnerung hat, und sie machen zweitens den Fehler, den Ist-Zustand nicht an der weiter zurückliegenden Vergangenheit zu messen. Wenn wir für das politische System das Bild des berühmten Glases nehmen, könnte man in angemessener Rückschau sagen, dass dieses Glas in Russland inzwischen vielleicht zur Hälfte mit einer demokratietauglichen Substanz gefüllt ist.[526]

Es muss der Politik und den politischen Kommentatoren in einer demokratischen Öffentlichkeit nachgesehen werden, dass sie eine andere Sicht bevorzugen. Sie arbeiten im Legitimationsgeschäft, die einen als politische Agenten, die anderen als kritische Beobachter. Die wissenschaftliche Bewertung sollte sich aber mehr um das Erklären kümmern.

Robert A. Dahl hat vor über 40 Jahren ein ebenso einfaches wie überzeugendes Schema entworfen, das es erlaubt, politische Systeme nicht einfach als demokratisch und autoritär zu typisieren, sondern auch ihre Bewegungsrichtung zu berücksichtigen.[527] Danach lassen sich Systeme unterscheiden, die sich auf hohem Niveau als autoritär oder demokratisch stabil halten, und andere Systeme, die, aus den Niederungen autoritärer Strukturen kommend, sich liberalisieren und pluralistische Strukturen dulden, ohne nach den gängigen Maßstäben bereits demokratisch zu sein. Schließlich gibt es auch Systeme, die langsam an demokratischer Qualität verlieren, und wieder andere, die in kurzer Zeit rapide unter die Schwelle zum autoritären System fallen. Die Originalität Dahls liegt darin, dass er Schattierungen in die Bewertung der Herrschaftssysteme einbringt.

Geht man so vor, wird das Urteil über Russland wohl dahin ausschlagen, dass die politische Leistung seines Regimes mit Blick auf die Rechtstaatlichkeit schlecht ausfällt, dass es um die Entfaltung freier Partizipation weitaus besser stehen könnte und dass die öffentliche Transparenz politischer Vorgänge stark zu wünschen übrig lässt. Auf der anderen Seite steht ein Grad individueller Freiheiten, den Russland in seiner Geschichte noch nicht erlebt hat, und zwar nicht nur als revolutionäres Momentereignis, auch nicht einfach als Begleiterscheinung mangelnder oder erodierender Staatsautorität, wie in der Perestroika und im Russland Jelzins, sondern seit über zehn Jahren dauerhaft. In der Bilanz ist auch zu berücksichtigen, dass es dem Regime gelungen ist – Ausnahme ist hier die Nordkaukasusregion – Stabilität zu produzieren, d.h. eine gewisse Berechenbar-

---

[526] Zur Lagerbildung bei der politikwissenschaftlichen Bewertung Russland immer noch höchst instruktiv Richard Sakwa: Two Camps? The Struggle to Understand Comtemporary Russia, in: Comparative Politics, 40. Jg. (2008), S. 481-499.
[527] Robert A. Dahl: Polyarchy: Participation and Opposition, New Haven und London 1971, S. 20ff.

keit des Alltags. Schließlich darf nicht gering geachtet werden, dass Russland ein verlässlicher und berechenbarer Akteur in der Weltpolitik ist.

Die Responsivität des russischen Regimes könnte gewiss besser sein. Aber sie ist, wie zuletzt die Reaktionen auf die Bürgerproteste im Kontext der Wahlen 2011/2012 zeigten, durchaus vorhanden. Zwar noch in traditionell hierarchischer Pose, reagieren die politischen Führer auf Stimmungen, Katastrophen und Fehlentwicklungen. Die Personen an der Spitze thronen himmelhoch über den gewöhnlichen Sterblichen. Aber sie erklären sich, sie zeigen sich, sie attestieren öffentlich Missstände und sie geloben Besserung. Man mag hier einwenden, dass es sich auch die Herrschenden Chinas, d.h. eines Regimes mit allen Merkmalen autoritärer Herrschaft, nicht mehr leisten können, sich vor der Gesellschaft zu verschließen. Doch der Gedanke an China betont einmal mehr, dass es zu einfach ist, Russland in der Schublade autoritärer Systeme abzulegen.[528] Das Maß an Dissens, Oppositionstätigkeit und Bürgerprotest, das sich in Russland – mag es aus der Sicht der Regierenden auch als lästig empfunden werden – zeigen darf, würde, wenn es von heute auf morgen in China Platz greifen könnte, vermutlich als ein Riesenschritt in Richtung auf Liberalität und Demokratie gefeiert.

Damit gelangen wir wieder zum Ausgangspunkt dieser Überlegungen. Warum ein hochgespannter Erwartungshorizont, der das Ergebnis vorwegnimmt?

Erstens: Russland mit all seinen Elementen von Verfassungsstaatlichkeit und mit seinem gedämpften Pluralismus fordert zur Prüfung heraus, wie es denn mit der Substanz dieser Formaldemokratie steht. Dabei kommt dann das raffinierte wissenschaftliche Instrumentarium der Demokratieforschung zum Einsatz. Es erlaubt zwar die Vermessung demokratischer Verhältnisse, aber es eignet sich nicht für die historisch-kulturelle Herleitung des Vermessungsobjekts.[529]

Zweitens: Wenn Russland an Entwicklungen gemessen wird, als deren Ergebnis sich im westlichen und mittleren Europa in Jahrhunderten Rechtsstaat und Parlamentarismus sowie ein Spektrum politischer Richtungs- und Parteienfamilien (konservativ, liberal, sozialdemokratisch, ökologisch) entwickelt haben, greift immerhin ein historisches Argument. Aber es geht daneben, weil es auch wieder den Westen als Standard setzt.[530] Das Ergebnis ist dann genauso vorbestimmt wie bei der Anwendung der Kriterien des Modells der westlichen Demo-

---

[528] Was übrigens die wenigsten politikwissenschaftlichen Autoren tun, die sich mit Russland beschäftigen. Exemplarisch für diese Stimmen: Vladimir Shlapentokh: Expediency always Wins over Ideology: Putin's Attitude toward the Russian Communist Party, in: Journal of Communist and Post-Communist Studies, 44. Jg. (2011), S. 33-40; Andreas Heinemann-Grüder: Kontrollregime: Russland unter Putin und Medwedew, in: Osteuropa, 59. Jg. (2009), S. 27-48.

[529] Stephen Whitefield: Russian Citizens and Russian Democracy: Perceptions of State Governance and Democratic Practice, 1993-2007, in: Post-Soviet Affairs, 25. Jg. (2009), S. 93-117.

[530] Beispielhaft Lilia Shevtsova: What's the Matter with Russia, in: Journal of Democracy, 21. Jg. (2010), S. 152-160.

kratie: Russland – ein düsterer Ort in der Nachbarschaft der lichten demokratischen Welt Europas und Amerikas. Hier wäre es erhellender, die Frage zu stellen, was sich mit Blick auf die russische Vergangenheit bei den persönliche Freiheiten und dem legalen Gebrauch des politischen Dissenses zum Besseren getan hat.

Die heute übliche Art der Demokratieforschung schwadroniert über Qualitätsdemokratie,[531] sie ermittelt defekte[532] oder gute und schlechte Demokratien[533] oder sie spricht von „gelenkten" und „imitierten" Demokratien.[534] Die Vorstellung einer defekten Demokratie geht von Strukturen aus, in die jede Demokratie eingebettet ist, z.B. Wahlen und Gewaltenteilung, aber auch der Zustand von Wirtschaft und Gesellschaft und das internationale Umfeld. Sie werden etwas hochtrabend auch als Teilregime bezeichnet. An ihrer Qualität kann die demokratische Befindlichkeit gemessen werden kann, Mit der Betrachtung dieser Teilregime lassen sich Defekte ermitteln und beschreiben.[535] Warum es diese Defekte gibt und ob es überhaupt sinnvoll ist, historisch gewachsene Strukturen in einer Art politiktechnischem Rating zu bewerten, wird nicht gefragt.

Ein Beobachter charakterisiert den Zuschnitt des russischen politischen Systems als feingesteuerte Demokratie, eine Steigerungsform der gelenkten Demokratie.[536] Eine Beobachterin notiert, zwar gebe es in Russland Parteien und Wahlen, das System erhebe die Parteien sogar zum wichtigsten Instrument politischer Partizipation; auch würden Parteien mit erkennbarem Rückhalt nicht vom politischen Wettbewerb ausgeschlossen. Doch Staat, Verwaltung und Wahlsystem seien so strukturiert, dass dieser Wettbewerb leerlaufe bzw. stets dasselbe Ergebnis produziere. Beide Kommentatoren sind sich darin einig, dass Russland ein autoritäres Regime verkörpert.[537]

Leicht erkennbar steht also bei der politikwissenschaftlichen Bewertung Russlands die Anschauung Europas und Nordamerikas Pate. Betrachtet man nun

---

[531] Larry J. Diamond und Leonardo Morlino (Hrsg.): Assessing the Quality of Democracy, Baltimore 2005.
[532] Wolfgang Merkel: Defekte Demokratie, Bd. 1: Theorie, Opladen 2003; Ders. und Aurel Croissant (2000). Formale und informale Institutionen in defekten Demokratien, in: Politische Vierteljahresschrift, 41. Jg. (2000), S. 3-31.
[533] Leonardo Morlino: "Good" and "Bad" Democracies: How to Conduct Research into the Quality of Democracy, in: Journal of Communist Studies and Transition Politics, 20. Jg. (2004), S. 5-27.
[534] Dmitrij Furman: Ursprünge und Elemente imitierter Demokratien. Zur politischen Entwicklung im post-sowjetischen Raum, in: Osteuropa, 56. Jg. (2006), H. 9, S. 3-24.
[535] Wolfgang Merkel: Systemtransformation. Eine Einführung in die Theorie und Empirie der Transformationsforschung, 2. Aufl., Wiesbaden 2010, S. 30ff.
[536] Petrov, Nikolai 2011: Highly Managed Democracy: The Tandem and the Crisis, in: Russian Politics and Law: A Journal of Translations, 49. Jg., S. 59-85.
[537] Laura Petrone: Institutionalizing Pluralism in Russia: A New Authoritarianism, in: Journal of Communist Studies and Transition Politics, 27. Jg. (2011), S. 166-194.

aber Russland, wie man es bei einem außereuropäischen Land täte, als ein historisches Gemäuer eigener Art, wie etwa China oder Japan, ergibt sich ein anderes Bild. Wie es etwa vor langer Zeit in Japan geschehen ist und in der Zukunft vielleicht in China geschehen mag, fassen in Russland allmählich liberale und demokratische Werte und Institutionen Fuß. Sie werden aufgenommen, aber nicht kopiert. Dies aber nicht nur deshalb, weil man nicht wollte – dies aktuell wohl auch –, vor allem aber deshalb, weil die Ausstrahlung der Werte und Institutionen einer Staatenregion auf Politik und Gesellschaft anderer Länder kein simpler Kopiervorgang ist.

Die Diffusion politischer Modelle gleicht einem Sickervorgang. Neue Ideen, Verhaltensweisen und Institutionen durchdringen die vielfältigen Schichten eines politischen Systems. Dies geschieht ungleichmäßig. Hier dringen sie schneller, dort langsamer ein, anderswo perlen sie an einer gut isolierten Oberfläche ab. Prozesse dieser Art finden auch in Russland statt. So betrachtet wäre letztlich ein positives Urteil über die politische Entwicklung Russlands angezeigt.

In der industriell-technischen Sphäre verlaufen Diffusionsprozesse schneller als in der politischen. Lange bevor es zur Demokratie wurde, war Japan im Gesamtzuschnitt bereits ein modernes Land. Das Gleiche gilt für die Türkei, die in der letzten Dekade wohl endgültig in den Kreis stabiler Demokratie eingetreten sein dürfte. Das Fußfassen demokratischer Werte und Institutionen brauchte in diesen Fällen Generationen – was Wunder, ging es hier doch um Machtfragen! Erst ein grausamer Krieg wurde in Japan zum Geburtshelfer der gelebten Demokratie, in Deutschland übrigens auch.

Machen wir nun die Gegenprobe und fragen wir, ob auf Russland die Merkmale eines autoritären Systems passen.[538] Auf den ersten Blick scheint das von Juan Linz entworfene Modell des begrenzten Pluralismus[539] recht gut auf Russland zu passen. Wer dort am politischen Spiel teilhat, lässt sich leicht ausmachen: Die Leitungsebenen der staatlichen Apparate, die hohen Funktionäre der Staatspartei, die Parlamentarier, in einem gewissen Rahmen auch die Oligarchen. Wer schlechter wegkommt, gibt auch keine großen Rätsel auf: Bauern, Menschen in der fernen Provinz, Rentner, Bezieher kleiner Einkommen, Mieter. Zu den Profiteuren des Regimes gehört aber auch die wachsende kleine Mittelschicht, auf der die Hoffnungen auf eine grundlegende Modernisierung ruhen, und nicht zuletzt auch jene Menschen, die schlechter dastünden, wären da nicht

---

[538] Dazu informativ Margareta Mommsen: Oligarchie oder Autokratie. Das hybride politische System Russlands, in: Osteuropa, 60. Jg. (2010), S. 26ff.
[539] Juan J. Linz: Totalitarian and Authoritarian Regimes, Boulder und London 2000, S. 159f., 168; Ders.: Opposition in and Under an Authoritarian Regime, in: Robert A. Dahl (Hrsg.), Regimes and Oppositions, New Haven 1973, S. 171-259.

die zahlreichen sozialstaatlichen Strukturen aus sowjetischer Zeit, die den Armen und Schwachen ein keineswegs komfortables, aber doch immerhin ein Auskommen verschaffen.

Das alles genügt aber noch nicht, um ein autoritäres System zu attestieren. Wie schon E. E. Schattschneider vor über 50 Jahren in einem klassischen Werk der Demokratietheorie vermerkt hat, singen die Engel auch im pluralistischen Himmel mit Oberklassenakzent.[540] Will sagen: Bildung, Geld und Status führen dazu, dass es trotz des allgemeinen Wahlrechts auch in der Wirklichkeit der Demokratien große Ungleichheit gibt, die im Übrigen durch parlamentarische Verfahren in Gesetzesform gegossen wird. Immerhin bleibt es denen am unteren Ende der sozialen Hierarchie unbenommen, Parteien zu wählen und sich in Verbänden zu organisieren, die auf Veränderung drängen.

Solche Parteien indes werden in Russland vielfach behindert, die Medienlandschaft gehorcht den Vorgaben der Regierenden, die Justiz ist ein Instrument in den Händen der Mächtigen. Kurz: Als Korrektiv ungleich verteilter gesellschaftlicher und wirtschaftlicher Macht wirkt die russische Politik in aller Regel nur dann, wenn die Regierenden es so wollen. Diese sind zwar keineswegs taub für gesellschaftliche Missstimmungen und Proteste. Die Mechanismen der Wahl und der Repräsentation machen es aber schwer, dass sich die politische Unzufriedenheit in einem Mehrheits- oder Regierungswechsel niederschlägt. Weil dem so ist, hat es seine guten Gründe, Russland das Prädikat einer Demokratie vorzuenthalten. Jedes Regime schleppt das schwere Gepäck seiner jüngeren Vergangenheit mit. Ein angemessenes Urteil über Russland darf sich über Hypotheken dieser Art nicht hinwegsetzen.

Ein russischer Beobachter fasst die Merkmale der russischen Politik kurz und bündig in eine Formulierung, die weit instruktiver ist als die Verortung Russlands in der Typologie der politischen Systeme: Das strategische Ziel des russischen Regimes geht dahin, eine Wirtschafts- und Gesellschaftsordnung herzustellen und zu bewahren, in der keine *Institutionen*, sondern *eine Person* die Richtung bestimmt.[541] Diese Person bekleidet nicht unbedingt das formal höchste Staatsamt. Aber alle wissen, wer der wirkliche Chef im Ring ist. Verflüchtigt sich die Gewissheit darüber, drohen Unsicherheit und Instabilität.[542] Dem ließe sich hinzufügen, dass dieses Regime bislang von einer ökonomischen Struktur gestützt wird, die noch ganz auf den Verkauf fossiler Energien und von Rohstof-

---

[540] E. E. Schattschneider: The Semi-Sovereign People: A Realist's View of American Democracy, Hinsdale 1960.
[541] Sergei Ryzhenkov: Local Regimes and the „Power Vertical", in: Russian Politics and Law, 49. Jg. (2011), S. 55.
[542] Rozov: The Specific Nature of "Russian Statepower", S. 39.

fen ausgelegt und damit in nicht geringem Maße von externen Ereignissen, insbesondere weltwirtschaftlichen Krisen abhängig ist.[543]

Russland besitzt eine passive politische Kultur. Seine Regierenden versuchen, durchaus unter gehöriger Beachtung ihrer Eigeninteressen, die Basisbedürfnisse der Menschen zu antizipieren. Eine so brachiale Anwendung neoliberaler Rezepturen, wie sie vor 30 Jahren in Großbritannien eingeläutet wurde, von den lateinamerikanischen Schwellenländern ganz zu schweigen, auch die USA unserer Tage kommen in den Sinn, hat in Russland nicht stattgefunden. Und richten wir den Blick auf die klassischen Armutsgesellschaften dieser Welt: Mangelnde Beschäftigung, Armut und fehlende berufliche Perspektiven wirken etwa im Orient, vom subsaharischen Afrika ganz zu schweigen, gerade unter Jüngeren als Treibsätze für breite Unzufriedenheit. Sie fördern die Bereitschaft, unter Einsatz von Leben und Gesundheit scheinbar sattelfeste Regime zu stürzen.

Schließlich ist auch das Kalkül nicht gering zu achten, Russlands Image als Bestandteil der verfassungsstaatlichen Welt zu pflegen. Dies mag sich, um ein Wort des deutschen Altkanzlers Gerhard Schröder über Putin abzuwandeln, nicht auf lupenreine Demokratie reimen. Aber es ist doch eine andere Sache als die zahlreichen autoritären Regime, die allein auf die Bedürfnisse der Regimeprofiteure abstellen. Die russischen Institutionen als solche stehen keineswegs gegen eine offenere Regierungspraxis. Wenn die Dinge gut laufen, lernen im Laufe der Zeit beide Seiten dazu, die Gesellschaft, indem sie die bescheidenen Partizipationsmöglichkeiten breiter ausschöpft, und das Regime, indem es sich dem Wandel stellt und die Institutionen responsiver handhabt. In den letzten Jahren wurde deutlich, dass sich ein Teil der Bürger mit den Verhältnissen nicht mehr abfindet. Mit aller Vorsicht darf angenommen werden, dass die Gesellschaft nicht mehr ohne Weiteres übergangen werden kann, ohne Reaktionen zu provozieren, welche, wenn schon nicht die Legitimität, so doch das internationale Ansehen der russischen Führung schädigen.

In den kaukasischen und zentralasiatischen Republiken haben wir es demgegenüber eindeutig mit autoritären Systemen der schlichten Art zu tun.[544] Ein Herrscher, seine Familie und eine Clique von Handlangern in Verwaltung und Wirtschaft bereichern sich auf Kosten der übrigen Gesellschaft. Durch Repression erzwingen sie soziale Disziplin. Dieser neopatrimoniale Herrschaftsmodus ist typischerweise in den Weltgegenden anzutreffen, die der Dritten Welt zugeschrieben werden. Die Ausgangslage war dort ähnlich: multiethnische Gesellschaften in Grenzen, die ihnen Fremde aufgezwungen hatten, und das schlechte

---

[543] Emil Pain: The Political Regime in Russia in the 2000s: Special Features, Inherited and Acquired, in: Russian Politics and Law: A Journal of Translations, 49. Jg. (2011), S. 22ff.
[544] Eisenstadt, S. N.: Traditional Patrimonialism and Modern Patrimonialism, Beverley Hills und London 1973.

Vorbild fremder, aber mächtiger Verwalter, die den Auftrag hatten, Rohstoffe und die Arbeit der Einheimischen auszubeuten. Die kaukasischen und zentralasiatischen Republiken wurden ebenso unvorbereitet in die Unabhängigkeit gestoßen, wie es vor gut 50 Jahren mit den europäischen Kolonien in Afrika geschehen ist.

Was Wunder, dass die Regime, die sich in der nachsowjetischen Welt bildeten, kein anderes Baumaterial vorfanden als Personen, Klans und Sprachgemeinschaften? Regime dieser Art haben bislang äußerst selten starke politische Institutionen entwickelt. Umso mehr zählt das Geschick eines politischen Führers, Gruppen gegeneinander auszubalancieren, insbesondere dann, wenn genügend Geld vorhanden ist, um Neider und potenzielle Gegner zu saturieren. Fehlt es daran, bleibt oft nur noch die Ausgrenzung der Minderheiten, die dann als Blitzableiter für breiten Unmut herhalten.

Für die Bewertung Russlands führt der Blick auf diese Länder nicht weit. Politische Institutionen wie der Regierungschef, das Parlament und der Bundesstaat sind in Russland deutlich schwächer, als man es aus den europäischen und außereuropäischen Demokratien kennt. Die politischen Regelwerke mögen dort stärker verletzt werden, als man es in demokratischen Systemen durchgehen ließe. Doch im Prinzip haben sie Fuß gefasst. Staatsparteiliche Strukturen, der Vorrang der Exekutive und die verbreitete Präferenz für Ordnung und Stabilität vor individueller Freiheit sind Legate der russisch-sowjetischen Vergangenheit. Sie geben den Institutionen einen anderen Drall als den gleichnamigen Institutionen in den etablierten Demokratien. Aber Politik ist auch in Russland ein dynamischer Prozess und nicht zuletzt ein Resonanzboden für gesellschaftliche Veränderungen. Eine Gesellschaft, die westliches Konsumverhalten praktiziert, die in die internationale Internetgemeinde eingebunden ist, ferner Menschen, die, wenn sie es sich leisten können, im westlichen Ausland Urlaub machen, schließlich auch Menschen, die sich lautstark weigern, stur dem Willen der Staatsfunktionäre zu gehorchen, und die Bürgerinitiativen gründen oder trotz erdrückender Polizeikulisse auf die Straße gehen – dies alles wird langfristig wohl auch diejenigen heute noch schwachen Institutionen stärken, in denen sich die Opposition artikuliert.

Tabellenverzeichnis

Tabelle 1: Russische Präsidenten und Regierungschefs seit 1993 94

Tabelle 2: Präsidenten seit 1993 95

Tabelle 3: Russische Präsidentenwahlen seit 1993 97

Tabelle 4: Ergebnisse der Wahlen zur Staatsduma 130

Tabelle 5: Sitzverteilung in der Staatsduma 131

Tabelle 6: Wahlbeteiligung in Russland 132

Tabelle 7: Russische Parteien 134

Tabelle 8: Soziale Basisdaten der postsowjetischen Staaten
  im Vergleich 187

Tabelle 9: Ökonomische Basisdaten der postsowjetischen Staaten
  im Vergleich 188

Tabelle 10: Nationale und religiöse Profile Russlands und seiner
  Nachbarstaaten 2009 189

Tabelle 11: Ukrainische Präsidentenwahlen 202

Tabelle 12: Ergebnisse der Wahlen zur Rada 203

Tabelle 13: Ministerpräsidenten der Ukraine 203

Tabelle 14: Präsidentenwahlen in Weißrussland 218

Tabelle 15: Mandatsverteilung im weißrussischen Parlament 218

Tabelle 16: Politische Basisdaten der Kaukasusstaaten 228

Tabelle 17: Politische Basisdaten der zentralasiatischen Staaten 240

Tabelle 18: Das Wachstum der Titularnationen seit dem Ende
der Sowjetunion 242

Literatur

Abrazakova, Elvira 2007: Western Siberia, Central Asia, and China: Integration and Infrastructure, in: Problems of Post-Communism, 54. Jg., S. 49-60.
Afanas'ev, Mikhail 2009: The Quality of the State: Russia's Chief Problem, in: Russian Politics and Law, 47. Jg., S. 58-72.
Alexander, Manfred, und Günther Stökl 2009: Russische Geschichte. Von den Anfängen bis zur Gegenwart, 7. Aufl., Stuttgart.
Almond, Gabriel A., und Sidney Verba 1963: The Civic Culture, Cambridge.
Anderson, Benedict 1988: Die Erfindung der Nation. Zur Karriere eines erfolgreichen Konzepts, Frankfurt/M. und New York.
Anczeschi, Luca 2010: Integration Domestic Politics and Foreign Policy Making: The Cases of Turkmenistan and Usbekistan, in: Central Asian Survey, 29. Jg., S. 143-158.
Asmus, Ronald D., und Robert C. Nurick 1996: NATO Enlargement and the Baltic States, in: Survival, 38. Jg., S. 121-142.
Auch, Eva-Maria 2010: Politische Kultur: Autoritäre Herrscher – pragmatische Lösungen, in: Marie-Carin von Gumppenberg und Udo Steinbach (Hrsg.): Der Kaukasus. Geschichte-Kultur-Politik, 2. Aufl., München, S. 241-251.
Bader, Max 2012: Die politischen Parteien der Ukraine vor den Parlamentswahlen, in: Ukraine Analysen, Nr. 102, vom 27.3.2012, S. 2-5.
Balzer, Harley, und Maria Repnikova 2010: Migration between China and Russia, in: Post-Soviet Affairs, 26. Jg., S. 1-37.
Baudouin, Marie-Elisabeth 2006: Is the Constitutional Court the Last Bastion in Russia against the Threat of Authoritarianism?, in: Europe-Asia Studies, 58. Jg., S. 679-699.
Beachain, Donnacha O 2009: Roses and Tulips: Dynamics of Regime Change in Georgia and Kyrgyzstan, in: Journal of Communist Studies and Transition Politics, 25. Jg., S. 199-226
Beichelt, Timm 2009: Two Variants of the Russian Radical Right: Imperial and Social Nationalism, in: Journal of Communist and Post-Communist Studies, 42. Jg., S. 505-526.
Bekus, Nelly 2010: Struggle Over Identity: The Official and the Alternative "Belarussianness", Budapest und New York.
Beyme, Klaus von 1983: Die Sowjetunion in der Weltpolitik, Frankfurt/M.
Beyme, Klaus von 1977: Ökonomie und Politik im Sozialismus, München.
Blakkisrut, Helge 2011: Medvedev's New Governors, in: Europe-Asia Studies, 63. Jg., S. 367-395.
Blank, Stephen 2010: The Putin Succession and Its Implications for Russian Politics, in: Post-Soviet Affairs, 24. Jg., S. 231-262.
Bliakher, L.E., und L.A. Vasil'eva 2010: The Russian Far East in a State of Suspension: Between the "Global Economy" and "State Tutelage", in: Russian Politics and Law: A Journal of Translations, 48. Jg, S. 80-95.
Bos, Ellen 2010: Das politische System der Ukraine, in: Wolfgang Ismayr (Hrsg.), Die politischen Systeme Osteuropas, 3. Aufl., Wiesbaden, S. 527-581.
Bos, Ellen, Margareta Mommsen und Silvia von Steinsdorff (Hrsg.) 2003: Das russische Parlament. Schule der Demokratie?, Opladen.
Bovt, Georgi 2008: Vladislav Surkov: A Pragmatic Idealism, in: Russian Politics and Law: A Journal of Translations, 46. Jg., S. 33-40.
Breslauer, George W. 2010: Reflections on Patterns of Leadership in Soviet and Post-Soviet (Russian) History, in: Post-Soviet Affairs, 26. Jg., S. 263-283.

Brown, Archie 2000: Der Gorbatschow-Faktor. Wandel einer Weltmacht, Frankfurt/M. und Leipzig.
Brunner, Georg 1977: Politische Soziologie der Sowjetunion, 2 Bde., Wiesbaden.
Carmel, Joel 2005: Machteliten Usbekistans. Clans oder politische Allianzen?, in: Orient, 46. Jg., S. 581-608.
Carr, Edward Hallett 1980: Die Russische Revolution. Lenin und Stalin 1917-1929, München.
Charap, Samuel 2009: No Obituaries Yet for Capitalism in Russia, in: Current History, October, S. 333-338.
Chebankova, Elena 2010: Business and Politics in the Russian Regions, in: Journal of Communist Studies and Transition Politics, 26. Jg., S. 25-54.
Chebankova, Elena 2010: Public and Private Cycles of Socio-Political Life in Putin's Russia, in: Post-Soviet Affairs, 26. Jg., S. 121-149.
Chebankova, Elena 2007: Implications of Putin's Regional and Demographic Policies on the Evolution of Inter-Ethnic Relations in Russia, in: Perspectives on European Politics and Society, 8. Jg., 439-459.
Chebankova, Elena 2007: Putin's Struggle for Federalism: Structures, Operation, and the Commitment Problem, in: Europe-Asia Studies, 59. Jg., S. 279-302.
Chelankine, Serguei, und Joseph King 2007: Corruption Networks as a Sphere of Investment Activities in Modern Russia, in: Journal of Communist and Post-Communist Studies, 40. Jg., S. 107-120.
Chepikowa, Ksenia 2010: Wie stark ist Putins Partei in den Regionen? Fraktionelle Zusammensetzung der Regionalparlamente, in: Russland-Analysen, Nr. 211, S. 13-18.
Chepurenko, Alexander 2008: The „Oligarchs" in Russian Mass Consciousness,?, in: Stephen White (Hrsg.), Politics and the Ruling Group in Putin's Russia, London, S. 120-137.
Collins, Kathleen 2004: The Logic of Clan Politics: Evidence from the Central Asian Trajectories, in: World Politics, 56. Jg., S. 224-261.
Collins, Kathleen 2003: The Political Role of Clans in Central Asia, in: Comparative Politics, 35. Jg., S. 171-190.
Cornell, Svante E. 2003: Autonomy as a Source of Conflict: Caucasian Conflicts in Theoretical Perspective, in: World Politics, 54. Jg, S. 245-276
Crotty, Jo 2009: Making a Difference? NGOs and Civil Society Development in Russia, in: Europe-Asia Studies, 61. Jg., S. 85-108.
Cummings, Sally N. (Hrsg.) 2010: Symbolism and Power in Central Asia, London und New York.
Dahl, Robert A. 1989: Democracy and Its Critics, New Haven/London: Yale University Press.
Dahl, Robert A. 1971: Polyarchy: Participation and Opposition, New Haven und London.
D'Anieri, Paul 2012: Structural Constraints in Ukrainian Politics, in: East European Politics, 1. Jg., S. 28-46.
D'Anieri, Paul 2011: Structural Constraints in Ukrainian Politics, in: East European Politics and Societies, 25. Jg., S. 28-46.
D'Anieri, Paul 2007: Ethnic Tensions and State Strategies: Understanding the Survival of the Ukrainian State, in: Journal of Communist Studies and Transition Politics, 23. Jg., S. 4-29.
D'Anieri, Paul 2007: Understanding Ukrainian Politics: Power, Politics and Institutional Design, Armond und London.
D'Anieri, Paul 2005: What Has Changed in Ukrainian Politics: Assessing the Implications of the Orange Revolution, in: Problems of Post-Communism, September/October, S. 82-91.
Danilovich, Alex 2010: Kazazkhs: A Nation of Two Identities, in: Problems of Post-Communism, 57. Jg., S. 51-39.
De Waal, Thomas 2010: The Caucasus: An Introduction, New York.
D'Encausse, Hélène 1980: Risse im roten Imperium. Das Nationalitätenproblem in der Sowjetunion, Wien und München.
Deutscher, Isaac1979 (engl. Erstausg. 1962): Josef Stalin. Eine politische Biographie, Berlin.

Dhondt, Jan 1968: Das frühe Mittelalter, Fischer-Weltgeschichte, Bd. 10, Frankfurt/M.
Dmitriew, Michail 2011: Neue Entwicklungstendenzen im politischen System Russlands, in: Russland-Analysen, Nr. 224, S. 2-7.
Dörrenbücher, Heike, und Volodymyr Oliinsk 2011: Ein Jahr nach den Präsidentschaftswahlen – quo vadis Ukraine?, in: Ukraine-Analysen, Nr. 88, S. 2-5.
Drummond, Andrew J., und Jacek Lubecki 2010: Reconstructing Galicia: Mapping the Cultural and Civic Traditions of the Former Austrian Galicia in Poland and Ukraine, in: Europe-Asia Studies, 62.Jg., S. 1311-1338.
Dubin, Boris 2010: The Stalin Myth, in: Russian Politics and Law: A Journal of Translations, 48. Jg., S. 46-54.
Easter, Gerald 2008: The Russian State in the Time of Putin, in: Post-Soviet Affairs, 24. Jg., S. 199-230.
Easter, Gerald M. 2002: The Russian Tax Police, in: Post-Soviet Affairs, 18. Jg., S. 232-262.
Eke, Steven M., und Taras Kuzion 2000: Sultanism in Eastern Europe: The Socio-Political Roots of Authoritarian Populism in Belarus, in: Europe-Asia Studies, 52. Jg., S. 523-547.
Engvall, Johan 2007: Kyrgyzstan: Anatomy of a State, in: Problems of Post-Communism, 54. Jg., S. 33-45.
Erlich, Alexander: Die Industrialisierungsdebatte in der Sowjetunion, 1924-1928, Nördlingen 1971.
Eschment, Beate 2007: Elitenrekrutierung in Kasachstan, in: Osteuropa, 57. Jg H. 8/9, S. 175-194.
Evans, Alfred R. 2008: Putin's Legacy and Russian Identity, in: Europe-Asia Studies, 60. Jg., S. 899-912.
Farrand, Amanda 2006: Mission Impossible: The Politico-Geographical Engineering of Soviet Central Asia's Republican Boundaries, in: Central Asian Survey, 25. Jg., S. 61-74.
Feklyunina, Valentina 2012: Russia's International Images and Its Energy Policies. An Unreliable Supplier, in: Europe-Asia Studies, 64. Jg., S. 449-469.
Flikke, Geir 2008: Pacts, Parties and Elite Struggle: Ukraine's Troubled Post-Orange Transition, in: Europe-Asia Studies, 60. Jg., S. 375-396.
Fraenkel, Ernst 1974 (engl. Erstausg. 1940): Der Doppelstaat, Frankfurt/M.
Franke, Anja, Andrea Gawrich und Gurban Akbarov 2009: Kazakhstan and Azerbaijan as Post-Soviet Rentier States: Resource Incomes and Autocracy as Double „Curse" in Post-Soviet Regimes, in: Europe-Asia Studies, 61. Jg., S. 109-140.
Fumagalli, Matteo 2007: Usbekische Zwickmühle, in: Osteuropa, 57. Jg., H. 8/9, S. 237-244.
Fumagalli, Matteo, und Simon Tordjman 2010: Uzbekistan, in: Donnacha Ó Beacháin und Abel Polese (Hrsg.): The Colour Revolutions in the Former Soviet Republics: Sucessions and Failures, London und New York, S. 156-176.
Furman, Dmitrij 2008: Russland am Scheideweg. Logik und Ende der imitierten Demokratie, in: Osteuropa, 58. Jg., H. 2, S. 3-15.
Furman, Dmitrij 2006: Ursprünge und Elemente imitierter Demokratien. Zur politischen Entwicklung im post-sowjetischen Raum, in: Osteuropa, 56. Jg., H. 9, S. 3-24
Furtak, Robert K. 1996: Staatspräsident – Regierung – Parlament in Frankreich und in Russland: Verfassungsnorm und Verfassungspraxis, in: Zeitschrift für Politikwissenschaft, 6. Jg., S. 947f.
Gehlbach, Scott 2010: Reflections on Putin and the Media, in: Post-Soviet Affairs, 26. Jg., S. 77-87.
Gelman, Vladimir 2009: Der subnationale Autoritarismus in Russland, in: Russland-Analysen, Nr. 191, S. 2-5.
Gelman, Vladimir 2008: Party Politics in Russia: From Competition to Hierarchy, in: Europe-Asia Studies, 60. Jg., S. 913-930.
Geyer, Dietrich 1968: Die Russische Revolution, Göttingen.
Goehrke, Carsten, Manfred Hellmann, Richard Lorenz und Peter Seibert 1972: Russland. Fischer-Weltgeschichte, Bd. 31, Frankfurt/M.

Golosov, Grigorii 2010: Contemporary Regional Politics in Russia: A Chronicle of Degradation, in: Russian Analytical Digest, Nr. 77, S. 13.
Göls, Cornelia 2008: Die politischen Parteien in der Ukraine. Eine Analyse ihrer Funktionsfähigkeit in Wahlen, Parlament und Regierung, Frankfurt/M..
Goode, J. Paul 2010: Redefining Russia: Hybrid Regimes, Fieldwork, and Russian Politics, in: Perspectives on Politics, 8. Jg., S. 1055-1075.
Goode, J. Paul 2007: The Puzzle of Putin's Gubernatorial Appointments, in: Europe-Asia Studies 59. Jg., S. 365-400.
Gorenburg, Dmitry 2009: The Role of Corruption in Russian Politics, in: Russian Politics and Law: A Journal of Translations, 47. Jg., S. 3-7.
Gorenburg, Dmitry 2006: Russia Confronts Radical Islam, in: Current History, October, S. 334-347.
Greene, Samuel A. und Graeme B. Robertson 2010: Politics, Justice and the New Russian Strike, in: Journal of Communist and Post-Communist Studies, 43 Jg., S. 73-93.
Grottian, Walter 1964: Das sowjetische Regierungssystem, Köln und Opladen.
Gumppenberg, Marie-Carin von, und Markus Brach von Gumppenberg 2010: Aserbaidschan – Machtpoker um Petrodollars, in: Marie-Carin von Gumppenberg und Udo Steinbach (Hrsg.), Der Kaukasus. Geschichte-Kultur-Politik, 2. Aufl., München, S. 49-63.
Hahn, Gordon M. 2007: Russia's Islamic Threat, New Haven und London.
Halbach, Uwe 2007: Das Erbe der Sowjetunion. Kontinuitäten und Brüche in Zentralasien, in: Osteuropa, 57. Jg., H. 8/9, S. 77-98.
Hale, Henry E. 2011: The Myth of Mass Russian Support for Autocracy: The Public Opinion Foundations of a Hybrid Regime, in: Europe-Asia Studies, 63. Jg., S. 1357-1375.
Hale, Henry E. 2004/5: Why Not Parties? Electoral Markets, Party Substitutes and Stalled Democratization in Russa, in: Comparative Politics, 37. Jg., S. 147-166.
Hale, Henry E. 2003: Explaining Machine Politics in Russia's Regions: Economy, Ethnicity and Legacy, in: Post-Soviet Affairs, 19. Jg., S. 228-263.
Hambly, Gavin 1966: Zentralasien. Fischer-Weltgeschichte, Bd. 16, Frankfurt/M.
Hanson, Philip, und Elizabeth Teague 2005: Big Business and the State in Russia, in: Europe-Asia Studies, 57. Jg., S. 657-680.
Hartmann, Jürgen 2006: Politik in China, Wiesbaden 2006.
Hedlund, Stefan 2006: Vladmir the Great, Grand Prince of Muscovy: Resurrecting the Russian Service State, in: Europe-Asia Studies, 58. Jg., S. 775-802.
Hedlund, Stefan 2005: Russian Path Dependence, New York.
Heinemann-Grüder, Andreas, und Holger Haberstock 2007: Sultan, Klan und Patronage, in: Osteuropa, 57. Jg., H. 8/9, S. 121-138.
Henderson, Sarah L. 2011:. Civil Society in Russia: State-Society Relations in the Post-Yeltsin Era, in: Problems of Post-Communism, 58. Jg., S. S. 11-28.
Henderson, Sarah L. 2002: Selling Civil Society: Western Aid and the Non-Governmental Organized Sector in Russia, in: Comparative Political Studies, 35. Jg., S. 139-175.
Hill, Fiona 2006: Moscow Discovers Soft Power, in: Current History, 105. Jg., S.341-347.
Hofmann, Tessa 2010: Armenien – Überleben am Fuß erloschener Vulkane, in: Marie-Carin von Gumppenberg und Udo Steinbach (Hrsg.), Der Kaukasus. Geschichte-Kultur-Politik, 2. Aufl., München, S. 15-32.
Holmes, Leslie 2009: Corruption and Organised Crime in Putin's Russia, in: Richard Sakwa (Hrsg.): Power and Policy in Putin's Russia, London und New York, S. 133-154.
Horák, Slavomir 2010: In Search of the History of Tajikistan: What Are Tajik and Uzbek Historians Arguing About?, in: Russian Politics and Law: A Journal of Translations, 48. Jg., S. 65-77.
Horák, Slavomir 2005: Ideology of the Turkmenbashi Regime, in: Perspectives on European Politics and Society, 6. Jg., S. 305-320.

Horvath, Robert 2011: Putin's Preventive Counter-Revolution: Post-Soviet Authoritarianism and the Spectre of Velvet Revolution, in: Europe-Asia Studies, 63. Jg., S. 1-25.

Hosking, Geoffrey 2001: Russa and the Russians: A History, Cambridge.

Hough, Jerry F., und Merle Fainsod 1979: How the Soviet Union Is Governed, Cambridge Mass. und London.

Hsu, Carolyn L. 2005: Capitalism without Contracts versus Capitalists without Capitalism: Comparing the Influence of Chinese *guanxi* and Russian *blat* on Marketization, in: Journal of Communist and Post-Communist Studies, 38. Jg., S. 309-327.

Huskey, Eugene 2010: Pantouflage à la russe: The Recruitment of Russian Political and Business Elites, in: Stephen Fortescue (Hrsg.), Russian Politics: From Lenin to Putin, Houndmills, S. 185-204.

Huskey, Eugene, und Gulnara Iskakova 2010: The Barriers to Intra-Opposition Cooperation in the Post-Communist World: Evidence from Kyrgyztan, in: Post-Soviet Affairs, 26. Jg., S. 228-262.

Ilkhamov, Alisher 2007: Neopatrimonialism, Interest Groups and Patronage Networks: The Impasses of the Governance System in Usbekistan, in: Central Asian Survey, 26. Jg., S. 65-85.

Ioffe, Grigory 2008: The Limits of Land Reform in Russia, in: Problems of Post-Communism, 55. Jg., S. 14-24.

Ioffe, Grigory 2007: Belarus and Chernobyl: Separating Seeds from Chaff, in: Post-Soviet Affairs, 23. Jg., S. 235-266.

Ioffe, Grigory 2005: The Downsizing of Russian Agriculture, in: Europe-Asia Studies, 57. Jg., S. 179-208

Ioffe, Grigory 2004: Understanding Belarus: Economy and Political Landscape, in: Europe-Asia Studies, 56. Jg., S. 85-118.

Joo, Hyung-Min: 2008: The Soviet Origin of Russian Chauvinism: Voices from Below, in: Journal of Communist and Post-Communist Studies, 41. Jg., S. 217-242.

Ju, Jin-Sook 2010: Institutionelle Reform und Demokratiediskurs in Russland, in: Russland-Analysen, Nr. 211, S. 2-4.

Junisbai, Barbara 2010: A Tale of the Two Kazakhstans: Sources of Political Cleavage and Conflict in the Post-Soviet Period, in: Europe-Asia Studies, 62. Jg., S. 235-269.

Kappeler, Andreas 1994: Kleine Geschichte der Ukraine, München.

Karagiannis, Emmanuel 2006: Political Islam in Uzbekistan: Hizb ut-Tahrir al-Islami, in: Europe-Asia Studies, 58. Jg., S. 261-280.

Karl, Terry Lynn 1997: The Paradox of Plenty: Oil Booms and Petro States, Berkeley, Los Angeles und London.

Katchanovski, Ivan 2008: The Orange Evolution? The „Orange Revolution" and Political Changes in Ukraine, in: Post-Soviet Affairs, 24. Jg., S. 351-382.

Kathryn Stoner-Weiss 2008: It Is Still Putin's Russia, in: Current History, October, S. 315-321.

Kertmann, Grigorii 2008: The Status of Parties in Russian Political Culture, in: Russian Politics and Law: A Journal of Translations, 46. Jg., S. 51-66.

Kilavuz, İdil Tunçer 2009: The Role of Networks in Tajikistan's Civil War: Network Activation and Violence Specialists, in: Nationalities Papers, 37. Jg., S. 693-718.

Kisriev, Enver, und Robert Bruce Ware 2005: Russian Hegemony in Dagestan, in: Post-Soviet Affairs, 21. Jg., S. 26-55.

Knox, Zoe 2003: The Symphonic Ideal: The Moscow Patriarchate's Post-Soviet Leadership, in: Europe-Asia Studies, 55. Jg., S. 575-596.

Korosteleva, Elena 2009: Was There a Quiet Revolution? Belarus after the 2006 Presidential Election, in: Journal of Communist Studies and Transition Politics, 25. Jg., S. 324-349.

Kryshtanovskaya, Olga und Stephen White 2009: The Sovietization of Russian Politics, in: Post-Soviet Affairs, 25. Jg., S. 283-310.

Kryshtanovskaya, Olga 2008: The Russian Elite in Transition, in; Journal of Communist Studies and Transition Politics, 24. Jg., S. 585-603.
Kryshtanovskaja, Olga 2004: Anatomie der russischen Elite, Köln.
Kryshtanovskaya, Olga, und Stephen White 2005: Inside the Putin Court: A Research Note, in: Europe-Asia Studies, 57. Jg., S. 1065-1075.
Kryshtanovskaya, Olga, und Stephen White 2005: The Rise of the Russian Business Elite, in: Journal of Communist and Post-Communist Studies, 38. Jg., S. 293-308.
Kubicek, Paul 2009: Problems of Post-Communism: Ukraine after the Orange Revolution, in: Democratization, 16. Jg., S. 323-343.
Kubicek, Paul 2002: Civil Society, Trade Unions and Post-Soviet Democratization: Evidence from Russia and Ukraine, in: Europe-Asia Studies, 54. Jg., S. 603-624.
Kuchins, Andrew C. 2011: Russia, the 360-Degree Regional Power, in: Current History, October, S. 266-271
Kudelia, Serkiy 2007: Revolutionary Bargain: The Unmaking of Ukraine's Autocracy through Pacting, in: Journal of Communist Studies and Transition Politics, 23. Jg., S. 77-100.
Kuderer, Nicole M. 2009: The Sovietization of Russian Politics, in: Post-Soviet Affairs 25. Jg., S. 283-310.
Kukhianidze, Alexandre 2009: Corruption and "Organized Crime in Georgia Before and After the "Rose Revolution", in: Central Asian Studies, 28. Jg., S. 21-5-234.
Kunysz, Nicholas Kunysz 2012: From Sultanism to Neopatrimonialism? Regionalism within Turkmenistan, in: Asian Survey, 31. Jg, S.1-16..
Kupatadze, Alexander 2007: Organized Crime Before and After the Tulip Revolution, in: Central Asian Survey, 27. Jg., S. 279-300.
Kuromiya, Hiroaki 2005: Political Leadership and Ukrainian Nationalism 1938-1989: The Burden of History, in: Problems of Post-Communism, 52. Jg., S. 39-48.
Kurtov, Adzhar 2007: Presidential Seat or Pashisha's Throne, in: Russian Politics and Society: A Journal of Translations, 45. Jg., S. 6-37.
Kuzio, Taras 2011: Political Culture and Democracy: Ukraine as an Immobile State, in: East European Politics and Societies, 25. Jg., S. 88-113.
Kuzio, Taras 2010: Nationalism, Identity and Civil Society in Ukraine: Understanding the Orange Revolution, in: Journal of Communist and Post-Communist Studies, 43. Jg., S. 285-297.
Kuzio, Taras 2010: Viktor Janukowitsch, der Konterrevolutionär, in: Ukraine-Analysen, Nr. 80, S. 17f.
Kuzio, Taras 2007: Oligarchs, Tapes and Oranges: 'Kutschmagate' to the Orange Revolution, in: Journal of Communist Studies and Transition Politics, 23. Jg., S. 30-56.
Kuzio, Taras 2007: Civil Society, Youth and Societal Mobilization, in: Ders. (Hrsg.), Aspects of the Orange Revolution: Post-Communist Democratic Revolutions in Comparative Perspective, Stuttgart, S. 123-152.
Kuznetsov, Andrei, und Olga Kusnetsova 2003: Institutions, Business and the State in Russia, in: Europe-Asia Studies, 55. Jg., S. 907-922.
Kyev, Aleksandr 2011: Distinctive Features of Interparty Struggle in the Russian Regions, in: Russian Politics and Law: A Journal of Translations, 49. Jg., Nr. 2, S. 70-94.
Lange, Nico 2010: Zwischen Re-Sowjetisierung und korporativen Interessen, in: Ukraine-Analysen, Nr. 80, S.13-15.
Lankina, Tomila, und Alexy Savrasov 2009: Growing Social Protest in Russia, in: Russian Analytical Digest, Nr. 60, S. 6-12.
Larnelle, Marlène 2009: (Neo)Eurasianism and Politics: "Penetration" of State Structures and Indifference to Public Opinion, in: Russian Politics and Law: A Journal of Translations, 47. Jg., S. 90-101.

Larys, Martin, und Miroslav Mares 2011: Right-Wing Extremist Violence in the Russian Federation, in: Europe-Asia Studies, 63. Jg., S.129-154.
Ledeneva, Alena V. 1998: Russia's Economy of Favors: Blat, Networking and Informal Exchange, Cambridge.
Ledyaev, Valeri 2008: Domination, Power and Authority in Russia: Basic Characteristics and Forms, in: Journal of Communist Studies and Transition Politics, 24. Jg., S. 17-36.
Lenin, Wladimir Iljitsch 1978: Staat und Revolution, Berlin (DDR).
Leo, Rita di 2008: Putin, Professional Politician, in: Journal of Communist Studies and Transition Politics, 24. Jg., S. 573-584.
Leshchenko, Natalia 2008: The National Ideology and the Basis of the Lukashenka Regime in Belarus, in: Europe-Asia Studies, 60. Jg., S. 1419-1433.
Levintova, Ekaterina, und Jim Butterfied 2010: History Education and Historical Remembrance in Contemporary Russia: Sources of Political Attitudes of Pro-Kremlin Youth, in: Journal of Communist and Post-Communist Studies, 43. Jg., S. 139-166.
Light, Matthew 2010: Policing Migration in Soviet and Post-Soviet Moscow, in: Post-Soviet Affairs, 26. Jg., S. 275-314.
Linz, Juan J. 2000: Totalitarian and Authoritarian Regimes, Boulder und London.
Linz, Juan J. 1973: Opposition in and Under an Authoritarian Regime, in: Robert A. Dahl (Hrsg.), Regimes and Oppositions, New Haven, S. 171-259.
Ljubarew, Arkadij 2012: Die Ergebnisse der Dumawahlen, in: Russland-Analysen, Nr. 233, S. 13-16.
Lonkila, Markku 2011: Driving at Democracy in Russia: Activities of St. Petersburg Car Drivers' Associations, in: Europe-Asia Studies, 63. Jg., S. 291-309.
Lorenz, Richard (Hrsg.) 1981: Revolution 1917, München 1981.
Lorenz, Richard 1976: Sozialgeschichte der Sowjetunion, Bd. 1, 1917-1945, Frankfurt/M..
Luchterhandt, Otto 2010: Der Kampf um das Regierungssystem der Ukraine – eine unendliche Geschichte, in: Ukraine-Analysen, Nr. 80, S. 2-7.
Lukin, Alexander 2009: Russia's New Authoritarianism and the Post-Soviet Political Ideal, in: Post-Soviet Affairs, 25. Jg., S. 66-92.
Lukyanov, Fyodor 2008: Russia-EU: The Partnership That Went Astray, in: Europe-Asia Studies, 60. Jg., S.1107-1119.
Lynch, Allen C. 2005: How Russia Is not Ruled: Reflections on Russian Political Development, Cambridge.
Madariaga, Isabel de 2006: Ivan the Terrible: First Czar of Russia, New Haven.
Maier, Franz Georg 1968: Die Verwandlung der Mittelmeerwelt, Fischer Weltgeschichte, Bd. 9, Frankfurt/M.
Makarenko, Boris 2012: The Post-Soviet Party of Power: United Russia in Comparative Context, in: Russian Politics and Law: A Journal of Translations, 50. Jg., S. 54-84.
Maligyna, Katerina 2010: Die Etablierung Viktor Janukowitschs als Präsident der Ukraine ist noch nicht abgeschlossen, in: Ukraine Analysen, Nr. 80, S. 17-18.
Mangott, Gerhard 2012: Kampfrhetorik und „saubere Siege": Die ausgestreckte Hand Putins ist unabdingbar, in: Russland Analysen, Nr. 235 vom 9.3.2012, S.3.
March, Andrew F. 2003: From Leninism to Karimovism: Hegemony, Ideology, and Authoritarian Legitimation, in: Post-Soviet Affairs, 19. Jg., S. 307-336.
March, Luke 2012: Nationalism for Export? The Domestic and Foreign-Policy Implication of the New „Russian Idea", in: Europe-Asia Studies, 64. Jg., S. 401-425.
Mark, Rudolf A. 2012: Mit Schwert und Feder. Russland und die Eroberung Mittelasiens seit Peter, in: Osteuropa, 62. Jg., H. 3, S. 79-104.
Markus, Stanislav 2007: Capitalists of All Russia, Unite! Business Mobilization Under Debiliated Dirigisme, in: Polity, 39. Jg., S. 277-304.

Marples, David R. 2006: Color Revolutions: The Belarus Case, in: Journal of Communist and Post-Communist Studies, 39. Jg, S. 351-364.
Mathers, Jennifer G. 2012: Nuclear Weapons in Russian Foreign Policy: Patterns in Presidential Discourse 2000-2010, in: Europe-Asia Studies, 64. Jg., S. 459-519.
Matzusato, Kimitaka 2004: A Populist Island in an Ocean of Clan Politics: The Lukashenka Regime as an Exception among CIS Countries, in: Europe-Asia Studies, 56. Jg., S. 235-262.
Mäkinen, Sirke 2011: Surkovian Narrative on the Future of Russia: Making Russia a World Leader, in: Journal of Communist Studies and Transition Politics, 27. Jg., S. 143-165.
McAllister, Ian, und Stephen White 2011: Public Perceptions of Electoral Fairness in Russia, in: Europe-Asia Studies, 63. Jg., S. 663-683.
McFaul, Michael 1995: State Power, Institutional Change and the Politics of Privatization, in: Europe-Asia Studies, 47. Jg., S. 210-243.
McGlinchey, Eric 2009: Islamic Revivalism and State Failure in Kyrgyzstan, in: Problems of Post-Communism, 56. Jg., S. 16-28.
Medvedev, Roy 2007: The Russian Language Throughout the Confederation of Independent States, in: Russian Politics and Law: A Journal of Translations, 45. Jg. (2007), S. 5-30.
Medwedjew, Roy 1984: Chruschtschow. Eine politische Biographie, Stuttgart und Herford.
Medwedjew, Zhores 1987: Der Generalsekretär Gorbatschow. Eine politische Biographie, 2. Aufl., Darmstadt.
Medwedjew, Zhores 1983: Andropow. Der Aufstieg zur Macht, Hamburg.
Mel'nikov, Mikhail 2007: Peasant Russia: Terra Incognita, in: Russian Politics and Law: A Journal of Translations, 45. Jg., S. 53-75.
Melinchy, Eric 2009: Islamic Revivalism and State Failure in Kyrgyzstan, in: Problem of Communism, 56. Jg., S. 16-28.
Mendras, Marie 2007: Authority and Identity in Russia: in Katlijn Malfliet und Ria Laenen (Hrsg.), Elusive Russia: Current Developments in Russian State Identity and Institutional Reform under President Putin, Leuven, S.13-31.
Merkel, Wolfgang 2010: Systemtransformation. Eine Einführung in die Theorie und Empirie der Transformationsforschung, 2. Aufl., Wiesbaden
Merkel, Wolfgang 2003: Defekte Demokratie, Bd. 1: Theorie, Opladen.
Merkel Wolfgang, und Aurel Croissant 2000: Formale und informale Institutionen in defekten Demokratien, in: Politische Vierteljahresschrift, 41. Jg., S. 3-31.
Mikhailov, V. V. 2010: Authoritarian Regimes of Russia and Tatarstan: Coexistence and Subjection, in: Journal of Communist Studies and Transition Politics, 26. Jg., S. 471-493.
Mitchell, Lincoln 2009: Compromising Democracy: State Building in Saakashvili's Georgia, in: Central Asian Survey, 28. Jg., S. 171-183.
Mitin, Dmitiri 2008: From Rebellion to Submission: The Evolution of Russian Federalism under Putin, in: Problems of Post-Communism, 55. Jg., S. 49-51.
Mommsen, Margareta 2010: Oligarchie oder Autokratie. Das hybride politische System Russlands, in: Osteuropa, 60. Jg., H. 8, S. 25-46.
Mommsen, Margareta 2003: Der Kreml und die Schatten der Macht, München.
Mommsen, Margareta, und Angelika Nußberger 2007: Das System Putin. Gelenkte Demokratie und politische Justiz in Russland, München.
Morlino, Leonardo 2004: "Good" and "Bad" Democracies: How to Conduct Research into the Quality of Democracy, in: Journal of Communist Studies and Transition Politics, 20. Jg., S. 5-27.
Moses, Joel 2011: Medvedev, Political Reform, and Russian Regions, in: Problems of Post-Communism, 58. Jg., S. 17-30.
Moses, Joel C. 2010: Russian Local Politics in the Putin-Medvedev Era, in: Europe-Asia Studies, 62. Jg., S. 1427-1452.

Murphy, Jonathan 2006: Illusory Transition? Elite Reconstitution in Kazahstan 1990-2002, in: Europe-Asia Studies, 58. Jg., S. 523-534.
Nikolayenko, Olena 2008: Contextual Effects on Historical Memory: Soviet Nostalgia among Post-Soviet Adolescents, in: Journal of Communist and Post-Communist Studies, 41. Jg., S. 243-260.
Nove, Alec 1980: Das sowjetische Wirtschaftssystem, Baden-Baden.
Okruhlik, Gwenn 1999: Rentier Wealth, Unruly Law, and the Rise of Opposition, in: Comparative Politics, 51. Jg., S. 295-315.
Olcott, Martha Brill 2007: Ohne Linie. Der Westen und Usbekistan nach Andischan, in: Osteuropa, 57. Jg., H. 8/9, S. 389-400
Olcott, Martha Brill 2002: Kazakhstan: Unfulfilled Promise, Washington, D.C. 2002.
Olcott, Martha Brill 1995: The Kazakhs, 2. Aufl., Stanford.
Ordshonikidze, Maria 2008: Russian Perceptions of Western Values, in: Russian Politics and Law: A Journal of Translations, 46. Jg., S. 43-68.
Orttung, Robert W. 2009: Can Russia's Opposition Liberals Come to Power?, in: Russian Analytical Digest, Nr. 60; S. 2-5.
Overland, Indra, und Hilde Kutschera 2011: Pricing Pain: Social Discontent and Political Willpower in Russia's Gas Sector, in: Europe-Asia Studies, 63. Jg., S. 311-331.
Ostrowski, Wojciech 2010: Politics and Oil in Kazakhastan, London und New York.
Oversloot, Hans, und Ruben Verheul 2006: Managing Democracy: Political Parties and the State in Russia, in: Journal of Communist Studies and Transition Politics, 22. Jg., S. 383-405.
Oversloot, Hans, und Ger P. van den Berg 2005: Politics and the Ethnic Divide: Is Dagestan Changing from Complex to Simple Oligarchy?, in: Journal of Communist Studies and Transition Politics, 21. Jg., S. 307-331.
Padhol, Uladzimir 2011: The 2010 Presidential Election in Belarus, in: Problems of Post-Communism, 58. Jg., Nr. 1, S. 3-17.
Pain, Emil 2011: The Political Regime in Russia in the 2000s: Special Features, Inherited and Acquired, in: Russian Politics and Law: A Journal of Translations, 29. Jg., Nr. 2, S. 7-28.
Pain, Emil 2009: Russia between Empire and Nation, in: Russian Politics and Law: A Journal of Translations, 47. Jg., S. 60-86.
Pastukhov. Vladimir 2011: The Ukrainian Revolution and the Russian Counterrevolution, in: Russian Politics and Law: A Journal of Translations, 49. Jg., S. 68-81.
Peregudov, S.P. 2009: Business and State Bureaucracy in Russia: Dynamics of Interaction, in: Russian Politics and Law: A Journal of Translations, 47. Jg., S. 43-57.
Petrone, Laura 2011: Institutionalizing Pluralism in Russia: A New Authoritarianism, in: Journal of Communist Studies and Transition Politics, 27. Jg., S. 166-194.
Petrov, Nicolai 2011: The Political Mechanics of the Russian Regime, in: Russian Politics and Law, 49. Jg., S. 34-69.
Petrov, Nikolai 2011: Highly Managed Democracy: The Tandem and the Crisis, in: Russian Politics and Law: A Journal of Translations, 49. Jg., S. 59-85.
Petrov, Nikolai 2009: Warm Spell or Spring Thaw? Imagined and Real Changes in the Russian Political System, in: Russian Politics and Law: A Journal of Translations, 47. Jg., S. 40-46.
Peyrouse, Sébastien 2007: Nationhood and the Minority Question in Central Asia: The Russians in Kazakhstan, in: Europe-Asia Studies, 59. Jg., S. 481-502.
Pietiläinen, Jukka 2008: Media Use in Putin's Russia, in: Journal of Communist Studies and Transition Politics, 24. Jg., S. 365-385.
Pipes, Richard 1984: Russland vor der Revolution. Staat und Gesellschaft im Zarenreich, München.
Pleites, Heiko 2010: Demokratisierung ohne Demokraten. Die Oligarchen in der ukrainischen Politik, in: Osteuropa, 60. Jg., H. 2, S. 123-134

Pleites, Heiko 2009: The Political Role of the Oligarchs, in: Juliane Besters-Dilger (Hrsg.): Ukraine on Its Way to Europe: Interim Results of the Orange Revolution, Frankfurt/M. 2009.

Political Committee of the Russian United Democratic Party Yabloko 2010: Overcoming Stalinism and Bolshevism as a Condition for Modernizing Russia in the Twenty-First Century, in: Russian Politics and Law: A Journal of Translations, 48. Jg., S. 80-88.

Pradetto, August 2012: Zentralasien und die Weltmächte, oder: Great Game Boys auf Reisen, Frankfurt/M.

Pradetto, August, und Carola Weckmüller 2004: Präsidenten in postkommunistischen Ländern. Ein Handbuch, Frankfurt/M.

Price, Leah 2009: Soviet-Style Neoliberalism? Nashi, Youth Voluntarism, and the Restructuring of Social Welfare in Russia, in: Problems of Post-Communism, 56. Jg., S. 36-51.

Protysk, Oleh 2004: Ruling with Decrees: Presidential Decree Making in Russia and Ukraine, in: Europe-Asia Studies, 56. J., S. 637-660.

Protysk, Oleh 2003: Troubled Semi-Presidentialism: Stability of the Constitutional System and Cabinet in Ukraine, in: Europe-Asia-Studies, 55. Jg., S. 1077-1096.

Putnam, Robert D. 1993: Making Democracy Work: Civic Traditions in Modern Italy, Princeton.

Scott Radnitz 2010: Weapons of the Wealthy: Predatory Regimes and Elite-Led Protests in Central Asia, Ithacan und London.

Radnitz, Scott 2010: The Color of Money: Privatization, Economic Dispersion, and the Post-Soviet „Revolutions", in: Comparative Politics, 42. Jg., S. 127-147.

Radnitz, Scott 2006: What Really Happened to Kyrgyzstan?, in: Journal of Democracy, 17. Jg., S. 132-146.

Rangsimaporn, Paradorn 2006: Justifying Russia's Role in East Asia, in: Europe-Asia Studies, 58. Jg., S. 371-389.

Rasizade, Alec 2008: Putin's Mission in the Russian Thermidor, in: Journal of Communist and Post-Communist Studies, 41. Jg., S. 1-26.

Rasynkova, Veronika 2005: The Communist Party in Contemporary Russia: Problems of Transformation, in: Perspectives on European Politics and Society, 6. Jg. S. 237-248.

Reeves, Madeleine 2009: Materialising State Space: "Creeping Migration" and Territorial Integrity in Southern Kyrgyzstan, in: Europa-Asia Studies, 61. Jg., S. 1277-1313.

Reiss, Oliver 2010: Georgien – Transitland im Süden, in: Marie-Carin von Gumppenberg und Udo Steinbach (Hrsg.), Der Kaukasus. Geschichte-Kultur-Politik, 2. Aufl., München, S. 32-48.

Reitschuster, Boris 2008: Der neue Herr im Kreml? Dmitrij Medwedew, Berlin.

Remington, Thomas F. 2011: The Russian Middle Class as Policy Objective, in: Post-Soviet Affairs, 27. Jg., No. 2, S. 97-121.

Remington, Thomas F. 2008: Patronage and the Party of Power: President-Parliament Relations under Vladimir Putin, in: Europe-Asia Studies, 60. Jg., S. 959-987.

Remington, Thomas F. 2003: The Russian Parliament: Institutional Development in a Transitional Regime, 1989-1999, New Haven und London.

Remington, Thomas M. 2003: Majorities without Mandates: The Russian Federation Council since 2000, in: Europe-Asia Studies, 54. Jg., S. 667-692.

Renz, Bettina 2006: Putin's Militocracy? An Alternative Interpretation of Siloviki in Contemporary Russian Politics, in: Europe-Asia Studies, 58. Jg., S. 903-934.

Reuter, Ora John 2010: The Politics of Dominant Party Formation: United Russia and Russia's Governors, in: Europe-Asia Studies, 62. Jg., S. 293-327.

Richter, James 2009: Putin and the Public Chamber, in: Post-Soviet Affairs, 25. Jg., S. 39-65.

Rivera, Sharon Werning 2006: The Russian Elite under Putin: Militocratic or Bourgeois?, in: Post-Soviet Affairs, 22. Jg., S. 125-144.

Roberts, Ken 2010: Post-Communist Youth: Is There a Central Asian Pattern?, in: Central Asian Survey, 29. Jg., S. 537-549.

Rogov, Kirill 2011: Democracy: The Past and Future of Pluralism in Russian, in: Russian Politics and Law: A Journal of Translations, 49. Jg., S. 29-58.

Rogov, Nikolai S. 2012: The Specific Nature of "Russian State Power": Its Mental Structures, Ritual Practices and Institutions, in: Russian Politics and Law: A Journal of Translations, 50. Jg. 36-53.

Rose, Richard 2009: How Do Electors Respond to an „Unfair" Election? The Experience of Russians, in: Post-Soviet Affairs, 25. Jg., S. 118-136.

Ross, Cameron 2011: The Rise and Fall of Political Parties in Russia's Regional Assemblies, in: Europe-Asia Studies, 63. Jg., S. 429-448.

Ross, Cameron 2010: Federalism and Inter-Governmental Relations in Russia, in: Journal of Communist Studies and Transition Politics, 26. Jg., S. 165-187.

Rossmann, Martin 2009: Elections and Political Pluralism in Belarus, in: Hans-Georg Heinrich und Ludmilla Lobava (Hrsg.), Belarus: External Pressure, Internal Chance, Frankfurt/M., S. 237-247.

Rotberg, Robert I. 2004: The Failure and Collapse of Nation-States, in: Robert I. Rotberg (Hrsg.), When States Fail: Causes and Consequences, Princeton und Oxford, S. 1-45.

Round, John 2005: The Construction of Poverty in Post-Soviet Russia, in: Perspectives on European Politics and Society, 6. Jg., S. 403-434.

Round, Robin 2005: Revealing Russia's Geography: The Challenges of Depopulating the Northern Periphery, in: Europe-Asia Studies, 57. Jg., S. 705-727.

Rozman, Gilbert 2008: Strategic Thinking about the Russian Far East: A Resurgent Russia Eyes Its Future in Northeast Asia, in: Problems of Post-Communism, 55. Jg., S. 36-48.

Russell, John 2011: Kadyrov's Chechnya – Template, Test or Trouble for Russia's Regional Policy, in: Europe-Asia Studies, 63. Jg., S. 509-528.

Rutland, Peter 2010: The Presence of Absence: Ethnicity Policy in Russia, in: Julie Newton und William Thompson (Hrsg.), Institutions, Ideas and Leadership in Russian Politics, Houndmills, S. 116-136.

Ryabinska, Natalja 2011: The Media Market and Media Ownership in Post-Communist Ukraine, in: Problems of Post-Communism, 58. Jg., Nr. 6, S. 3-20.

Ryzhenkov, Sergei 2011: Local Regimes and the "Power Vertical", in: Russian Politics and Law: A Journal of Translations, 49. Jg., Heft 4, S. 53-63.

Saari, Sinikukka 2009: European Democracy Promotion in Russia Before and After the „Colour" Revolutions, in: Democratization, 16. Jg., S. 732-755.

Sakwa, Richard 2011: The Crisis of Russian Democracy: The Dual State, Factionalism and the Medvedev Sucession, Cambridge.

Sakwa, Richard 2010: The Dual State in Russia, in: Post-Soviet Affairs, 26. Jg., S. 185-207.

Sakwa, Richard 2009: The Quality of Freedom: Khodorkovsky, Putin, and the Jukos Affair, Oxford und New York.

Sakwa, Richard 2008: Putin and the Oligarchs, in: New Political Economy, 13. Jg. (2008), S. 185-192.

Sakwa, Richard 2008: Putin: Russia's Choice, 2. Aufl., London und New York.

Sakwa, Richard 2008: Putin's Leadership: Character and Consequences, in: Europe-Asia-Studies, 60. Jg., S. 879-898.

Sakwa, Richard 2008: Russian Politics and Society, 4. Aufl., Abingdon und New York.

Sakwa, Richard 2008: Two Camps? The Struggle to Understand Comtemporary Russia, in: Comparative Politics, 40. Jg, S. 481-499.

Sakwa, Richard, und Mark Webber 1999: The Commonwealth of Independent States, 1991-1998: Stagnation and Survival, in: Europe-Asia Studies, 51. Jg., S. 379-415.

Sanglibaev, A.A. 2008: Ethnic Clan Politics in the Soviet Space, in: Russian Politics and Law: A Journal of Translations, 46. Jg., S. 72-87.

Sauer, Gerlinde 2010: Entwicklungsperspektiven der Agrar- und Ernährungswirtschaft in der Ukraine, in: Ukraine-Analysen, Nr. 71, S. 2-7.
Schattschneider, E.E. 1960: The Semi-Sovereign People: A Realist's View of American Democracy, Hinsdale.
Schneider, Eberhard 2008: The Russian Federal Security Service under President Putin?, in: Stephen White (Hrsg.), Politics and the Ruling Group in Putin's Russia, London, S. 42-62.
Schroeder, Hans-Henning 2008: What Kind of Political Regime Does Russia Have?, in: Stephen White (Hrsg.), Politics and the Ruling Group in Putin's Russia, London, S. 1-26.
Schröder, Hans-Henning 2010: „Moderne Zeiten" – Bewegung in der russischen Politik, in: Russland-Analysen, Nr. 199, S. 2-5.
Schröder, Hans-Henning 2011: Wahlen und Machtarrangements, in: Russland-Analysen, Nr. 224, S. 9-12.
Schröder, Hans-Henning 2011: Wahlen und Machtarrangements – Grafiken zum Text, in: Russland-Analysen, Nr. 224, S. 12-33.
Schröder, Hans-Henning 1999: El'tsin and the Oligarchs: The Role of Financial Groups in Russian Politics between 1993 und 1998, in: Europe-Asia Studies, 51. Jg., S. 953-958.
Schröder, Hans-Henning 1995: Sowjetische Rüstungs- und Sicherheitspolitik zwischen "Stagnation" und "Perestroika". Eine Untersuchung der Wechselbeziehungen von auswärtiger Politik und innerem Wandel in der UdSSR (1979-1991), Baden-Baden.
Schulze, Peter W. 2004: Russland im autoritären Zwischenstadium – Der lange Marsch in die Modernität, in: Gabriele Gorzka und Peter W. Schulze (Hrsg.), Wohin steuert Russland unter Putin, Frankfurt/M. und New York, S. 139ff.
Sebentsov, A. E. 2011: Religion in the System of State Power, in: Russian Politics and Law: A Journal of Translations, 49. Jg., S. 46-56.
Segert, Dieter 2009: Political Parties in Ukraine since the Orange Revolution, in: Juliane Besters-Dilger (Hrsg.): Ukraine on Its Way to Europe: Interim Results of the Orange Revolution, Frankfurt/M., S. 45-61.
Senderov, Paradorn 2009: Neo-Eurasianism: Realities, Dangers, Prospects, in: Russian Politics and Law: A Journal of Translations, 47. Jg., S. 24-46.
Shevel, Oxana 2011: Russian Nation-Building from Yel'tsin to Medvedev: Ethnic, Civil or Purposfully Ambiguous?, in: Europe-Asia Studies, 63. Jg., S. 179-202.
Shevtsova, Lilia 2010: What's the Matter with Russia, in: Journal of Democracy, 21. Jg., S. 152-160.
Shevtsova, Lilia 2007: Russia Lost in Transition: The Yeltsin and Putin Legacies, Washington, D.C.
Shevtsova, Lilia 2006: Russia's Ersatz Democracy, in: Current History, 105. Jg., S.307-314,
Shlapentokh, Vladimir 2011: Expediency always Wins over Ideology: Putin's Attitude toward the Russian Communist Party, in: Journal of Communist and Post-Communist Studies, 44. Jg., S. 33-40.
Shlapentokh, Vladnimir 2009: Perception of Foreign Threats to the Regime: From Lenin to Putin, in: Communist and Post-communist Studies, 42. Jg., S. 305-324.
Shlapentokh, Dmitry 2007: Dugin, Eurasianism, and Central Asia, in: Journal of Communist and Post-Communist Studies 40. Jg., S. 143-156.
Shlapentokh, Vladimir 2005: Russia's Demographic Decline and the Public Reaction, in: Europe-Asia Studies, 55. Jg., S. 951-968.
Shlapentokh, Vladimir 2004: Wealth versus Political Power: The Russian Case, in: Journal of Communist and Post-Communist Studies. 37. Jg., S. 133-160.
Shlapentokh, Vladimir 2003: Hobbes and Locke at Odds in Putin's Russia, in: Europe-Asia Studies, 55. Jg., S. 981-1008.
Sil, Rudra 2004: The (In)Significance of Democracy in Post-Communist Russia, in: Europe-Asia Studies, 56. Jg., S. 347-368.
Sim, Li Chen 2008: The Rise and Fall of Privatization in the Russian Oil Industry, Houndmills.

Skilling, H. Gordon und Franklyn Griffith (Hrsg.) 1971: Pressure Groups in der Sowjetunion, Wien.
Skyner, Louis 2010: The Reform of the Russian Power Sector: The Rhetoric and Reality, in: Europe-Asia Studies, 62. Jg., S. 1383-1402.
Slider, Darrell 2010: How United Is United Russia? Regional Sources of Intra-Party Conflict, in: Journal of Communist Studies and Transition Politics, 26. Jg., S. 257-275.
Solowjew, Wladimir, und Elena Klepnikova 1992: Der Präsident Boris Jelzin. Eine politische Biographie, Berlin.
Spechler, Dina Dome, und Martin C. Spechler 2009: Uzbekistan among the Great Powers, in: Journal of Communist and Post-Communist Studies, 42. Jg., S. 353-373.
Steinsdorff, Silvia von 2010: Das politische System Weißrusslands, in: Wolfgang Ismayr (Hrsg.), Die politischen Systeme Osteuropas, 3. Aufl., S. 479-526.
Stent, Angela E. 2008: Restoration and Revolution in Putin's Foreign Policy, in: Europe-Asia Studies, 60. Jg., S.1089-1106.
Stevenson, Svetlana 2012: The Violent Practices of Youth Territorial Groups in Moscow, in: Europe-Asia Studies, 64. Jg., S. 69-90.
Straßner, Alexander, und Margarete Klein (Hrsg.) 2007: Wenn Staaten scheitern. Theorie und Empirie des Staatszerfalls, Wiesbaden.
Thompson, William 2005: Putting Jukos in Perspective, in: Post-Soviet Affairs, 21. Jg., S. 176.
Ticktin, Hillel 2008: The Inherent Instability of the Ruling Elite?, in: Stephen White (Hrsg.), Politics and the Ruling Group in Putin's Russia, London, S. 63-86.
Tishkov, Valéry 2009: What Are Russians and the Russian People?, in: Russian Politics and Law: A Journal of Translations, 47. Jg., S. 30-59.
Toje, Hege 2006: Cossack Identity in the New Russia: Kuban Cossack Revival and Local Politics, in: Europe-Asia Studies, 58. Jg., S. 1057-1077.
Trautmann, Günter 1989: Sowjetunion im Wandel. Wirtschaft, Politik und Kultur seit 1985, Darmstadt.
Trenin, Dmitri 2011: Russia's Post-Imperial Condition, in: Current History, October 2011, S. 272-276.
Trochev, Alexei 2008: Judging Russia: Constitutional Court in Russian Politics, 1990-2006, New York.
Troyakova, Tamara 2007: The Russian Far East: Isolation or Integration?, in: Problems of Post-Communism, 54. Jg., S. 61-71.
Tsygankov, Andrei P. 2007: Modern at Last? Variety of Weak States in the Post-Soviet World, in: Journal of Communist and Post-Communist Studies, 40. Jg., S. 423-440.
Tunçer-Kilavuz, Idil 2011: Understanding Civil War: A Comparison of Tajikistan and Uzbekistan, in: Europe-Asia Studies, 63. Jg., S. 263-290
Turovski, Rostislav F. 2010: How Russian Governors are Appointed: Inertia and Radicalism in Central Policy, in: Russian Politics and Law: A Journal of Translations, 48. Jg., S. 58-80.
Turovskski, Rostislav F. 2010: Regional Political Regimes in Russia: Toward a Methodology of Analysis, in: Russian Politics and Law: A Journal of Translations, 48. Jg., S. 27-49.
Ulam, Adam B. 1981: Russlands gescheiterte Revolutionen. Von den Dekabristen bis zu den Dissidenten, München und Zürich.
Umland, Andreas 2009: Pathological Tendencies in Russian "Neo-Eurasianism", in: Russian Politics and Law: A Journal of Translations, 47. Jg. (2009), S. 76-89.
Urbansky, Sören 2012: Ebbe statt Sturmflut. Chinesen in Russlands Fernem Osten, in: Osteuropa, 62. Jg., S. 21-40
V. Putin's Academic Writing and Russian Natural Resource Policy 2006: in: Problems of Post-Communism, 53. Jg. , S. 48-54.
Vásquez Linal, Miguel 2010: History as a Propaganda Tool in Putin's Russia, in; Journal of Communist and Post-Communist Studies, 43. Jg., S. 167-179.

Vázquez Linan, Miguel 2009: Putin's Propaganda Legacy, in: Post-Soviet Affairs, 25. Jg. S. 137-159.
Volkov, Vadim 1999: Violent Entrepreneurship in Post-Communist Russia, in: Europe-Asia Studies, 51. Jg., S. 741-754.
Voronkova, Ol'ga, Alexandra A. Sidorova und Ol'ga Kryshtanovskaia 2012: The Russian Establishment: Paths and Means of Renewal, in: Russian Politics and Law: A Journal of Translations, 50. Jg., S. 84-100.
Voslensky, Michael S. 1979: Nomenklatura. Die herrschende Klasse in der Sowjetunion, Wien und München.
Way, Lucan A. 2005: Authoritarian State Building and the Sources of Regime Competitiveness in the Fourth Wave: The Cases of Belarus, Moldova, Russia, Ukraine, in: World Politics 57. Jg. S. 231-261.
Wegren, S. K. 2003: The Rise, Fall, and Transformation of the Rural Social Contract in Russia, in: Journal of Communist and Post-Communist Studies, 36. Jg., S. 1-27.
Wegren, S. K., David J. O'Brien und Valeri V. Patsiorkovski 2003: Why Russia's Rural Poor Are Poor?, in: Post-Soviet Affairs, 19. Jg., S. 264-287.
Wengle, Suzanne, und Michael Rasell 2008: The Monetization of L'goti: Change Patterns of Welfare Politics and Provisions in Russia, in: Europe-Asia Studies, 60. Jg., S. 739-756.
Wheatley, Jonathan 2009: Managing Ethnic Diversity in Georgia: One Step Forward, Two Steps Back, in: Central Asian Survey, 28. Jg., S. 119-134.
White, David 2006: The Russian Democratic Party Yaboklo: Opposition in a Managed Democracy, Aldershot.
White, David 2005: Going their Own Way: The Yabloko Party's Opposition to Unification, in: Journal of Communist Studies and Transition Politics, 21. Jg., S. 462-482
White, Stephen 2011: Elections Russian Style, in: Europe-Asia Studies, 63. Jg., S. 531-556.
White, Stephen K. 1996: Russia Goes Dry: Alcohol, State and Society, Cambridge.
White, Stephen G. 1979: Political Culture and Soviet Politics, London und Basingstoke.
Whitefield, Stephen 2009: Russian Citizens and Russian Democracy: Perceptions of State Governance and Democratic Practice, 1993-2007, in: Post-Soviet Affairs, 25. Jg., S. 93-117.
Whitmore, Sarah 2010: Parliamentary Oversight in Putin's Neopatrimonial State: Watchdogs or Show-Dogs?, in: Europa-Asia Studies, 63. Jg., S. 929-1025.
Wiegmann, Gunda 2007: Staatsversagen in Tadschikistan. Lokales Regieren nach dem Bürgerkrieg, in: Osteuropa, 57. Jg., H.8/9, S. 225-236.
Wilson, Kenneth 2006: Party-System Development under Putin, in: Post-Soviet Affairs, 22. Jg., S. 314-348.
Wipperfürth, Christian 2011: Russlands Außenpolitik, Wiesbaden.
Yakovlev, Andrei 2012: Die regionalen Eliten , föderale Transferzahlungen und Anreiz zur Wahlfälschung, in: Russland Analysen, Nr. 235, S. 4-7.
Yakovlev, Andrei 2008: Interest Groups and Economic Reform in Contemporary Russia: Before and After Jukos?, in: Stephen White (Hrsg.), Politics and the Ruling Group in Putin's Russia, London, S. 87-119.
Yakovlev, Andrei 2006: The Evolution of Business-State Interaction in Russia: From State Capture to Business Capture?, in: Europe-Asia Studies, 58. Jg., S. 1033-1056.
Yekelchyk, Serhy 2008: Out of Russia's Long Shadow: The Making of Modern Ukraine, Belarus, and Moldova, in: Oliver Schmidtke und Serhy Yekelchyk (Hrsg.), Europe's Last Frontier? Belarus, Moldova, and Ukraine between Russia and the European Union, Houndmills 2008, S.9-30.
Yorke, Andrew 2003: Business and Politics in Krasnoyarsk Krai, in: Europe-Asia Studies, 55. Jg., S. 241-262.

Zadora, Anna 2009: The Belarussian Elite: Formation, Conduct and Developmental Dynamics. A Socio-Political Perspective, in: Hans-Georg Heinrich und Ludmilla Lobava (Hrsg.), Belarus: External Pressure, Internal Chance, Frankfurt/M., S. 139-152.

Zakharov, Andrei 2007: Empire and Federation, in: Russian Politics and Law: A Journal of Translations, 45. Jg., S. 26-41.

Zielis, Povylas 2010: New Version of the Kirkpatrick Doctrine in the Post-Soviet Space, in: Democratization, 17. Jg., S. 878-899.

Zimmer, Kerstin 2008: Unfriedly Takeovers: Successor Parties in Ukraine, in: Journal of Communist and Post-Communist Studies, 41. Jg., S. 451-457.

Zimmer, Kerstin 2006: Machteliten im ukrainischen Donbass. Bedingungen und Konsequenzen der Transformation einer alten Industrieregion, Berlin.

Zimmer, Kerstin, und Olexiy Haran 2008: Unfriendly Takeover: Successor Parties in Ukraine, in: Journal of Communist and Post-Communist Studies, 41. Jg., S. 541-561.

Zolyan, Mikayel 2010: Armenia, in: Donnacha O Beacháin und Abel Polese (Hrsg.), The Colour Revolutions in the Former Soviet Republics, London und New York, S. 83-100.

Zon, Hans van 2005: Why the Orange Revolution Succeeded, in: Perspectives on European Politics and Society, 6. Jg., S. 373-402.

Zverev, Yury 2007: Kaliningrad: Problems and Paths of Development, in: Problems of Post-Communism, 54. Jg., S. 9-25.

The manufacturer's authorised representative in the EU is Springer Nature Customer Service Centre GmbH, Europaplatz 3, 69115 Heidelberg, Germany. If you have any concerns regarding our products, please contact ProductSafety@springernature.com

Printed and bound by CPI Group (UK) Ltd, Croydon, CR0 4YY

23/03/2026

02076675-0009